ROUTLEDGE ADVANCES IN CLIMATE CHANGE RESEARCH

THE ANTHROPOLOGY OF CLIMATE CHANGE

An Integrated Critical Perspective

Second Edition

Hans A. Baer and Merrill Singer

기후변화인류학

기후위기 시대의 비판사회과학을 향해

오은정 · 문우종 옮김

메디컬에듀케이션

Second Edition

기후변화인류학

기후위기 시대의 비판사회과학을 향해

THE ANTHROPOLOGY OF CLIMATE CHANGE: An Integrated Critical Perspective

2025년 6월 25일 인쇄
2025년 6월 30일 발행

저 자 Hans A. Baer and Merrill Singer
역 자 오은정 · 문우종
발 행 인 이문수
발 행 처 메디컬에듀케이션(Medical Education)
등 록 제 2021-000122 호
주 소 경기도 용인시 수지구 신수로 767, B동 732호(동천동, 분당수지 U-TOWER)
전 화 Tel. 02-6482-3461 Fax. 02-6499-3463
이 메 일 medu@medupub.com
홈페이지 www.medupub.com

I S B N 979-11-6900-275-2 (93380)
정 가 24,000원

ROUTLEDGE ADVANCES IN CLIMATE CHANGE RESEARCH

THE ANTHROPOLOGY OF CLIMATE CHANGE

An Integrated Critical Perspective

Second Edition

Hans A. Baer and Merrill Singer

기후변화인류학

기후위기 시대의 비판사회과학을 향해

오은정 · 문우종 옮김

메디컬에듀케이션

기후변화인류학

기후위기 시대의 비판사회과학을 향해

THE ANTHROPOLOGY OF CLIMATE CHANGE
An Integrated Critical Perspective

기후변화인류학 THE ANTHROPOLOGY OF CLIMATE CHANGE

이 책은 기후변화가 제기하는 긴급한 문제를 다루고자 비판정치생태학의 분석틀을 길잡이 삼아 기후변화인류학에 관한 종합적인 개요를 제공한다. 기후변화인류학이 등장하고 서서히 성숙해 가는 과정을 살펴보고, 기후변화고고학을 통해 이 학문 분과의 역사적 토대를 검토하며, 오늘날 기후변화인류학에서 제시된 세 가지 대안적인 이론적 관점을 고찰한다.

제2판은 2014년 제1판 도서 발간 이후 현재까지 가장 최신의 관련 연구를 포함하기 위해 전면적으로 개정하였다. 또한, 2014년 미국인류학회(American Anthropological Association)의 글로벌기후변화대책위원회(Global Climate Change Task Force)의 보고서 분석, 선진 각국 사회의 기후변화 대응에 관한 새로운 사례 연구, 기후변화에 관한 미국 트럼프 행정부의 입장에 관한 언급 등 최신의 주제들도 살펴볼 것이다.

이 책은 해당 분야와 주요 문헌에 대한 개괄과 함께 환경인류학, 기후변화학, 인문지리학, 사회학, 정치학 분과 연구자와 학생들에게 인간의 사회생태적 상호작용을 강조하며 기후변화를 새롭게 이해하는 틀을 제공할 것이다.

한스 베어(Hans A. Baer)는 호주 멜버른대학교의 사회·정치과학대학의 명예연구원이다.

메릴 싱어(Merill Singer)는 미국 코네티컷대학교의 인류학과·지역사회의학과 교수이다.

감사의 말

우리가 기후변화나 지구온난화에 대해 학문적으로 관심을 둔 것은 『의료인류학』[1] 제1판을 작업하던 2005년의 더운 여름이 시작이었다. 당시 『의료인류학』의 제7장 "건강과 환경"에 "지구온난화가 건강에 미치는 영향" 부분을 수록했다. 다소 간접적이지만 그 작은 노력이 우리의 다른 책 『지구온난화와 건강의 정치생태학(Global Warming and the Political Ecology of Health)』(Left Coast Press, 2009)의 출판으로 이어졌다. 한스 베어는 2006년 1월 멜버른대학교에 임용된 직후 기후변화에 관심을 가진 학생과 연구자와의 공동작업을 위한 기반을 빠르게 닦아 나갔다. 이 작업은 피터 크리스토프(Peter Christoff), 리암 쿠퍼(Liam Cooper), 피터 드와이어(Peter Dwyer), 짐 포크(Jim Falk), 제임스 굿맨(James Goodman), 조나단 마셜(Jonathan Marshall), 모니카 미네갈(Monica Minnegal), 토마스 로이터(Thomas Reuter), 그리고 아리엘 살레(Ariel Salleh)가 함께하였다. 멜버른대학교의 정치학자인 베리티 버그만(Verity Burgmann)과 함께 『호주의 기후정치와 기후운동(Climate Politics and the Climate Movement in Australia)』(Melbourne University Press, 2012)을 저술하는 데도 힘을 모았다. 그는 또한 여러 대학교와 기관에서 기후변화에 관심이 있는 인류학자와도 공동작업을 진행했다. 이 작업은 오클랜드대학교의 마커스 바버(Marcus Barber), 메건 제너웨이(Megan Jennaway), 그리고 케이 밀턴(Kay Milton)이 함께하였다. 한스 베어는 2009년에 호주의 기후정치와 기후운동에 관한 연구를 수행하기 위해 6개월의 연구학기를 제공한 멜버른대학교에 감사를 전한다.

1 한국에는 이 책의 제3판이 『의료인류학: 불평등한 아픔을 넘어 더 나은 세상으로』(문우종 · 김희경 · 오은정 옮김, 메디컬에듀케이션, 2022)라는 제목으로 출간되었다.

ACKNOWLEDGMENTS

메릴 싱어는 〈글로벌 기후변화와 인간사회(Global Climate Change and Human Societies)〉라는 교육과정을 개발하고 인류학의 관점에서 기후변화에 대한 이해를 증진하는 데 도움을 준 코네티컷대학교의 일반 교육과정 개발 기금 지원에 감사를 표하고자 한다. 메릴은 마이클 윌리그(Michael Willig)와 피터 군터(Peter Gunther)를 포함하여 기후변화에 대해 많은 논의를 한 코네티컷대학교의 동료에게도 감사의 말씀을 드린다.

역자 서문

기후변화인류학을 소개하며

기후변화의 현재

오늘날 행성 차원의 지구는 급격한 전환의 물결 속에 있다. 그중에서도 기후는 가장 근원적인 차원의 변화를 보여준다. 2024년 11월 세계기상기구(WMO)는 당해 1월에서 9월까지 전 지구 평균온도가 산업화 이전 시기(1850~1900년)에 비해 1.54℃ 상승했다고 발표했다. 산업화 전 대비 1.5℃ 기온 상승 폭 제한은 온난화에 따른 기후 재앙을 막기 위해 파리협정에서 설정한 마지노선이었다. 대기 중 온실가스 농도도 급격히 증가하고 있다. 같은 자료에 따르면 2023년의 대기 중 이산화탄소 농도는 420ppm으로 1750년(278ppm) 대비 51% 증가했다. 해양 온난화도 가속 중인데, 2005~2023년 사이 바다는 연평균 310만 Twh(테라와트시)의 열을 흡수했다. 이는 2023년 한 해 전 세계 에너지 소비량의 18배 이상에 달하는 양이다. 안토니우 구테흐스 유엔 사무총장의 말처럼 이제는 “지구온난화(Global Warming)”를 넘어 “지구열대화(Global Boiling)”의 시대가 도래하고 있다.

지구 기온의 상승 속도가 유례없이 가파르다는 점도 우려할 만하다. 지구는 탄생한 이후 45억여 년 동안 여러 차례 기온의 변화를 겪어 왔다. 대기학, 지질학 등 다양한 과학 분야의 연구자는 지구의 기후가 결코 고정된 적이 없었다고 이야기해왔다. 예를 들어 공룡이 우점하는 생명체였던 6천 500만 년 전에는 지구의 대부분이 열대였으며, 현재 우리가 남극이라고 부르는 곳에는 야자수가 자라고 그린란드에도 파충류가 살았던 때가 있다. 반대로 지금의 인류가 출현하기 직전인 빙하기에는 아시아와 북아메리카 대륙이 얼음으로 연결될 정도로 추운 때도 있었다. 하지만 오늘날과 달리 당시의 기온 변화는 아주 오랜 시간에 걸쳐 천천히 진행되었다. 급격한 기온 변화는 생물종의 환경 적응에 악영향을 미친다.

무엇보다 오늘날의 기후변화는 과거처럼 자연적 요인(㉳ 화산폭발, 지구 자전축 이동, 태양 흑점의 변동 등)보다는 인간의 활동과 기술로 인해 발생하고 있다. 증기기관의 발명을 계기로 유럽에서 산업혁명이 시작된 이후 석탄과 석유, 천연가스 등 화석연료에 대한 전 세계적인 의존이 강화되었다. 화석연료 연소 시 발생하는 온실가스 중 하나인 이산화탄소 농도는 2013년에 플레이스토세(Pleistocene) 이후 최고 수준인 400ppm을 돌파했다. 과학자들은 이산화탄소 농도의 증가와 지구의 온도 간 관계는 명확하며, 인간의 활동이 지금 진행되고 있는 기후변화의 직접적인 원인이라는 점을 더 이상 의심하지 않는다.

그러나 기후변화 문제는 단지 날씨가 좀 더 더워진 것이라고 넘길만한 현상이 아니다. 지구를 하나의 시스템으로 본다면 한 곳의 작은 변화가 다른 곳의 큰 변화로 이어지기도 하고, 종종 몇 배 이상의 규모로 큰 영향으로 작동하기도 한다. 지구는 대기와 바다, 육지, 그리고 그것을 이루는 공기와 유기물, 무기물, 세균과 바이러스, 박테리아, 벌레, 풀과 나무, 초식과 육식의 육상동물, 새와 물고기 등 모든 존재가 크고 작은 영향을 주고받으며 생멸해 오고 있는 하나의 거대한 유기체와 같기 때문이다. 기후변화는 이 모든 것에 영향을 주고 받는다. 폭염과 열대야, 빈번한 산불 발생과 대형화, 건조화와 사막화, 극지방의 빙하 감소와 고산지대 빙하 후퇴, 홍수와 대형 태풍 등 지금의 기후변화가 일으키고 있는 다종다양한 기상 재난은 우리의 삶에 더욱 가까이 와 있다.

한국 사회에서 기후 온난화 문제가 처음 제기되었을 때 사람들은 이를 녹아내리는 빙하와 북극곰의 이미지로 받아들이는 경향이 있었다. 하지만 최근에는 한반도도 기후 온난화의 직접적인 영향을 받고 있으며 그 결과를 직접 경험하고 있다. 2021년 한국 기상청은 지난 100년 동안의 기온변화 추세에 관한 보도자료 "기후변화가 바꾼 우리나라 사계절과 24절기!"를 통해 1910년대보다 2020년대가 1.6℃ 높아졌다고 밝혔다. 2024년 여름을 상기해 보자. 기상청은 6월 중순 이후의 기온이 꾸준히 평년보다 높았으며, 특히 일반적으로는 비로 인해 기온이 떨어지는 장마철 기간에도 기온이 대체로 평년보다 높았다고 전했다. 북태평양의 습하고 더운 공기가 유입되면서 밤사이에도 기온이 떨어지지 않아 열대야도 지속되었다. 8월의 평균기온은 평년보다 2.8℃나 높았다. 폭염과 열대야도 지속되어 폭염 일수가 평년보다 2배 이상 높았으며, 열대야 일수 또한 기상 관측 이래 최장기간을 기록했다. 열대야는 평년 6.5일 대비 3배 이상 긴 20.2일이나 되었다.

지구의 평균기온은 약간만 상승하더라도 바다와 대륙이 영향을 받게 되고, 지형 등 국지적인 상호작용을 통해 특정 지역에는 심각한 폭염이 이어질 수 있다. 여름의 폭염 일수가 증가하고 열대야가 나타나는 날이 늘어나고 그 강도도 세진다. 더운 날이 늘어나면서 여름은 길어지고 가을은 짧아진다. 세계 기상 원인 규명 네트워크(World Weather Attribution Network, WWA)는 지금의 기후변화가 지속된다면 스페인과 아프리카를 비롯한 세계 각국의 폭염 발생 가능성이 이전보다 최소 100배 이상 커진다고 보고했다. 폭염과 열대야가 늘어나면 노인과 임산부, 심장질환 유병자 등 건강 취약층 사이에서 온열 환자가 늘어나고 심한 경우 생명에 심각한 영향이 나타나는 등 보건의료 면에서도 치명적인 악영향을 미친다.

일찍 찾아오는 봄은 식물과 동물 생태계 그리고 농업 분야에도 심각한 타격을 입힌다. 봄이 일찍 찾아오면 아직 때가 되지 않은 꽃들이 앞다투어 피거나 겨울에도 철을 모르고 개화가 시작된다. 폭염과 열대야가 지속되면 성장기와 과실을 맺는 시기에 식물이 제대로 자라기 어려워진다. 이러한 영향은 이미 현실이 되어 특정 지역에서 특산물로 재배하던 작물이 더 이상 그곳에서 재배하기 어려워지는 경우가 많아졌다. 덥고 습한 여름이 지속되면서 바이러스와 세균, 모기가 서식할 수 있는 환경이 늘어나 병충해가 자주 발생하기도 한다. 절기를 따라 농사를 짓기가 더 어려워지고 식물 생태계가 건강하게 조성되기 어렵게 되는 것이다. 한국에서도 이미 사과와 감귤 등 대표적인 농작물의 산지가 점점 북상하거나 병충해나 폭염으로 고랭지 배추 재배가 점점 어려워진다는 소식을 접하는 경우가 많아졌다. 농사를 짓는 농민들의 건강도 기후변화에 민감하다. 열매를 수확하는 계절에 폭염이 지속되면 열사병에 걸리기 쉽고, 진드기나 바이러스 등 벡터매개 질병에 걸릴 위험이 커진다.

기온의 상승은 강수 일수의 변화와도 연결된다. 홍수나 폭우가 쏟아지는 극한 날씨가 특정 계절에 집중되거나 가뭄이 이전보다 훨씬 오랜 기간 지속되기도 한다. 한국은 여름의 강수량이 늘었으며 겨울의 강수량은 줄어들어, 여름에는 폭우나 산사태, 지반 침수 등의 기상 재난에 취약해졌다. 태풍과 집중호우의 빈도가 잦아진다거나 대형화되는 현상도 관찰된다. 특정 시기에 호우가 집중되는 강수 패턴이 늘어남에 따라, 저수지, 댐, 제방, 하수도관, 지하철 등 다양한 인프라의 침수 및 붕괴 사고가 일어나는 경우도 자주 발생한다. 여름철에 더욱 심화되는 경향을 보이는 기상 재난은 인명 피해와 함께 산업 피해 그리고 인프라 구조물 손상에도 큰 영향을 미쳐, 기후재난에 대한 예방, 관리, 복구 비용이 늘어나는 원인이 되고 있다.

여름철과 달리 겨울은 오히려 강수량이 줄어들어 건조한 날이 지속되어 문제가 발생한다. 건조 상태가 지속되는 곳에서 강풍이 불면 불이 붙기 쉬워진다. 한국의 동해안 지역은 봄철 산불이 가장 빈번하게 발생하는 지역이다. 산림청은 한국의 대형산불이 2000년대 이후 더욱 빈번해졌으며, 특히 산불이 잘 발생하지 않던 초여름까지도 산불이 발생하는 경우가 생겨났다고 보고하고 있다. 2022년 밀양에서 발생한 대형산불은 보통 산불이 발생하지 않는 시기인 5월 말~6월 초에 발생한 이례적인 산불로 기록된다. 여름 산불은 기후변화의 영향이 극심한 북미 지역에서 자주 발생한다고 알려졌지만, 이제 한국도 그러한 패턴이 보이기 시작한 것이다. 최근의 산불은 발생 장소도 이례적인 경우가 많다고 보고 되고 있다. 밀양은 기존에 산불 위험 지역으로 여겨지지 않았던 곳이었다. 더욱이 이곳은 큰 도시가 산 가까이에 있어 산불 진화가 되지 않으면 피해가 더욱 심각해질 위험이 있었다. 2025년 4월의 안동, 영덕, 산청 등지에서 일어난 대규모 산불이 단적인 예이다. 이외에도 삼척이나 월성 등은 원자력발전소가 산지 가까이에 있어 산불이 발생할 때 더욱 위험한 곳으로 꼽힌다.

물론 산불이 자연에 악영향을 미치지만은 않는다. 인류 역사에서 산불은 때때로 좀 더 건강한 생태계를 만드는 데 활용되는 경우가 있었다. 농사철이 시작되기 전 논밭을 태우던 관행은 병충해를 예방하는 데 효과적으로 알려져 있고, 화전과 같이 불은 산지의 농토 개간에 자주 활용되었다. 하지만 이는 대체로 통제할 수 있는 범위의 소규모 산불인 경우가 대부분이었다. 최근에 발생하는 대형산불은 주변의 고압 전력선 등 도시와 연결되는 기반 시설을 단절시켜 재난을 복합화하거나 다양한 멸종위기종 생물들의 서식지를 파괴되는 등 주변의 생태계를 급격하게 파괴하는 경우가 대부분이다. 산불로 인한 피해를 복구하는 데 오랜 시간과 노력이 필요하다.

지구온난화의 또 다른 큰 영향은 해수면 상승이다. 사람들의 일반적인 편견과 달리 해수면 상승은 단지 북극의 빙하가 녹기 때문만은 아니다. 바다는 지구 전체에서 매우 큰 질량과 열용량을 가지고 있다. 지구 시스템으로 보면 지구온난화로 발생하는 에너지 증가분의 대부분이 바다에 저장되어 있다고 해도 과언이 아니다. 실제로 지금 당장 우리가 온실가스 배출을 멈춘다 해도 바다는 지속적으로 천천히 따뜻해질 정도로 에너지를 축적한 상태다. 바닷물이 따뜻해진다는 것은 그에 비례해 바닷물의 부피가 늘어나고 해수면 상승으로 이어진다. 이 분야의 연구자들은 2080~2100년 사이의 전 지구 평균 해수면의 높이는 탄소 저감 노력을 전혀 하지 않는 경우 45~82cm 정도 상승할 것으로 예측하고 있다.

전 지구적 기후변화에 적응하고 이를 줄이기 위해 생겨난 정부 간 협의체(Intergovernmental Panels on Climate Change, IPCC)는 전 세계 기후변화 관련 최신 연구 결과를 집대성해 5~6년마다 기후변화보고서를 발행한다. 한국에서는 환경부와 기상청이 이 보고서에 담을 한국의 기후변화 연구 결과를 정리한다. 기상청이 IPCC에 보고한 한국의 기후변화보고서 해양 편은 한반도 주변 해양의 해표면 수온과 해수면이 전 지구 평균보다 높은 변화율로 상승하고 있다는 점을 명확히 확인했음을 보여준다. 같은 보고서에 따르면 해표면 수온 상승은 해양 산성화에도 영향을 미쳐, 한반도 주변 해양 산성화도 전 지구 평균보다 높게 상승하고 있다. 또한, 육상의 극한 날씨 증가처럼 해양의 수온 양극화나 극한 현상이 출현하는 빈도도 증가하고 있다. 특히 서해와 동해의 해표면 수온은 평균보다 2~7℃ 높은 극한 수온 현상을 보일 때도 있다.

해수 온도 상승은 해양 산성화 등을 통해 바닷속 생물의 서식지 환경을 변화시키고, 조류 등이 살아가는 환경을 급격하게 파괴하는 등 바다 사막화 현상을 만들어낸다. 한반도 해역 주변의 해수 온도 상승은 이미 이곳의 어류 서식처를 크게 변화시키고 있다. 동해안의 명산물이었던 명태가 한반도 주변 해역에서 잡을 수 없는 생선이 된 지 오래다. 동해에서 많이 잡히던 오징어는 남해와 서해로 이동했다. 제주도에서는 아열대성 어류들이 출현하고 있다. 김, 굴, 매생이 등 해안가에서 주로 이루어지던 바다 양식장 운영도 해수 온도 상승으로 큰 영향을 받아 어려움을 겪고 있다.

앞선 자료에 따르면 한반도 주변 해역의 해수면은 최근 40년 동안 약 10cm 정도 상승했다. 특히, 1989년부터 2017년까지로 보면 매년 2.9mm 상승률을 보인다. 이는 전 지구 평균에 비해 다소 빠른 상승 추세다. 해수면 상승의 경우 제주(매년 4.44mm)와 동해안(매년 3.70mm) 주변 해역의 상승률이 남해안(매년 2.41mm)과 서해안(매년 2.07mm)에 비해 높은 편이다. 동해안과 제주의 해수면 상승은 해안 침식이나 해수 범람의 문제뿐만 아니라 지하수 오염의 문제를 일으킬 수 있다고 이야기되고 있다. 모래사장의 모래 유출과 해안 침식으로 해수욕장이 사라진 곳들이 생겨나고 있으며, 지반 침식을 일으키는 곳들도 생겨나고 있다. 만약 이렇게 해안 침식이 가속되는 도시에 태풍이나 폭풍 해일이 발생하면 해안 도시 또한 엄청난 위협을 받게 될 것이다.

한편, 기후변화 관련 연구에서 북극은 종종 "탄광 안의 카나리아"로 묘사한다. 예를 들어, 기후과학자들은 알래스카 남부의 겨울이 30년 전보다 2~3℃ 더 따뜻해졌다고 이야기한다. 그에 따라 21세기 들어 북극의 해빙 면적은 지속적으로 줄어들고 얇아지고 있다. 겨울의 가뭄 일수가 늘어나면서 북극에도 눈이 내리는 양이 줄어들었다. 봄철 적설 면적도 줄어들 가능성이 높아졌다. 과학자들은 온실가스를 얼마나 배출하느냐에 따라, 21세기 말에 북극 해빙 면적의 감소 폭은 9월의 경우 43~94% 범위에 있고, 2월에는 8~34% 범위가 될 것이라고 말한다. 빙하가 줄어들면서 이곳에 서식하는 동물들만이 아니라 북극 원주민들도 많은 영향을 받고 있다. 북극 동물들의 서식지와 이동 경로가 변화했고, 얼음이 없는 해안의 파도 작용으로 인해 해안이 침식되거나, 일 년 동안 얼어있는 지표 아래 영구 동토층이 녹아서 소실되고 있다. 시베리아와 같은 지역의 영구동토층(permafrost)은 탄소와 메탄 같은 온실가스를 대량으로 함유하고 있다. 온난화가 지속될수록 영구 동토층이 녹아 메탄이 대기로 방출되며, 이는 온난화를 가속하는 피드백 루프를 형성하게 된다. 메탄은 이산화탄소보다 훨씬 강력한 온실가스로, 대기 중 농도가 증가하면 온난화 속도는 더욱 가파르게 상승할 수 있다.

북극의 육지와 바다의 환경이 변화하면서 이곳에서 사냥한 동물 등에 식량 공급을 의존하던 북극 원주민의 전통 생활 양식도 변화하고 있다. 알래스카 북서부 해안의 마을 주민들은 해수면 상승과 점점 더 격렬해지는 폭풍을 경험하고 있다. 해수 범람과 해안 침식으로 지하수가 오염되어 더 이상 살 수 없게 된 마을의 주민들은 대도시로 이주해야 하는 상황에 놓이기도 했다. 한국과는 사정이 다른 먼 나라의 이야기처럼 들리지만, 해수면 상승과 해안 침식이 급격하게 이루어지고 있는 한국의 도서 지역과 해안 도시에서도 미래의 어느 시점에 경험하게 될 현실일 수도 있다.

기후변화인류학의 소개

이 책은 호주 멜버른대학교의 사회·정치과학대학의 명예연구원인 한스 베어(Hans A. Baer)와 미국 코네티컷대학교의 인류학과·지역사회의학과 교수인 메릴 싱어(Merill Singer)가 집필했다. 이들은 한국에도 이미 번역되어 출판된『의료인류학: 불평등한 아픔을 넘어 더 나은 세상으로』의 주요 집필자이기도 하다. 서문에도 밝히고 있듯이 의료인류학자인 이들이 기후변화 문제에 관심을 두게 된 것은『의료인류학』제1판을 작업하던 2005년으로 거슬러 올라간다. 당시 이 책의 제7장은 "건강과 환경"을 주요 주제로 다루었는데, 그 일부가 "지구온난화가 건강에 미치는 영향"이었다. 집필 과정에서 저자들은 인간의 건강과 지역사회의 보건의료 문제가 환경과 긴밀하게 연결되어 있다는 점과 오늘날 기후변화 문제가 보건의료체제에 초래하는 부담이 더없이 크다는 점을 확인하게 되었다. 그리고 그러한 문제의식을 『지구온난화와 건강의 정치생태학』(Left Coast Press, 2009)에서 본격적으로 파헤치기 시작했다. 본서 『기후변화인류학』은 앞선 두 책의 문제의식을 바탕으로 기후변화에 관한 인류학 연구를 종합하면서 새롭게 제기되는 여러 쟁점과 사례를 포괄적이고도 비판적인 관점에서 분석할 수 있도록 비판정치생태학의 분석체계를 채택한 대학교재 수준의 개론서로 기획되었다.

한스 베어와 메릴 싱어는 기후변화의 심각성을 인식하면서도 이 문제를 다루는 인류학은 인간 행동과 생물지구물리적 과정이 상호연결되어 있으며, 인간과 그 너머 자연과의 상호작용이 복합적이고 다차원적인 측면을 지니고 있다는 점을 인식하는데서 출발해야 한다고 말한다. 즉 기후변화에 대한 인류학 연구는 인간과 종족 중심주의의 환원주의를 지양하고 인간이 인간 너머의 자연, 지구상에 흩어져 있는 다양한 민족 혹은 종족 문화 집단이 서로 깊이 얽혀 있는 더 넓은 구조와 과정을 이해하는 것이 중요하다고 말한다. 이는 인간과 그 문화가 자연과 분리된 것이 아니라 자연 안에 존재한다는 관점에서 출발해야 한다는 것이다. 저자들은 또한 현재 목도하고 있는 기후변화의 문제가 화석연료에 기반한 전 지구적 자본주의 체제를 외면하고서는 해결할 수 없다는 점도 강조하고 있다. 기후변화를 포함하여 사회적으로 더 정의롭고 환경적으로 지속 가능한 사회를 만들기 위해서는 단지 기술적인 혁신만이 아니라 현 사회 체제에 대한 비판적인 성찰과 전환의 노력을 동반해야 한다. 따라서 기후변화에 관한 인류학도 사회적으로 허용되는 틀의 바깥에서 사고하고 기후변화의 궁극적인 해결을 위해서는 전 지구적 자본주의에 대한 대안 구축을 고민해야 한다. 이러한 맥락에서 저자들이 주장하는 비판적 기후변화인류학은 자본주의 세계 체제에 대한 주류의 지배적인 사회적 신화에 의문을 제기한다.

오늘날 기후변화의 문제는 화석연료에 기반한 자본주의의 전 지구화와 경제적 불평등과 같은 거시적이고 구조적인 차원과 상호작용하는 복합적인 결과이다. 그러나 한편으로는 국가 간, 그리고 국가 내에 심각해지고 있는 기후변화 영향의 불평등 문제는 정치경제 시스템, 교육과 의료 시스템, 그리고 그 밖의 국제/국내 사회에 내재한 불평등한 정치사회적 관계의 결과물이기도 하다. 그리고 이러한 정치경제, 사회문화적인 차원의 불평등은 지구 곳곳의 생물물리적, 생태환경적 차이 속에서 서로 다르게 작동하고 드러난다.

저자들이 기후변화에 대한 사회생태적 접근이라고 부른 이러한 입장에 따라 본서가 다루고 있는 이슈와 범위는 상당히 방대하다. 우선 인류학사의 맥락에서는 기후변화와 환경 문제에 대한 마거릿 미드(Margaret Mead)의 선구적인 언급을 비롯해 인류학의 초기 연구에서부터 기후변화인류학의 최신 연구까지를 검토하고 있으며, 역사적으로는 기후변화에 관한 고고학적 연구를 기반으로 한 과거와 현재의 증거를 비판적으로 고찰하고 있다. 또한, 이론적으로는 문화생태학, 문화해석학 또는 현상학적 접근, 그리고 비판인류학과 응용인류학의 연구 결과들도 종합적으로 분석하고 있다. 이와 함께 저자들은 전 세계 다양한 장소에서 진행 중인 기후변화와 관련된 사례 연구들도 소개하고 있다. 북극과 아북극 지대, 남태평양의 저지대 섬, 방글라데시의 습지 해안, 안데스와 히말라야 등지의 고산 지대, 사하라 이남 아프리카와 호주 등 건조 지대와 사막, 미국 남서부 원주민 거주 지역 등에서 경험되고 있는 기후변화는 기존의 정치경제와 사회문화적 맥락과 상호연결되어 있다. 기후변화 부정론자들의 활동이 기성의 화석 자본과 정치권의 이익과 직접 연결되어 있는 사례들도 설득력 있게 제시된다. 이러한 상황 속에서 각 지역사회의 주민들, 지방과 중앙정부, NGO, 과학기구 등의 자연과학자와 공학자, 사회과학자, 공중보건학자, 정책 분석가, 기후 정의 운동 및 기타 반체제 운동 단체 등은 각자의 위치에서 때로는 협력하고 때로는 갈등하면서 기후변화 문제에 대처하고 있다. 본서의 마지막에는 기후변화인류학의 응용 분야와 인접 학문과의 협업 가능성에 대한 전망도 제시되고 있다.

그간 인류학자들은 전 세계 곳곳에서 기후변화의 지역적 영향을 다루며 일상적인 기상 변동성과 영구적인 기후변화 사이의 전환 지점에 대한 논의에 이바지해 왔다. 기후변화가 더는 특정한 생물종, 생태계, 지역, 기관, 기업, 산업, 학문 분과, 이해관계당사자, 국가 등에 한정되지 않지만, 그 영향과 변화의 결과가 이들에게 불평등하고 비대칭적인 영향을 미친다. 이처럼 오늘날의 기후변화가 인간 활동에 의해 추동되면서도 차등적으로 작동하고 있다는 점을 고려할 때, 현재의 기후 체제를 전환하기 위해서 민족지학 그리고 전 지구화의 지역적 작동 연구에 큰 강점이 있는 인류학자들의 참여적 개입은 절실하다. 물론 저자들이 제안하고 있듯이 이러한 인류학자의 작업은 인접 학문인 지리학, 정치학, 사회학 분야의 연구자들과의 작업과 자연과학 및 공학자들과의 협업이 필요하다는 점은 두말할 나위가 없을 것이다.

저자들이 집필한 『의료인류학』에 이어 본서를 번역한 것은 역자가 재직 중인 강원대학교에서 학부 과정 학생에게 "강원 지역사회와 기후변화"를 주제로 하는 교양 강의를 준비한 것이 계기가 되었다. 기후변화와 관련된 본격적인 인류학 연구는 물론 사회과학 문헌이 많지 않은 한국의 현실에서 본서는 기후변화인류학에 관한 개괄적인 설명, 이론, 사례 연구를 찾는 과정에서 큰 도움이 되었다. 기후변화에 대한 현상적 설명을 넘어 비판적 사회과학의 입장에서 오늘날의 사회 체제의 문제점을 폭넓게 성찰하고 있다는 점도 학생들과의 다양한 토론을 끌어내는 데 큰 장점이 되었다. 강의를 진행하는 동안 학생들은 강원 지역에서 기후변화가 농림어업의 현장에 큰 영향을 미치고 있을뿐만 아니라 산불, 홍수, 산사태 등 재난의 빈도와 강도를 높이고, 열사병이나 감염병 등 보건 의료 측면에서 매우 중요한 주제로 떠오르고 있음을 확인할 수 있었다. 겨울철과 봄 기온 상승으로 얼음이나 봄꽃 개화기를 활용해야 하는 축제가 취소되거나 과일이나 명태 등 지역 특산품을 중심으로 이루어지는 지역 마케팅이나 정체성 작업들이 어려움을 겪는 사례도 점점 더 많아지고 있었다. 해수면 상승으로 사구가 침식되어 관광지가 없어질 위기에 처한 곳도 적지 않았고, 기존의 어민들이 잡던 어종이 더 이상 잡히지 않자 관련 어업 의례와 민속이 빠르게 사라지는 현실도 목격할 수 있었다. 물론 이와 같은 여러 당면한 문제에 대해 지역주민과 정부, 학계, 시민단체 등 여러 분야에서 다양한 완화 노력과 대응책이 시도되고 있는 것도 빼놓을 수 없다. 이와 같은 상황에서 (완전히 부재한 것은 아니지만) 아직 한국 인류학계에서의 기후변화 관련 연구는 그다지 본격적으로 이루어지고 있지 않고 있다는 점은 안타까운 일이다. 향후 이 책이 기후변화 문제에 관심이 있는 한국의 학생과 연구자들에게 더 널리 읽히고, 이를 계기로 다양한 연구도 이루어지길 바라 마지않는다.

책을 번역하는 과정에서 여러 분야의 연구를 철저하게 검토하면서도 독자들을 위해 쉽고 간결하게 정리하려고 노력했던 저자들의 노고를 느낄 수 있는 시간이었다. 그럼에도 저자들의 뜻을 온전하게 전달하지 못한 부분이 있다면 이는 모두 역자의 부족함 탓이다. 오랜 시간 동안 기다려주시고 출판 작업에 선뜻 응해주신 메디컬에듀케이션 이문수 대표님께 감사드린다.

2025년 5월

춘천에서

역자를 대표하여 오은정 씀

목차 CONTENTS

그림과 표 목차 ILLUSTRATIONS

그림 목차

표 목차

서론

『기후변화인류학』 제2판은 초판보다 더 풍부한 내용을 담고 있으며, 지난 25년간 전개되어 온 기후변화인류학에 관한 최초의 종합적인 개요를 제공한다. 이 책은 인류학자가 기후변화에 더 많은 관심을 기울여야 하는 이유와 인류에 심각한 위험인 기후변화 대응에 인류학이 기여할 바를 조명한다. 기후변화가 인류의 안녕과 생존에 중대한 위협이 된다는 사실은 점점 더 분명해지고 있다. 압도적 다수의 기후과학자가 지구 행성의 온난화와 그와 관련된 기후 사건이 대부분 인간으로부터 유래했거나 인간활동의 결과, 특히 산업혁명 이후의 현상이라고 결론짓고 있다. 기후변화는 인간사회에 심각한 정치·경제·사회·문화·보건 차원의 영향을 미칠 텐데, 인류는 이토록 짧은 시간 안에 이와 같은 규모와 복잡성을 지닌 환경 문제에 직면한 적이 없다. 기후학에서 해양학, 지구물리학에서 생물지리학에 이르기까지 수많은 자연과학 분야가 기후변화 연구와 그 영향을 다루는 데 연계되어 있다. 기후과학자는 지구 평균 기온이 2℃ 상승하면 기후변화의 티핑포인트[1]가 된다고 주장한다. 일부 기후과학자들은 티핑포인트를 약 1.5℃로

1 티핑포인트(tipping point)는 균형을 이루던 상태가 깨어지면서 특정한 현상이 급속도로 커져 작은 변화가 돌이킬 수 없는 피해를 줄 수 있는 상태를 이른다.-역자 주

더 낮게 보기도 한다. 농업 생산량 증가와 삼림 벌채로 인한 화석연료 소비와 토지 피복 변화로 인해 1750년 이후 5,660억 톤의 이산화탄소가 대기 중으로 배출되었다는 보고도 있다. 현재의 인간사회는 이전까지 이와 같은 기후변화 수준의 환경 문제를 감당해 본 적이 없다. 기후과학자는 최근의 기후변화가 주로 인간활동에 따른 현상인지 아니면 자연 현상인지에 대해 오랫동안 논쟁을 벌여왔다. 그런데 현재 과학자 대다수는 이산화탄소, 아산화질소, 메탄 등 다양한 온실가스, 특히 이산화탄소의 경우 산업혁명 당시 280ppm에서 2017년 406ppm으로 증가한 것이 주요 원인이라는 데 동의하고 있다. 전 지구적 자본주의 발전의 중요한 시금석인 산업혁명은 처음에는 석탄, 나중에는 석유와 천연가스 등 화석연료에 대한 의존도가 매우 높았다. 특히 제2차 세계대전 이후 전 지구적 자본주의는 끝이 없어 보이는 다양한 제품의 소비에 더욱 중점을 두었고, 이러한 과정은 선진국에서 개발도상국까지 점차 확산하였다. 르네 헤더링턴과 로버트 리드(Renee Hetherington and Robert Reid 2010: 269)는 이를 다음과 같이 정확히 간파하였다. "화석연료에 대한 우리의 집착과 경제적 의존이 소비주의에 대한 우리의 애착과 결합해 인간이 하나의 기후변화 메커니즘(climate-change mechanism)이 되었다."

아이러니하게도 이 책의 초판이 출간된 시기와 거의 동시에 마이클 도브(Michael R. Dove 2014)는 우리의 책과 부제만 다른 『기후변화인류학』이라는 제목의 선집을 출간했다. 그는 "초기 인류학 연구, 최신 연구, 그리고 그 사이의 연구"를 포함하는 "기후와 사회에 관한 인류학 연구의 역사에서 고전으로 여겨지는 연구"를 기준 삼아 주요 논문을 선별했다고 하였다(Dove 2014: xi). 한 권의 책으로 이러한 작업을 완수한다는 것은 지난 25년 정도에 걸쳐 등장하고 빠르게 성장한 비교적 새로운 인류학의 하위 분과에서도 쉽지 않은 작업이다. 도브의 책이 기후변화인류학 분야의 최초 선집은 아니다. 수잔 크레이트와 마크 너톨(Susan A. Crate and Mark Nuttall, 2009a)은 『인류학과 기후변화: 만남에서 행동으로(Anthropology and Climate Change: From Encounters to Actions)』를 출간했는데, 이는 레프트코스트출판사(Left Coast Press)에서 우리의 책 『지구온난화와 정치생태학(Global Warming and the Political Ecology)』(Baer and Singer 2009)이 출간된 직후였다. 기후변화인류학 분야에서 급부상한 또 다른 선집은 『기후 문화: 기후변화에 대한 인류학의 관점(Climate Cultures: Anthropological Perspectives on Climate Change)』으로 제시카 반즈와 마이클 도브(Jessica Barnes and Michael R. Dove 2015a)가 집필하였다. 이들은 인류학자를 포함해 여러 학문 분과의 연구자가 기후변화에 관심을 기울이기 시작했으며, 인류학이 "기후변화를 구성하는 자연, 문화, 정치, 신념의 결합"을 연구하는데 크게 기여한다고 하면서, 한편으로는 "기후변화에 대한 다양한 인류학적 관점을 대표하는 책이 거의 없다."라고도 주장하였다(Barnes and Dove 2015c: vii). 그들의 주장은 틀렸을 수 있다. 우리가 저술한 이 책의 초판이 그러한 목표를 달성했다고 확신하며, 제2판은 그 목표를 더욱 분명히 달성할 것이다. 반대로 반즈와 도브(Barnes and Dove 2015b: 9)가 기후변화에 대한 인류학의 관점이 민족지학적 연구를 통해 지식을 쌓고, 현재 인간 기원의 기후변화를 역사적으로 맥락화하면서 사회와 환경 간의 관계에 대해 총체적인 관점을 제공한다고 주장한 것은 전적으로 옳다.

최근에 크레이트와 너톨(Crate & Nuttall 2016b)은 앞의 선집 제2판을 출판했다. 그들은 제2판 선집이 초판을 대체하거나 쓸모없게 한 것이 아니라 초판과 "함께 사용할 수 있도록 하는 독립형 선집"으로 구축되었다고 주장했다(Crate and Nuttall 2016a: 19). 어쨌든 앞서 언급한 저서들의 출판은 기후변화인류학이 인류학, 특히 생태 또는 환경인류학 내에서 빠르게 성장하고 있는 하위 분과가 되었다는 사실을 증명한다.

요컨대 여러 학문 분과의 연구를 종합해 보면 지구는 꾸준히 온난화되고 있으며, 인간활동은 그 과정의 주요한 원인이고, 온난화의 속도와 영향은 증가하고 있으며, 우리가 살아 가는 세계의 기후변화는 지구상의 인간복지에 심각한 결과를 초래하지는 않더라도 상당한 위협을 가하고 있음을 보여준다. 그러나 전 세계 정부에서 이러한 현상의 심각성에 대한 인식이 높아지고 있지만, 그에 대한 대응책을 마련하기 위한 일련의 국제기후회의가 실패한 것에서 알 수 있듯이 전반적으로 이러한 위협에 대해 거창한 선언을 넘어 효과적으로 대응하는 움직임은 더디기만 하다. 동시에 최근 몇 년 동안 온실가스를 배출하는 제조업과 농업 기업이 녹색 자본주의라는 대중 담론을 발전시키기는 했지만, 그러한 움직임에 내재한 끊임없는 성장을 지속해서 강조하는 태도는 현재의 세계경제체제가 지속 가능성을 달성할 수 있다는 주장과는 모순되는 측면이 있다. 또한 기후 상황의 심각성에 대한 메시지를 더욱 혼란스럽게 하는 것 중 하나는 기업이 지원하는 지구온난화 부정 캠페인이다. 이들은 인간에 의한 기후변화가 현실적이고 긴급한 사실이라는 과학적 증거가 계속 증가하는 현실에서도 기후변화에 대한 사람들의 관심을 낮추는 데 성공했다.

과거에 주류 과학이나 기성 과학이 여러 주장에서 틀린 것으로 판명된 사실을 고려할 때 인류학자들은 기후과학의 주장을 얼마나 심각하게 받아들여야 할까? 피터 도란과 매기 짐머만(Peter Doran and Maggie Kendall Zimmerman 2009)은 설문조사를 실시하여 표집군 기후학자의 97.4%와 지구과학자의 82%가 인간활동의 지구 기온 상승의 중요한 요인이라고 주장한다는 사실을 밝혔다. 이들은 "장기 기후 과정의 미묘한 차이와 과학적 근거를 제대로 이해하는 사람들 사이에서 지구온난화의 진위와 인간 활동의 역할에 대한 논쟁은 거의 존재하지 않는다."라고 주장한다(Doran and Zimmerman 2009: 23). 기후변화의 영향에 대한 자연과학자 사이의 전례 없는 수준의 합의는 많은 사회과학자의 관찰로 지지받고 있다. 이는 기후변화가 실로 매우 심각하게 받아들여져야 하며 인류학의 안팎에서 지금까지 그래왔던 것보다 훨씬 더 진지하게 고려되어야 함을 시사한다.

이러한 모든 사건은 현재에 관한 인류학(anthropology of the present)을 구축하려 했던 시드니 민츠(Sidney Mintz 1985: xxviii)의 비전과 인류학의 적절성에 대해 중대한 도전을 불러일으켰다. 인류학자는 연구 대상의 삶을 형성하는 강력한 힘인 기후변화에 어떤 방식으로 대응해 왔을까? 기후변화는 인류학이 "혁명을 놓친" 또 다른 사례에 해당할까? 아니면 (인류학자가 다소 늦게 대응했던) 에이즈 대유행과 같은 다른 긴급 상황과 달리, 인류학이 전 세계 인류 공동체에 대한 기후변화의 중요성을 빠르게 깨닫고 그에 대처하기 위해 행동해 왔을까? 또한, 인류학은 기후변화에 대해 우리에게 무엇을 가르쳐줄 수 있는가? 인류가 자멸로 이어지지 않는 방향으로 나아가는 방법은 무엇일까? 이 책은 이러한 질문들을 다루고 있다.

또한, 이 책은 다음과 같은 질문을 한다. 인류학적인 접근 방식이 기후변화에 대한 이해와 사회적 대응에 무엇을 제공할 수 있는가? 다음에서 더 자세히 살펴보겠지만, 제시카 반스 등(Jessica Barnes *et al*. 2013)은 몇 가지 일반적인 해답을 제시한다: (1) 심층적인 현장 연구를 수행해 온 인류학의 오랜 전통은 인류학자가 기후 관련 지식의 생성과 흐름을 구성하는 문화적 가치와 정치적 관계에 대한 통찰력을 발전시키는 데 필요한 기반을 제공하고, (2) 다양성과 지역의 인구 집단에 관한 관심은 인류학자가 기후변화의 많은 부정적 결과와 전 세계에서 전개되고 있는 광범위한 인간의 대응을 현장에서 목격할 수 있는 위치에 있게 하며, (3) 댐이나 도로 건설과 같은 인프라 개발 프로젝트에 관한 인류학적 연구는 (기후변화의 악영향을) 완화하는 노력이 예상외의 결과를 낳았을 때 이를 평가할 수 있는 토대를 제공하고, (4) 인류학의 총체적 사회에 대한 관점은 기후변화에 관한 성공적인 공공 정책을 시행하는 데 필요한 여러 부문 간의 복잡한 상호작용을 밝힐 수 있다.

이 책은 이러한 문제와 기후변화로 인해 제기된 긴급한 질문을 다루면서 다음과 같은 목표를 가지고 나아간다. 첫째, 기후변화인류학의 발전 현황을 기록하고 평가하고자 한다. 둘째, 세계를 변화시키는 기후변화의 영향에 비추어 이 분야의 빠른 발전을 도모하고자 한다. 셋째, 이 평가의 기반이 되는 비판사회생태학의 분석틀이 유용하다는 점을 입증하고자 한다. 마지막으로, 이와 같은 검토 결과를 바탕으로 재난을 피하는 데 필요하다고 생각되는 행동 지침을 제안하고자 한다.

기후변화인류학의 초기 시도들에 대한 인식을 기록하고 통합하여 이 분야의 발전을 위한 토대를 제공하기 위해 이 책에서는 기후변화 또는 지구온난화에 대한 다음과 같은 인류학적 접근법에 대한 개요를 제공한다: (1) 마거릿 미드(Margaret Mead)의 선구적인 관심에서 시작된 기후변화인류학의 초창기 연구자들, (2) 기후변화에 관한 과거와 현재의 증거, 기후변화가 인간 공동체에 미치는 영향과 대응에 대한 고고학적 접근, (3) 문화생태학적 접근, (4) 문화해석학 또는 현상학적 접근, (5) 비판인류학적 접근, (6) 응용인류학적 접근을 소개한다. 지난 몇 년 동안 우리는 기후변화에 대한 비판인류학을 발전시켜 왔는데, 이는 비판의료인류학 및 건강과 환경의 관계에 관한 연구에서 파생된 것이다. 이러한 노력은 인간활동이 원인인 기후변화를 자본주의 세계체제의 또 다른 눈부신 모순으로 이해하고, 사회적 형평성과 정의, 환경의 지속 가능성에 기반한 대안적 세계체제로 이를 극복해야 할 필요로 확장되었다(Baer and Singer 2009).

이 책은 다음과 같이 구성되어 있다.

제1장 "기후혼돈: 인간 행동, 환경 영향, 취약성 증가에 관한 사회생태학 모델 소개"에서는 다양한 온실가스, 특히 이산화탄소, 메탄, 아산화질소에 의해 유발되는 인간활동이 원인인 기후변화의 영향을 이해하기 위한 분석틀을 제시한다. 이 분석틀은 기후변화가 다른 인위적 생태위기와 상호작용하여 인간사회, 특히 정착 유형, 생계 및 식량 안보, 건강에 미치는 영향을 이해하기 위한 접근법을 제공한다.

제2장 "기후변화인류학의 출현과 성숙"에서는 마거릿 미드, 고고학자 브라이언 페이건 등 기후변화인류학의 다양한 선구자의 연구를 살펴본다. 이 학자들의 연구에도 불구하고 인류학자는 기후변화에 대한 대응에 적극적이지는 않았다.

그런데 2007년 12월 미국인류학회(AAA)가 기후변화에 관한 인류학 뉴스레터 포럼을 발간하고, 기후변화에 관한 두 권의 인류학 저서인 『지구온난화와 건강의 정치생태학(Global Warming and the Political Ecology of Health)』(Baer and Singer 2009), 『인류학과 기후변화(Anthropology and Climate Change)』(Crate and Nuttall 2009a)가 출판되면서 이제는 기후변화인류학이 서서히 성숙해 가는 듯 보인다.

제3장 "기후변화고고학"에서는 고생물학자, 고고학자 및 기타 학자들이 관심을 가져온 인류 진화에서 기후변화가 장기적으로 어떤 역할을 했는지를 살펴보고자 한다. 이 장에서는 주로 인간활동과는 무관한 자연적인 기후변화가 아프리카에서 인류의 생물학적 진화와 이후 인류가 유라시아, 호주, 아메리카 대륙으로 분산되는 과정에서 어떤 역할을 했는지를 개괄적으로 검토할 것이다. 기후변화는 다양한 문명의 형성, 즉 시간의 경과에 따라 지역을 점령하거나 포기하고 다른 문명을 붕괴시키는 등에서 중요한 역할을 한 것으로 보인다. 변화의 속도는 산업혁명과 최근의 전 지구화 및 삼림 벌채로 인해 더욱 극적으로 변한 것으로 나타났다.

제4장 "기후변화인류학의 이론적 관점"에서는 지난 한 세기 동안 인간과 기후변화의 다양한 측면을 다루기 위해 기후변화인류학에서 등장한 세 가지 이론적 관점, 즉 문화생태학, 문화현상학, 비판정치생태학을 소개하고자 한다.

제5장 "기후변화인류학의 사례 연구"에서는 기후변화를 이해하기 위해 인류학자가 사용하는 이론적 관점은 구분되는 듯이 보이지만, 실제로 기후변화를 연구하는 과정에서는 특정 지역에 대한 절충적 접근 방식과 지역 주민이 기후변화를 인식하고 대응하는 방식에 따라 관점이 혼용될 수 있다는 점을 지적한다. 이를 염두에 두고 이 장에서는 기후변화의 영향을 받는 지역의 기후변화 문제 또는 기후변화와 관련된 특정 주제에 관해 연구한 다양한 인류학자의 연구를 검토하는 몇 가지 사례 연구를 소개한다. 이 장에서 소개하는 사례 연구는 다음과 같다. (1) 북극 및 아북극지대, (2) 남태평양의 저지대 섬, (3) 방글라데시, (4) 안

데스, 히말라야, 알프스 등 고산 지역, (5) 사하라 이남 아프리카와 호주 등 건조(사막) 지역, (6) 미국 남서부 원주민, (7) 선진 사회의 기후변화 대응, (8) 기후과학자 및 기후변화 부정 과학자 등이 있다.

제6장 "기후변화인류학 연구의 응용"에서는 다양한 인류학적 관점을 지지하는 사람이 자신의 작업에서 연구의 초점이 되는 특정 집단이나 사회, 그리고 인류의 미래를 위해 응용할 수 있는 요소에 주목한다. 이 장에서는 (1) 인류학 교육과정에서 기후변화에 대해 가르치는 것, (2) 기후 정책, (3) 기후변화 문제에 대해 지역사회와 협력하는 것, (4) 국내외 기후운동과 협력하는 것 등 네 가지의 광범위하면서도 서로 구분되는 수준에서 인류학자의 응용 실천을 검토한다. 우리는 인류학자가 공동체, 지역, 국가, 전 지구적 차원에서 기후변화에 대응하기 위한 실천 프로젝트의 관찰자이자 참여적 연구자로서 연루되어야 한다고 주장한다. 이를 위해서 인류학자는 국제 기후체제, 중앙 정부, 주정부 또는 지방 정부, 비정부기구(NGO), 기후 행동 및 지속 가능성 단체 등 기후변화를 완화하고 필요한 경우 적응하기 위한 대규모 집단 노력의 일원이 되어야 한다.

제7장 "기후변화에 관한 다른 사회과학자의 의견"에서는 기후변화, 특히 인간활동이 원인인 기후변화는 본질적으로 학제적이고 융합적인 주제라고 주장한다. 이 장에서는 사회학, 정치학, 인문지리학의 기여 지점을 포괄적으로 개괄할 것이다.

제8장 "기후변화에 관한 통합적 비판사회과학의 필요성"에서는 인류학이 인류사회의 시작부터 미래, 그리고 전 세계 모든 지역에 관한 총체적 연구에 초점을 맞추고 있으며, 특히 산업혁명 이후 기후변화가 인간사회에 미치는 영향과 인간활동이 기후변화에 어떻게 이바지했는지를 연구하는 데 고유한 기여를 할 수 있다고 결론짓는다. 동시에 기후변화를 연구하는 인류학자는 자연과학자, 특히 기후과학자뿐만 아니라 다른 사회과학자, 심지어 인문학자의 연구에 대해서도 잘 알아야 한다는 점도 강조한다.

제1장

기후혼돈

인간 행동, 환경 영향, 취약성 증가에 관한 사회생태학 모델 소개

인간사회는 적어도 1만 2천 년 전에 소규모 수렵 또는 수렵-채집 집단에서 대규모 초기 농경 마을 집단으로 전환하기 시작했다. 그로부터 약 6천 년 후 메소포타미아에서 시작해 이집트, 인더스 계곡, 중국, 그리고 조금 더 늦게 아메리카와 사하라 이남 아프리카에서 비교적 거대한 계급 국가로의 전환이 이어졌다. 이러한 변화는 지질학자가 일반적으로 중세 온난기(AD 950~1250년)와 소빙기(AD 1300~1850년)와 같이 전 세계적으로 기후상의 미세한 변화만 있었던 간빙기라고 부르는 지질학적 시대인 홀로세(Holocene)라는 맥락에서 발생했다. 그러나 지역 환경에서는 홀로세 동안 뚜렷한 기후변화가 있었다는 지질학적, 고고학적 증거가 있다. 그 당시 기후변화는 인간활동이나 인간이 만든 힘보다는 주로 자연적인 힘이 주도했지만, 서기 9세기의 고대 마야 문명과 같이 일부 고대 문명의 붕괴, 그리고 시간이 지나면서 여러 지역에서 인간의 정착 혹은 이주의 흐름을 만드는 등 수 세기에 걸쳐 인간사회를 형성하는 데 중요한 역할을 한 것으로 보인다(Kennett *et al.* 2012). 이러한 의미에서 기후는 인간의 생활 방식과 행동을 포함하여 지구상의 생명체에 영향을 미치는 중요한, 그러나 때때로 논쟁의 여지를 만드는 요소였다. 예를 들어, "홀로세 중반 이후 사하라 사막의 확대와 건기를 통제해 온 기후는 궁극적으로 오늘날까지도 아프리카의 [문화적] 진화의 근간으로 간주할 수 있다."라는 증거가 있다(Kuper and Kröplin 2006: 807).

인간과 기후 연관성의 본질에 대한 관점은 때때로 환경결정론자 또는 기후결정론자의 입장을 반영하며 크게 세 단계를 거쳤다. 첫 번째 단계는 고대로 거슬러 올라가는데, 그리스의 저명한 철학자 히포크라테스(Hippocrates)는 "공기, 물, 장소(Airs, Waters, Places)"라는 제목의 논문을 통해 문화적 또는 기질적 차이를 환경적 요인에 기인한 것으로 설명하였다. 마찬가지로 사회과학과 역사학의 아버지로 불리는 이븐 할둔(Ibn Khaldoun)을 비롯해 많은 대학자/철학자는 문화 간의 차이가 사람이 거주하는 장소와 기후 등을 포함해 지역의 물리적 환경에서 결정적인 영향을 받는다는 관점을 지니고 있었다(Gates 1967). 하지만 1910~1920년대 이후 지적 맥락에서 환경결정론의 힘은 쇠퇴하고 있었다.

사람이 거주하는 각각의 장소가 독특한 문화적 생활양식이나 적응적 사회 유형의 발달을 추동한다는 개념과 오랫동안 씨름해 온 인류학 분야에서, 연구자들은 프란츠 보아스(Franz Boas)와 브로니슬라프 말리노프스키(Bronislaw Malinowski)로부터 기원한 개별 사례에 대한 상세하고 고유한 민족지학의 영향 속에서 결정론적 사고를 벗어나고 있었다. 그 변화의 핵심은 대체로 유사한 환경에 있는 두 집단이 서로 다른 독특한 상호작용 속에서 서로 다른 문화적 결과를 낳을 수도 있고, 반대로 서로 다른 기후 및 환경 조건에서도 비교적 유사한 문화적 특징이 나타날 수 있다는 사실을 깨달았다는 점이다. 결과적으로 딘(Dean 2000: 89)이 지적한 것처럼 "인간 사회와 자연 환경의 관계에 대한 과학의 관점은 교조주의적인 환경결정론부터 환경이 인간사회에 미치는 영향은 미미하다는 주장에 이르기까지 실로 다양하다."라고 할 수 있다. 1950년대에는 줄리안 스튜어드(Julian Steward 1955)의 통찰력 있는 연구로 인류학에 새로운 생태학적 관점이 등장하면서, 환경이 인간의 생활 방식에 미치는 중요한 영향—물론 하나의 압도적인 영향은 아니지만—을 다시 한번 진지하게 고려하기 시작했다. 인간과 자연의 관계에 관한 이 새로운 접근 방식에서 환경결정론은 인간 행동이 세계의 다른 영역에 미치는 광범위한 영향을 널리 인식하면서 비교적 온건해졌다. 인간은 주어진 환경의 적소(niches)에 적응하는 것이 아니라 그들이 맞닥뜨린 도전에 맞서고 문화에서 비롯되는 기회를 활용하는 한편, 문화에 깊이 스며 있는 필요와 요구를 충족시키기 위해 세계의 여러 다른 구성 요소를 재구성한다.

스튜어드의 영향을 받아 최근에는 환경인류학이라고 불리는 분야 내에 기후변화, 자연재해, 생물 다양성 손실, 지속 가능성 이슈 등 "인간과 환경의 관계에 관한 [응용] 연구가 주로 환경에 관한 관심에 의해 주도"되고 있다(Shoreman-Ouimet and Kopnina 2011: 1). "지구는 누구의 소유이며, 온실가스로 오염되고 있는 지구 대기는 누구의 소유인가"(Chomsky 2013)에 대한 근본적인 질문과 지구온난화 시대에 우리가 의미 있게 해야 할 일의 해답을 찾는 것이 이 책의 중요한 동기이다. 지구상 모든 사람의 권리와 존엄성을 핵심적으로 포용하고 인간과 환경의 상호작용의 중요성을 인식하는 인류학의 관점에서 이러한 질문에 답할 때 우리는 포스터(Foster *et al*. 2010: 107)의 주장과 비슷한 결론에 이른다. 즉, "지구의 재앙을 막기 위해서는 생태 혁명, 즉 생산과 재생산 관계를 근본적으로 재편하고, 보다 지속 가능한 사회를 만들어야 한다."라는 것이다. 다른 비판 사회과학자와 마찬가지로, 우리는 인류학이 초기 인간 행위에 의해 촉발되고 현대 신자유주의적 자본주의, 특히 세계경제체제 내에서 "산업 및 경제 발전의 맥락에서 인간 집단과 소비 습관의 확장"에 의해 크게 확대된 환경 파괴 경향을 다루는 데 있어서 다소 더뎠다고 생각한다(Kopnina and Shoreman-Ouimet 2017: 4).

그러나 점점 더 많은 인류학자가 오늘날의 기후변화 문제에 관심을 기울이고 있다. 이들은 지역 환경의 현저한 변화, 기후변화과학과 그러한 과학의 타당성을 부정하는 것 모두에서 여러 생활 공동체가 이를 어떤 맥락 속에서 직면하고 대응하는지, 그리고 그것이 통시적인 인간/기후의 상호작용 속에서 어떤 의미를 지니는지를 이해하고자 노력하고 있다. 관련 분야의 연구가 점차 늘어나면서 이 작업을 통합하고, 주요 특징과 범위를 평가하면서 현재까지 이루어진 시도 간의 차이를 검토하고, 기후변화를 인류학적으로 사고하는 모델을 제안하며, 평가의 긴급한 성격에 비추어 필요한 실천과 변화의 경로를 주의 깊게 들여다보며 환기하는 것은 충분히 가치가 있다.

다양한 분야의 연구자는 지구의 기후가 결코 고정된 적이 없다는 점을 분명히 한다. 예를 들어 공룡이 우점하는 생명체였던 6천 6백만 년 전에는 지구의 대부분이 열대였으며, 현재 우리가 남극이라고 부르는 곳에는 야자수가 자라고 그린란드에는 악어가 살았다. 그러나 과거 기후변화의 주요 원인이었던 자연요인(예를 들어 화산, 태양의 변화)보다 오늘날 훨씬 더 중요한 것은 인간의 의도적인 활동과 기술에 의한 기후변화이다. 지난 1만 년 동안 지구의 전체 기온은 "기후과학자 로버트 코렐(Robert Correll)이 최적 지점(sweet spot)이라고 명명했던 놀랍도록 온화하고 안정적인 상태에서 0.5℃(0.9℉) 이상 상승하거나 하락하지 않았다"(Aitken 2010: 129). 그러나 인간의 영향은 이전에는 불가능하다고 믿었던 방식으로 지구의 기후를 불안정하게 만들었다. 화석연료에 대한 전 세계적인 의존으로 대기 중 이산화탄소 수준은 2013년에 플레이스토세(Pleistocene)[1] 이후 최고 수준인 400ppm을 돌파했으며, 2012년 이산화탄소 배출량이 1.4% 증가한 31.6기가톤으로 기록된 것에서 볼 수 있듯이 계속해서 증가세를 보인다. 이제 지구의 대기 중 이산화탄소 농도와 지표 온도에 대한 직접적인 관측 증거가 있다(Kahn *et al*. 2016). 온난화 추세의 결과 우리는 지금 행성적 위기에 직면에 있으며, 이는 우리의 이해와 행동에 대한 근본적인 변화를 요구한다.

인간이 만든 기후변화를 개념화하기

기후변화는 전 지구적인 일련의 물리적 과정을 수반하기 때문에, 사실 지구

1 플레이스토세는 신생대 제4기로 가장 최근의 빙하기가 시작된 시기를 가리키며, 홍적세(洪積世)라고도 불린다.

곳곳에서 다양한 문화 생활을 영위하는 특정 민족에 대한 집중적인 소규모 연구를 바탕으로 이름을 알린 인류학과 같은 사회과학자에게 이를 인류학적으로 접근하는 것은 언뜻 어울리지 않거나 환상에 가까운 것처럼 보일 수 있다. 사실 20세기 후반 이후 신자유주의적 세계화와 개발의 힘이 전 세계 곳곳에서 인간 생활을 재구성하면서 인류학은 극적인 변화를 겪었다. 인류학 연구는 적어도 부분적으로는 지방이나 지역을 배경으로 수행되는 경우가 많지만, 오늘날 인류학 연구는 지역 세계가 전 지구화 과정과 구조에 연루되는 지점에 초점을 맞추고 있다. 에릭슨은 이를 다음과 같이 강조한다(Eriksen 2001: 2).

그간 소규모 비산업 사회에 대해 초점을 맞춘 연구가 인류학의 고유한 특징이라고 간주된 것이 일반적이었다. … 하지만 세계와 학문 분과 그 자체의 변화로 인해 이는 더 이상 정확한 묘사가 아니게 되었다.

오늘날 인류학자는 종종 작은 장소에서 큰 문제를 연구하고, 여러 물리적 환경과 계층적 사회 체계의 구조적 위치에 걸쳐 다중현장연구(multisited studies)를 수행한다. 이는 사회와 환경/기후적 복잡성을 연구하기 위한 접근법의 발전을 가져왔다.

우리는 지역 세계가 단지 땅 위에서만 만들어지는 것이 아니라 여러 수준에서, 그리고 권력이나 기후변화와 같은 역동적인 글로벌 영향과 같은 교차 과정의 결과로 발생하는 역사적이면서도 지속적인 연결과 영향을 반영한다는 점을 자각하고 있다(Wolf 1982). 오늘날 인류학 연구는 다양한 규모에서, 특히 지역과 세계 또는 그 사이의 수준 간의 교차점과 흐름의 지점에서 이루어지고 있다. 이러한 맥락에서 "기후변화에 대한 논쟁에 인류학적 주장을 개입시키는 것의 중요성"을 강조하는 기후변화인류학이 등장했다(Hirsch *et al*. 2011: 267).

우리의 모델

이 장에서는 [그림 1-1]과 같이 인간과 기후변화 상호작용의 논의를 이끄는 세 가지 개념, 즉 "인간 요인의 기후혼돈", "생태위기 또는 다중위험의 상호작용", "환경적 예측 불가능성"과 관련 개념인 "인지된 불안정성"과 "취약성"으로 구성된 인간의 "기후/환경/사회" 또는 사회생태학적 분석틀을 소개한다.

이상의 사회생태모델의 근간에는 생태체계인 지구가 한계를 지니고 있으며, 인간의 기술은 이제 "지구위험 한계선(planetary boundaries)"을 넘어 "인간 존재에게 해롭거나 심지어 재앙이 될 수 있는 갑작스럽고 돌이킬 수 없는 환경 변화를 유발"할 수 있다는 인식이 깔려 있다(Rockström *et al*. 2009). 스톡홀름대학교의 스톡홀름회복력센터(Stockholm Resilience Centre)의 요한 록스트롬(Johan Rockström)과 여러 국가 출신의 그의 동료 연구팀은 "지구위험 한계선"을 통해 지구의 자기조절 능력을 형성하는 생물물리적 과정의 중요성을 강조한다. 이 접근 방식은 불변의 임계값과 티핑포인트에 주목하며, 이 임계값을 넘으면 장기간에 걸쳐 비선형적인 변화를 일으켜 지구상의 "인류의 안전한 활동 공간"을 위태

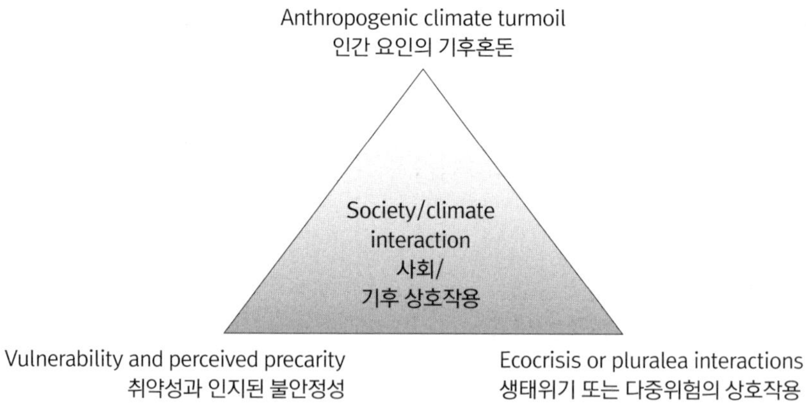

그림 1-1 기후변화인류학 연구를 위한 사회생태학적 분석틀

롭게 할 수 있다(Rockström *et al*. 2009). 이러한 이해는 1972년 매사추세츠공과대학교(MIT)에서 시작된 성장-한계 분석(limits-to-growth, LtG)을 기반으로 하는데, 이는 이용 가능한 정보를 반복적으로 검토하여 세계 경제와 환경 상태를 연결하고자 했다(Meadows *et al*. 1972). 이 연구는 무분별한 경제 및 인구 증가가 지구에 미치는 영향을 파악하기 위한 정교한 모델을 개발하는 것을 포함하고 있다. 성장-한계 분석의 관점은 무제한적인 성장을 지지하는 사람들로부터 근거 없는 종말론적 예측이라고 비판받았다. 하지만 몇 년 전 응용물리학자인 그레이엄 터너(Graham Turner 2008)는 1972년 보고서와 그 이후의 성장-한계 분석 보고서(예를 들어 Meadows *et al*. 1992, 2004)에서 예측한 내용에 비추어 지난 30년간의 현실을 신중하게 평가했다. 그는 산업 생산의 확대, 첨단 농업의 확산, 그로 인한 오염과 온실가스의 대량 발생이 21세기의 생태, 경제, 사회 붕괴에 대한 성장-한계 분석의 예측과 일치한다고 결론지었다. 터너는 기존의 증거가 "지구체계가 지속 가능하지 않은 궤도에 있다는 성장-한계 분석의 결론을 뒷받침하고 있다."라고 말한다(Turner 2008: 38). 이후 40년 동안의 성장-한계 분석 예측을 검토한 터너(Turner 2014)는 "성장-한계 분석이 보여준 중요한 교훈은 지구 환경 문제가 일반적으로 서로 얽혀 있으며 고립된 문제로 취급되어서는 안 된다는 것"이라고 결론지었다. 또한 그는 다음과 같이 강조한다.

> *데이터 추세가 성장-한계 분석의 역학 관계와 일치한다는 것은 붕괴의 초기 단계가 10년 이내에 발생할 수 있거나 심지어는 진행 중일 수도 있다는 것을 나타낸다. 이는 합리적 위험 기반 관점에서 볼 때 우리가 지난 수십 년을 낭비했으며, 지구체계 붕괴에 대비하는 것이 붕괴를 피하는 것보다 훨씬 더 중요할 수 있음을 시사한다.*
>
> *Turner 2014: 16*

또한, 인구 증가와 환경에 대한 수요 증가와 관련하여 조르지오 네비아는 다음과 같은 질문을 한다(Giorgio Nebbia 2012: 86).

세계 인구는 거의 5배 증가했으며, 이로 인해 식량, 에너지, 광물, 공간, 주택 및 물에 대한 수요는 10배 증가했다. 또한 도시 밀집 지역에 거주하는 인구도 10배 이상 증가했다. 이런 현상이 언제까지 지속될까?

언뜻 보면 인류의 생존이라는 궁극적인 목표를 고려할 때, 지구위험 한계선이라는 틀 속에는 소위 인간중심적 환경주의(anthropocentric environmenatalism)가 어느 정도 배어 있는 것으로 보인다. 인간중심적 환경주의는 주로 인간의 생존을 위해 자연을 보호하는 것을 정당화하려는 노력을 가리킨다. 가장 명확한 형태인 인간중심적 환경주의는 인간과 환경을 극명하게 구분한다. 이러한 구분은 유대-기독교 전통에서 데카르트적 사고, 현대 환경주의 분야에 이르기까지 서구 주류 사상에 깊은 뿌리를 두고 있으며, "인간 대 동물, 자연 대 문화와 같은 이분법적 대립"을 발전시켜 왔다(Koensler and Papa 2013: 286). 윌리엄스는 다음과 같이 말한다(Williams 2003: 5).

자연은 인간 삶의 드라마가 펼쳐지는 수동적인 장소이고, 조화로운 신이 주신 배경이며, 인간 존재의 "소리와 분노"는 "대지는 영원하다"라는 개념과 대조된다는 것이 서구 정신과 문화에 깊이 뿌리 박힌 신화이다.

그러나 지구위험 한계선 모델과 이 책에 표현된 우리의 관점은 자연이 인간 활동의 무대에서 펼쳐지는 중요한 사건의 배경에만 머무르지 않는다는 것을 첨예하게 강조하고 있다. 오히려 "인간 행동과 생물지구물리적 과정의 상호 관련성"(Dearing 2007: 27)에 기초하여 인간과 그 너머 자연과의 상호작용에는 복합적인 방향이 작동하고 있다. 또한, 인간중심주의에서의 환원주의적 지향은 인간이 그 너머의 자연의 다른 부문 또는 지구상에 흩어져 있는 다양한 민족 혹은 종족 문화 집단이 서로 깊이 얽혀 있는 더 넓은 구조와 과정을 이해하지 못하기 때문에 민족 혹은 종족 중심주의 못지않게 왜곡과 위험을 낳을 가능성이 있다(LeVine and Campbell 1972; Taylor 1986). 우리는 '세계 속의 인간'에 대한 이 두 가지 비판적 시각을 통합하여 인간과 문화가 자연에서 분리된 것이 아니라 자연 안에 존재한다는 관점, 그리고 환경적으로 표현되고 경험되는 권력, 끝없는 경제 확장의 생산주의 윤리, 사회부정의가 우리 자신을 포함한 종의 대처 능력을 넘어 생태계를 밀어붙이는 방식을 평가할 수 있는 모델을 개발하고자 한다. 인간을 비롯한 생명체의 관점에서 볼 때, 우리는 내부로부터의 파괴, 즉 "과장하지 않고도 종말의 위협이라고 부를 수 있는"(Foster *et al*. 2010: 109) 일련의 상황에 직면해 있다. 생명체가 매우 다양한 생태적 조건에서 번성할 수 있는 능력이 입증되었음을 고려할 때, 위태로운 것은 생명체나 지구가 아니라 우리 종의 역사적 삶과 지구에 서식하는 다른 많은 동식물의 삶을 포함하여 우리가 알고 있는 생명체들일 것이다.

이 책에서 우리는 기후변화와 지구온난화라는 용어가 현재 지구에서 일어나고 있고 미래에도 일어날 것으로 예상되는 중대한 기후변화를 가리키는 데 일반적으로 사용되고 있지만, 이 두 용어는 우리 주변 세계에서 일어나고 있는 일을 제대로 포착하지 못한다는 인식에서 출발한다. 물론 기후는 변화하고 있지만, 중요한 것은 변화 그 자체가 아니라 온난화라는 뚜렷하고 전반적인 추세를 보인다는 점이다. 또한 이러한 추세 안에는 "기후변화"라는 용어에서 잘 드러나지 않는 해양 산성화 및 블랙카본(black carbon)[2] 축적과 같은 변화도 있다.

마찬가지로 지구온난화는 다양한 기후변화를 이끄는 배후 동력이지만, 이 역시 현재 일어나고 있는 불규칙한 현상을 표현하지 못하며, 2012년 허리케인 샌디나 2013년 태풍 하이옌과 같이 갑작스럽고 더욱 빈번하게 나타나는 극심한 폭풍과 같은 기상현상을 포괄하지 못하는 것 같다.

또한, 온실가스를 배출하는 대규모의 산업화 같은 인간활동이 기후 유형의 변

2 블랙카본은 화석연료의 연소과정에서 발생하는 그을음, 매연 등 탄소계 화합물이다. 기후변화에 더 심각한 영향을 준다고 알려져 있다.

화를 추동하는 동력이기는 하지만, 인간활동이라는 직접적인 원인 이외에도 여러 가지 중요한 환경상의 피드백 메커니즘도 작용하고 있다. 예를 들어 지구 온도 상승으로 해빙이 녹으면 극지의 해수(dark water, 암수, 얼음과 달리 태양 에너지를 반사하지 않고 흡수함)가 노출되어 바다의 온도가 상승한다. 북극 지역의 온난화는 영구 동토층에서 이산화탄소의 방출을 가속화하여 온실가스를 증가시킨다. 마찬가지로 폭염, 가뭄, 폭풍은 식물의 성장을 방해하여 대기 중 이산화탄소 농도 증가를 억제하는 중요한 보호 장치들을 약화시킨다. 식물은 화석연료의 연소를 통해 생성되는 이산화탄소의 상당량을 공기 중에서 흡수한다. 가뭄과 폭염은 물론 극심한 폭풍은 산림의 바이오매스(biomass, 생물량)를 파괴함으로써 대기 중 이산화탄소를 감지할 수 있는 수준으로 증가시킬 수 있다. 또한, 대기 중 이산화탄소 농도가 증가하면 매일 600편의 비행기가 날아다니는 북대서양 상공에 난기류를 발생시킬 수도 있다. 항공사는 이러한 난기류를 피하고 승객이 비행기가 추락할 것 같은 불안감을 느끼지 않도록 하기 위해 항공기가 더 멀리 비행해야 하는 경로를 선택해 더 많은 연료를 사용하게 되고, 그에 따라 이산화탄소는 더 많이 발생한다. 기후 피드백 메커니즘이 매우 중요한 이유는 이런 여러 메커니즘이 일단 임계값을 넘어 활성화되면 추가적인 인간활동이 없더라도 지구온난화를 더 촉진할 수 있기 때문이다.

기후혼돈

이러한 도전에 비추어 이 책에서 우리는 지구온난화, 기상이변, 다양하고 심지어 모순적으로 보이는 기후변화 현상, 불규칙성의 증가를 포괄하기 위해 "기후혼돈"이라는 대체 용어를 제안한다. 이러한 맥락에서 혼돈이라는 용어의 사용은 『혼돈 속의 가이아(Gaia in Turmoil)』(Crist and Rinker 2010)에 그 뿌리를 두고 있다. 제임스 러브록과 린 마굴리스(James Lovelock and Lynn Margulis 1974)가 처음 제시한 가이아 이론은 지구의 물리적, 생물학적 과정이 불가분의 관계로 연결되어 지구에서 생명체가 번성할 수 있는 조건을 유지하는 데 도움이 되는 자기조절체계를 형성한다는 반-인간중심주의의 관점(anti-anthropocentric view)에 기반을 두고 있다. 특히, 이 이론의 일부로서 온실가스인 이산화탄소와 탄소 순환에 참여하는 생물체의 활동은 지구의 표면 온도를 거주 가능한 한도 내에서 유지하는 데 중요한 역할을 하는 것으로 간주된다. 일산화탄소는 잠재적으로 치명적인 독소이지만, 두 번째 산소 원자가 추가되어 이산화탄소를 형성하면 생명체에 무해한 분자가 된다. 이산화탄소는 환경오염물질도 아니다. 사실 대기 중 이산화탄소가 태양 복사열을 잡아두지 않는다면 지구는 생명체가 살 수 없는 얼음 행성이 될 것이다.

대기 중 이산화탄소와 메탄 및 아산화질소와 같은 기타 온실가스는 그 밀도가 태양 에너지를 너무 많이 머금어 온도를 불안정하게 하는 지점에서 위협적인 존재로 바뀐다. 비유하자면, 샤워 시 따뜻한 물은 쾌적하고 깨끗하지만 일정 온도가 넘은 뜨거운 물은 화상의 위험이 있다.

인간이 배출하는 온실가스의 양이 점점 더 많아지면서 지구는 지난 1만 년 동안의 적정 온도와 안정성이 훨씬 떨어지는 새로운 기후 시대의 시작을 구분하는 위험한 문턱 경계에 도달하기 시작했다. 지구온난화로 인한 기후 패턴의 붕괴로 기온이 전반적으로 상승했을 뿐만 아니라 빈도가 높아지고 강도가 증가한 심각한 폭풍의 증가, 치명적인 여름 폭염, 지속적이고 시들어가는 가뭄, 저지대와 해안 지역을 위협하는 해수면 상승, 파괴적인 홍수, 해양 산성화 등 극적인 변화가 시작되고 있다. 다시 말해, 지구온난화의 형태로 나타나는 기후변화는 상부 구조에 불과하며, 지구에서 일어나고 있는 변화의 일부에 불과하다. 당파를 초월한 과학 및 저널리즘 단체인 클라이밋 센트럴(Climate Central)의 기자와 기후과학자들은 새로운 기후 불안정성의 다양하고 심지어 모순적으로 보이는 측면(㉠ 일부 지역의 가뭄, 다른 지역의 홍수)에 주목하기 위해, 오늘날 인간활동으로 생겨나는 기후변화의 다양한 영향을 자세히 설명하는 공공 교육 오디오북의 제목을『전 지구적 괴랄함(Global Weirdness)』(Elert and Lemonick 2012)이라는 기발한 제목으로 정했다.

2012년의 허리케인 샌디와 같이 거대한 크기와 엄청난 수분을 포함하는 슈퍼 태풍으로 인한 혼란과 무질서를 강조하기 위해 기후혼돈이라는 대안을 선택했다. 기후변화로 인한 온난화의 대부분은 바다에서 발생하며, 2012년 해수면 온도는 평년보다 훨씬 높았다. 2012년 9월은 전 세계적으로 두 번째로 높은 해수 온도를 기록했다. 허리케인 샌디는 발달 과정에서 이례적으로 따뜻한 바다에서 상당한 시간을 보내면서 미국 북동부에 내릴 수 있는 비구름 속 수분의 양을 늘렸다(Fischetti 2012). 게다가 허리케인 샌디는 북대서양에서 기상학자들이 블록이라고 부르는 기상 교통 체증을 만났다. 대부분의 허리케인은 북동쪽의 바다로 빠져나가지만 샌디는 이 블록에 막혀 정체했다. 한편, 중서부 상공의 매우 차가운 공기와 관련된 폭풍도 이 대서양의 기상 교통 체증에 막혀 카리브해 일부와 미국 중서부 및 북동부 지역을 황폐화시킨 이례적인 하이브리드 폭풍을 만들어냈다. 이 폭풍으로 인해 최소 750억 달러에 상당하는 피해가 발생했고 285명이 사망했다. 중요한 것은 최근 연구에 따르면 이러한 차폐 현상과 가을 추위가 지구온난화의 산물로 알려진 북극의 해빙 손실과 관련이 있다는 것이다. 허리케인 샌디가 지나간 후 워싱턴포스트에 실린 기고문에서 미국항공우주국(NASA)의 고다드우주연구소(Goddard Institute for Space Studies)의 제임스 한센(James Hansen 2012a)은 이렇게 썼다:

> *우리의 분석은 지구온난화가 극단적인 날씨를 가져올 수 있다고 말하거나 개별 기상 현상이 기후변화와 직접적이기보다는 복합적으로 연결된다는 경고를 반복하는 것만으로는 더 이상 충분하지 않다는 것을 보여준다. 반대로, 우리의 분석에 따르면 최근의 극심한 폭염은 기후변화가 아니고서는 사실상 설명할 수 있는 게 없다.*

한센은 2010년 러시아의 폭염과 2011년 텍사스와 오클라호마를 강타한 재앙적인 가뭄이 모두 기후변화의 영향일 수 있다고 덧붙였다. 또한 그는 다음과 같이 언급했다. "자연적인 변동성이 이러한 극한 상황을 초래했을 가능성은 아주 미미하고 낮다. 이러한 확률을 믿는다는 것은 직장을 그만두고 매일 아침 공과금을 내기 위해 복권을 사는 것과 같다." 기록된 역사상 가장 큰 태풍으로 상륙한 태풍 하이옌도 마찬가지인데, 이 치명적인 기상이변의 규모와 위력이 커진 데에는 바다의 수온 상승이 기여했을 가능성이 높다.

마찬가지로 멜버른대학교의 기후과학자 소피 루이스와 데이비드 캐롤리의 새로운 연구(Sophie Lewis and David Karoly 2013)에 따르면 지구온난화로 인해 호주인이 기록적인 더운 여름을 겪을 위험이 5배나 증가했다. 2013년 여름, 호주는 기록상 가장 더운 여름을 경험했으며, 루이스와 캐롤리는 인위적인 기후변화의 결과일 가능성이 매우 높다고 결론지었다(90% 이상의 신뢰 수준). 동시에 미국 서부와 유럽 같은 곳에서는 산불이 더 오랫동안 더 자주 발생한다. 화염 또한 더 크고 더 뜨거우며, 더 많은 피해를 입히고 있다. 이는 모두 기후변화로 인한 건조함이 만들어낸 결과이다(Moritz *et al*. 2012). 요컨대, 우리는 한센의 말(Hansen 2012a)처럼 다양한 기상이변이 "더욱 빈번해지고 더욱 심각해져 가는" 지구에서 살아가는 인간의 경험을 변화시키는 기후혼돈의 시대에 접어들었다.

우리가 목격하고 있는 변화의 규모 때문에 네덜란드의 대기화학자 폴 크루첸(Paul Crutzen and Eugene Stoemer 2000)은 현재 우리가 살고 있는 지구의 지질학적 연대를 인류세(Anthropocene)(Age of People, 인류의 시대)로 바꿔야 한다고 제안했다. 그의 주장에 따르면 지난 150년 동안 지구의 생물지질학적 환경과 기후를 형성하는 데 가장 큰 영향을 미친 것은 자연의 힘보다 인간의 활동이다. 실제로 1870년 이탈리아의 지질학자 안토니오 스토파니(Antonio Stoppani)는 정확히 같은 이유로 인류기(Anthropozoic)라는 용어를 제안했지만, 곧 무시되었다. 하지만 지금은 지구에 인간이 남긴 발자국의 범위가 스토파니 시대보다 훨씬 더 분명해졌다. 예를 들어, 저명한 생물학자이자 생태학자인 에드워드 윌슨(Edward O. Wilson)의 계산에 따르면 인간의 바이오매스는 공룡을 포함해 지구에 살았던 다른 어떤 대형 동물 종보다 100배나 더 많다(Kolbert 2011).

크루첸의 견해에 따르면, 극지방의 얼음에 갇힌 공기를 분석한 결과 인류세의 시작은 전 세계적으로 이산화탄소와 메탄 농도가 증가하기 시작한 18세기 후반으로 거슬러 올라갈 수 있다. 이 날짜는 1784년 제임스 와트가 증기기관을 설계한 날과도 일치한다. 인류가 지구에 미치는 영향의 정도는 제2차 세계대전 이후 인구가 1950년 30억 명에서 2000년 60억 명으로 두 배로 증가하고 산업 생산, 소비주의(지금은 과소비라고 부르는 것이 더 정확할 것이다), 전 지구화의 규모가 급격히 확대되면서 크게 증가했다. 오늘날, 크루첸의 표현을 빌리자면(Crutzen and Schwägerl 2011), 지구는 "빠른 속도로 인류화되고 있다."라고 할 수 있다.

2012년 미국 스미소니언박물관이 주최한 그랜드챌린지심포지엄의 첫 번째 세션에서 인류학자 셜리 피스케(Shirley Fiske, 2012c)는 "인류세의 의미는 윤리적이고 도덕적인 것, 즉 우리가 미래를 어떻게 바라보고 우리가 가진 지식으로 무엇을 할 수 있는가 하는 것"이라고 강조했다. 그러나 인간의 의도가 무엇이든, 전 지구적인 재앙(㉔ 대규모 운석 충돌, 전면적인 핵전쟁, 막을 수 없는 전염병 대유행, 최악의 지구온난화)이 일어나지 않는 한 인류는 가까운 미래에도 환경에 주요한 영향력을 미칠 것이라는 점은 분명하다. 이미 빌 맥키벤(Bill McKibben 2010: 2)과 같은 일부 사람은 그렇게 주장하고 있다:

> *세상은 아직 끝나지 않았지만, 우리가 알고 있던 세상은 이미 끝났다. 비록 우리가 아직 모르고 있지만, 우리가 여전히 그 오래된 지구에 살고 있고, 주변에서 볼 수 있는 교란은 오래전부터 있었던 그저 어쩌다 한 번 생긴 괴상한 일일 뿐이라고 생각한다. 그렇지 않다. 지구는 (이미) 다른 장소다. 다른 행성이다.*

다중위험의 상호작용

기후혼돈이라는 개념으로 표현되는 기후변화의 무수한 영향 외에도, 지구에서 일어나는 급진적인 변화가 온실가스 배출의 결과로만 단독으로 일어나지는 않는다는 점을 강조하고 싶다. 오히려 가장 위협적인 변화의 대부분은 삼림 벌채, 산호초 손실, 맹그로브 손실, 습지 손실, 대기오염, 수질오염 등 인간이 초래한 다른 생태위기와 인위적인 기후 상호작용의 산물이다. 이러한 인위적인 기후/환경 상호작용은 인류학 문헌에서 다중위험의 상호작용(pluralea interactions)이라고 불리며, 인간의 행동과 그 영향이 의도하지 않은 방식으로 결합되어 지구를 불길하게 재편하고 있음을 시사한다(Singer 2009b, 2010a).

이 모델의 구성 요소는 우리가 만들어낸 다양한 환경 재난을 인간복지에 대한 독립적인 위협으로 보지 말아야 한다는 점을 강조한다. 예를 들어, 생물다양성의 중요한 구성 요소를 빠르게 잃어 가고 있는 바다부터 숨쉬기 힘든 유독성 공기가 전 세계 도시를 뒤덮는 것까지 많은 현상이 서로 연결되어 있다. 이들 문제를 개별적으로 이해하게 되면 현대의 생태위기에 대한 편협하고 고립된 시각으로 인해 파편화되고 심지어 경쟁적이기까지 한 완화 대응으로 이어진다. 오히려 인간이 환경에 미치는 악영향은 결과적으로 서로 교차하며, 그 결과로 발생하는 상호작용은 인간뿐만 아니라 다른 동식물에 대한 전반적인 영향을 크게 악화시켜 잠재적으로 재앙적인 결과를 초래한다(Rees 2003).

다중위험의 상호작용이라는 용어는 다수를 의미하는 라틴어 plur와 위험 또는 위해를 의미하는 alea에서 유래했다. 여기서 중요한 것은 우리가 만들어낸 위험의 개수뿐만 아니라 그 영향이 상호 확증되는 방식이다. 다중위험의 상호작용이라는 관점의 핵심은 두 개 이상의 환경 위기가 연관되어 환경과 인간에게 시너지 효과를 내고 영향을 확대하는 경로와 메커니즘에 대한 이해를 발전시키는 것이다. 그 대표적인 예가 호흡기 건강이 점점 나빠지고 있다는 점이다. 이는

"더 많아진 꽃가루와 심해진 대기오염 사이의 상호작용, 뇌우와 극단적인 강수 현상, 복사열과 관련된 지상 오존오염 악화, 주변 대기오염을 증가시키는 자연 및 인공적 오염유발자 증가, 산불과 연동된 대기오염" 때문이다(Shea *et al*. 2008: 445). 다양한 연구를 검토해 내린 이 결론은 고해상도 기후/대기오염 컴퓨터 모델링을 통해서도 뒷받침된다(Noyes *et al*. 2008; Ren *et al*. 2008). 지구온난화와 대기오염 그리고 호흡기 건강 사이의 구체적인 연관성은 다음과 같다: (1) 자동차와 산업용 발전소, 화학산업에서 배출하는 물질들(㉮ 살충제)이 환경에 더 많이 배출되고 높아진 지구 온도로 인해 생겨나는 독소의 해로운 영향, (2) 지구온난화 및 건조한 환경 조건의 결과로 점점 더 많은 양의 유해 입자 물질, 일산화탄소 그리고 다환방향족탄화수소[3]를 방출하는 산불, (3) 기후혼돈과 연관된 강수 유형의 변화, 농지 구조 조정, 빈번한 홍수와 범람으로 건물이 침수되어 촉진되는 유해 곰팡이 노출, (4) 돼지풀 및 기타 지구온난화에 의해 생성되는 알레르기 관련 식물의 꽃가루 종류 및 양이 모두 증가한 것(Ontario Lung Association 2008).

공기를 오염시키는 다양한 인위적 행위들과 지구온난화 사이에서 생겨나는 일련의 복잡한 상호작용은 지구의 다른 생태계에서도 진행 중이다. 예를 들어 숲은 아주 놀라운 속도로 벌채되고 있는데, 이는 이산화탄소를 저장하는 데 필수적인 "탄소흡수원"을 제거하는 것과 마찬가지다. 세계 열대우림의 5분의 1이 1960년에서 1990년 사이에 파괴된 것으로 추정된다(Mongillo and Zierdt-Warshaw 2000). 삼림 벌채는 저장된 탄소를 대기로 방출하여 온실 효과를 강화하고 지구온난화를 가속화한다. 이 온난화는 계속해서 가뭄을 일으키고, 아마존에서 이미 발생하고 있는 것처럼 숲의 여러 지역을 죽이고 있다.

미국 대륙 크기만한 아마존은 지구 담수의 20%를 보유하고 있으며 산소의 5

---

3 2개 이상의 벤젠고리가 선형으로 각을 지어 있거나 밀집된 구조로 이루어져 있는 유기화합물로서 화학연료나 담배, 숯불에 구운 육류와 같은 유기물의 불완전 연소 시 부산물로 발생하는 물질이다.

분의 1을 생산한다. 인간활동에 의한 탄소 배출로 인해 지구의 기후가 점점 더 위협받고 있는 가운데 아마존은 지구온난화를 억제하는 몇 안 되는 힘 중 하나였다(바다는 또 다른 힘이다). 열대우림은 매년 20억 톤의 대기 중 이산화탄소를 흡수한다. 그러나 기후 연구자들은 2005년과 2010년에 아마존을 강타한 기록적인 가뭄으로 수십억 그루의 나무가 죽었다고 보고한다(Lewis *et al.* 2011). 아마존의 한 지역은 이 기간 동안 과학자들이 "대 가뭄(mega droughts)"이라고 지칭한 현상을 경험했다. 위성과 지상 데이터는 2005년과 2010년 가뭄 모두 이후 이 지역에서 산불이 증가하고 나무들이 고사했음을 보여준다. 이러한 발견은 아마존에 내리는 비가 매년 점점 더 적어지고 있음을 나타내는 다른 연구 결과들을 뒷받침한다. 이렇게 가뭄으로 고사되는 모든 나무는 숲이 탄소 흡수원에서 이산화탄소 배출원으로 변화하는 데 기여하고, 추가적인 온난화와 추가적인 가뭄이 강화되는 과정으로 이어진다. 이는 아마존의 전체 지역과 아마존으로부터 산소, 물, 그리고 탄소를 격리시키는 환경 작용[4]으로부터 혜택을 받고 있는 모든 지역을 위협한다. 이 위기의 강도를 증폭시키는 것은 소의 목초지를 만들고 특히 부유한 국가로 수출하는 대두나 바이오연료 생산용 단일경작지를 확보하기 위해 의도적으로 거대한 규모로 산림을 벌채하는 행위이다(Williams 2003).

해양의 산호초가 망가지고 있는 것은 인간활동의 여러 형태가 전 인구에 영향을 미치는 또 다른 다중위험의 상호작용의 한 사례이다. 세계 자원 연구소(World Resources Institute)와 25개의 다른 연구기관이 함께 시행한 "위험에 처한 산호초(Reefs at Risk)"라는 제목의 분석은 현재 세계 산호초의 4분의 3이 위험에 처해 있으며 2050년까지는 거의 모든 산호초 체계가 위험에 처할 것이라고 결론냈다. 이미 호주의 그레이트 배리어 리프(Great Barrier Reef)는 1985년 이후 산호초

4 탄소격리(carbon sequestration)는 탄소를 탄소흡수원에 저장하는 과정이다. 대기 중 이산화탄소의 양을 줄여 기후변화를 완화하는 데 중요한 역할을 한다.

덮개의 절반 이상이 사라졌으며, 그 손실의 3분의 2가 1998년 이래로 발생했다(De'ath *et al*. 2012). 이는 산호초 주변에 사는 물고기 등을 잡아 식품으로 섭취하는 국가들, 즉 인도네시아, 말레이시아, 파푸아뉴기니, 필리핀, 솔로몬제도, 티모르 등 산호초 삼각지대(Coral Triangle)라고 불리는 국가들과 카리브해 연안 국가 및 다른 국가에 심각한 결과를 초래할 것으로 예상된다. 전 세계적으로 보면 2억 7천 5백만 명의 사람이 산호초 근처(즉, 30km 이내)에 살고 있는 것으로 추정되며 이러한 지역의 많은 사람은 산호초에 생계를 의존한다(Burke *et al*. 2012). 또한 산호초는 해안 지대와 섬에서 농경지와 담수원의 침식, 폭풍 해일, 홍수, 염분화의 피해를 막는 보호 장벽의 역할을 한다(Wilkinson 2008). 인위적인 산호초 손실의 위협은 여러 원인에 기인한다. 기후변화는 바다의 온도를 높임으로써 바다의 온도 상승에 대한 스트레스 반응인 산호초 백화현상이 일어난다. 산호초 주변의 바닷물이 뜨거워지면서 산호초에 화려한 색깔을 제공하는 작은 생물인 동물성 공생조류(zooxantellae)[5]가 숙주를 떠나 대량으로 이주하면서 자신과 남겨진 산호들을 모두 죽게 한다. 또한 온실가스 배출로 인해 바닷물 속 이산화탄소가 증가하면서 해양의 화학적 상태가 변화하고 (더욱 산성화되면서) 산호 성장이 둔화되고 산호의 구조가 약해진다. 또한 산호는 대부분의 환경에서 해조류와 공간을 두고 경쟁한다. 해조류는 산호보다 훨씬 빨리 자라기 때문에 약간의 경쟁 우위를 점한다. 그러나 인간은 해조류 성장을 억제하는 어류를 비롯한 초식동물을 남획해 바다의 균형을 깨트려 해조류에 유리한 환경을 만드는 데 크게 일조한다. 또한 인간은 생활하수와 폐수를 바다에 방출해 해조류와 조류가 빠르게 성장할 수 있는 양분을 제공하는데, 이것도 산호에게는 불리한 조건이다. 산호초의 소멸에서 기후변화와 해양 산성화, 하수 투기, 남획 등의 상호작용은 지구

5 데모스폰지, 산호, 해파리 및 갯지렁이를 포함한 다양한 해양 무척추동물과 공생할 수 있는 단세포과 편모조류에 대한 구어체 용어이다.

온난화 시대의 하나의 위해 요소로서 다중위험의 상호작용이 얼마나 중요한지를 확인시켜 준다.

다중위험의 상호작용의 또 다른 중요한 예로 블랙카본(black carbon, 검은 탄소)이 있다. "블랙카본"이라는 용어는 기후과학 외부에서는 매연으로 더 잘 알려진 기후변화 유발물질을 가리키며, 산소를 호흡하는 생물체에 악영향을 미치는 입자상 물질의 한 형태다. 블랙카본은 화석연료와 바이오연료의 불완전 연소, 바이오매스의 의도적인 연소(㉮ 토지 개간), 산불 등으로 인해 인위적으로 형성된다. 북극, 빙하, 높은 산과 같이 눈이나 얼음으로 덮인 지역은 원래 햇빛을 대기중으로 다시 반사하지만, 블랙카본이 쌓이면 빛을 반사하지 않고 더 많이 흡수하게 되는데, 이를 알베도(albedo)라고 한다. 블랙카본은 온실가스 다음으로 지구온난화에 영향을 미치는 두 번째로 큰 인위적인 원인이다. 블랙카본에 대해서는 최근까지 기후변화에 미치는 영향에 대한 연구가 거의 이루어지지 않았지만, 현재 관측된 지구온난화 기여분의 4분의 1을 차지하는 것으로 추정되고 있다(Bond *et al*. 2013).

블랙카본은 지구상에 비균질적으로 분포되어 있으며, 지상의 배출원(㉮ 아시아 일부 또는 시카고 같은 곳)과 가까운 곳에서 집중적으로 관측되는 지점, 일명 "핫스팟(hot spots)"이 있다. 블랙카본은 현재 북극의 얼음이 녹아 해수면 상승과 같은 결과를 초래하는 주요 원인으로 알려져 있다. 이산화탄소와 달리 블랙카본은 인위적인 오염물질로 인체에 유독하며, 동시에 지구온난화를 촉진한다는 점에서 온실가스의 효과를 지닌다.

다중위험의 상호작용의 한 가지 유형은 "석유 정점(peak oil, 피크 오일)"이 지구온난화에 미치는 영향이다. 1974년 텍사스 휴스턴의 쉘(Shell) 연구소에서 근무하던 지구과학자 킹 허버트(M. King Hubbert)는 채굴 수준과 지하 매장량을 고려할 때 전 세계 석유 생산량이 1995년에 정점에 달할 것이라고 주장했다. 실제로 그는 1956년 초에 "화석연료의 산업적 탐사는 초기에 고정된 공급량이 점진적으로 고갈되는 형태가 될 것이라고 완전히 확신할 수 있다."라고 주장했다(Hubbert 1956: 4). 허버트가 제안한 기간을 두고 보면 이 예측은 부정확한 것으로 판명되었지만, 다양한 분석가가 세계 석유 생산이 정점을 지날 때의 잠재적 결과에 대해 비슷한 전망을 담은 일련의 논문과 도서를 저술했다. 예를 들어, 케네스 워스(Kenneth Worth 2010)는 『석유 정점과 제2차 대공황: 2010-2030(Peak Oil and the Second Great Depression: 2010-2030)』에서 석유가용성이 줄어들면 21세기의 첫 10년간의 불황을 뛰어넘는 비용 상승과 대량 실업을 초래할 것이라고 주장했다. 그러나 일부에서는 석유 정점의 도래를 재생 가능하고 지속 가능한 에너지원으로의 사회적 전환의 기회로 보는 반면, 석유 정점이 원자력 에너지 개발의 확대로 이어져 그로 인한 환경 위협이 증가할 것으로 우려하는 사람도 있다.

단기적으로는 석유 생산량이 천연가스 생산량과 마찬가지로 계속 증가하고 있기 때문에 석유 정점에 도달하지 않은 것은 분명해졌다. 돌이켜보면 석유 정점 이론가는 현재 새로운 유전이나 이전에 포기한 유전에서 생산량 증가를 주도하고 있는 기술의 급속한 발전을 미처 예상하지 못했던 것이 분명하다. 그 결과 석유 생산량은 (불확실한) 일정 기간 동안 계속 높아질 것이며, 따라서 석유 가용성의 문제는 온실가스 배출 감축 노력을 이끄는 요인이 되지 못할 것이다. 오히려 유가가 상승하더라도 석유 가용성(따라서 수익성)은 지구온난화에 지속적으로 기여하는 요인이 될 가능성이 높다.

요약하자면, 기후변화는 기후혼돈을 넘어 인간이 지구에 남긴 발자국의 진정한 깊이와 우리 앞에 놓인 상호 연관된 위협의 정도를 드러내는 광범위한 기후/환경 상호작용의 중요한 구성 요소이다.

예측 불가능성, 인지된 불안정성, 취약성

마지막으로, 우리 모델의 세 번째 요소는 기후혼돈과 다중위험의 상호작용이 엄청난 인구 밀도, 이미 존재하는 전 지구적인 식량 부족과 물 부족, 심각한 사회적 불평등, 취약하고 갈등이 심한 사회 구조 속에서 기후/환경의 예측 불가능성, 불안정에 대한 사람들의 감각, 취약성을 크게 확대한다는 사실을 강조한다.

환경 자원과 조건에 의존하고, 주변의 환경에서 안전을 느끼며, 미래를 계획하는 인간의 능력은 기후혼돈과 다중위험의 상호작용의 점진적인 변화와 갑작스러운 파열로 인해 위협받고 있다. 이러한 본질적인 예측 불가능성은 다양한 규모로 나타나며 국가, 지역사회, 가정, 개인에게 영향을 미친다. 국가 차원에서 예측 불가능성의 증가는 실패한 국가라고 불리는 인위적인 기후/환경의 영향에서 볼 수 있듯이 이미 취약한 국가 구조를 불안정하게 만든다. 이러한 국가에서는 집단적 결정을 내릴 수 있는 정당한 권한이 약화되고 정부가 필요한 공공 서비스를 제공할 수 없게 된다. 브라운은 다음과 같이 지적한다(Brown 2011). "최근 들어 더욱 중요해진 정부 붕괴의 원인 중 하나는 정부가 식량 안보를 제공하지 못하기 때문인데, 이것이 꼭 정부의 능력이 떨어지기 때문이 아니라 충분한 식량을 확보하는 것이 점점 더 어려워지고 있기 때문이다." 특히 기후변화, 가뭄, 사막화는 인간의 토지 이용 관행과 토지 및 물에 대한 불평등한 접근과 상호작용하여 전 세계 식량 생산과 식량 가용성을 위협하고 영양실조와 기아의 원인이 되고 있다.

기후과학자는 21세기 말까지 지구의 대부분 지역에서 식물의 성장 시기(growing season) 평균 기온이 기록을 시작한 이후 역사상 그 어느 때보다 높아질 것이라고 90% 이상의 높은 확률로 예측하고 있다. 고온은 옥수수, 밀, 쌀과 같은 농작물의 생육을 촉진하지만 식물의 비옥도와 곡물 생산량을 떨어뜨린다. 전 세계적으로 보면 그 결과는 수억 명에 달하는 가난한 생계형 농부들에게 가장 큰 영향을 미칠 것이다. 이미 많은 개발도상국의 평균 기온이 작물의 내성 수준에 근접하거나 그 이상이며, 이들 국가는 2080년대까지 농업 생산성이 평균 10~25% 감소할 것으로 예상된다(Center for Global Development 2007). 워싱턴DC에 본부를 둔 기아 방지 단체인 국제식량정책연구소(International Food Policy Research Institute 2009)가 발표한 『기후변화, 농업, 식량 안보: 2050년까지 적응의 영향과 비용(Climate Change, Agriculture, and Food Security: Impacts and Costs of Adaptation to 2050)』 보고서에 따르면 기후변화가 세계 농업에 미치는 영향 때문에 2050년에 2천 5백만 명의 어린이가 영양실조에 걸릴 것으로 추산된다. 가장 큰 피해를 입는 지역은 열대 및 아열대 지역, 아프리카, 미국 남부, 인도, 중국, 중남미 지역이 될 것이다.

글로벌 개발 센터(Center for Global Development 2012)의 연구에 따르면 지구 온난화로 인해 멕시코는 2080년까지 농업 생산량의 4분의 1에서 3분의 1을 잃을 것으로 예상되는데, 이는 인도를 제외한 모든 국가 중 가장 큰 규모이다. 마찬가지로 중앙아메리카의 농업 생산량도 12~24% 감소할 것으로 예상되는데, 센터의 연구에 따르면 멕시코의 하루 평균 강수량이 2mm인 것에 비해 중앙아메리카의 하루 강수량은 약 6mm로 어느 정도 완충 작용을 할 것으로 보인다. 이러한 예측의 한 결과는 식량과 생계 수단을 찾아 국경을 넘는 대량의 "기후 난민(climate refugee)"이 지역에서 뿌리뽑혀 다른 곳으로 이주하는 것이다. 예를 들어, 펭 등(Feng *et al*. 2010)의 분석에 따르면 대략 2080년까지 기후변화로 인해 1백 40만~6백 70만 명의 성인 멕시코인(또는 현재 15~65세 인구의 2~10%)이 기후로 인한 농업 생산성 저하로 미국으로의 이주를 모색할 것으로 예상된다. 이와 같은 이주는 생태계 악화, 인권과 정치적 권리 상실, 국제 분쟁, 그리고 국경 강화 등 다양한 문제를 악화시킬 가능성이 높다.

이러한 논의에서 알 수 있듯이 인위적인 기후/환경 변화는 인류 공동체의 취약성을 크게 증폭시키는 동시에 일상과 미래를 안전하다고 느끼지 못하게 할 것이며, 이미 가난한 사람들, 특히 모든 공동체에서 가장 빈곤한 가구의 취약성을 불균형적으로 증가시킬 것이다. 인구 집단들은 가뭄과 식량 불안으로 인해 거주 지역에서 밀려나고, 해수면 상승과 홍수에 떠밀리고, 점점 더 빈번해지는 기상이변과 슈퍼태풍에 타격을 받고, 기온 상승에 따라 모기나 진드기와 같은 질병 매개체가 새로운 지역에 서식하게 되어 전염병이 확산되어 고통을 받고, 공기나 인체 내로 유입되는 곰팡이 포자로 인한 질병으로 힘들어하고, 제한된 자원 때문에 다른 인구 집단과의 경쟁은 더욱 치열해질 것이다. 또한, 허리케인 카트리나의 생존자들에게서 볼 수 있듯이 불안정한 상황에 처한 스트레스와 재난 사건으로 인한 정신적 트라우마 등 기후혼돈으로 인한 정신 건강의 부담도 상당하다.

이러한 모든 요인 때문에 인간 집단의 적응 능력과 회복탄력성은 심각한 도전을 받을 것이고 건강과 복지에 대한 여러 위협에 취약성이 높아질 것이다. 사람들이 지속적이고 반복적인 환경적 고난에 더 많이 노출됨에 따라 환경과 삶 그 자체가 예측 가능성이 떨어지고 훨씬 더 불안정해질 것이다. 삶의 경험도 점점 더 환경의 불안정성을 반영하며 사회적 의존성과 지원 감소를 초래할 것이다.

의심의 여지 없이, 인류 역사를 통틀어 상대적으로 고립된 인간 공동체는 심각하고, 빈번하게 서로 얽혀 있으며, 인간활동에 영향을 받는 환경 문제들에 직면해 왔다. 때때로 환경 악화는 불안정성을 경험하게 하고 중요한 사회경제체제를 광범위하게 불안정하게 만들어 결과적으로 사회 붕괴를 초래하기도 했다. 오늘날 무엇이 달라졌을까? 과거에는 하나의 지역사회가 붕괴하더라도 다른 지역에 비해 상대적으로 고립되어 있었기 때문에 사회적 혼란이 더 먼 지역으로 광범위하게 확산되지는 않았다. 반면, 『지구 사람들의 통합된 역사와 미래(IHOPE, Integrated History and Future of People on Earth)』 프로젝트의 코스탄자 등(Costanza *et al*. 2007: 3)이 강조한 것처럼 오늘날 세계는 지구상의 거의 모든 사람이 "가장 중요한 문제는 국경을 넘고, 대륙을 포괄하며, 진정하게 글로벌한" 전 지구화된 체제 속에서 살아가고 있다고 할 수 있다. 그 결과, 한 지역의 심각한 사회적 실패는 전 세계 체제를 불안정하게 만들 수도 있다. 이는 중요한 질문을 제기한다.

오늘날 세계 문명이 현재 직면하고 있는 고도로 상호 연결되고 누적된 문제들에 적응하고 살아남을 수 있을까? 아니면 이스터 섬, 고대 마야, 로마 제국 그리고 과거의 여러 문명처럼 더 큰 규모로 붕괴하게 될까?

Costanza et al. 2007: 3

찰스 에드워즈(Charles Edwards 2009: 18)가 정의한 것처럼 회복탄력성은 "수용 가능한 수준의 기능, 구조, 정체성을 유지하기 위해 개인, 공동체 또는 체제가 적응할 수 있는 능력"이다. 공동체 회복탄력성이라는 개념은 특히 비상사태와 기타 위협의 결과에 대비하고 대처하기 위해 집단적 기술, 지식, 자원을 동원하는 사람의 능력을 말한다(Baker 2013). 인류학의 관점에서 기후/환경 변화에 직면한 회복탄력성의 필수 요소는 "사회가 환경에 대한 정보를 축적, 저장, 찾아내는 수단과 환경 변화에 대한 다양한 반응"이다(Dean 2000: 89). 한 사회가 새로운 환경 변화에 효과적으로 대응할 수 있는 능력은 부분적으로는 과거 집단이 경험과 문화적 신념 그리고 가치를 매개로 환경 변화에 직면하는 동안 획득하고 문화적으로 저장한 정보(노인의 기억, 이야기, 의식, 문서 또는 기타 장치)를 반영한다.

이와 관련하여 인류학자 로버트 웰러(Robert Weller 2006)는 "환경 의식(environmental consciousness)"이라는 개념을 도입했다. 기존의 환경 연구는 사람들이 기본적인 생존 욕구가 충족된 이후에야 환경에 관심을 갖는다고 전했다(Inglehart 1990). 하지만 웰러(Weller 2006: 157)는 중국 농촌에서의 연구를 바탕으로 이러한 관점에 의문을 제기하며, 자신이 연구한 중국 농촌 지역사회의 사람들은 "환경이 자식들의 건강과 농작물의 상태에 미치는 영향"을 우려했다고 주장했다. (그럼에도 이들이 환경의식이 없어 보이는 이유는) 이들이 오늘날 정치인이나 지식인의 감수성을 자극할 수 있는 환경주의와 관련된 다양한 전 세계적 언어를 사용하지 않기 때문이다. 그런 점에서 웰러는 환경에 대한 지역의 관점과 환경에 대한 다양한 문화적 가치 평가 방식이라는 측면에서 환경의식을 평가

해야 한다고 주장한다. 중국에서의 민족지학적 연구를 기반으로 한 애나 로라-웨인라이트(Anna Lora-Wainwright 2013)는 지역의 환경의식이 의존과 권력의 구성, 이용 가능한 기회 구조의 특성 등 정치적 요인에 의해 제약을 받는다고 덧붙인다. 그는 다음과 같이 보고한다.

> *주민이 환경 보건상의 피해의 증거와 구제 가능성이 불확실하다고 생각하는 것은 과학의 복잡성과 과학에 내재한 불확실성에 대한 이해와 함께 지역 관리자가 정말로 자신의 이익을 보호해 줄지, 기업체가 정말로 귀를 기울일지, 의사가 정말로 자신의 질병을 밝히고 그 원인을 제시할지를 확신하지 못하기 때문이다.*
>
> *Anna Lora-Wainwright 2013: 13-15*

요컨대, 무력감의 경험은 엘리트 스타일의 환경의식과는 반대되는 것이다. 동시에 중국의 환경 위험에 대한 인식에 관한 글에서 브라이언 틸트(Bryan Tilt 2010: 103)는 다음과 같이 주장한다.

> *산업 노동자와 관리자의 오염에 대한 설명 방식은 일종의 "전략적 위험 억제(Strategic risk repression)"를 보여주는데, 이는 자신의 건강뿐만 아니라 지역사회와 지역 전체의 환경 질을 적당히 뭉개면서 산업 제품과 이윤을 계속 생산할 수 있기 때문이다.*

전 지구, 국가, 지역의 지배적인 사회적 위계 구조에는 가치가 높은 신체와 소모되어도 되는 신체를 차별화하는 다양한 담론적 메커니즘이 내재되어 있다. 이러한 내재적이고 일반적으로 (적어도 공개적으로는) 명확하게 드러나지 않는 사고방식은 사회적 지위, 부, 인종 또는 이와 유사한 기준에 따라 어떤 사람은 가치 있고 존중받을 자격이 있는 존재로, 어떤 사람은 가치 없는, 심지어는 일회용품처럼 취급한다. 후자는 엘리트 집단 내에서의 사고방식이거나 미디어를 통해 사회 전체의 발전과 건강을 저해하는 사회적 병폐로 묘사될 수 있다. 종종 원주민, 소수 민족, 사회에서 가장 가난한 사회 계층은 소모되어도 되는 범주에 포함되기도 한다. 이러한 감정은 복지에서 기후변화 피해자 구호, 주택에서 의료 서비스에 이르기까지 사회 문제 전반에 걸쳐 활성화되고 있다.

의료인류학자들은 건강과 관련해 "자격됨(deservingness)"[6]을 조사하면서 이 주제에 관심을 기울여왔다. 이는 "어떤 사회 집단은 관심, 투자, 돌봄을 받을 자격이 있지만 다른 집단은 그렇지 않은 것으로 간주되는 방식"으로 정의된다(Yarris and Castañeda 2015, Holmes and Castañeda 2016; Willen 2014). 이와 같은 차등화는 사회적 평등에 관한 공식적인 법적 담론에도 불구하고 기후변화 대응과 재난 복구 자원을 포함하는 사회적 재화(social goods)가 사회에서 분배되는 방식을 형성하기 때문에 매우 근본적인 문제이다(Willen 2012). 합법적인 시민권과 비시민권의 핵심적인 차이는 누가 공동체에서 유효하고 인정되는 구성원으로서의 자격을 주장할 수 있는가의 여부와 그 포함 여부에 따라 달라지는 혜택을 통해 가시화된다. 이러한 의미는 모든 사회의 제도와 사회 환경 전반에서 사람을 대하는 태도에서도 드러난다.

"도움 받을 자격(deservedness)"의 개념은 오랜 역사를 가지고 있다. 빈곤층이 도움을 받을 자격이 있다는 생각이 보편화된 것은 저임금 노동자에 대한 수요가 확대된 신흥 자본주의 체제로 형성된 16세기 유럽에서 시작되었다(Piven and Cloward 1993; Wagner 2005). 18세기 이후 빈곤층에 대한 구호 제공은 부와 영향력, 권력을 가진 사람에 의해 결정되었다. 엘리트 사회 계층은 어떤 상황에서 누가 도움을 받을 자격이 있고 없는지를 결정할 수 있는 사회적 권한을 가졌다.

일반적으로 자격은 인종에 따라 결정되었다(Katznelson 2005b, Neubeck and Cazenave 2001). 예를 들어, 미국의 뉴딜 정책 기간 동안 유색인종이 주로 종사했

6 이 책에서 deservingness는 '자격이 되다'의 의미로 '자격됨'으로, deservedness는 '도움을 받을 자격'이라는 의미에서 '도움 받을 자격'이라고 번역했다.

으며 사회적으로는 평가절하된 직업군이었던 농장 노동자, 가사 노동자, 개인 서비스 노동자를 사회보장법 대상에서 명확하게 제외했다(Katznelson 2005a). 역사적으로 미국에서 흑인은 덜 가치 있고, 소모품과 같이 쉽게 대체할 수 있는 존재로 여겨져 왔다. 이러한 태도는 노예 시장으로 강제 편입되는 동안 수천만 명의 아프리카인의 목숨을 기꺼이 희생시킨 서구의 아프리카 노예 제도와 강제적일 뿐만 아니라 종종 잔인하고 가족 관계를 인정하지 않는 노예 노동 농장 체제를 발전시킨 것에서 비롯된 것이다. 노예 제도가 폐지된 후에도 미국 공중보건국이 1932~1972년 터스키기 매독 연구(Tuskegee Syphilis Study)에서 치료되지 않은 매독의 영향을 모니터링하기 위해 흑인 남성을 실험에 이용한 것에서 알 수 있듯이 흑인을 물건처럼 다룬 관행은 줄어들지 않고 계속되었다.

독성물질 환경 노출 영역에서는 매립지, 오염 공장 그리고 기타 독소 발생 시설이 오랫동안 흑인 지역을 포함해 빈민들이 거주하는 지역 근처에 위치해 온 경향이 있었다(Singer 2011b). 2005년 뉴올리언스에서 발생한 허리케인 카트리나로 1천 3백 명이 사망한 이후에도 환경과 관련해 사람들의 생명을 물건 취급하는 표현이 추가로 나타났는데, 그 대상이 되는 이들 대부분은 가난하고 빈곤하며 주로 흑인이 거주하는 뉴올리언스 교구에 거주하고 있었다. 또한 생존자는 구조와 구호 그리고 복구 자원에 대한 접근성에서 여러 가지 차별 사례가 있었다고 보고했다(Lavell 2006).

2017년 허리케인 피해를 입은 푸에르토리코 섬과 관련하여 도널드 트럼프 당시 미국 대통령은 피해자들이 도움을 받을 자격이 없다는 매우 노골적인 표현과 함께 이들을 방치할 수도 있다는 입장을 내놓았다. 트럼프 대통령은 미국령 푸에르토리코(이곳 주민은 미국 시민권자다)를 방문한 자리에서 푸에르토리코의 구호 수요가 미국 경제에 지장을 주고 있다고 말했다. 이어서 그는 연방 정부의 긴급 구조대는 당시 구호가 절실한 허리케인 피해 대응에 제공될 수 없다고 덧붙였다. 트럼프 대통령은 푸에르토리코의 인프라는 허리케인 이전부터 재앙적인 수준이었다고 하면서 푸에르토리코의 위기를 "(푸에르토리코가) 스스로 자초한 것"이라고 비난했다. 그는 현지의 사망자 수 증가와 광범위한 고통을 최소화하기 위해 사망자 수를 기준으로 푸에르토리코를 강타한 허리케인을 카트리나 때와 비교하면서 푸에르토리코에서 발생한 일은 사실 재난이라고 평가할 수 없다고 말했다. 푸에르토리코 주지사로부터 그때까지 16명이 사망했다는 보고를 받은 트럼프는 연방 및 지역 비상 당국자를 칭찬하고 허리케인 피해를 경시하며 "카트리나 같은 진짜 재난은 아니다."라고 말했다(Frej and Fang 2017). 프레즈와 팡은 이렇게 말했다.

> *트럼프는 공식 사망자 수를 자랑했지만, 최종 사망자 수는 이보다 더 많을 가능성이 높다. 열악한 통신 서비스로 인해 보고가 제대로 이루어지지 않았고, 현재 섬의 생활 환경은 더 많은 생명, 특히 병자와 노약자의 생명을 위태롭게 할 수 있다.*
>
> *Frej and Fang 2017*

트럼프는 푸에르토리코 재난이 발생하기 불과 몇 주 전 휴스턴을 비롯한 남부 해안 지역에 홍수를 일으킨 허리케인과 관련해서는 비슷한 목소리조차 낸 적이 없으며, 당시 미국 본토의 허리케인 피해에 대한 막대한 복구 비용이나 북부 캘리포니아를 불태우는 기록적인 산불에 대해서도 문제를 제기한 적이 없고, 허리케인 피해자들과 본토 재난에서 자신이 수행한 성과를 자랑하기 바빴다(Campbell 2017; Landler 2017). 기후혼돈의 시기에 소외된 인구가 느끼는 취약성은 사람을 일회용품 취급하는 엘리트의 관행과 직결되어 있으며, 이는 인간 환경/기후 관계의 사회정치적 본질을 확인시켜 준다.

회복탄력성 키우기

주목할 점은 각 국가와 국제적 차원, 특히 글로벌 보건 서비스와 인도주의 구호 분야에서 자연 재난이나 기타 충격에 대비할 수 있는 역량 그리고 그와 같은 역경이 발생 후 이른바 "되돌리는 능력(bouncebackability)"[7]을 키우는 등 지역사회의 회복탄력성을 높이기 위한 방법론을 개발하는 것의 중요성이 점점 더 강조되고 있다는 점이다. 그러나 점차 더 강렬하고, 중첩되고, 서로를 강화하며, 빈번하게 발생하는 여러 충격이 가해진 세계에서는 공동체의 회복탄력성 그 자체가 위험에 처한다. 예를 들어, 2011년 동아프리카에서 1천 3백만 명 이상이 기아와 기근[8]의 위기에 처하고 5만 명이 사망했던 인도주의적 위기 상황의 심각성에 기후변화가 기여했다고 이야기한 미국 국제개발처(United States Agency for International Development) 책임자이자 이 분야 전문가인 라지브 샤(Rajiv Shah)는 사하라 이남 아프리카의 지역사회에 대해 다음과 같이 말했다. "사하라 사막 이남 아프리카의 더 뜨거워지고 건조해진 작물 재배 환경으로 인해 이 지역사회의 회복탄력성이 떨어졌다는 것은 의심의 여지가 없다(Hirsch *et al*. 2011)." 마찬가지로 유엔의 인도주의 구호 담당 수석 관리인 발레리 아모스(Valerie Amos)는 소말리아의 가뭄 피해 난민 캠프를 둘러보는 동안 기후변화의 역할을 지적하며 다음과 같이 말했다. "우리는 기후변화의 영향을 더 진지하게 받아들여야 한다. … 내가 들은 바로는 10년마다 가뭄이 발생하던 것이 5년마다, 이제는 2년마다 발생한다고 한다(Hirsch *et al*. 2011)." 기후변화와 다중위험의 상호작용으로 인한 지역사회의 회복탄력성 감소는 인도주의적 재난을 악화시키는 원인이 될 가능성이 높다. 또한 지구온난화 시대의 지역 회복탄력성은 환경에 대한 문화적 지식을 찾

---

7 보통 (스포츠팀, 선수가) 완패나 부정적 언론 보도 이후에 복귀할 수 있는 능력을 일컫는다.

8 기근(飢饉·饑饉)은 사회에 널리 만연한 식량 부족 사태를 가리키며, 이는 수확 실패, 인구 과잉, 정부 정책을 포함한 여러 요소에 기인한다. 기아(飢餓)는 굶주림이나 극심한 영양실조 상태를 지칭한다.

아내 사용할 수 있는 역량에 달려 있지만, 이러한 지식은 더 광범위한 정치적 요인에 따라 형성되는 것이 일반적이기 때문에 회복탄력성 그 자체는 사회적 관계와 불평등 구조의 산물이기도 하다. 중요한 것은 회복탄력성과 마찬가지로 인간 집단의 취약성이 인위적인 기후 및 환경 요인뿐만 아니라 사회 구조, 권력과 자원의 불평등한 사회적 분배에 영향을 받는다는 점이다. 전 지구적 불평등 구조가 환경/기후에서 드러나는 중요한 사례 중 하나는 자본주의 산업 생산의 주요 비용이 오염, 독성물질 투기, 대기 중 온실가스 배출 등의 형태로 취약 계층에게 전가되는 것이다. 기업은 기술, 노동력, 토지, 마케팅 그리고 자원 비용을 고려해야 하지만, 생산 과정에서 발생하는 독성 부산물은 단순히 환경으로 배출되기 때문에 안전하게 처리하거나 통제하는 비용은 계산되지 않는 경우가 많다. 자본주의의 내재적 불평등은 사회와 도덕적 삶의 모든 측면에 스며들어 있으며, 이는 사회와 경제가 자연 세계와 맺는 관계에서도 필연적으로 구현된다(Harvey 1997). 그러나 지난 50년 이상 동안 환경운동가와 학자는 불평등이 표현되고 일상적으로 재생산되어 온 과정은 특정 집단을 상대로 자연 자원을 처리하거나 잘못 처리한 과정을 통해서였다고 지적해 왔다(United Church of Christ's Committee on Racial Justice 1987). 이러한 유형의 핵심은 환경을 적은 비용으로 처리할 수 있는 쓰레기 처리장처럼 취급하는 것이다. 그러나 기후혼돈에서 알 수 있듯이 오염 산업의 외부화 전략에는 한계와 막대한 비용이 있으며, 그 비용은 사회에서 가장 취약한 집단이 불균형적으로 부담하고 있다(Singer and Hodge 2016).

환경 문제가 가중되면 가정과 지역의 사회 체계가 무너지기 시작하고 취약성과 이주화 과정이 더욱 심화될 수 있다. 회복탄력성과 취약성을 촉진할 수 있는 요소를 식별하는 것을 포함해 그것이 공동체, 지역, 더 넓게는 전 지구적 맥락에서 어떻게 진행되는지를 연구하는 것은 기후변화인류학의 의제에서 중요한 작업이 될 것이다.

요컨대 이 책의 길잡이인 사회생태학의 접근법은 앞서 설명한 세 개의 구성요소를 포함하며 인간과 환경(인간과 나머지 자연으로 표현하는 것이 가장 적합함), 인위적 기후 요인과 인위적 환경 요인, 기후/환경 맥락에 내재된 사회 구조에서 인간 상호 간의 역동적인 상호작용의 중요성을 인식하고 있는 인류학 모델이다. 이러한 상호작용하는 모든 요소를 모델에 총체적으로 포함해야만, 기후변화시대의 새로운 인간 조건의 부인하기 어려운 복잡성에 맞설 수 있다.

기후변화인류학 구축하기

사회생태학의 모델에 표현된 핵심 요소에 대한 이해를 바탕으로 이어지는 장에서 다음과 같은 목표를 달성하고자 한다. (1) 기후변화인류학의 발전 상태를 문서화하고 평가한다. (2) 인류학의 분석틀을 통해 얻은 통찰의 종류를 검토한다. (3) 기후변화가 세계를 변화시키는 정도에 비추어 이 분야의 빠른 발전을 촉진한다. (4) 이러한 작업들을 소개하면서 비판정치생태학의 분석틀이 유용하다는 점을 입증한다.

기후변화인류학의 초창기 시도의 중요성을 인식하고 이를 문서화하고 통합하는 작업을 시작하고 이 분야의 발전을 위한 초석을 마련하기 위해, 다음 장에서는 마거릿 미드의 선구적인 고찰을 포함하여 기후변화인류학의 선구자들을 개략적으로 소개해 보고자 한다.

제2장
기후변화인류학의 출현과 성숙

기후변화인류학의 선구자

인류학에서의 초기 목소리

마거릿 미드는 포가티국제센터(Fogarty International Center)의 방문학자로 재직하는 동안 '세계 사회와 지구 환경'의 상호작용에 관심을 갖고 이 센터가 건강한 대기 환경에 기여할 수 있는 방법을 모색하는 컨퍼런스를 후원하도록 설득했다. 실제로 오랜 기간 인류학의 대중적 얼굴이자 대변자 역할을 담당했던 미드는 1970년 4월 22일, 세계 환경 문제에 대한 대중의 인식을 높이기 위해 마련된 제1회 지구의 날 행사 연설에서 이 이슈에 대한 자신의 견해를 밝힌 바 있다(History.com 1996). "환경을 파괴하면 우리 사회는 존재할 수 없다"(St. Peter 2010: 213)라는 미드의 명료하고 직접적인 발언은 자주 인용되는 문구이다.

1975년 4월 노스캐롤라이나주 리서치 트라이앵글 공원에 위치한 국립환경보건과학 연구소에서는 "대기: 위협받는 존재이자 위협을 가하는 존재"라는 주제로 기후 회의가 열렸다. 주로 물리 및 자연 과학자와 공중보건전문가가 참석한 이 회의에서 미드는 유일한 인류학자이자 아마도 유일한 사회과학자였을 것이다. 미드는 콜로라도주 볼더에 있는 국립대기연구센터의 과학자 윌리엄 켈로그

(William W. Kellogg)와 함께 컨퍼런스 프로시딩을 편집하기도 했다(Kellogg and Mead 1980). 이 모음집의 서문에서 미드(Mead 1980: xxi)는 "책임감 있는 과학자"는 "지구상의 다양한 민족의 시민에게 먼 미래까지 고려하는 시각이 습관화될 수 있는 방법"을 발전시켜야 하며, "자연과학자는 현재의 위험에 대한 그들의 주장이 서로에게 설득력을 갖는 방안을 발전시키고 사회과학자, 정치인, 시민에게도 신뢰를 얻어야" 한다고 언급했다. 미드는 기후변화의 인위적 원인이나 다른 형태의 환경 파괴 또는 인간사회에 미치는 영향에 대해 인류학적으로 심오한 연구를 하지는 않았지만, 그녀는 "우리가 환경에 대한 인위적 영향의 분명한 증거를 보기까지 걸리는 시간은 사회가 행동해야 하는 시간에 비해 길 수 있다."라고 지적함으로써 환경 및 대기 위기를 해결하기 위한 정책 채택의 예방적 원칙을 간접적으로 표명했다(Thompson 1980: 68). 미드가 동료 인류학자에게 기후변화 자체에 대한 연구를 권장하지는 않았지만, 그녀가 이 회의에 참여한 것은 기후변화인류학의 전조가 되었다.

스티브 레이너(Steve Rayner)는 기후변화인류학의 주요 선구자 역할을 해왔으며 기후변화 정책 문제에 대한 연구를 계속하고 있다. 레이너와 엘리자베스 말론(Rayner and Malone 1998a)은 『인간의 선택과 기후변화: 국제적 평가(Human Choice and Climate Change: An International Assessment)』라는 제목의 4권으로 구성된 저서를 편집했다. 이 책에는 전 세계에서 주요 저자를 포함해 100명에 가까운 기고자가 참여했으며, 레이너와 말론(Rayner and Malone 1998b: xvii)은 1권의 서문에서 인간의 선택이라는 주제와 관련된 기후변화인류학의 연구 의제를 제시했다. 그들이 제시한 연구 의제는 접근 방식과 강조점은 서로 다를지라도 지난 20년 동안 다양한 인류학적 관점에서 다루어져 온 주제들이다. 문화해석학적 관점을 지지하는 사람은 "기후변화라는 주제는 변화 자체의 원인, 과정, 예상되는 영향뿐만 아니라 그러한 변화의 위협(또는 경우에 따라서는 약속)에 기반한 사람의 인식과 행동을 포괄한다."라고 언급했다(Rayner and Malone 1998b: xix).

1권에서 인류학자 메리 더글라스 등은 "대량의 온실가스 배출에 대한 책임이 인간의 욕구 충족 추구에 있다."(Douglas *et al*. 1998: 196)라고 지적했다. 그들은 "만족할 줄 모르는 소비 습관"이 "대기 중 탄소 흡수 능력을 포함해 지구 자원의 고갈"에 기여하고 있다는 일부 환경운동가의 우려에 주목하면서도, 전 지구적 자본주의에서 소비주의의 근원에 대해서는 직접적으로 언급하지 않았다. 이는 꺼지지 않는 소비 욕구가 문화적이라기보다는 내재적인 것이며 특정 정치경제의 산물이라는 점을 함의한다. 저자들은 한편으로 아가왈과 나라인(Agarwal and Narain 1991)이 '생존을 위한 배출'과 '사치를 위한 배출'을 구분한 것을 언급했다.

더글러스 등(Douglas *et al*. 1998: 201)은 현대 사회에서 자본주의가 멀티미디어와 유비쿼터스 광고를 통해 생산과 소비 과정 사이에 지속적으로 영향을 미치며 인간의 욕구를 형성하는 데 중요한 역할을 한다는 이슈는 회피했지만, "욕구 이론이 언젠가는 사회 이론과 통용될 것"이라고 인정했다. 또한 깨끗한 환경을 사회적으로 달성하려면 사람이 "법을 바꿔야 하고, 법을 바꾸면 부와 소득 분배의 유형이 바뀌며, 이는 생일, 기념일, 결혼식, 은퇴, 장례식, 병문안, 일상적인 일요일 가족 모임에서 상품과 사람의 흐름을 바꿀 것"(Douglas *et al*. 1998: 202)이라고도 기술했다. 한편, 이들은 브룬틀란 위원회(Brundtland Commission)로 불리는 세계 환경 및 개발 위원회에서 제안된 '지속 가능한 발전' 개념을 채택했다. 이 위원회는 "미래 세대의 필요를 충족시킬 수 있는 역량을 손상시키지 않으면서 현재의 필요를 충족시키기 위한 온실가스 배출 감축 부담을 어떻게 분배할 수 있을지"를 결정하기 위한 "인간의 필요에 관한 이론" 구축의 지침을 제공한다(Douglas *et al*. 1998: 204). 그러나 지속 가능한 발전의 개념은 지속적인 경제 성장과 환경의 지속 가능성 사이의 상보성을 전제로 한다. 이러한 가정은 정치생태학자와 생태마르크스주의자뿐만 아니라 미국 대통령 행정부의 환경품질위원회 위원장, 유엔개발계획 행정관, 예일대 산림환경대학 학장을 역임한 제임스 구스타브 스페스(Speth 2008)와 같은 환경사상가 등 많은 이론가로부터 면밀한 검토를 받고 있다.

이 책의 3장에서 인용한 여러 고고학자도 기후변화인류학의 선구자 역할을 해왔다(Henry 1989; McGovern 1994; Potts 1996; Ambrose 1998; Dincauze 2000). 예를 들어, 하비 와이스(Harvey Weiss)는 1993년 4월 18일 세인트루이스에서 열린 미국 고고학협회 연례 회의에서 심포지엄을 조직했고, 이를 바탕으로 튀르키예 케르너에서 "기원전 3000년 기후변화와 구세계 사회의 붕괴"라는 주제로 고인류학자 및 고고학자가 참가하는 국제 컨퍼런스를 개최했다(Nuzhet Dalfes *et al.* 1994). BP 5,000~3,000년경은 전 세계 여러 지역에서 불안정한 기후 현상이 두드러진 시기였다고 보고된다. BP 4,000년경 메소포타미아, 이집트, 인도의 도시 문명은 기후변화로 인해 붕괴되었다. 이 회의에서 발표된 논문에는 이집트 초기의 나일강 홍수와 정치적 혼란의 관계, 인도 고대 도시의 기후와 일식, 5천~3천 년 전 우크라이나 남동부의 환경 및 기후변화, 근동 지역의 3천 년 전 기후, 홀로세 중기 아나톨리아 및 인접 지역의 기후변화, 홀로세 중후반 이탈리아의 식물과 기후변화, 튀르키예 반 호수의 기후변화, 3천 년 전 후반 서아시아 및 이집트의 급격한 기후변화와 사회 붕괴를 조사한 연구가 포함되었다.

약 9천~5천 년 전의 홀로세 중기를 다룬 "기원전 3000년의 기후와 문화"라는 주제의 또 다른 컨퍼런스가 1998년 10월 메인대학교에서 개최되었다(Anderson *et al.* 2007). 브라이언 페이건(Brian Fagan)은 포괄적인 인류학의 한 분야로서 기후변화고고학을 발전시키는 데 탁월한 역할을 했다. 그는 10년이 넘는 기간 동안 근본적으로 자연적이지만 인위적이기도 한 기후변화가 인간사회에 미치는 영향에 대해 고찰해왔다. 그가 지구온난화 및 기후 관련 사건의 영향을 다룬 첫 번째 저서는 『홍수, 기근, 그리고 황제(Floods, Famines, and Emperors)』(Fagan 1999)이다. 그는 인류가 "지난 73만 년 동안 지구 기후의 지속적이고 극적인 변동"을 경험했으며, 이 기간에는 따뜻한 간빙기와 뒤섞인 최소 9번의 빙하기가 있었다고 기록했다(Fagan 1999: 76). 페이건은 엘니뇨 현상과 이와 관련된 가뭄과 홍수가 고대 이집트, 페루 연안의 모체(Moche) 문명, 마야 문명, 미국 남서부의 아나사지인, 그리고 사헬인에게 미친 영향에 대해 논의했으며, 소빙기(Little Ice Age)가 그린란드 및 북아메리카의 고대 스칸디나비아 이주지와 유럽 지역에 미친 영향도 다루었다.

기후변화에 관한 그의 첫 번째 저서에서 페이건은 최근의 기후변화가 본질적으로 자연적인지 혹은 인위적인지라는 질문에서 다소 흔들리는 것처럼 보인다. 그는 지구가 수천 년 안에 또 다른 빙하기를 맞이할 것이라고 주장하는 일부 과학자를 언급하면서, 이는 "화석연료를 사용하는 산업화된 인류라는 기후 블록의 새로운 저해 요인"이 "몇 세기 안에 더 빠르게 기후변화를 극적으로 촉발할 수 있다."라는 점을 고려하지 않았다고 주장했다(Fagan 1999: 76). 이 책의 후반부에서 그는 소빙기가 산업혁명이 한창이던 1850년대에 끝났으며 "세계는 더 따뜻한 기온과 덜 극단적인 기후변화의 새로운 시대로 접어들었고, 이는 전적으로 자연적 원인에 의해 촉발된 것으로 보인다."라고 언급했다. 그 원인을 명시적으로 규명하지는 않았지만, "일부 전문가가 산업혁명의 성장에 따라 대기 중으로 방출된 높은 수준의 이산화탄소가 온난화에 기여했는지 의심한다."라는 문장을 덧붙였다(Fagan 1999: 200-201).

2007년 기후변화에 관한 정부 간 협의체(IPCC)의 평가에서 기후변화의 인위적 기원에 대한 증거는 명백했다. 적어도 기후과학자 사이에서는 그 논쟁이 종결된 것이다.

후속 저서인 『소빙기(The Little Ice Age)』에서 페이건(Fagan 2000: xv)은 학자들이 시간이 지남에 따라 기후변화가 인간사회에 미치는 영향을 무시하는 경향이 있다고 주장했다. 그는 소빙기의 기후변화를 주로 자연적 원인에 의한 것으로 보는 반면, 1850년경 소빙기가 끝날 무렵 한창 진행 중이던 산업혁명의 영향을 다음과 같이 언급했다.

> *대규모 이민, 철도, 해양 증기선에 의해 촉진된 선구적인 농업의 폭발은 지구 환경을 진정으로 변화시킨 최초의 인간활동이었다. 두 번째는 이미 대도시에서 심각한 대기오염원이었던 석탄에서 비롯되었다.*
>
> *Fagan 2000: 204*

역사생태학

역사생태학에서 수행된 일부 연구는 기후변화인류학의 선구자 역할을 하기도 했다. 1990년 10월 산타페 고등연구원에서 역사생태학에 관한 세미나가 열렸고, 『역사생태학(Historical Ecology)』 저서는 이 세미나의 결과물로 여러 장에서 기후변화와 관련된 주제를 다루고 있다. 예를 들어 고고학자 캐롤 크럼리(Crumley 1994: 7)는 역사생태학을 "전 세계적으로 연결된 고고학, 민족사, 민족지학 및 관련 학문의 실천"으로 정의하면서, 오염, 종의 멸종, 중요 생태계의 대규모 파괴와 함께 지구온난화를 "아마도 틀림없이 지구 공동체가 직면한 가장 시급하고 잠재적으로 재앙적인 문제"인 환경 변화의 징후로 언급했다(Crumley 1994: 1). 더 나아가 그녀는 역사생태학이 기후변화를 포함한 지구적 생태위기에 대한 전 지구적 행동의 필요성에 관한 질문을 해결할 수 있는 잠재력을 가지고 있다고 주장했다(Crumley 1994: 8). 그녀는 선사시대 말기와 역사 초기 유럽에 대한 민족사적 연구를 바탕으로 사회구조와 기후변화 사이의 관계에 대한 흥미로운 가설을 제시했다.

> *기후가 안정된 기간(덥거나 춥거나, 습하거나 건조하거나, 심지어 지속적으로 예측할 수 없는 기간일지라도)에는 인간이 특정 조건에 대한 성공적인 전략의*

형태로 실험하고 그 결과를 다음 세대에 전달할 수 있는 기회를 제공한다. … 기후를 예측할 수 없는 기간에는 인류가 자원을 활용하는 데 있어 훨씬 더 큰 유연성을 요구하며, 잠재적으로 유용한 정보를 훨씬 더 많이 저장할 필요도 있다.

Crumley 1994: 192

기후변화인류학의 첫 등장

기후변화에 대한 명시적인 문화해석학적 분석의 가장 첫 번째 사례는 아마도 윌렛 켐튼과 그의 동료(Kemton 1991; Kemton *et al*. 1995)가 수행한 연구로 보인다. 이 연구는 뉴저지와 메인 주에서 43명의 정보 제공자(일반인 20명, 환경 전문가 21명, 시범 대상자 2명)와 반구조화된 인터뷰를 진행하고 142명('지구 먼저'(Earth First) 회원 30명, 시에라 클럽 회원 27명, 제재소 노동자 29명)을 대상으로 설문조사를 실시하여 미국의 환경 가치를 조사했다(Kempton *et al*. 1995). 연구진은 오존층 파괴, 종의 멸종, 지구온난화라는 세 가지 주요 지역 환경 변화에 대한 정보 제공자의 인식을 파악했는데, 그들은 많은 일반인이 지구온난화를 오존층 파괴의 일부 또는 결과로 혼동하고 있다는 사실을 발견했다.

셀레스트 레이(Ray 2002)는 지질학자, 대기 물리학자, 두 명의 생태학자, 경제학자, 정치학자를 포함하는 다학제적이며 인류학적인 접근법을 통해 기후변화인류학에 관한 비교적 광범위한 개요를 최초로 작성했다. 인류학 측면에서 그녀는 고고학, 생태인류학, 민족사학, 역사생태학이 모두 기후변화인류학에 기여할 수 있는 잠재력을 가지고 있다고 말한다. 레이는 기후변화에 대한 문화해석학적 접근법을 활용하여 환경 위기에 대한 인간의 대응을 조직하는 데 있어 '문화적 모델'의 중요성에 주목한다. 그녀는 환경에 대한 문화적 모델이 "환경 변화, 인구 역학, 종교적 신념, 신기술과 함께 시간에 따라 변화한다."(Ray 2002: 85)라고 주장했다. 물론 문화적 모델을 구성하는 요소의 전체 목록은 더 광범위하다.

레이(Ray 2002: 98)는 기후변화 완화를 위한 효과적인 접근 방식은 "다양한 문화적 관점, 사회경제적 계층, 교육 및 종교적 배경을 가진 사람으로부터 지지를 끌어낼 것"이라고 주장했다. 그러나 그녀의 다원주의적 프레임워크에서 인식하지 못한 것은 상위 사회 계층과 기업 등 일부 주체가 하위 사회 계층이나 원주민 등 다양한 하위(subaltern) 집단보다 기후 정책에 훨씬 더 큰 영향력을 행사할 수 있다는 것이다. 게다가 21세기 초 1퍼센트에 속하는 가장 부유한 사회 계층이 속한 다양한 부문은 특정 탄소 배출 산업에 대한 경제적 이해관계와 지속적인 생산 확대를 위한 재정적 투자를 유지하며, 환경을 산업생산 과정의 부산물과 폐기물을 위한 공짜 쓰레기통으로 계속 사용하려는 욕구를 가지고 있을 수 있다.

기후와 관련해 연구하던 소수의 인류학자도 기후변화인류학의 선구자 역할을 해왔다. 브라운(Brown 1999)은 기후인류학에 관한 논문을 발표하면서 이 하위 분야는 지구온난화가 인간사회에 미치는 영향에 대한 조사를 포함한다고 주장했다. 기후변화의 다양한 측면을 설명하는 여러 논문이 2000년 가을에 열린 심포지엄 '실천 인류학'에서 발표되었다. 론콜리와 마지스트로(Roncoli and Magistro 2000)는 서두에서 인류학자가 가뭄, 허리케인, 기타 비정상적인 날씨 등 기후 변동성을 포함하는 지구적 기후변화를 인류학적으로 조사해야 한다고 주장했다. 이 심포지엄의 다른 논문에서는 브라질 북동부에서 기후인류학의 출현(Nelson and Finan 2000), 케냐 북부의 기후 충격과 목축 위기 관리(Mahmoud and Little 2000), 코스타리카 북부의 엘니뇨 가뭄에 대한 대처의 다양성(Otterstrom 2000)에 대해 논의했다.

1999년 응용인류학회 회의에서 "기후변화 연구에 대한 사회과학적 차원과 정책적 기여"에 초점을 맞춘 두 세션의 결과로 나온 기후 연구 특별호의 서문에서 론콜리와 마지스트로는 인류학자가 기후변화를 다뤄야 할 필요성에 주목했다. 이들은 "기후변화에 대한 전 지구적 분석과 기후에 대한 커뮤니티의 대응 및 인식 과정을 연결하는 노력"의 필요성을 강조했다(Magistro and Roncoli 2001: 91). 이 특별호의 모든 에세이에 인류학자가 참여했지만, 대부분의 논문이 다른 분야의 학자가 포함되었다는 점에서 학제 간 연구였다.

사라 스트라우스와 벤 올러브(Strauss and Orlove 2003: 10-11)는 그들의 선집 『날씨, 기후, 문화(Weather, Climate, Culture)』의 서문에서 기후변화를 가볍게만 언급하고 있으며, 이 책에 포함된 어떤 에세이도 지구온난화에 특별히 초점을 맞추고 있지 않다. 그러나 올러브는 다른 출판물에서 여러 동료와 함께 특히 안데스 지역과 우간다 남부의 엘니뇨 등 기후변화와 관련된 여러 지역의 기후 현상을 조사했다(Orlove 2003; Orlove *et al*. 2000, 2002; Orlove and Kabugo 2005).

이 리뷰에서 보여주고 있듯이, 기후변화인류학은 사회에서 기후의 역할을 고려하려는 시도가 소홀히 여겨지던 시기에 사회적 행동, 기후변화, 사회적 결과를 연결하려는 인류학 안팎의 다양한 연구자의 각종 시도에 그 뿌리를 두고 있다. 한편으로 이러한 발전은 온난화와 오염된 지구로 인한 부정적 영향의 직접 경험이 쌓여가고, 기후과학자가 지구 생태계에 미치는 기후변화의 주목할 만한 범위와 영향에 대한 이해를 발전시키고 알리기 시작하면서 예상된 것이기도 했다.

기후변화인류학의 성숙

기후변화인류학이 별도의 분야로 자리매김한 첫 표지는 아마도 2007년 12월 미국인류학회의 인류학 뉴스레터에 기후변화 연구에 관한 짧은 기사 시리즈를 미얀나 라센(Myanna Lahsen)이 객원 편집해 게재한 때였을 것이다. 라센(Lahsen 2007a: 9)은 기후변화인류학의 좋은 출발점은 영국 틴들 기후변화 연구센터와 같은 "과학적 지식이 생산되고 판단되는 현장에서 '흐름에 역행하는' 논쟁" 등 환경 변화에 대한 지식을 둘러싼 논쟁을 조사하는 것이라고 말했다. 또 다른 논문에서 캐슬린 갤빈(Galvin 2007)은 인류학자가 지구환경의 변화에 관한 연구에 기여하기 위해서는 학제 간 연구에 참여할 필요가 있다고 주장했다.

사실상 미국의 거의 반대편에 위치한 호주에서도 여러 인류학자가 기후변화 인류학에 관해 탐구하기 시작했다. 21세기 초 호주에서는 기온 상승뿐만 아니라 특히 남동부 지역의 극심한 가뭄과 북동부 지역의 강력한 사이클론 및 허리케인으로 인한 기후변화 뉴스가 자주 1면을 채웠다. 2007년 호주 인류학회 컨퍼런스에서 한스 베어와 메건 제너웨이(Hans Baer and Megan Jennaway)가 조직한 기후변화 패널에서 영감을 받은 호주인류학회지는 2008년 첫 호에서 벨파스트 퀸즈 대학교의 객원 연구원으로 호주에 머물고 있던 케이 밀턴이 편집한 "기후변화에 대한 인류학적 관점"을 주제로 소프박스 포럼(Soapbox Forum)을 출간했다. 한스 베어는 이 포럼에 기고한 글에서 지구온난화가 끊임없는 생산과 소비, 그리고 화석연료에 대한 의존도가 높은 전 지구적 자본주의 체제의 또 다른 모순을 드러낸다고 주장했다(Baer 2008). 모니카 미네갈과 피터 드와이어(Minnegal and Dwyer 2008)는 빅토리아 깁스랜드의 어부들이 환경의 불확실성에 어떻게 대응하고 있는지를 다루었고, 데보라 버드 로즈(Rose 2008)와 샌디 투생(Toussaint 2008)은 기후변화가 당장은 일상의 관심사가 아니지만 궁극적으로 기후변화에 의해 미래가 결정될 수 있는 원주민 커뮤니티의 현재 경험에 대해 논의했다.

2009년은 기후변화인류학이 등장하게 된 전환점이 된 해라고 할 수 있겠다. 학술 출판사인 레프트 코스트 프레스는 그 해에 기후변화에 관한 인류학 저서 두 권을 출간했다. 첫 번째는 이 책의 저자이기도 한 우리가 저술한 『지구온난화와 건강의 정치생태학(Global Warming and the Political Ecology of Health)』(Baer and Singer 2009)이다. 이 책은 건강과 환경의 관계에 대한 이전 연구의 확장판으로, 이전의 여러 문헌(Baer *et al.* 1997, 2003, 2013; Singer and Baer 2007; Singer 1995)에 실렸던 내용을 담고 있으며 기후변화에 관한 비판인류학 및 비판의료

인류학의 사례를 제시한다. 기후변화에 대한 비판인류학에서는 인위적인 기후변화, 특히 산업혁명 이후의 기후변화가 이윤 창출에 대한 집중, 지속적인 경제 확장, 끊임 없는 생산과 소비, 전체 경제 시스템에 에너지를 공급하는 화석연료에 대한 과도한 의존을 특징으로 하는 전 지구적 자본주의에 그 원인을 두고 있다고 간주한다. 이 책에서는 기후변화가 사람의 물과 식량 접근성을 포함한 정착 유형과 생계에 미치는 영향을 조사했으며, 지구온난화가 열 스트레스의 축적, 오염물질, 환경성 질환, 수인성 및 벡터매개 질병 감염의 확산에 어떻게 기여하는지도 살펴보았다. 건강한 세상을 만들기 위한 일환으로, 우리는 이 책에서 기존 기후체제와 '녹색' 자본주의의 부적절성을 검토하고 민주적 생태사회주의 세계체제의 구축을 제안했다. 이는 이다 수세르(Ida Susser)와 공동 집필한 보건인류학 교과서인 『의료인류학과 세계체제(Medical Anthropology and the World System)』에서도 제안했던 주장이다(Baer *et al*. 2003). 사실 이 교과서의 첫 번째(1997) 및 두 번째(2003) 판에서는 기후변화에 대한 언급이 없었는데, 이는 당시 지구온난화에 관해 늘어나고 있던 지식에 대해 우리 자신이 부주의했음을 반영한다. 그러나 세 번째 판에서는 기후변화에 초점을 맞춘 장을 포함시켰다(Baer *et al*. 2013). 한편 싱어는 기후변화인류학과 관련된 두 가지 개념을 고안했다. 첫 번째는 인구의 건강 부담을 증가시키는 질병 간에 발생하는 사회적 영향과 환경적 매개의 부정적 상호작용을 의미하는 에코신데믹(ecosyndemic)이다(Singer 2009c, 2010c). 예를 들어, 싱어(Singer 2013)는 에코신데믹에 관한 저서에서 인위적인 지구온난화와 대기오염이 천식과 같은 호흡기 질환의 전 세계적 악화와 빈도 증가에 미치는 다양한 물리적 상호작용에 대해 논의했다. 두 번째 개념은 제1장에서 논의한 다중위험의 상호작용(Pluralea interaction)으로, 앞서 언급했듯이 지구온난화와 이로 인한 각종 위험은 환경과 인간 건강에 대한 일련의 수렴적이고 잠재적으로 상호작용하는 인위적 위협을 포괄하는 훨씬 더 큰 환경 위기의 일부에 불과하다는 사실을 의미한다. 관련 논문에서 싱어(Singer 2010b)는 자본주의의 지구 친화적이지 않은 특성들이 현대의 사회 생활 양식의 지속 가능성을 가로막는 장애물인가라는 질문을 탐구해왔다.

레프트 코스트 프레스에서 같은 해에 출간된 두 번째 책은 『인류학과 기후변화(Anthropology and Climate Change)』(Crate and Nuttall 2009a)로 여전히 성장 단계에 있던 기후변화인류학의 중요한 지침서가 되었다. 이 책의 편집자인 수잔 크레이트와 마크 너톨은 몇 가지 주목할 만한 예외는 있지만 인류학자가 최근에 들어서야 기후변화에 주목하기 시작했다고 말한다. 이 책은 전 세계에서 기후변화에 대한 인류학적 연구를 모아 이 분야를 정립하는 데 도움을 주었다. '기후와 문화'라는 제목의 이 책의 1부에서는 기후변화(역사적 추적과 최근의 상황까지 포괄)와 사회문화 체제 간의 관계를 탐구하고, 이러한 관계를 조사하는 인류학 고유의 능력에 대한 사례를 제시함으로써 이 책의 나머지 부분을 구성하는 전체 틀을 구성한다. 이 책의 후속 장 대부분은 기후변화가 다양한 지역에 미치는 영향, 그에 대한 지역 주민의 인식과 적응 노력에 초점을 맞추고 있다. 모든 사회는 환경의 위협과 기회에 대처해야 하지만, '적응'이라는 생물학적 개념이 문화적으로 구성된 이해(및 오해), 기술적 능력, 생산 양식에 비추어 자연환경을 다양한 정도로 재구성하고 손상시키는 체제를 잘 설명하는지는 명확하지 않다는 점에서 문화적 적응의 개념은 비판적으로 도전을 받아왔다(Singer 1996). 이 책의 2부는 특정 인구 집단이 기후변화에 어떻게 영향을 받고 적응하고 있는지에 초점을 맞춘 11개의 사례 연구로 구성되어 있다. 여기에는 시베리아 북동부의 말과 소를 사육하는 사하인에 대한 수잔 크레이트의 연구, 캐나다 동부 북극 지역의 이누이트인에 대한 앤 헨쇼의 연구, 스위스 알프스의 한 마을에 대한 사라 스트라우스의 연구, 방글라데시 남서부 사람에 대한 티모시 피난의 연구, 콜롬비아강 유역의 네즈 퍼스인(Nez Perce)에 대한 베네딕트 콜롬비의 연구가 포함되어 있고, 파푸아뉴기니 포르게라 지역의 주민들에 대한 제리 자카의 연구, 알래스카 북서부의 이누피아트인과 여러 원주민 집단에 대한 엘리자베스 마리노와 피터 슈바이처의 연구, 호주 원주민에 대한 도나 그린의 연구, 페루 안데스 산맥의 케추아인에 대한 잉게 볼린의 연구, 남태평양의 투발루인에 대한 헤더 라즈러스의 연구, 칼라하리 산맥에 관한 로버트 히치콕의 연구가 있다. 이러한 장 중 일부는 이 책의 뒷부분에서 더 자세히 설명할 것이다. 책의 3부 '인류학적 행동'은 기후변화에 적응하고 완화하기 위해 인류학자가 현장 연구, 인류학 커뮤니티, 공공 정책 의사결정에서 무엇을 하고 있고, 할 수 있으며, 해야 하는지를 탐구하는 9개의 장으로 구성되어 있다.

크레이트와 너톨(Crate and Nuttall 2009b)은 에필로그에서 기후변화를 연구하고 해결책을 모색하기 위한 학제 간 접근을 권장한다. 『인류학과 기후변화』는 기후변화와 사회를 연구하는 인류학자가 수행하는 많은 종류의 연구에 대한 비교적 포괄적인 개요를 제공하지만, 기후변화의 비판인류학에 대한 명확한 인식이 부족하다. 이 책의 편집자와 대부분의 기고자는 기후변화를 현상학적 관점이나 문화생태학적 관점, 또는 이 두 가지를 결합한 관점에서 해석하는 경향이 있으며, 기후변화가 자본주의 세계체제의 위험한 모순을 나타내는지 여부는 충분히 평가하지 않았다. 그럼에도 불구하고 크레이트와 너톨(Crate and Nuttall 2009c: 11)은 어느 정도 기후변화에 대한 비판인류학적 관점을 충분히 알고 있다. 예를 들어, 책 서문에서 그들은 "기후변화의 영향은 제국주의와 식민지화의 간접적 비용"이라고 평가했다.

2012년 한스 베어는 『전 지구적 자본주의와 기후변화(Global Capitalism and Climate Change)』(Baer 2012)를 출간했다. 이 책은 기후변화에 대한 비판사회과학을 발전시키기 위한 노력의 일환으로, 기후변화의 뿌리를 생산과 소비라는 강력한 엔진, 화석연료에 대한 높은 의존도, 지속적인 경제 확장에 대한 집념을 가진 자본주의 세계체제에 두고 있다. 또한, 이 책은 인류를 더 안전한 기후로 이끌 수 있는 보다 사회적으로 정의롭고 지속 가능한 세계체제를 만드는 데 필요한 장기적이고 과도기적인 체계적 변화와 이러한 노력 속에서 급성장하고 있는 기후운동의 역할에 대해 탐구했다. 이러한 이슈들은 제6장과 제8장에서 논의할 것이다.

2009년 이후 인류학자가 한 세기 넘게 연구해 온 수렵인, 원예민, 목축민, 농민, 해안 및 도시 거주자 등 많은 사람에게 기후변화가 이미 극적인 영향을 미치고 있다는 사실이 더욱 분명해지면서 기후변화인류학도 크게 성장하고 있다. 예를 들어, 소규모 원주민 공동체는 해수면 상승, 건조한 기후 증가로 인한 담수 공급 부족, 익숙한 토착종 감소로 인한 식량 공급의 상실로 위협을 받고 있다. 실제로 모든 종류의 사회, 특히 빈곤한 지역사회에서 기후변화는 생계와 물 공급, 정착 유형, 인간 건강에 심각한 영향을 미치고 있으며 앞으로도 계속될 것이다. 물론, 기후변화가 사회에 미치는 영향을 조사하거나 각 사회들이 기후변화를 어떻게 인식하고 대응하고 있는지 평가하는 것만으로는 충분하지 않다. 인류학자는 기후변화의 다양한 인위적 원인에 대한 사회적 기원을 파악하는 것이 필수이며, 그 중 상당수는 이윤 창출과 불평등한 부의 분배, 지속적으로 자원을 고갈하고 폐기물을 생산하는 경제의 확장에 전념하는 기존의 세계 경제 또는 자본주의 세계체제의 본질적인 부분이라고 주장한다. 그러나 이보다 더 우선시되는 것은 지역, 지방, 국가, 지구적 차원에서 기후변화에 대응하기 위한 실천적 기획에 인류학적 참여관찰이 필요하다는 것이다. 이를 위해서는 인류학자가 국제 기후체제, 중앙 및 지방 정부, NGO, 커뮤니티, 기후 행동 및 지속 가능성 단체 등 기후변화를 완화하기 위한 보다 큰 집단적 작업의 일부가 되어야 한다. 따라서 다음 장에서 논의하겠지만 인류학자는 공공 정책 및 의사결정 영역에 참여해야 하며, 나아가 기후변화 완화 및 기후정의 운동에서 사회 변화의 협력자로서 참여할 수 있는 길을 모색해야 한다.

현 시점의 방향

2011년 말 미국인류학회(American Anthropological Association, AAA) 집행위원회가 기후변화 특별위원회를 조직했다(AAA 2011: 1)는 것은 기후변화인류학의 성숙을 상징적으로 보여준다고 할 수 있다. 당시 미국인류학회 회장인 버지니아 도밍게즈(Virginia R. Dominguez)는 셜리 피스케를 위원장으로 임명하고 수잔 크레이트, 헤더 라즈러스, 조지 루버, 리사 루세로, 앤서니 올리버-스미스, 벤 올러브, 사라 스트라우스, 리처드 윌크를 위원으로 임명했다. 특별위원회 멤버들은 기후와 관련된 인류학적 관점으로 "왜 기후가 중요한가"라는 제목의 시리즈를 빠르게 개발하여 다양한 매체(허핑턴 포스트, 카운터펀치)에 기고했다. 또한 특별위원회는 기후에 관심이 있는 인류학자들 간의 소통을 강화하기 위해 이메일 목록 서비스를 개설했고, AAA의 월간 온라인 뉴스레터인 '인류학 뉴스'에 정기 칼럼을 게재했다. 특별위원회는 이 칼럼을 통해 기후변화 문제를 연구하는 인류학자와 그들의 연구 유형을 소개했으며, AAA 회의에서 기후변화에 관한 다양한 종류의 세션을 조직하도록 장려했다.

이 책의 초판이 발행된 직후인 2014년 12월에는 미국인류학회 글로벌 기후변화 특별위원회의 보고서가 발표되었으며, 다섯 가지 핵심 주제가 담겨 있다(Fiske *et al*. 2014: 5).

- 기후변화의 인위적 원인과 기여, 그리고 인간 주도의 문제화
- 장기간에 걸친 인간의 적응, 생존 및 변화에 대해 학습했던 교훈 확인
- 전 세계, 국가, 지역 수준에서 기후 정책에 사용되는 핵심 개념(적응, 취약성, 회복탄력성)에 대한 비판
- 지역 및 커뮤니티 참여의 중요성

• 학제 간 연구의 강점과 기회, 인류학 및 지구환경 변화의 미래를 위한 연구 우선순위 결정

특별위원회 보고서는 기후변화의 주요 원인에 대해 유물론적 관점보다는 이상주의적 관점을 채택하고 있으며, "궁극적으로 기후변화의 모든 동인은 소비문화와 같은 인간의 문화적 가치에 뿌리를 두고 있다."라고 주장한다(Fiske *et al.* 2014: 5). 특별위원회 보고서는 빈곤, 소외, 교육 및 정보 부족, 기본 자원에 대한 통제력 상실 등 기후변화에 대한 취약성을 형성하는 사회경제적 요인을 고려하지 않는 기존의 하향식 기후 정책(기후변화에 관한 정부 간 협의체 및 기후변화 기본협약 등)의 타당성에 의문을 제기한다. 특별위원회 보고서는 (1) 해안선 및 섬에 위치한 커뮤니티 등 장소 기반 접근법, (2) 사회경제적, 인구통계학적, 성별, 인종 및 기타 변수에 따른 기후변화 취약성과 같은 경로 의존성 등 기후변화 영향에 대한 다양한 커뮤니티 기반 접근법을 검토한다. 기후정의의 관점에서 특별위원회는 "커뮤니티의 기관이 적응 가능성, 선호도 및 우선순위를 스스로 파악할 수 있도록 촉진함으로써 영향 받는 커뮤니티에 권한을 부여하는 것"을 옹호한다(Fiske *et al.* 2014: 53). 또한 인류학자가 지역 전문가 및 과학 전문가와 협력하여 기후변화의 영향을 받는 커뮤니티와 정책입안자 사이에서 "문화적 중개자" 역할을 해야한다고 제안한다. 특별위원회는 인류학자가 자연과학자뿐만 아니라 경제학자, 정치학자, 사회학자, 심리학자 등 다른 사회과학자와 함께 기후변화에 관한 학제 간 연구에 참여할 것을 권장한다(Fiske *et al.* 2014: 57). 이러한 내용은 이 책의 8장과 9장에서 다룰 것이다. 특별위원회 보고서는 학제 간 활동에서 (1) 민족지학과 지역지식, 그리고 (2) 인간과 자연 체계의 통합이라는 인류학의 두 가지 핵심 요소를 분명히 한다. 이 보고서는 "주요 국제 기후변화 프레임워크에 가장 직접적으로 관여하는 분야부터 시작하여, 그러한 프레임워크의 정치에 더 비판적으로 관여하는 분야로 나아가고, 동일한 프레임워크의 가정에 의문을 제기하는 것으로 마무리한다"(Fiske *et al.* 2014: 65).

기후변화 특별위원회는 다음과 같이 인류학의 9가지 개척 분야를 제안한다.

- 제안 1 — 미래 기후 시나리오를 예측하는 전 지구적 모델과 지역 모델
- 제안 2 — 생태학적 구성에 기반한 회복탄력성 프레임워크 개발
- 제안 3 — 사회 여러 분야의 영향을 받는 과정으로서 기후변화에 대한 적응의 개념을 과학 및 정책 전문가와 함께 육성
- 제안 4 — 거주 가능성에 대한 과학, 정치, 문화적 개념을 인류학 연구에 통합
- 제안 5 — 탈탄소화의 문화 정치에 참여
- 제안 6 — 생태마을, 슬로우시티, 전환마을, 지역화폐, 채식주의, 소박한 생활, 식량주권, 점거운동, 다양한 환경주의 등 대안적 소비 양식을 파악하고, 탈성장 운동, 공유 경제, 대체 에너지원, 반소비주의 등 다양한 주제를 연구하는 다른 분야의 연구자들과 협업
- 제안 7 — 산림전용 및 산림황폐화로부터 탄소 배출 감축(Reducing Emissions from Deforestation and forest Degradation, REDD)과 같은 정책 분야에서 완화 및 적응 프레임워크에 대한 연구 수행과 참여
- 제안 8 — 기후변화에 관한 정부 간 협의체(Intergovernmental Panel on Climate Change, IPCC) 산하에서 일하는 자연과학자들에 대한 연구를 통한 과학기술학(STS)과의 지속적인 대화
- 제안 9 — 특히 기후변화 관련 문제에 대한 근대 서구과학과 다른 지식체계 간의 근본적인 차이점을 탐구하는 인류학 내의 존재론적 전환에 참여

특별위원회가 미국인류학회에 권고한 내용을 바탕으로 미국인류학회는 “인도주의와 기후변화에 관한 성명서”를 통과시켰다. 성명서는 다음의 문단으로 시작한다.

기후변화는 물리적 환경뿐만 아니라 건강, 가정, 생계, 문화 등 인간 생활의 모든 측면에 영향을 미치는 전 지구적 위협을 초래한다. 이 정도 규모의 위협은 문화적 정체성, 복지, 안전을 포함하는 우리 인간의 안정에 영향을 미친다. 인류학은 시간과 공간에 걸쳐 인간의 조건을 가장 명확하게 연구하는 학문으로서, 기후변화의 영향을 완화하기 위한 실행 가능한 해결책을 만드는 데 도움이 되는 중요한 통찰을 제공한다.

American Anthropological Association 2015

또한 이 성명서는 인류학적 관점에서 기후변화가 인류에 미치는 영향을 이해하기 위한 8가지 요점을 설명하고 있다.

- 요점 1 — 기후변화는 우리의 물리적 환경을 변화시키고 전 세계 인류 문화에 영향을 미치는 현재의 사실이다.
- 요점 2 — 기후변화는 빈곤과 경제적 불평등, 식량 및 물 안보, 무력 분쟁과 같은 잠재적인 문제를 심화시켜 이러한 문제를 광범위한 위기로까지 확대시킨다.
- 요점 3 — 커뮤니티가 이탈과 이주 압력에 직면하면서 광범위한 영향을 받을 것으로 예상된다.
- 요점 4 — 기후변화는 지구상의 모든 주민에게 영향을 미치지만, 그 영향은 어린이, 노인, 장애 및 제한적인 건강 상태를 가진 사람, 이동하거나 삶을 변화시킬 충분한 수단이 없는 사람 등 이미 취약한 사람에게 특히 더 큰 비중으로 불균등하게 영향을 미칠 것이다.
- 요점 5 — 특정 인간 행위자와 그들의 선택은 화석연료를 주요 에너지원으로 강조하고, 소비주의 문화를 조성하며, 생태적 회복탄력성을 약화시키는 토지 사용 관행을 선호함으로써 기후변화를 주도한다.
- 요점 6 — 고고학적 기록은 수천 년에 걸쳐 발생한 기후 압력에 대한 인류의

다양한 적응과 혁신을 보여주며, 현대 인류의 경험과 관련된 증거를 제공한다.

- 요점 7 — 기후변화는 지역 및 지방에 영향을 미치는 전 지구적 문제이며 해당 지역 및 커뮤니티에 적합한 해결책이 필요하다.
- 요점 8 — 탄소 배출을 줄이는 데만 초점을 맞추는 것만으로는 기후변화 해결에 충분하지 않으며, 이는 체계적인 원인을 해결하지 못한다. 기후변화는 사회 제도와 문화적 습관에 뿌리를 두고 있다. 진정한 해결책은 자연과학뿐만 아니라 사회과학과 인문학의 지식과 통찰력을 필요로 한다.

이 책의 기후변화인류학에 관한 개요에서 볼 수 있듯이, 인류학자는 지난 수십 년 동안 고고학뿐만 아니라 사회문화인류학의 여러 이론적 관점에서 '인류와 기후변화에 관한 미국인류학회 성명서'에 명시된 많은 요점을 다루어 왔다. 정치경제학과 정치생태학의 영향을 받은 기후변화에 대한 비판인류학을 지지하는 우리는 인류학자가 다른 사회과학자 및 행동과학자, 인문학자와 함께 기후변화의 체계적 원인을 더 면밀히 탐구할 필요가 있다고 생각하며, 현 시대에서 이는 전 지구적 자본주의 또는 자본주의 세계체제 그 이상도 이하도 아니라고 주장한다. 아마도 더 중요한 것은 기후변화인류학이 미래인류학과 분투해야 할 것이다. 적어도 비판적 미래인류학이라면 궁극적으로 기존의 세계 정치경제를 넘어 사회 정의, 민주적 절차, 환경의 지속 가능성, 취약한 지구에 사는 모든 사람을 위한 안전한 기후에 기반한 대안적 세계체제로 나아가는 것이기 때문이다.

기후변화에 관한 정부 간 협의체가 온실가스 효과의 존재를 확인했고, 이산화탄소가 지구온난화의 주요 원인이라고 단언했으며, 온난화가 해수면 상승과 같은 악영향을 미칠 것이라고 강조했던 첫 번째 평가 보고서를 1990년에 발표했고, 그로부터 지금의 기후변화인류학이 등장했다. 성숙한 모습을 보이지만 여전히 성장 중인 이 분야는 우려되는 문제를 정의하고, 기후변화 연구와 대응에 대한 인류학의 구체적인 기여를 파악하며, 기후변화와 인간 조건을 이해하기 위한 이론적 시각을 고안하기 시작했다. 이 새로운 인류학적 기획 및 관련 양상들, 그리고 기후변화인류학 발전의 중대한 방향성에 대한 우리 저자들의 비전은 다음 장들에서 함께 살펴볼 것이다.

제3장

기후변화고고학

사회를 만드는 기후, 기후를 만드는 사회

이 장의 핵심 주제는 인간이 생물학적으로나 사회적으로 자신이 거주해 온 자연환경의 기후변화에 의해 부분적으로 형성되어 왔다는 것이다. 또한 동시에 그 역방향에 대해서도 이야기할 수 있다. 인간은 오랫동안 기후에 국지적인 영향을 미칠 수 있는 능력을 지니고 있었으며, 첨단 산업 기술의 발전에 따라 그들이 대응해야 하는 기후 자체를 더 큰 규모로 만들어낼 수 있게 되었다. 이 장에서는 고고학자, 특정 연구 현장에서 인간의 생활 방식을 재구성하는 연구자, 시간적 또는 지역적 분석을 수행하는 연구자의 저술을 검토하여 고고학적 시간의 흐름을 통해 인간과 기후 간 상호작용의 본질을 평가한다. 아이러니하게도 인간이 환경과 기후에 미치는 인위적인 영향을 조사한 것은 고고학자가 아니라 칼 사우어(Carl Sauer 1941)와 같은 역사지리학자였다. 고고학자는 2000년을 전후로 이러한 주제에 관심을 기울이기 시작했다(Redman 1999; Redman, James *et al.* 2007; Contreras 2016). 주의할 점은 우리가 사회문화인류학자라는 점을 감안할 때 고고학에 대한 개요가 결코 포괄적이지는 않다는 점이다. 따라서 이 분야에 대해 더 자세히 알고 싶은 독자는 「American Antiquity」, 「Journal of Archaeological Science」, 「Geoarchaeology」, 「Environmental Archaeology」와 같은 다양한 고고학 학술지를 참고할 수 있다(또한 Sandweiss and Kelley 2012 참조).

시간에 따른 기후변화와 인류의 분산 이동

우주의 나이(약 150억 년으로 추정)나 지구의 나이(약 50억 년으로 추정)로 시간을 생각해 보면, 현존하는 인류는 지금까지의 우주 시간에서 찰나의 순간에 존재하는 것이며, 아마도 궁극적으로도 그렇게 될 것이 자명하다. 가레스 모건과 존 맥크리스탈(Gareth Morgan and John McCrystal 2009: 85-86)은 다음과 같은 특징적인 단계로 구성된 지구의 지질학적 기억의 층을 설명한다.

- 눈덩이 지구 — 지구는 얼음으로 덮여 있었으며, 약 6억 3,500만 년 전까지는 사실상 사람이 살 수 없는 상태였다.
- 온실 지구 — 당시 지구는 극지방도 열대였다. 공룡 시대가 포함된 이 기간 동안 지구의 기온은 오늘날보다 4~6℃ 혹은 10℃ 정도 더 따뜻했다. 또한 이산화탄소 농도는 오늘날보다 6배나 높았다. 이 시대는 약 7천만 년 전까지 지속되었다.
- 빙하기 지구 — 약 BP[1] 3,400만 년부터 시작된 빙기-간빙기 반복으로 구성된 시기이다. 이 시대의 마지막 260만 년 동안 유라시아와 북아메리카 대륙 위에 빙상이 형성되어 약 4만 년 주기로 확장과 후퇴를 반복했다. 빙하가 형성된 지구의 마지막 시기는 과학계에서는 홀로세(Holocene, 홍적세라고도 함)로 알려져 있으며, 이 시기는 BP 180만 년부터 BP 11,550년까지이다.

---

1 BP는 'before the present'의 줄임말로서 서력 기원후(AD) 1950년을 기준으로 한다. 예를 들어 서력 기원전(BC) 8,050년은 BP 10,000년에 해당한다. BP라는 시간단위는 절대연대측정방법이 발달하면서 널리 쓰이고 있다. 1950년이 기준이 된 것은 핵무기 개발 실험이 진행되면서 자연계에 존재하는 방사성탄소 동위원소비가 변화했기 때문이다.

• 홀로세 간빙기 — 플레이스토세(Pleistocene, 충적세라고도 함) 말기에 시작된 홀로세 간빙기는 현대에 해당하지만, 제1장에서 언급했듯이 인류세라는 용어를 사용하여 인간이 지구에 가장 극적인 영향을 미친 시기를 구분하려는 움직임이 있다.

[그림 3-1]은 환경과학에 의해 확인된 다양한 지질학적 연대를 보여주는데, 이는 앞의 모건과 맥크리스탈의 기후 세계 모델과 일치한다. 이 연대는 지구 역사상 특정 지질 및 기후 시대에 발생한 것으로 추정된다.

[그림 3-1]에는 다음 설명처럼 기후 및 지질학적 시간 척도를 포함한 다양한 주기화 체계가 포함되어 있다.

• **빙기**(glacial periods)는 빙하기(ice age) 내의 시간 간격(수천 년 단위)을 말하며, 지구의 기온이 낮아지고 빙하가 성장하는 시기로 특징지어진다. 간빙기(interglacials)는 차가운 빙기 사이에 발생하는 빙하기 내의 따뜻한 시기를 말한다. 간빙기(㉠ 올더 드라이아스기, 영거 드라이아스기, 소빙기)는 빙하기로 분류하기에는 기간이 충분하지 않은(1만 년 미만) 간빙기 중 압력이 낮았던 시

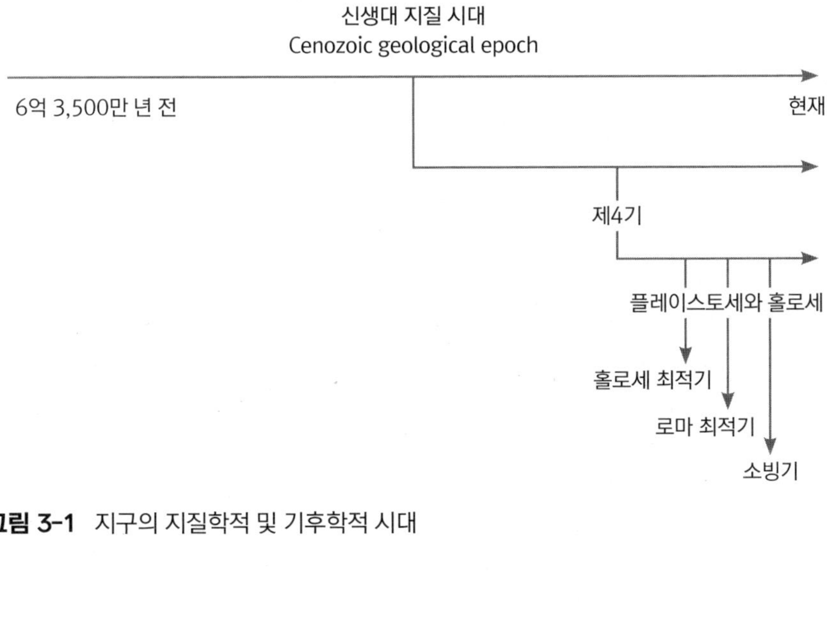

그림 3-1 지구의 지질학적 및 기후학적 시대

기를 말한다. 지구 역사상 적어도 다섯 차례의 주요 빙하기가 있었으며, 그 외에는 고위도 지역에서도 지구에 얼음이 없었던 것으로 보인다.

- **온난기**(thermals)는 홀로세 기후 최적기(8천~5천 년 전의 따뜻한 시기), 로마 기후 최적기 또는 중세 온난기(소빙기 이전 1,060~900년 전의 온화한 기후 시기)를 포함한 온난습윤한 기후 사건의 이름을 따서 이렇게 부른다.
- **신생대**(The Cenozoic)('새로운 생명체'를 뜻함)는 대부분의 공룡 종이 멸종한 6,500만 년 전부터 현재까지 이어지는 지질학적 시대이다. 팔레오기, 네오기, 제4기(250만 년 전~현재)의 세 시대로 세분화된다. 제4기를 구성하는 두 시기는 홀로세(충적세, 1만 2천 년 전~현재)와 그 이전의 플레이스토세(홍적세, 250만~약 1만 2천 년 전)로 인류의 역사와 지구에서의 활동에 있어 매우 중요한 시기이다.

이 논의에서 알 수 있듯이 기후학적으로 지구는 상대적인 안정기와 극단적인 변화의 시기를 보냈다.

이 장에서 인용한 다양한 연구에서 볼 수 있듯이 고고학자와 고생물학자들은 "kyr"(kilo-year, 현재보다 1천 년 전), BCE(Before Common era, 현대 혹은 일반 시대 이전), BP(Before the Present, 현재보다 몇 년 전), BC/AD(Before Christ/Anno Domini, 그리스도 이전과 이후) 등 여러 가지 연대 측정 방식을 사용한다. 우리는 이후 검토에서 혼동을 피하기 위해 여기에서 이를 언급하고자 한다.

이 장에서는 "기후변화"가 인류가 전 세계로 흩어지는 데 중요한 역할을 한 시기와 장소를 살펴볼 것이다. 인류의 진화 역사에서 기후변화의 유형은 시대와 지역(온난기와 빙기 사이의 여러 범위)에 따라 다르게 나타났다. 시간의 흐름에 따라 기후 조건은 생명체(이 경우에는 인류 이전의 조상과 인류의 조상)가 지역 환경에 따라 생물학적으로 분산 이동하는 경향과 상호작용했다. 이러한 이동은 기후와 같은 분산 장벽으로 제약을 받는 경향이 있으며, 이로 인해 특정 시점에 특정 지역에 거주하는 것을 어렵게 할 수 있다. 인류의 경우, 두뇌의 탁월한 능력과 다른 신체적 변화, 문화의 출현으로 매우 다양한 환경적 도전과 기회에 유연하게 대응할 수 있었다.

빙하의 자손

800만~500만 년 전 사이에 지구는 장기간 건기와 냉각기를 거쳤다. 우드(Wood 2005: 75-76)가 관찰한 것처럼 이 시기가 중요한 이유는 다음과 같다.

> *호미닌(또는 호미니드)[2] 진화가 이러한 기후변화 시기에 아프리카에서 시작되었다는 점이다. 건기가 길어지면서 울창한 숲은 점차 개방적인 삼림 지대로 대체되었다. 큰 나무들 사이에 초원이 나타나기 시작했다. 우리는 영양이나 얼룩말과 같이 현대의 아프리카 사바나에서 볼 수 있는 풀에 적응한 동물들이 항상 그곳에 있었다고 생각하는 경향이 있다. 하지만 이 동물들과 이들이 서식하는 사바나는 비교적 최근의 현상이다. 현생 인류와 현존하는 침팬지의 공통 조상은 아마도 울창한 숲에 살았을 것이다. 하지만 그 후손 중 일부는 좀 더 개방된 환경에서의 대지 생활에 적응하기 시작했다.*

지구에서 500만 년에서 600만 년 정도의 특정 시기를 거치면서, 일부에서 '빙하의 자손(children of the ice)'이라고 부르기도 하는 인류의 출현을 낳았다(Behringer 2010: 39). 지구는 지난 100만 년 동안 모두 10번의 큰 빙하기와 40번의 소빙기를 경험했다(Farley 2008). 지축의 기울기가 22°에서 24.5° 사이로 변동하는 밀란코비치 주기(Milankovitch cycles)는 4만 1천 년마다 발생한다. 이러한 지구 축

2 인간은 호모 사피엔스이다. 인간 계통이 가장 가까운 조상으로부터 분기한 이후 인류조상은 호미니드(hominid)로 분류되어 왔으나 2000년대 이후 호미닌(hominin)으로 분류하고 있다. 여기에서 호미니드는 생물 계통에서 과(family)로 분류되었지만, 이제는 그 하위인 족(tribe)으로 분류되는 호미닌(hominin)으로 구분하는 경향이 강하다. 인간이 다른 동물에 비해 '과'로 구분될 만큼의 특질이 적어졌다는 것을 의미한다. 예를 들어, 이는 인류가 침팬지 계통과 더 가까워졌다는 뜻이기도 하다.

의 변화는 빙하기가 시작되고 끝나는 원인이 된다. 기후에 영향을 미칠 수 있는 다른 자연력으로는 (1) 태양 에너지 출력의 변화, (2) 지구와 태양의 거리 변화, (3) 대기 및 해양 순환 시스템의 변화, (4) 구름의 정도 및 행성 표면의 특성과 관련된 지구 표면의 에너지 흡수 또는 복사 변화, (5) 화산 폭발 등이 있다(Farley 2008; Officer and Page 2009). 지난 11만 년 동안의 기후는 현재와 비슷한 "온난한" 상태와 빙하의 생성 및 현재 평균보다 8℃ 이상 낮은 기온으로 표시되는 장기간의 "한랭한" 상태 사이에서 변동했으며, 마지막 빙하기의 최대값은 약 2만 년 전에 발생했다(Kennedy 2006). 대기 중 이산화탄소는 최근까지 65만 년 동안 180~300ppm 사이를 오갔다(Maslin 2009: 8). 가장 최근에는 상승하기 시작했지만 자연적 요인 때문이 아니다.

브라이언 페이건(Brian Fagan)과 같은 일부 고고학자가 문명의 흥망성쇠에서 기후 요인을 강조하고 있음에도 불구하고, 많은 고고학자와 역사학자는 환경 및 기후 변화가 사회 진화에 미치는 역할을 무시하거나 경시한다. 이는 이전에 고든 차일드(V. Gordon Childe 1928/1954)가 주장했던 강력한 환경결정론에 대한 반작용으로 볼 수 있다. 실제로 일부 고고학자는 이러한 책을 쓰는 학자들이 버처(Butzer 2011: 1)가 "문명의 붕괴를 '급격한' 기후변화의 결과로 설명하는 대중적인 '새로운' 환경 결정론"이라고 부르는 것에 빠졌다고 믿는다. 이에 대해 버처는 "강력한 경고의 목소리"를 내야 한다고 촉구한다. 그는 고대 마야 문명을 포함한 다양한 고대 사회가 환경을 과도하게 착취한 결과 붕괴했다고 주장하는 제레드 다이아몬드(Jared Diamond 2005)와 같은 이의 연구에 반대한다. 버처(Butzer 2011: 13)는 다음과 같이 주장한다.

> *기후가 역사에 영향을 미쳤다는 인기 있는 주장의 대부분은 연역적 추론이거나 부적절하거나 잘못 재현된 데이터를 기반으로 한다. 과거에 사람들이 장단기 위기에 직면했던 방식에 대한 사례 연구를 무시하고 사회적 회복탄력성과 적응을 고려하지 않는다.*

반대로 페리 하산(Ferri A. Hassan 2009: 60)은 역사적으로 인간사회는 수십 년에 걸친 변동에 종종 "적응"해 왔지만, "예상치 못한, 수십 년, 수천 년에 걸친 심각하고 갑작스러운 기후 사건으로 인한 환경 스트레스로부터 자유롭지는 않다."라고 주장한다. 고인류학자 이안 태터솔(Ian Tattersall 2012: 3)도 인류의 진화 궤적에서 기후변화의 역할을 인정한다.

우리의 조상인 초기 인류의 인간은 미오세(Miocene) 말기와 다음 플라이오세(Pliocene) 초기인 각각 약 600만~450만 년 전에 살았다. 그리고 이들은 또 다른 기후변화를 예고하는 것처럼 보이는 화석 기록에서처럼, 같은 시기 새로운 많은 야생 포유류 속(genera)의 출현과 함께 나타났다. 바다가 차가워지면서 전 세계 대륙의 강우량과 기온에 영향을 미쳤다. … 아프리카에서는 거대한 산림 지대가 해체되고 초원이 국지적으로 드러나는 삼림 지대가 형성되는 경향이 나타나기 시작했다. 이러한 기후 악화의 계기가 가장 초기로 알려진 호미닌의 등장에 더 큰 생태적 배경을 제공했다.

이런 종류의 논쟁은 과학계에서 드문 일이 아니다. 시간의 흐름, 새로운 데이터, 오래된 데이터를 이해하고 세상을 보는 새로운 방법, 새로운 세대의 학자의 등장은 종종 이러한 의견 불일치를 정리하는 데 도움이 된다. 특히 젊은 학자의 연구에서 기후변화의 중대한 영향을 받아들이는 경향이 점점 더 뚜렷해지고 있다.

기후와 선사시대 수렵 사회의 전 지구적 확산

고생물학자와 고고학자는 인류 진화의 경로에서 기후변화가 수행한 정확한 역할이 무엇이었는지를 연구해왔다. 페이건(Fagan 2009b: 11)은 다음과 같이 말한다.

빙하기의 기온 변화는 플레이스토세 지구에 살았던 인간과 동물에게 특별한 도전과 기회를 만들어냈다. … 빙하기가 시작되었을 때 유인원처럼 보이는 호

미넌은 지구상에서 유일한 인간이었다. 그들은 직립보행을 하고, 도구를 만들어 사용했으며, 작은 무리를 지어 먹이를 채집했고, 더 시원하고 건조한 시기의 개방된 땅에 잘 적응했다. 처음에 인간은 순전히 아프리카 포유류였지만, 약 180만~170만 년 전에 갑자기 유라시아와 아시아에 나타나 북위 40°까지 살게 되었다. 이 무렵 인류는 더 이상 순수한 열대성 동물이 아니었다.

지질학자 스티븐 스탠리(Steven M. Stanley)는 초기 오스트랄로피테쿠스(Australopithecus)와 달리 호모(Homo)는 진정한 "빙하기의 자손"이라는 매우 도발적인 이론을 제시한다. 그는 현대 빙하기가 아프리카의 풍경을 갑자기 변화시킴으로써 오스트랄로피테쿠스에서 호모로 진화하는 데 기여했고, 궁극적으로 오스트랄로피테쿠스의 멸종을 초래했다고 주장한다(Stanley 1996: 4). 오스트랄로피테쿠스는 이족 보행자임에도 불구하고 비교적 나무를 잘 타는 동물이었기 때문에 광활한 열대우림에서 포식자로부터 피난처를 찾을 수 있었다. 그러나 기후변화로 인해 빙하기가 시작될 무렵인 플라이오세 중반에 아프리카 열대우림이 축소되었다(Stanley 1996: 111). 고인류학자 릭 포츠(Rick Potts 1996: 42)는 "사바나의 확산으로 도구와 육류에 대한 의존도가 높아지면서 원시인류는 더욱 육상(동물)화 되었다."라고 주장한다. 에티오피아에서 약 440만 년 전에 출현한 아르디피테쿠스 라미두스(*Ardipithecus ramidus*)는 이족 보행으로 보이지만 발가락이 크고 유연하여 나무를 효과적으로 오를 수 있었기 때문에 습한 삼림지대에 잘 적응할 수 있었다(Potts 2012: 156-157). 에티오피아의 라에톨리(Laetoli)와 하다르(Hadar) 유적지에서는 "루시"로 유명한 380만~350만 년 전 시대로 거슬러 올라가는 오스트랄로피테쿠스 아파렌시스(*Australopithecus afarensis*)가 발견됐다. 이들은 "아르디피테쿠스들에게서는 분명하게 나타나는 숲과 나무에 적응했다는 증거의 일부가 상실되었음을 시사한다. 아파렌시스 유적지는 시간과 공간에 걸쳐 유사한 거주지의 다양성을 보여준다."(Potts 2012: 157). 오스트랄로피테쿠스 아파렌시스는 기후가 건조해지면서 약 300만 년 전 무렵 동아프리카에서 사라졌다. 이후 호미닌의 여러 계통, 특히 우아한 형태의 오스트랄로피테쿠스 아프리카누스(*Australopithecus africanus*)와 더 비대한 형태의 오스트랄로피테쿠스 로부스투스(*Australopithecus robustus*)가 출현하여 남아프리카에서도 발견되었다.

빙하기가 시작하면서 숲이 줄어들자 오스트랄로피테쿠스들은 검치류[3]와 표범류 고양이, 악어, 하이에나와 같은 포식자를 쉽게 피할 수 없었던 반면, 나무 위로 올라가는데 민첩했던 침팬지와 고릴라는 쉽게 이들 포식자를 피할 수 있었다. 따라서 고생물학자와 고고학자가 발견한 고대 조상의 뼈에는 육식동물이 갉아먹은 흔적이 남아 있는 경우가 많다. 불규칙하고 불안정한 조건에서 환경과 기후로부터 생겨나는 압력은 약 240만 년 전 일부 오스트랄로피테쿠스 사이에서 더 큰 뇌(두개골 용량의 거의 두 배 및 뇌 전두엽의 크기 변화)의 진화에 기여해 새로운 속, 즉 호모가 진화하고 다양한 육식 동물로부터 자신을 방어할 수 있는 돌촉 무기를 개발하여 살아남을 수 있게 했다(Stanley 1996: 59). 포츠(Potts 2010: 48)는 이렇게 덧붙인다. "초기 호미닌은 신체적 관점에서 볼 때 상대적으로 무방비 상태였을지 모르지만, 이들의 영장류 유산 중 일부에는 사회를 이루는 능력과 목소리를 포함해 포식자로부터 방어할 수 있는 능력이 포함되어 있었다." 오스트랄로피테쿠스, 더 정확하게는 오스트랄로피테쿠스 아프리카누스(*Australopithecus africanus*)와는 달리, 파란트로푸스(Paranthropus)나 오스트랄로피테쿠스 로부스투스(*Australopithecus robustus*)는 빙하기까지 더 오래 살아남았고 결국 약 100만 년 전에 멸종했다. 스탠리는 오스트랄로피테쿠스의 강력한 턱과 큰 어금니 덕분에 식물의 뿌리를 포함한 광범위하고 다양한 동식물을 섭취할 수 있었으며, 이것이 오스트랄로피테쿠스가 더 오래 살아남을 수 있었던 요인이라고 주장한다. 실제로 오스트랄로피테쿠스에 대한 화석 기록은 오스트랄로피테쿠스 아프리카누스와 오스트랄로피테쿠스 로부스투스를 단순히 구분하는 것보

3 긴 송곳니를 가진 호랑이와 비슷한 고양이과의 포유류를 총칭한다.

다 훨씬 더 복잡하며, 포츠(Potts 2010: 216)는 지난 400만 년 동안 호모 하빌리스(*Homo habilis*)와 호모 에렉투스(*Homo erectus*)를 포함한 8~13종의 이족 보행 호미닌이 한 때 또는 다른 시기에 존재했다는 점을 인정하고 있다. 이 관찰 이후 고인류학자는 몇 가지 새로운 범주의 원시 호미닌과 초기 호미닌을 확인하고 논쟁을 벌였으며, 종류가 다양하게 분화한 호미닌 계통의 새로운 이름을 가계도에 추가했지만 그것은 이 책의 범위를 벗어난 논의이다.

포츠(Potts 1998)는 초기 인류 조상 사이에서 나타난 특정 적응이 특정 서식지에 의해 좁게 형성된 것이 아니라고 주장하는 가설인 가변성 선택 가설(variability selection hypothesis)을 제안했다. 오히려 인간 진화의 핵심은 환경의 불안정성이었다. 호미닌은 일부 종에서 볼 수 있는 것처럼 식습관이나 기타 요인에 의해 한 가지 유형의 환경에 물리적으로 제한되지 않았으며, 변화하는 환경/기후에 지속적으로 노출되어 다양한 서식지에서 생존할 수 있는 보편적 적응 능력을 발전시켰다. 전 세계의 변화하는 환경 조건에 대한 기록이 뒷받침하는 것처럼, 실제로 "인류 진화의 생존 조건은 건조함과 습함, 추위와 더위 사이에서 기후가 변동함에 따라 지속적으로 수정되었다"(Potts 2010: 50). 인류가 진화하는 과정에서 호미닌은 신체적, 문화적 대처 능력을 향상시켰으며, 생태학적으로 완전히 다른 새로운 물리적 환경에도 침입할 수 있게 되었다.

200만 년 전까지만 해도 아프리카의 기후는 온화하고 습했지만, BP 약 190만 년 이후에는 더 춥고 건조해졌다(Hetherington and Reid 2010). 최초의 호미닌은 약 200만 년 전에 아프리카를 떠났을 것으로 추정되며, 호모 에렉투스(*Homo erectus*)는 이 시기에 오늘날 파키스탄으로 알려진 지역에 살다가 150만 년 전, 빠르면 190만 년 전 자바에, 약 150만 년 전에는 요르단에 도착한 것으로 추정된다. 이 시기에 지구는 또 한 번의 온난화를 겪었고, 이로 인해 아프리카 숲이 다시 한 번 확장되었다(Hetherington and Reid 2010). BP 약 130만 년, 기후가 다시 식으면서 아프리카의 초원이 증가했다. 호모 에렉투스가 유럽에 등장한 시기는 약 90

만 년 전으로, 이 시기는 온난화와 해수면 상승의 시기였다. 헤더링턴과 리드는 다음과 같이 관찰했다(Hetherington and Reid 2010: 87).

> *플레이스토세 초기에 빙기는 일반적으로 진폭은 작고 빈도가 높았으며, 약 4만 1천 년마다 발생했다. 플레이스토세 중기, 약 80만 년 전 이후에는 빙기의 진폭이 더 커지고 빈도는 감소하여 약 10만 년마다 발생했다. … 빙기와 간빙기 사이의 전환이 더 뚜렷해져 동식물의 위도 이동이 더 심해졌다. 120만 년 전부터 아시아에서 포유류를 중심으로 한 일련의 분산 이동이 시작되었다. 약 80만 년 전에는 25종 이상의 포유류가 아시아를 떠나 중부 및 서유럽으로 이주했다. 이러한 분산 이동은 기후변화와 관련이 있는 것으로 추정된다. 초기 호미닌이 아시아를 벗어나는 포유류의 주요 분산 이동에 포함되었을 가능성이 있다.*

포츠(Potts 1996)는 50만~20만 년 전 사이에 인류가 지속적으로 다양화되는 과정이 있었다고 주장한다. 일부 과학자는 이 시기에 살았던 모든 호미닌이 호모 에렉투스와 현대 호모 사피엔스(*Homo sapiens*)를 잇는 단일 진화 계통의 일원이라고 생각한다. 반면 다른 연구자는 고생물학적 기록에 따르면 이 시기에는 동아시아에 살았던 호모 에렉투스, 유럽에 살았던 호모 하이델베르겐시스(*Homo heidelbergensis*), 아프리카에 살았던 잘 알려지지 않은 고인류 호모 사피엔스, 그리고 이 시기의 말기에 유럽과 서아시아에서 진화한 네안데르탈인(Neanderthals)이 아프리카에 살았던 네 종의 인간으로 구성되어 있었다고 본다.

존 호페커(John Hoffecker 2009)의 고생물학 및 고고학 기록에 따르면 호모 하이델베르겐시스의 아시아 계통은 빙하기 동안 북아시아를 떠났다. 네안데르탈인은 유럽에서 호모 에렉투스와 호모 하이델베르겐시스의 뒤를 이어 등장했다. 많은 학자는 큰 몸을 가진 네안데르탈인이 유럽과 유라시아의 극심한 추위에 적응한 것으로 보고 있다. 많은 체질인류학자는 네안데르탈인이 현생 인류와 어느 정도 직계라고 주장하며 호모 사피엔스 네안데르탈렌시스(*Homo sapiens neander-*

thalensis)로 명명했지만, 페이건(Fagan 2010)과 같은 다른 학자는 약 4만 5천 년 전 서아시아에서 유럽으로 유입된 보다 현대적인 크로마뇽인(Cro-Magnon)과 경쟁할 수 없는, 현대인의 유전적 범위에서 벗어난 부류였다고 보고 있다. 그러나 유전자 연구에 따르면 네안데르탈인의 유전자가 여전히 인간 집단에서 발견되므로 일부 교배가 분명히 일어났으며, 이는 과거에 일부 고인류학자가 제기한 주장을 상당히 뒷받침한다(Stringer 2012).

네안데르탈인과는 달리, "이탈리아와 피레네 산맥 남쪽의 안전한 계곡과 약간 따뜻한 환경으로 이동하여 살아남은" 크로마뇽인은 보다 정교한 도구들을 갖추고 툰드라부터 침엽수림의 주변부에 이르는 다양한 지형에서 사냥 기술을 발달시켰다(Fagan 2010: 156-157). 페이건(Fagan 2010: 157)은 "마지막 빙하기의 다양한 크로마뇽인 사회가 후기 북극 수렵 채집 사회의 모범이었다."라고 과감하게 주장한다. 유라시아의 인구는 아마도 후기 구석기 시대의 아빙기(stadial, 亞氷期)와 아간빙기(interstadial, 亞間氷期) 사이에서 변동했을 것이다(Fagan 2010: 140). 유럽의 기후는 BP 약 1만 4,500년에 약 1,500년 동안 지속된 뵐링 온난기(Bølling-Allerød warm interval)로 인해 갑자기 더 따뜻해졌다(Fagan 2010: 226).

유럽 332개 유적지에서 수집한 499개의 고고학 자료를 기초로 한 연구에 따르면 네안데르탈인이 사용한 도구는 제4기 빙하기부터 다양화되기 시작했으며, 이는 기후 변동성이 컸던 20만~25만 년의 긴 구석기 중기 기간 동안 기술 정체를 시사한다(Bocquet-Appel and Tuffreau 2009). 이와는 대조적으로, 후기 구석기 시대의 인류는 더 정교한 도구를 다양하게 개발하여 인지 능력이 더 높았음을 나타낸다.

페이건(Fagan 1999: 68)은 바다와 사막이 "인간 역사에서 강력한 엔진"임이 반복적으로 입증되었다고 주장한다. 예를 들어, 사하라 사막은 대기변화와 지구 기후변화에 의해 구동되는 펌프 역할을 한다(Fagan 1999: 68). 이 지역은 약 13만 년 전에는 강수량이 많았고 얕은 호수와 반건조 초원이 있었다. 빙하가 더 북쪽으로 이동하고 사하라 사막이 건조해지면서 사하라 사막은 열대 아프리카와 지중해 지역 사이의 장벽이 되었지만, 현생 인류 또는 호모 사피엔스가 아프리카에서 출현하여 유라시아로 퍼지기 전까지는 그렇지 않았다(Stanley 1996: 208-211). 따라서 하산은 다음과 같이 주장한다(Hassan 2009: 47-48).

> *인류가 아프리카에서 다른 곳으로 분산 이동한 것은 13만 년에서 9만 년 사이에 일어났다. … [이는] 마지막 주요 빙하기와 관련된 전 지구적 기후변화 시기와 일치했을 수 있다. 현대 인류는 약 9만 년 전 팔레스타인에 나타났으며, 동남아시아의 초기 인류 유적은 약 7만 5천 년경으로 거슬러 올라간다. … 이는 이 분산 이동의 단계가 약 8만 5천~7만 5천 년 전 기간에 집중되어 있던 더 따뜻했던 아간빙기와 관련이 있을 수 있음을 시사한다.*

차드 호(Lake Chad)는 고대 사하라 사막의 기후 바로미터였다. 현재의 차드 호는 카스피해보다 더 광활한 분지를 가득 채웠던 12만 년 전의 차드 호에 비하면 아주 작은 규모이다. 사하라 사막은 아직 밝혀지지 않은 이유로 BP 2,700년 전부터 말라가기 시작했다. 사헬은 북쪽은 사하라 사막, 남쪽은 숲으로 둘러싸인 길이 200~400km의 기복이 심한 풀밭 대초원이 되었다. 사헬 지역은 지난 2,500년 동안 불규칙하고 때로는 극심한 가뭄으로 특징지어지는 기후를 경험했다.

제4기 빙하기와 어느 정도 일치하는 시기인 100만 년에서 1만 년 전 사이, 인류는 유라시아, 호주, 아메리카 대륙으로 진출했다(Burroughs 2005). 하산(Hassan 2009: 48)은 이 분산 이동이 약 5만~4만 년 전 서남아시아로, 약 4만 년 전 북유럽으로 흩어졌는데, 이는 "5만 년 전의 매우 혹독한 추위에 의해 촉발된 것"으로 보이며, 3만 8천~3만 년 전 호주로 이동한 것은 "4만 년 이전부터 3만 6천 년 전까지 기후가 빈번하게 변화한 시기와 일치했다."라고 밝힌다. 약 2만 년 전 시베리아 북동부에서 "마지막 최대 빙하기(Last Glacial Maximum, LGM) 동안, 아마도 그 추운 시기에 기후가 일시적으로 개선된 것에 대한 반응으로," 베링해협을 건너 아메리카대륙으로 "아마도 1만 3천 년에서 1만 1,600년 전의 영거 드라이아스기에 이동한 것으로 추정된다." 호페커(Hoffecker 2009: 127)에 따르면, "네안데르탈인이 사라진 3만 년 전과 마지막 빙하기의 최대 추위인 약 2만 3천~2만 1천 년 전 사이에 혁신과 변화의 물결이 이어졌다."라고 한다. 이 시기에 발생한 기술 혁신에는 유라시아 북부의 대규모 정착촌과 시베리아 남부의 바이칼 호수 근처에서 여러 개의 벽난로를 갖춘 대형 주거지, 그리고 유라시아 북부의 일부 지역에서 도자기를 굽는 데 사용된 가마가 포함된다.

이 논의에서 알 수 있듯이, 결국 네안데르탈인은 호미닌의 다양한 진화 계통의 다른 많은 가지에 합류하여 멸종되었다. 포츠(Potts 2010: 52)는 이렇게 기록한다.

> *특히 지난 300만 년 동안 강력한 기후변화는 중요한 자원의 공급에 큰 변동을 가져왔을 것이며, 이는 때때로 인구 규모의 추락에 기여했을 것이다. 이러한 모든 요인은 종의 생존 또는 멸종에 영향을 미칠 수 있다.*

호미니드 화석 기록이 주는 교훈은 기후변화와 관련된 멸종은 다른 종과 마찬가지로 우리 조상에게도 친숙하다는 것이다. 물론 중요한 질문은 그것이 호미니드의 미래에 어떻게 나타날 것인가 하는 것이다.

앞서 살펴본 바와 같이, 인류의 생물학과 기후/환경의 점진적인 상호작용은 인간과의 상호작용과 함께 두뇌 능력의 확장과 문화 생산이라는 생물사회적 과정을 이끌었고, 그 결과 지구상의 대부분의 생태 지역으로 완전히 분산 이동해 거주할 수 있게 되었다. 우리는 변화하는 기후/환경과의 상호작용을 통해 지금의 존재가 되었으며, 이러한 상호작용을 통해 탄생한 능력, 특히 문화적 역량이 성장함에 따라 우리 주변의 세계를 형성해 왔다. 그러나 한 걸음 더 나아가 문화(특히 기술)의 변혁적 역량이 지속적으로 발전함에 따라 인간은 다양한 환경에 적응할 뿐만 아니라 기후/환경에 악영향을 미쳐 인류가 멸종할 위험에 처할 수 있는 능력도 갖추게 되었다.

포츠(Potts 1996: 216)는 플레이스토세 말기에 아메리카 대륙과 호주에서 다양한 종류의 거대 동물군(즉, 대형 동물 종)이 사라진 것을 언급하며, 다음과 같이 주장한다.

> *당시의 멸종 사건에서 기후와 인간 포식의 영향을 분리하기는 항상 어렵다. 새로운 지형에서 인간 사냥꾼의 출현은 호주와 같은 일부 지역에서는 생태적 파괴 이후에, 북아메리카와 같은 다른 지역에서는 빙하 조건으로부터의 생태적 회복이라는 주요 기후변화를 배경으로 발생했다.*

일반적으로 홀로세라고 불리며 대체로 제4기 간빙기로 간주하는 지난 1만여 년 동안, 제1장에서 언급했듯이 지구의 기후는 비교적 안정적이었다(물론 완전 고정되어 변하지 않는 것은 아니다). 실제로 홀로세 대부분을 제한적이지만 변화하는 안정기의 시기라고 부르는 것이 적절할 것이다. 그러나 최근의 인위적 기후변화는 이러한 상대적 안정성을 뒤흔들기 시작했다. 이것이 인류에게 완전히 새로운 환경은 아니다. 물론 홀로세 이전에도 인류는 마지막 빙하기 동안 기후적으로 불안정한 상황에 처해 있었다. 스탠리 앰브로스(Stanley Ambrose 1998: 623)는 플레이스토세 말기를 "병목과 방출(bottleneck and releases)"의 시대로 언급하며, 이 시기에 많은 인류가 멸종했지만 일부는 적도 아프리카 같은 대규모 열대 피난처에서 살아남았다고 말한다. 그는 제4기 빙하기 이전에 수마트라의 토바 화산 폭발로 인해 후기 플레이스토세(약 7만 1천~7만 년 전)의 가장 추운 기온이 1천 년 동안 지속되어 당시 대부분의 현생 인류가 멸종했다고 주장한다.

낮은 해수면은 늘어난 인구 문제를 해결하기 위해 인구가 이동해야 하는 경우 이동을 촉진했다는 점에서 부분적으로 이로운 것으로 여겨진다. 버로스는 다음과 같이 지적한다(Burroughs 2005: 102).

특히 페르시아만, 인도 주변, 그리고 무엇보다도 동남아시아와 인도네시아에 이르는 많은 섬, 즉 오늘날 순다랜드(Sundaland)의 연결은 인류의 이동에 큰 도움을 주었다. 8만 5천 년 전 이후 해수면이 낮아지고 6만 7천~6만 1천 년 전 사이의 낮은 해수면은 아프리카를 벗어나 호주에 인류가 일찍 도착하는 데 결정적인 역할을 했을 수 있지만, 훨씬 좁아진 티모르 해를 항해하는 데는 여전히 상당한 어려움을 극복해야 했다. 현생 인류가 북아메리카에 도달할 수 있는 유일한 경로로 여겨지는 아시아 북동부와 알래스카 사이에 형성된 배링 해협도 같은 패턴이 적용되었다.

빙하의 크기가 줄어들면서 인간은 북아메리카 대륙과 스칸디나비아로 진출할 수 있었다(Hoffecker 2009). 그러나 그 후 해수면이 상승하면서 시베리아와 알래스카 사이의 베링 육로는 아마도 1만 1천 년 전에 사라졌을 것이다(Hoffecker 2009). 북아메리카의 경우, 동부와 서부 빙하 사이에 통로가 생겨 인간이 북아메리카의 내륙으로 진입하여 결국 남아메리카로 진출할 수 있었다. 해수면이 약 90m 낮아지면서 대륙을 둘러싼 현재의 해저 평원이자 대륙붕의 비교적 평평한 너비 300m의 구역이 드러나면서 북아메리카 서부 해안에 진출할 수 있었다.

제4기 빙하기 말기에도 기후변화는 다소 불규칙했지만 전반적으로 기후가 더 따뜻해져 캐나다에서 남아메리카 끝까지, 대서양에서 태평양 연안까지 신대륙에 사람이 거주할 수 있었다.

돌이켜보면, 기후의 변동은 특정 시점에 호미닌 계통 전체를 거의 멸종시킬 뻔했지만, 이러한 변화로 인해 인류가 새로운 지리적 영역으로 분산 이동할 수 있었으며, 이러한 확산은 상당히 재앙적인 지역 기후/환경 격변에도 불구하고 인류의 생존에 중요한 역할을 한 것으로 보인다.

신석기 시대의 기후 영향

집약적 식량 생산은 제4기 빙하기 말기, 더 구체적으로는 약 1만 2천 700년 전에 전 세계 여러 지역에서 시작된 유명한 혹한기인 영거 드라이아스기(Younger Dryas)와 홀로세 초기에 중동에서 시작되어 인구를 크게 증가시켰다(Dincauze 2000; Hetherington and Reid 2010). 여러 학자는 기후변화와 인구 증가가 세계 여러 지역에서 농업의 출현에 기여했다고 주장한다(Christian 2011; Hetherington 2012). 조이 맥코리스턴과 프랭크 홀(Joy McCorriston and Frank Hole 1991: 46)은 중동 지역의 식물 재배가 "기후변화, 인위적 환경 변화, 사회적 혁신의 시너지 효과"에 의해 주도되었다고 주장한다. 이러한 상호작용은 1951년 차일드가 고안한 "오아시스 이론(Oasis Theory)"에도 반영되어 있다.

> *[차일드는] 더 춥고 건조해진 기후로 인해 인간과 동물은 물 공급이 가장 잘 되고 사냥과 채집을 지속할 수 있는 곳으로 후퇴할 수밖에 없었다고 주장한다. 이렇게 특정 지역으로 모인 집단은 새로 집중된 인구를 먹여 살리기 위해 농업을 발전시켰는데, 가뭄이나 파괴된 지역을 피해 온 일부 난민들은 고지대 야생 곡물에 대한 지식과 새로운 종자들을 가져왔을 것이다. 늘어난 인구는 농작물의 씨를 뿌리고, 가꾸고, 관개하고, 수확하는 데 필요한 노동력을 제공했다. 이러한 노력을 조직화하기 위해 사회는 필연적으로 계층화되었고, 문명의 부상이 시작되었다.*
>
> *Hetherington 2012: 74*

비슷한 맥락에서 페이건(Fagan 2013: 40)은 중동에서 가뭄은 견과류와 야생 식물에 의존하던 생활을 동식물의 가축화로의 전환에 기여했으며, 이후 "추위와 그에 따른 가뭄이 완화되면서" 동부 지중해 연안뿐만 아니라 지역 전체에 농업 정착지가 급속히 확산되었다고 주장한다.

기후 요인은 인간과 바다의 관계에도 중요한 역할을 했다. 고고학자 루이스

빈포드(Lewis Binford 1968)는 플레이스토세 이후 전 지구적 해수면 변화로 인해 어류 및 기타 수생 자원에 대한 의존도가 높아졌고, 그 결과 해양 자원이 풍부한 지역에 정착하고 안정적이고 단백질이 풍부한 식단을 바탕으로 특정 지역의 인구가 빠르게 증가했다고 주장했다. 반대로, 이러한 지역의 인구 압박으로 일부 인구는 더 나쁜 환경으로 밀려났는데, 여기에서의 식량생산은 이전의 생활 수준을 겨우 유지하거나 비슷하게 흉내 내는 정도에 불과했다.

다소 다른 관점에서 도널드 헨리(Donald O. Henry 1989)는 지구 기후변화에 따른 환경 변화로 인해 약 1만 3천~1만 년 전 제4기 빙하기 말기에 인류가 점차 농경으로 전환했다고 주장한다. 이안 와이트는 다음과 같이 말한다(Ian Whyte 2008: 56).

> *영거 드라이아스기를 특징짓는 건조한 환경이 시작되면서 후기 나투피안(Natufians, 약 1만 2천 500~1만 200년 전 지중해 동부에 살았던 정착 수렵채집인의 이름)은 비옥한 초승달 지대(the Fertile Cresent)[4] 같은 곳에서 야생 곡물을 채집하는 방식에서 작물을 의도적으로 재배하는 방식으로 전환했을 수 있다.*

기후변화로 인해 메소포타미아 사람들은 인구 밀도가 높은 구릉지대(중동의 티그리스강, 유프라테스강, 요르단강 계곡을 중심으로 굽이치는 지역)의 마을에서 엘리트들이 정교한 관개 시스템을 조정하는 도시로 이주하도록 압력을 가한 것으로 보인다(Morris 2011). 호페커(Hoffecker 2009)가 관찰한 바와 같이, 고고학자는 영거 드라이아스기로 알려진 짧은 혹한기가 인류의 생계 경제에 변화를 가져와 마을 농경이 급속히 출현하게 되었다고 추측한다. 수천 년 동안 중동 지역에서는 농경지가 크게 확대되고 도시가 생겨나며 전근대 문명이 발달했는데, 이

---

4 동쪽으로 페르시아만의 평야로부터 이란 고원, 티그리스·유프라테스강 유역을 거쳐 이집트 나일강 유역 평야까지 이르는 광대한 지역으로 농경문화가 시작되어 고대 문명이 발생한 지역을 이른다.

러한 유형은 전 세계 다른 지역에서도 반복되었다.

하산(Hassan)은 잦은 기후변화와 가뭄으로 특징지어지는 BP 7천 800~6천 800년 사이의 기후변화와 사하라 사막 인구의 이동 사이에 관계가 있었을 거라고 설명한다. 기후 조건은 점점 더 건조해져 BP 5천 500~5천 300년에는 극심한 건기가 시작되었고, 이는 북아프리카의 많은 지역이 사막화되는 신호탄이 되었다. 우기와 건기의 지속은 사하라 고원 지대에서 물이 좀 더 잘 공급되는 수계 지역과 분지 지역을 따라 목축을 하거나 소와 같은 반추동물(양이나 염소 등)의 연속적인 유목 생활을 가능하게 한 것으로 보인다(Hassan 2009). 중앙아프리카의 경우, 고고학자는 BP 4천~3천 500년경 사나가-음밤(Sanaga-Mbam) 합류 지역의 기후변화로 인한 사바나 확장이 반투인이 중앙아프리카에 대규모로 정착하는 데 기여했으며, 이후 BP 2천 500년경 곡물 농경과 야금술의 발달을 동반했을 것이라고 주장한다(Bostoen *et al*. 2015).

고대 문명과 그 이후의 부족 사회

2005년 베를린에서 열린 "지구인의 통합된 역사와 미래(Integrated History and Future on the Earth)"에 관한 달렘 워크숍(Dahlem Workshop)을 바탕으로 여러 고고학자와 관련 연구자들은 강수량, 기온, 바람의 변화 진폭이 홀로세 이전보다 다소 컸던 최소 6개의 전 지구적 또는 적어도 준지구적 시기를 확인했다(Redman, Crumley, *et al*. 2007). 이들은 기후 역사에서 주목할 만한 전 지구적 규모의 기후변화를 겪은 두 시대가 있었다는 데 동의했다. 소위 4.2 Ky BP 건조 사건으로 불리는 이 극심한 기후 급변은 기원전 2천 200~1천 800년과 7~10세기에 지속된 매우 건조하고 한랭한 시기에 나타난 것으로 보인다. 4.2 Ky BP 건조 사건은 메소포타미아 북부의 일부 정주 농부들이 정착지를 버리고 더 멀리 떨어진 마을로 이주하게 했으며, 이집트에서는 고대 왕국을 붕괴시켰고, 중국 대부분의 지역에서는 더 춥고 건조한 환경을 만들었다. 히말라야에서는 빙하가 녹아 관개에 이용할 수 있는 물이 많아지면서 인더스 계곡에서 하라판 문명의 르네상스를 목격할 수 있었다. 하산(Hassan 1994: 1)은 "기원전 2200년경 중앙집권적 [이집트] 정부의 붕괴는 … 나일강 홍수량 감소, 사구 모래의 나일강 계곡 침범, 델타 범람원의 황폐화 가능성과 일치한다."라고 주장한다. 7~10세기에는 태양열 증가와 해수면이 현재보다 더 많이 상승한 사건으로 유럽에서 고대 중세의 출현, 한국의 발해국 멸망, 마야 문명의 붕괴, 오늘날 애리조나주에서 호호캄 문화의 발달에 기여했다(Redman, Crumley, *et al*. 2007).

레드먼과 크럼리 등(Redman, Crumley, *et al*. 2007: 143)은 그들이 선택한 사례 연구를 바탕으로 다음과 같이 결론을 내린다.

> *비교적 균일한 전 지구적 기후 현상 속에서도 사회는 병렬적이고 다양한 방식으로 대응한다는 것은 분명하다. 또한 동일한 사회가 특정한 입력에 대해 어떤 시점에서는 긍정적인 방향으로 반응하고 또 다른 시점에서는 부정적으로 반응할 수도 있다.*

페이건(Fagan 2011: 134)은 메소포타미아를 "극한 기후와 심한 홍수, 폭우와 무더운 여름, 정치적 경쟁이 항상 끓어오르는 곳"으로 묘사한다. 고고학자 윌리엄 톰슨(William R. Thompson 2007: 168)은 기원전 4세기 전후 중동 지역에서 기후변화의 역할을 다음과 같은 용어로 설명했다.

> *풍부한 수원은 처음에는 이 지역, 특히 하천 계곡에서 인구의 확장을 가능하게 했다. 강수량과 강 수위가 감소하자 물 부족으로 새로운 적응 전략이 개발되었고, 유목과 정주의 분화, 도시화, 문자, 정부, 종교, 국가 수립이 가속화되었다. 이렇게 일어난 모든 일을 기후변화가 결정한 것은 아니다. 여러 가지 가능한 대응책이 있었고, 그 중 많은 대책이 추진되었다. 그러나 가장 성공적인 전략은 도시와 국가를 발전시킨 것이었다. … 그러나 기후변화는 새로운 수준의 강도로 여러 상호작용의 과정이 발전하는 것을 가속화했다.*

톰슨(Thompson 2007: 168-169)은 기후변화가 고대 문명에 미친 영향을 해석하는 데 사용할 수 있는 다섯 가지 가설을 세우고, 세계의 다른 지역에서도 유사한 기후-사회 상호작용이 발생한다는 사실을 이해했다.

H1 — 고대 세계의 경제 쇠퇴기는 기후 악화 및 물 공급 감소 시기와 체계적으로 연관되어 있었다.

H2 — 고대 세계의 무역 붕괴 시기는 기후가 악화되고 물 공급이 감소하는 시기와 체계적으로 연관되어 있었다.

H3 — 고대 세계의 정권 교체는 기후가 악화되고 물 공급이 감소하는 시기와 체계적으로 연관되어 있었다.

H4 — 고대 세계에서 가장 중요한 중앙-내륙 간 갈등은 기후 및 물 공급이 악화되는 시기와 체계적으로 연관되어 있었다.

H5 — 고대 세계의 중대한 정치 및 경제적 위기는 기후가 악화되고 물 공급이 감소한 시기와 체계적으로 연관되어 있었다.

이러한 가설은 제1장에서 소개한 사회생태 모델에 반영되어 있다. 기후변화와 그로 인한 기후혼돈의 징후(㉔ 가뭄, 심한 폭풍)로 환경은 예측 불가능해지고, 인구는 더욱 취약해졌으며, 톰슨이 언급한 경제 및 정치적 붕괴로 표현되는 것처럼 궁극적으로 회복탄력성이 악화되기 시작했다.

저명한 고고학자 조셉 테인터(Joseph Tainter 1988: 1)는 문명들은 금방이라도 붕괴될 수 있는 "취약하고 비영구적인 것"이라고 주장한다. 그는 문명 붕괴의 열한 가지 주요 주제를 다음과 같이 정리한다.

1. 사회가 의존하는 중요한 자원의 고갈 또는 공급 중단
2. 사회 불평등을 완화하고 더 단순한 사회로의 회귀로 이어지는 새로운 자원 기반의 구축
3. 극복할 수 없는 재앙의 발생

4. 상황에 대한 불충분한 대응
5. 다른 복잡한 사회의 존재
6. 외부 침입
7. 계급 갈등, 사회적 모순, 엘리트의 잘못된 관리 또는 이기적인 행동
8. 사회 해체에 기여하는 사회적 역기능
9. 사회적 퇴폐 또는 사회적 활력 상실과 같은 신비적 요인
10. 전쟁 부족 사회의 침략이나 무능한 통치자의 집권과 같은 사건의 우연적 연결
11. 경제적 요인

테인터는 앞서 열거한 요인들에는 상당한 중복성이 있다고 지적한다. 그는 문명의 붕괴에 대한 두 가지 주요 설명이 자원 고갈이라는 주제, 즉 "인간의 잘못된 관리로 인한 자원 기반(일반적으로 농업)의 점진적인 악화 또는 고갈과 환경 변동이나 기후변화로 인한 자원의 더 빠른 손실"이라는 주제 아래에 포함된다고 주장한다(Tainter 1988: 44). 다양한 학자가 기후와 자원 고갈을 문명의 붕괴와 연관시키려고 노력해 왔다. 다음은 테인터가 인용한 몇몇 지역의 기후와 자원 고갈의 연관성에 대한 간략한 검토이다.

미국 남서부:

> *기후변화는 남서부의 여러 지역에서 작물 재배 농업 기반 정착지의 붕괴와 사회적 복잡성에 대한 가장 일반적인 설명 요소이다. … 가장 빈번한 자원 고갈 주장은 가뭄, 침식, 강우 계절성의 변화, 낮은 기온, 사냥감의 남획, 경작 가능한 토양의 고갈 또는 알칼리화 심화 등을 가정한다.*
>
> *Tainter 1988: 46*

북아메리카 동부:

> *제임스 그리핀(James B. Griffin)은 북아메리카 동부의 북쪽 호프웰(Hopewell)의 붕괴가 미시시피 계곡 상류의 차가워진 기후에 기인한다고 보았다.*
>
> *Tainter 1988: 47*

이집트:

칼 버처(Karl Butzer)는 여러 연구에서 … 고대 왕국의 붕괴와 이집트 역사의 다른 정치적 재앙은 적어도 부분적으로는 나일강 홍수량의 변화와 아프리카 내부의 강수량 유형으로 추적될 수 있다고 주장했다. … [그는] 나일강의 변동을 인과 요인이 아닌 기여 요인으로 보았으며, 이것이 왕국의 정치적 약점과 함께 작용했다고 본다.

Tainter 1988: 47

미케네 문명에 대해 1966년 테인터(Tainter 1988: 49)는 리스 카펜터(Rhys Carpenter)가 "미케네 문명의 붕괴에 대해 수려하게 쓰여진 논증을 발전시켰다."라고 했는데, 카펜터는 "미케네 문명과 다른 기원전 13세기 지중해의 격변은 기근, 인구 감소, 이주로 이어지는 기후변화 때문이었다."라고 보고한다.

테인터의 설명에 따르면 역사적으로 발생한 사회 붕괴는 기후 요인, 다원적 상호작용(㉨ 사냥감 남획, 경작 가능한 토양의 인위적 알칼리화), 취약성(㉨ 정치적 취약성)의 상호작용, 즉 기후/환경/사회 요인의 복잡한 얽힘이 우리 모델에 반영된 결과이다.

최근 테인터(Tainter 2014)는 로마와 마야 문명이 많은 차이점을 보였지만, 비슷한 사회문화적 진화 경로를 따라 비슷한 취약성을 발전시켰다고 주장했다. 그는 현대 산업화 사회, 특히 미국의 환경 지속 가능성 문제를 이해하는 데 있어 로마와 마야의 사례에서 다음과 같은 일곱 가지 교훈을 강조했다(Tainter 2014: 210).

1. 베이비붐 세대의 은퇴 자금 지원
2. 의료 비용의 지속적인 증가
3. 노후 인프라 교체
4. 기후변화에 대한 적응과 환경 피해 복구
5. 새로운 에너지원 개발

6. 지속적인 높은 군사 비용

7. 지속적인 혁신의 필요성

테인터는 산업화된 사회가 이러한 문제를 효과적으로 해결할 수 있는 능력을 가지고 있는지에 대해 그리 낙관적이지는 않다. 복잡하고 높은 물질적 생활 수준이라는 측면에서 그것을 현상 유지하려는 노력은 "심각한 결과"와 "소득이 정체되고 축소됨에 따른 정치적 불만"을 초래할 수 있다. 이 장의 마지막 절에서는 기후변화에 단순히 적응하는 것이 아니라 대안적인 세계체제로 전환하여 기후변화를 완화할 수 있는 대안을 모색해 보고자 한다.

기후변화에 대한 인간 대응의 역사

적어도 1만 년 이전의 기후변화는 앞서 설명한 자연의 힘에 따른 것이라고 비교적 쉽게 추정할 수 있다. 그러나 어느 순간부터 인간은 느리지만 점점 더 기후변화에 기여하는 주체가 되었다. 윌리엄 러디먼(William Ruddiman 2005: 5)은 약 8천 년 전 중국, 인도, 유럽 등지에서 인류가 수렵에서 농경으로 전환하고 땅을 개간하기 시작하면서 이산화탄소 배출량이 서서히 증가하기 시작했다고 주장한다. 이 무렵부터 난방과 요리를 위해 나뭇가지를 태우고 모르타르와 석고를 만들기 위해 석회를 태우면서 이산화탄소 배출량도 증가했다. 딘카우제(Dincauze 2000)에 따르면, 수천 년 동안 세계 여러 지역에서 발생한 대규모 삼림 벌채가 기후변화에 기여했다. 러디먼은 약 5천 년 전부터 다양한 인구가 쌀 생산과 가축 사육을 위해 관개를 시작하면서 메탄 배출량이 증가하기 시작했다고 주장한다. 가축은 분뇨와 방귀, 트림에서 메탄을 배출한다. 숲을 개간하고 초원을 태우는 것도 인간의 배설물과 마찬가지로 메탄을 발생시킨다. 물론 이러한 인간 주도의 환경 변화가 일어나고 있을 때 사람들은 그것이 지구에 미치는 영향이 얼마나 큰지 알지 못했다. 인간의 기술이 지금과 같은 수준에 머물러 있었다면 이러한 영향은 제한적이었을 것이다. 하지만 그런 일은 일어나지 않았다.

위대한 문명의 붕괴

역사상 위대한 문명은 모두 궁극적으로 기후의 영향을 받았다. 메소포타미아에서 수메르인은 세계 최초의 문명을 건설했는데, 이 시기는 "해수면이 안정되고 남방 진동(Southern Oscillation)[5] 및 주기적인 몬순 실패와 관련된 단기 가뭄 주기가 이집트와 이라크 남부에서 삶의 현실이 되었을 때"였다(Fagan 1999: 92). 수메르 문명은 홍수와 가뭄이 반복되는 취약한 환경 속에서 존재했다.

이집트는 기원전 7천 800~6천 800년 사이에 잦은 가뭄이 발생하여 사하라 사막의 많은 주민이 나일강 유역에 정착하게 되었다(Hassan 2009). 하산(Hassan 2009: 54)에 따르면, 기원전 5천 800~5천 300년 사이에 "이집트의 농경 공동체는 국가 사회로 전환했다."라고 한다. 그는 "전 지구적인 기후 한파"(Hassan 2009: 54)가 나일강의 홍수 감소에 기여했고, 농작물 재배 실패에 대한 집단적 대응의 필요에 따라 정치적 통일이 뒤따랐다고 주장한다. 이를 통해 알 수 있듯이 기후 요인은 고대 이집트 문명의 출현에 결정적인 영향을 미쳤는데, 이 사회적 발전은 이후 중동과 유럽 그리고 아메리카 대륙의 발전에 역사 및 문화적 영향을 끼쳤다.

로마 제국은 기원전 2세기부터 기원후 1세기까지 로마 온난기 또는 로마 기후 최적기라고 불리는 따뜻하고 건조한 시기에 북서부 유럽에서 발전했다(Tainter and Crumley 2007). 로마의 세 번째 세기에 로마 온난기가 끝나면서 농업 생산량이 감소했고 제국은 일련의 위기를 겪었다. 통치자들은 이러한 위기에 대응하기 위해 국가의 행정 기구와 군대를 강화했는데, 이는 세금 인상이라는 고비용의

5 열대 태평양에서 준주기적으로 약 5년마다 벌어지는 대양-대기 간의 기후 현상이다.

노력으로 지탱되어 농민의 생산성에 부정적인 영향을 미쳤고, 긴장 상황은 더욱 악화되었으며 결국 사회 붕괴로 이어졌다.

서기 250년경에 생겨난 메소아메리카[6]의 마야 문명은 10세기에 갑자기 붕괴했다(Fagan 1999: 140). 많은 고고학자는 마야 문명의 붕괴 원인을 8세기와 9세기에 발생한 일련의 극심한 가뭄으로 보고 있다(Gill 2000; Ford and Nigh 2014; Beach 2016). 마야의 지배층이 수원을 안정적으로 확보하는 사회적 의무를 다하지 못하면서 마을의 농부들은 생존을 위해 소규모 공동체로 흩어져야 했다. 그러나 버논 스카버러(Vernon L. Scarborough 2007)는 마야 문명의 환경 및 사회적 회복탄력성에 비추어 볼 때 마야 사회 구성에 내재한 정치, 경제, 이데올로기적 요인이 가장 중요했을 수 있다고 주장한다. 그럼에도 불구하고 그는 이러한 요인들과 함께 리사 루세로(Lisa J. Lucero), 조엘 건(Joel D. Gunn)과 함께 왕국 내부의 정교한 저수 체계를 통해 농업용 공공 의례, 놀이, 축제, 잔치 및 기타 사회 통합 활동을 위해 물 공급을 관리했던 마야 왕실 통치자들이 후기 고전기(서기 800~950년경)[7]에 일련의 가뭄으로 물 공급이 심각하게 감소하면서 정당성을 잃었다고 주장한다(Lucero *et al*. 2011).

더 남쪽에 있는 모체 문명(Moche civilization)은 서기 100~800년 사이에 페루의 건조한 북쪽 해안을 따라 번성했다(Fagan 1999). 이 국가 사회는 안데스 산맥에서 물을 끌어와 복잡한 관개 시설에 공급하는 정교한 농업 체계에 의존했다. 모체인은 또한 태평양에서 채취한 멸치와 기타 신선한 생선을 소비했다. 그러나 궁극적으로 엘니뇨는 전체적으로 메마른 환경에 존재했던 또 다른 생태적으로 취약한 제국의 붕괴에 기여했다(Fagan 1999). 서기 534~540년 사이, 그리고 서기 563~594년 사이에 다시 가뭄이 발생했다. 또한 엘니뇨는 샘과 개울을 오염시키

---

6 중앙아메리카 북서부와 멕시코를 포함한 아메리카의 구역을 일컫는다.

7 마야 문명은 약 3천 년간 지속되며 과테말라 고지대에서 시작한 형성기(기원전 1600~400년), 페텐 저지대의 고전기(400~900년), 유카탄 북부 저지대에서 후기 고전기(900~1400년)의 긴 연대기를 갖고 있다.

고, 위생 체계를 위협했으며, 비옥한 땅을 침식하는 파괴적인 홍수를 일으켰다(Fagan 1999). 이러한 여러 기후 관련 재난은 결국 지역의 회복탄력성을 압도했고 가정, 지역사회 및 전체 사회 붕괴로 이어졌다.

기후변화는 또한 미국 남서부의 아나사지 문화(Anasazi culture)가 붕괴한 요인으로 작용한 것으로 보인다. 가뭄과 엘니뇨 현상으로 인해 아나사지 문화는 12세기에 콜로라도 남서부의 메사 베르데(Mesa Verde)와 뉴멕시코 북서부의 차코 캐년(Chaco Canyon)과 같은 장소에서 더 이상 번성하지 못했다(Fagan 1999). 오늘날 아나사지의 후손인 푸에블로 인디언(Pueblos Indians)은 뉴멕시코의 리오그란데 계곡, 애리조나 북동부의 3개 메사(호피인의 경우), 뉴멕시코 서부의 라구나 및 아코마 마을에 흩어져 있는 여러 마을에 거주하고 있다. 여러 시대와 여러 장소에서 발생했던 것처럼, 복잡한 사회 체계가 기후/환경 변화의 압력으로 인해 회복탄력성을 잃고 무너지면서, 밀집도가 낮고 단순한 사회 구조에 속한 사람들은 몰락한 계층적 사회 구조의 그늘에서 생존을 이어가고 있다. 오늘날의 대도시는 인류 역사상 그 어떤 도시보다 훨씬 더 거대하기 때문에 이러한 반복되는 유형이 주는 교훈을 가늠하기는 어렵다. 현대에 전 세계적으로 연결된 국민국가의 사회적 붕괴는 생존 인구의 현저한 감소로 이어질 것이라 상상할 수 있다.

중세 온난기(Medieval Warm Period, 서기 900~1200년경) 또는 중세 기후 최적기(Medieval Climatic Optimum)는 여러 학술 논의에서 다뤄진 주제이다. 이 기간 동안 스칸디나비아, 그린란드, 중국, 캘리포니아의 시에라 네바다 산맥, 캐나다 로키 산맥, 태즈메이니아 등 일부 지역에서는 온난화를 경험하고 미국 남서부, 지중해 연안 남부 유럽, 남아메리카 일부 지역에서는 온난화를 경험하지 않는 등 실제 온난화는 지역적으로 편차가 있었다(Hassan 2009). 바이킹은 중세 온난기 동안 긴 배를 타고 아이슬란드, 그린란드, 빈란드(Vinland, 북아메리카)로 이동했다. 북유럽의 인구는 아마도 중세 온난기인 서기 1100~1300년 사이에 두 배로 증가했을 것이다(Morris 2011: 363). 반대로, 중세 온난기는 이슬람 핵심 지역에 악영향을 미쳤는데, 인구 규모가 10퍼센트 정도 감소했을 수도 있다(Morris 2011: 364). 대조적으로 북아프리카의 일부 지역은 이 기간 동안 번성했다.

소빙기는 서기 1250년경에 시작되어 19세기 중반까지 지속되었다. 맥거번(McGovern 1994: 141)은 기후변화가 그린란드의 북유럽 식민지 멸종에 중요한 역할을 했다는 점을 인정하지만, "현지에서 이용 가능한 자원을 최대한 활용하지 못했고, 수출용으로 식용이 아닌 명품을 생산하기 위해 생계 경제를 계속 변형시켰다."라고 지적하면서 기후변화가 유일한 요인이라고는 보지 않았다. 맥거번(McGovern 1994: 154)은 북유럽 식민지의 운명은 자본주의 세계체제에 내재한 "멀리 떨어진 자원 지대와 시장 사이의 위태로운 균형을 요구하는 제한적이지만 집중적인 착취 전략을 추구"하는 인류의 많은 부분에 교훈을 준다고 주장한다. 저지대 국가들은 14세기와 15세기 동안 폭풍 해일의 피해를 입었고, 7년간의 여름 폭우로 인해 농경지가 황폐화되어 약 150만 명이 사망했다(Fagan 2009a). 페이건은 다음과 같이 쓰고 있다(Fagan 2009a: 204).

> *소빙기의 절정은 17세기 후반, 즉 태양 흑점 활동이 감소하는 시기인 마운더 극소기(Maunder Minimum) 기간에 찾아왔다. 이 시기는 템즈강이 얼어붙어 얼음 위에서 박람회가 번성했던 시기였다. … 더 차갑고 불안정한 시기에는 알프스 빙하가 크게 변동했고, 네덜란드와 영국에서 농업혁명이 일어났다. 부분적으로는 흉작으로 인한 빵 부족이 프랑스 혁명의 소요에 기여한 프랑스 대부분 지역을 제외하고는 기근의 발생률이 감소했다.*

소빙기는 1850년대에 끝났는데, 산업혁명이 진행되면서 이미 에너지 및 온난화 원인인 석탄에 의존하고 있었던 시기이다(Fagan 1999). 1939~1942년 사이에 프랑스와 소련에서 나치의 침략을 방해한 세 번의 혹독한 겨울을 포함하여 때때로 추위가 발생했지만, 일반적으로 세계는 더 따뜻한 기온과 덜 극적인 기후변화의 새로운 시대에 접어 들었다(Fagan 1999). 베링거(Behringer 2010: 174)는 지구온난화에 크게 기여한 급속한 산업화가 아니었다면 "소빙기는 인도네시아 크라카토아 화산 폭발로 인해 더욱 강렬해진 또 다른 '한랭 최대치'를 향해 가고 있었다."라고 주장한다.

역사의 교훈

카렌 홈그렌과 헬레나 오버그(Karen Holmgren and Helena Oberg 2007: 130)는 시간이 지남에 따라 기후변화가 인간사회에 미칠 수 있는 영향을 조명하는 몇 가지 일반화된 항목을 제안한다.

1. 사회변화는 종종 기후변화와 일치한다.
2. 기후변화가 항상 사회변화를 초래하는 것은 아니며, 안정적이고 회복탄력성 있는 사회는 혹독한 기후 조건에서도 살아남을 수 있다.
3. 기후변화는 흔히 내부적으로 불안정한 사회에서 변화를 일으키는 외부 요인으로 작용한다. 기후변화의 시기가 사회경제 및 정치적 불안정 시기와 맞물리면 사회적 재앙을 초래하거나 새로운 사회 발전을 가져올 수 있다.
4. 농업 또는 목축 생산에 유리한 기후 조건은 부를 축적하는 새롭고 강력한 중심이 부상하는 데 중요한 요인이 되었다.
5. 역사 자료를 통해 우리는 (기후변화에 대한) 적응 또는 회복탄력성 전략에 다음의 항목들이 포함되어 있음을 알 수 있었다.
   a. 장단기 이동과 중심지 재정착 과정에서의 유연성
   b. 농업 관행과 주요 작물 종류의 유연성
   c. 대외 무역의 통제 가능성

비교사회학자 싱 츄(Sing C. Chew 2001, 2007)는 메소포타미아, 고대 이집트, 인도 북서부의 하라판, 그리스의 미케네, 대로마제국 등 다양한 문명이 역사적으로 급격한 기후, 생태, 사회적 격변기에 직면했던 암흑기에 대해 자세히 논의한 바 있다. 그러나 서유럽의 중세와 같이 사회경제 활동이 붕괴된 암흑기가 오히려 환경이 다시 회복되는 계기가 된 경우도 있다. 따라서 "어떤 의미에서 고대의 암흑기는 수세기에 걸친 인위적인 경관 스트레스에 따른 자연-문화 관계의 재조정이었다"(Chew 2007: 165). 과거에는 기후 및 생태위기로 인해 이전에는 사람이 살지 않거나 인구가 드문 새로운 지역으로 인구가 흩어지는 경우가 많았다. 그와 달리 현재 전 세계의 재앙적인 기후변화는 그로부터 악영향을 받은 인구가 사람이 없는 지역으로 이주할 수 있는 선택지를 별로 남기지 않을 것으로 보인다. 츄는 이렇게 설득력 있게 주장한다(Chew 2007: 181).

> *오늘날 지구 행성은 전 지구화라는 국면에 완전히 포섭되어 있기 때문에 생태적 붕괴(암흑기)가 발생하더라도 체제 확장을 위한 대체 지역이 거의 존재하지 않는다. 또한 생산 및 재생산 과정 측면에서 세계체제의 연결 수준이 높아져 주변 지역이 붕괴의 영향을 받지 않았던 이전의 암흑기와 달리 붕괴는 전 지구적으로 겪을 수 있다.*

현재 실패한 국가, 경제 위기, 인구의 대량 이주, 극심한 인도주의적 위기로 표현되는 사회 붕괴는 기후변화의 결과라기보다는 국가, 지역사회, 가정의 적응능력을 압도하는 다양한 인위적 생태위기와 기후로 인한 혼란이 복합적인 타격으로 나타날 가능성이 높다. 실제로 태터솔(Tattersall 2012: 230)은 "호모 사피엔스의 개체 수가 적었을 때는 회복탄력성 있는 환경으로 간단히 흡수할 수 있었던 행위가 70억 명이 넘는 인류에게는 막대한 피해를 입혔다."라고 암울하게 상기시킨다. 그러나 선진국, 특히 개발도상국의 부유층과 중산층이 매일 생존을 위해 고군분투하는 수십억 명의 토착민, 농민, 가난한 도시민보다 지구에 더 큰 파괴적 영향을 미치고 있다는 사실에 주목할 필요가 있다. 이는 오늘날 우리가 살아가는 세계의 조건이며, 인류학자는 사람들 사이에서 그리고 그들과 함께 이러한 상황을 이해하고 의미 있는 대응책을 마련하기 위해 고군분투하고 있다.

기후변화고고학을 향하여

로버트 반 드 누르트(Robert van de Noort 2013)는 기후변화고고학을 명시적으로 내걸고 연구를 시작했다. 그는 과거에는 주로 자연 현상이었고 현재는 주로 인위적 현상인 기후변화와 관련해, 과거의 지역사회가 해수면 변화, 특히 기후변화와 관련된 해수면 상승에 어떻게 적응해왔고 오늘날에는 어떻게 적응하고 있는지를 조사했다. 그는 고고학자가 적어도 150년 동안 과거의 기후변화와 그 영향을 조사해 왔다고 언급하면서도(Trigger 2006 참조), "과거의 사회가 기후변화와 그 환경적 영향에 어떻게 적응했는지에 대한 연구가 인류가 미래에 기후변화에 적응해야 할 방식에 대한 논쟁에 아무런 기여도 하지 못했다."라고 한탄한다(Van de Noort 2013: 2).

그러나 반 드 누르트는 고고학 연구가 이론적으로 기후변화에 대응하는 공동체의 노력을 도울 수 있는 적응 경로에 대한 비전을 제공한다고 주장한다. 그는 자신의 책에서 4개의 다양한 해안지역, 즉 북유럽의 북해 유역, 벵갈만의 순다르반스, 멕시코만의 플로리다 습지, 페르시아만의 알아와르/이라크 습지에 초점을 맞추었다. 반 드 누르트(Van de Noort 2013: 227)가 이들 경관을 선택한 이유는 이곳이 과거의 해수면 변동에 모두 적응했던 곳이고 앞으로도 변화할 풍경이기 때문이며, 이러한 경관에 사는 사람이 "기후변화-해수면 상승의 영향을 크게 받을 첫 번째 사람들 중 하나"이기 때문이다. 하지만 유럽의 북해유역에서는 정책결정자들이 방조제 건설 등 해안지대 관리를 위한 통합적 접근법을 채택한 반면, 이러한 효과적인 해안 관리방안이 다른 곳에서 성공하지는 못했다. 예를 들어 벵갈만의 순다르반스에서는 1961년부터 1975년 사이에 건설된 파라크카 보(Farakka Barrage)를 둘러싼 방글라데시와 인도 서벵골주 사이의 지속적인 분쟁이 있었는데, 부분적으로는 그러한 영향으로 홍수와 해안침식으로 위험에 처한 해안 공동체의 공동 대응을 어렵게 했다. 반 드 누르트의 연구에서 고려되지 않은 점은 해수면 상승에 대응하기 위한 자원을 동원하는 능력이 차등적이었다는 점이다. 멕시코만의 플로리다 습지나 북해유역은 미국 등과 같은 선진국이 면해 있지만, 순다르반스나 페르시아만 습지의 경우 방글라데시나 이라크와 같은 개발도상국이 해수면 상승에 적응하기 위한 자원을 충분히 동원하기 어렵다. 기후변화고고학에 대한 반 드 누르트의 전망은 그리 높지 않았으며, 해수면 상승과 전체적인 기후변화의 결과에 대응하기 위한 대규모 해결책을 추구하는 데까지 나아가지는 않았다. 반 드 누르트와 유사한 맥락에서 제네바 라이트(Jeneva Wright 2016)는 해양고고학이 "기후변화 연구와 과거 인간의 기후변화 적응에 대한 이해를 지원하는 독특한 위치에 서 있다."라고 주장한다. 또한, 아이호프-마야 프로젝트(IHOPE-Maya Project)와 관련된 고고학자는 마야고고학이 "기후변화, 인구 제약, 도시 형태, 경관 변화 및 안정성 정도에 관한 보다 광범위하고 최신의 논쟁에 기여"할 수 있는 좋은 위치에 있다고 믿는다(Chase and Scarborough 2014: 5).

그러나 필요한 것은 보다 비판적인 기후변화고고학이다. 이는 다음 장에서 논의할 것으로 기후변화에 대한 적응뿐만 아니라 기후변화를 다루기 위한 완화 전략에 관한 비판적 사회과학의 관점을 다룬다. 이러한 방향으로 나아가는 한 가지 가능성에 관해서는 2016년 12월 "기후변화, 고고학 및 역사(*Climate Change, Archaeology and History*)"에 관한 다학제 회의에서 유니버시티 칼리지 런던(University College London, UCL)의 고고학연구소의 박사과정 학생인 미구엘 푸엔테스(Miguel Fuentes)가 발표한 '마르크스주의적 관점에서의 붕괴 가능성: 마르크스, 룩셈부르크 및 벤야민(The possibility of collapse from a marxist perspective: Marx, Luxemburg and Benjamin)'이라는 논문을 참고할 수 있다.

제4장

기후변화인류학의 이론적 관점

기후변화인류학의 이론

이 장에서는 기후변화인류학에서 가장 일반적으로 사용되는 세 가지 이론적 관점을 살펴본다. 이 세 가지 관점은 지난 100년 동안 인간이 기후변화와 상호작용 해 온 다양한 측면을 이해하기 위한 분석틀을 제공한다. 제1장에서 언급했듯 기후변화에 대한 인류학 이론은 (1) 문화생태학의 관점, (2) 문화해석학의 관점, (3) 비판인류학의 관점으로 구분하여 볼 수 있다. 어떤 면에서 기후변화인류학은 과거와 현재의 인간과 환경의 상호작용을 연구하는 생태인류학 또는 환경인류학의 하위 분야로 볼 수 있다(Kopnina and Shoreman-Ouimet 2017). 생태인류학의 하위 분야로 기후변화인류학이 등장하기 전에도 생태인류학은 영장류생태학, 고생태학, 문화생태학, 민속생태학, 민속조류학, 역사생태학, 영성생태학, 인간행동생태학, 진화생태학 등의 관심사를 포괄했다. 기후변화를 연구하는 일부 인류학자는 문화생태학에 기반하고 있지만, 또 다른 인류학자는 정치생태학에 크게 의존한다.

과학의 설명 문제를 탐구하는 과정에서 철학자 칼 포퍼(Karl Popper 2002: 37)

는 이론을 우리가 살고 있는 세계의 본질에 대한 "보편적 진술"로 정의했다. 인류학, 특히 문화인류학의 하위 분야는 생물학 및 관련 과학에서 다윈주의 진화와 자연 선택의 질서에 대한 포괄적이고 통일된 이론이 부족하다. 대신, 이 분야는 특정 이슈에 주목하고, 특정 질문에 답하는 데 집중하며, 인류학자가 연구 결과를 설명하거나 해석하는 데 도움을 주는, 종종 논쟁의 여지가 있는 대안적 설명 틀을 구축하려는 경향이 있다. 연구 결과를 작성할 때 인류학자가 사용하는 이론적 분석틀은 명시적으로 언급될 수도 있고, 연구자가 다루는 질문의 유형과 다루지 않는 질문의 유형에 의해 암묵적으로 드러날 수도 있다. 인류학에서 이론을 둘러싼 논쟁의 일부는 서로 다른 이론적 분석틀이 서로 다른 질문을 제기한다는 사실, 그리고 그에 따라 다른 질문이 더 중요하거나 혹은 적어도 동등하다고 생각하는 사람들에게는 불만족스러울 수 있는 답변을 끌어낸다는 사실 때문에 생겨난다. 또한, 인류학이 무엇인지, 혹은 인류학이 학문 간에, 그리고 사회 내에서 어떠한 역할을 지니는지에 대한 이해도 다르기 때문에 이론적 분석틀에 대한 의견이 일치하지 않을 수 있다. 기후변화인류학은 아직까지 내부적으로 격렬한 이론적 논쟁을 일으키지는 않았지만, 다음에 설명하는 것처럼 기후변화에서 인간이라는 조건과 인간 차원에 대한 대조적이고 잠재적으로 상충되는 이해 방식을 모두 가지고 있다.

기후변화에 대한 문화생태학의 관점

문화생태학 또는 생태인류학은 인간과 환경의 관계를 연구하는 학문으로, 줄리안 스튜어드(Julian Steward 1955)의 연구로 거슬러 올라가는데, 이는 인류학에서 오랜 역사를 가지고 있다. 또한 인간생태학 분야에서 비롯된 것으로, 이는 이전 시대의 단순한 환경결정론을 부정하면서 환경이 문화를 형성하고 그 가능성을 제약하는 데 중요한 역할을 한다는 점을 인식한다. 예를 들어, 관개 농업은 즉각적인 수원이 없는 건조한 환경보다 강이 흐르는 지역에서 발전할 가능성이 훨씬 높다(물론 일부 지역에서는 농업 생산을 지원하기 위해 건조한 지역으로 물을 끌어오기 위해 집약적이고 비용이 많이 드는 관개 시설을 사용하기도 한다). 문화생태학은 문화를 적응의 메커니즘으로 보는 경향이 강하지만, 많은 문화생태학자는 문화가 환경적으로 부적응적인 측면도 있음을 인정한다. 또한 문화생태학은 각각의 문화체계가 사바나, 열대우림, 북극 툰드라 환경과 같이 특정한 생태 적소(eco-niche)에서 진화하고 적응한 것으로 간주한다. 즉, 문화생태학의 관점은 문화와 다양한 기술경제, 사회구조, 이데올로기, 태도의 요소를 지역 환경의 도전과 기회에 대한 인간의 집단적 참여를 표현하는 것으로 간주하고, 적응 과정에 대한 이해를 넓히기 위한 질문을 던지는 경향이 있다. 환경인류학자 밀턴(Milton 1996: 59)은 "1940년대와 1950년대에 생태학자가 개발하고 1960년대에 인류학에 도입한 생태학적 접근법은 좁은 의미의 문화, 즉 세계에 대한 사람들의 생각, 감정, 지식에 대한 이해를 위한 자리가 없었다."라고 말한다. 여기에서 알 수 있듯이, 문화생태학의 분석틀은 일부 인류학자가 중요하다고 여기는 질문, 즉 세상에 대한 사람들의 태도가 세상에 대한 참여를 어떻게 형성하는지, 환경에 대한 지식이 문화체계 내에서 어떻게 구조화되는지, 성별이나 기타 사회적 구분을 넘어 사회 내에서 어떻게 확산되는지 등의 질문을 던지는 데는 그리 적합하지 않았다.

문화생태학자는 일반적으로 기후변화가 인간사회에 미치는 광범위한 영향을 완전히 파악하는 데는 다소 느렸다. 마크 서튼과 앤더슨(Mark Q. Sutton and E. N. Anderson 2004: xiii)은 『문화생태학 개론(Introduction to Cultural Ecology)』에서 "대부분의 문화생태학 연구의 목표 중 하나는 지구적 재앙을 막기 위한 노력에 지식을 활용하는 것"이라고 주장했지만, 지구온난화에 대해서는 다음과 같이 간략하게 언급할 뿐이었다. "삼림 벌채는 나무를 태우거나 썩히면서 막대한 양의 온실가스를 배출한다. 화석연료가 훨씬 더 심각한 원인이기는 하지만, 이들 온실가스는 지구온난화의 한 요인이다"(Sutton and Anderson 2004: 298).

제1장에서 강조한 바와 같이, 우리의 관점에서는 그 두 가지 인간활동은 종종 함께 작동하면서 지구를 변화시키기 때문에 좀 더 포괄적인 접근은 인위적 삼림 벌채와 화석연료 배출 간의 다중위험의 상호작용을 평가할 수 있어야 한다.

기후변화인류학 분야에서는 다양한 인류학자가 문화생태학적 측면에서 제기되는 질문을 던지고 있다. 예를 들어, 너톨(Nuttall) 등은 광범위한 북극 기후 영향 평가 프로젝트의 일환으로 과거와 현재 북극 원주민의 생계 유형과 적응 전략에 대한 기후변화의 영향을 조사했다. 이들은 "기후가 변화함에 따라 북극 원주민들은 특별한 도전에 직면하고 있으며 야생동물과 식량 자원을 확보하는 능력은 이미 시험대에 오르고 있다."라고 주장한다(Nuttall *et al*. 2004: 685). 이 문장에서 알 수 있듯이 인간과 환경의 상호작용에 관한 질문에서는 인간의 행동 변화(㉔ 새로운 적응 전략의 채택)뿐만 아니라 환경의 변화에도 주의를 기울여야 한다. 즉, 인간 공동체는 단순히 기존의 생태 적소에 적응하는 것이 아니라 환경 자체가 역동적인 장이며, 인간은 환경 변화의 방향을 만들어내는 데 점점 더 중요한 역할을 하고 있다.

벤 올러브(Ben Orlove 2005)는 메소아메리카의 마야 문명, 그린란드의 북유럽 정착, 미국의 더스트볼[1] 등 자주 언급되는 세 곳의 역사적 사례에서 기후의 변동성을 조사했다. 그는 이 세 사회가 서로 완전히 달랐지만, 모두 기본적인 생존 유형을 위협하는 기후 상황을 경험했었다고 주장한다. 올러브(Orlove 2005: 596)는 미래 사회학과 비교역사적 분석을 결합하자고 말한다. "미래에 관한 사회학은 광범위한 개념, 특히 적응과 완화에 대한 개념을 제공하며, 이는 현재의 긴급한 논쟁에 기여할 수 있다. 비교역사적 분석은 각 사회 내에서 다양한 요소의 복잡

---

1 1930년대 미국의 중서부 평원지대에서 6년간 계속되었던 극심한 모래폭풍으로 한반도의 1.8배에 해당하는 지역이 피해를 입고, 7천여 명이 사망했다. 대초원이던 지역이 개간에 따라 경작되면서 거대한 재난으로 이어졌다는 평가가 지배적이다.

한 상호작용을 추적할 수 있게 해준다."

올러브는 이주의 가능성이 미래사회학과 과거에 대한 비교역사학을 잇는 다리를 제공한다고 보았다. 그린란드의 북유럽인은 아이슬란드나 스칸디나비아의 다른 지역으로 돌아가지 않았지만, 대체로 많은 마야 인디언은 생존을 위해 여러 도시 중심에서 주변 내륙으로 이주하는 것을 선택했다. 더스트볼 피해 지역이었던 캔자스 남부, 오클라호마 서부 및 콜로라도, 텍사스, 뉴멕시코 인근 지역의 피해자는 소설가 존 스타인벡이 『분노의 포도(The Grapes of Wrath)』에서 후대를 위해 신랄하게 기록한 것처럼 캘리포니아로의 이주를 선택했다.

컬럼비아대학교에 재직 중인 올러브는 아룬 아그라왈(Arun Agrawal), 마리아 레모스(Maria Lemos), 제시 리봇(Jesse Ribot)과 함께 "사회과학을 통한 기후 적응 연구 및 지식 프로젝트 이카루스(ICARUS, Initiative on Climate Adaptation Research and Understanding through Social Sciences)"를 개시했다. 이 연구 그룹은 "기후변화에 대응하기 위한 사회과학적 기여의 필요성이 커짐에 따라 연구자와 실무자를 한데 모았다"(Agrawal *et al*. 2012: 330). 이카루스 프로젝트는 (1) 취약성, 적응, 적응 역량 및 회복탄력성과 같은 주요 개념의 이론화, (2) 취약성의 인과 구조, 적응의 효과 및 다양한 규모의 적응과 취약성의 경험적 대상에 대한 이해, (3) 적응 정책의 이해 및 정보 제공이라는 세 가지 주요 연구 분야에 초점을 맞추고 일련의 주요 컨퍼런스와 소규모 세미나(이들은 이를 쓰기워크숍(writeshop)이라고 부른다) 및 관련 네트워크 구축 활동을 조직했다. 이카루스 프로젝트의 창립자들은 지금까지 사회과학자가 기후변화 분야에서 상당한 공헌을 했다고 주장한다. 이러한 기여에는 "위험과 비용에 대한 종합 평가, 취약성, 적응 및 완화에 대한 이론화, 다양한 규모의 기후 완화에 대한 제도적 분석, 기후변화와 대응이 공평하고 공정하며 윤리적으로 수용 가능하게 한 점"(Agrawal *et al*. 2012: 329) 등이 포함된다.

"기후변화에 관한 정부 간 협의체(Intergovernmental Panel on Climate Change, IPCC)"에서 활동한 몇 안 되는 인류학자 중 한 명인 에밀리오 모란(Emilio F. Moran)은 그의 저서 『사람과 자연(People and Nature)』(Moran 2006)에서 여러 곳의 기후변화를 언급한다. 그는 대기 중 이산화탄소의 증가가 기후 체계, 산호초, 남극 빙상을 위협하고 있다고 강조한다(Moran 2006: 1). 모란(Moran 2006: 3)은 북쪽, 즉 선진국과 남쪽, 즉 개발도상국 모두 자연에 큰 영향을 미쳤으며, 전자는 주로 높은 수준의 소비로 인해, 후자는 높은 인구 증가로 인해 자연에 큰 영향을 미쳤다고 주장한다. 모란은 다양한 벡터매개 질병(Vector-Borne Diseases, VBDs)[2]의 확산, 식물의 성장, 동물의 이동에 있어서 기후변화의 역할에 대해서도 언급하며 중요한 질문을 제기한다.

> *하나가 아닌 여러 측정 가능한 매개변수를 통해 기록된 수준보다 훨씬 더 많은 온실가스 배출량을 기록하기 시작하면, 우리는 지구상에서 우리 종의 생존을 걸고 무모한 게임을 하고 있는 것은 아닌지 질문해야 한다. 우리는 지금과 같은 삶의 방식이 우리가 알고 있는 생명의 마지막을 위협하고 있다는 것을 인식하고 있는가?*
>
> *Moran 2006: 21, 23*

모란은 대다수의 미국인이 자신을 나름의 '환경주의자'로 생각하지만, 대부분의 사람은 '환경주의자'로서의 정체성과 어디든 빠르게 이동할 수 있는 개별화된 자유의 상징으로 작동하는 자동차에 대한 과도한 의존을 별 충돌 없이 받아들인다고 비판한다(Moran 2006: 45). 하지만 언급할 필요도 없이, 자가용 자동차는 미국뿐만 아니라 전 세계적으로 대기오염뿐만 아니라 온실가스 배출의 주요 원인이 되고 있으며, '자동차 문화'(자동차가 현대 사회에서 필수적인 교통수단이자 자기 표현 수단이라는 믿음)가 전 세계적으로 확산됨에 따라 그 심각성은

---

2 모기, 진드기 등의 매개체를 통해 감염되는 질병이다.

점점 더 커지고 있다. 기후변화 자체를 언급하지는 않았지만, 모란은 환경 문제에 관심을 기울여야 한다고 주장하면서 개인과 집단이 함께 해결책을 모색해야 한다고 말한다.

> *환경 문제에 대한 해결책은 개인과 지구를 우리 삶의 터전으로 여기며 전 지구적 소비주의의 힘에 저항하려는 노력에서 시작되어야 한다. … 그러나 개인이 홀로 이 싸움에서 이길 수는 없다. 제2차 세계대전 이후 우리를 지속 불가능한 길로 이끌었던 것은 잘 조직화된 이해관계들이다. … 개인과 조직은 우선순위를 바꾸고, 가격을 책정하고 가치를 부여하는 방식을 변화시키고, 더 큰 차량이나 더 큰 집을 갖는 것보다 신뢰와 공동체가 더 중요한 사회를 만들기 위해 함께 모여 제도적 변화를 일으켜야 한다.*
>
> *Moran 2006: 166*

모란은 지구의 "어업, 물, 토양 및 기타 여러 자원"이 고갈되고 있기 때문에, 현재의 "글로벌 경제"는 지속 불가능하고 "행성의 미래 생산 역량"을 파괴하고 있다고 본다(Moran 2006: 171). 그는 최근에 이렇게 주장했다.

> *지질학적으로 오랜 기간 동안 땅 밑에 묻혀 있던 엄청난 양의 화석연료물질을 추출하고 이를 사용하면서 발생한 부산물을 생물권으로 방출함으로써 대기의 생물지질화학적 변화가 시작되었다. 몇 세기 전부터의 이 변화는 이제 우리 행성을 위협하는 데 이르렀다.*
>
> *Moran 2010: 64*

환경문제에 관심을 가지고 있는 또 다른 인류학자인 존 보들리(John Bodley)는 그의 저서 『인류학과 현대 인간 문제(Anthropology and Contemporary Human Problems)』(Bodley 2014)에서 현대의 지구 환경 위기를 심도 있게 논의하고 있기는 하지만, 지구 기후변화에 대해서는 간략하게 언급하는 데 그치고 있다. 그럼에도 불구하고 그는 자본주의 경제 성장과 기후변화 사이의 연관성을 잘 알고 있으며, 화석연료가 "대기 중 이산화탄소의 급격한 증가와 기후변화에 크게 기여"한 "엘리트 주도의 경제 성장과 세계화 추진"이라는 주장에서 알 수 있듯이 (Bodley 2014: 108), 화석연료가 거대한 가속(Great Acceleration)[3]을 만들었다는 사실을 분명히 인식하고 있다.

의료인류학에 생태 모델을 적용한 연구로 잘 알려진 두 인류학자인 맥엘로이와 타운센드(McElroy and Townsend 2009: 116-118)는 이누이트인의 "전통적인 생태 지식"이 지난 수십 년 동안 그들의 문화에 매우 큰 영향을 미친 기후변화에 대한 취약성을 줄이기 위한 적응 메커니즘이라고 보았다. 타운센드는 다음과 같이 주장한다(Townsend 2011: 191).

> *지구 기후변화 연구에 대한 인류학의 가장 강력한 기여는 얼음이 녹아내리고 있는 극지방에서 사막의 끝자락까지 인간사회가 어떻게 기후의 극적인 변화에 적응했는지 혹은 적응하는 데 실패했는지를 선사시대와 현대 모두에서 소규모의 지역 단위 연구를 인내심 있게 축적해 온 것이다.*

기후변화 대응에 대한 민족지학적 연구를 기반으로 한 이러한 유형의 연구는 현재 기후변화인류학에 관한 연구에서 가장 큰 비중을 차지하고 있다.

수잔 크레이트(Susan A. Crate 2008: 571)는 시베리아 북동부 빌리우이(Viliui) 지역에서 소와 말을 키우는 빌루니 사하인(Viluni Sakha)의 연구에서 적응이라는 개념을 활용하면서도, 국제 포럼과 기후변화에 관한 정부 간 패널(IPCC)의 회의와 보고서는 물론이고, 이사회 회의실이나 정부 기관에서도 "인간이 유발한 지구 기후변화의 영향을 완화하는 대신에"이 개념에 과도하게 의존한다고 비판한다. 다른 한편으로, 니콜 피터슨과 케네스 브로드(Nicole Peterson and Kenneth Broad 2009)는 기후변화 담론이 적응 전략만큼이나 기후변화의 완화를 고려해야 한다고 주장한다. 크레이트와 너톨(Crate and Nuttall 2009a: 9)은 기후변화에

3 20세기 중반 이후 기후변화, 경제 성장, 환경 오염 등이 급격하게 증가하기 시작한 현상을 가리킨다.

관한 많은 담론이 적응을 연구와 정책의 우선순위로 다루고 있지만, "전 세계의 많은 사람이 기후변화에 대응하는 능력이 심각하게 제약을 받고 있다."라는 점에서 "적응 능력과 복원력이라는 분석틀이 충분한지"에 대해 의문을 제기한다. 그들은 계속해서 이렇게 주장한다.

> *사회 및 생태적 회복탄력성은 지역 생계와 자원 활용의 지속 가능성이라는 측면에서 중요하지만, 우리는 변화에 맞서 사회가 어떻게 적응 능력을 구축할 수 있는지는 아직 충분히 이해하고 있지 않다. 또한, 회복의 범위를 훨씬 벗어나는 환경 및 문화적 변화가 일어나고 있다는 의심을 가지지 않을 수 없다. 적응에 대한 제도 및 법적 장벽이 존재할 뿐만 아니라 전 세계 많은 사람이 기후변화에 대응하는 능력에 심각한 제약을 받고 있다. 현장연구자로서 우리 중 일부는 비상사태에 처해 있다고 느끼며 우리 앞에 놓인 지적이고 실질적인 엄청난 도전들을 헤쳐나갈 수 있는 튼튼한 개념적 토대를 설계하기 위해 고군분투하고 있다.*
>
> *Crate and Nuttall 2009a: 10-11*

위즈만과 록스트롬(Wijkman and Rockström 2011: 42)이 잘 관찰한 바와 같이, "온실가스와 관련한 지구의 회복탄력성이 얼마나 오래 지속될지, 그리고 기후체제가 언제 돌이킬 수 없는 티핑포인트에 도달할지는 그 누구도 확실하게 알지 못한다."

이러한 관점은 제1장에서 소개한 삼각 모델을 뒷받침하며, 인류학자가 전통적으로 연구해 온 많은 공동체가 회복탄력성을 잃어가는 경우가 많아지고 있다고 강조한다. 크레이트(Crate 2009: 147)가 적절하게 지적했듯이, "우리는 연구 참여자(현지인)의 적응 능력을 지나치게 확신해서는 안 된다." 크레이트가 지적하는 기후변화로 인한 회복탄력성 손상의 원인 중 하나는 이주의 가능성으로, 이는 현지에 위치한 환경 지식의 붕괴를 초래할 수 있다. 그녀는 다음과 같이 강조한다.

기후변화로 인해 지역사회의 적응과 회복탄력성뿐만 아니라 인간, 동물, 식물 개체군의 재배치가 강제되고 있다. 이주는 단순히 이주로 끝나는 것이 아니라, 기존의 거주자가 지니고 있던 세계관의 토대를 마련하고 구체화했을 뿐만 아니라 지역의 경관을 유지하고 관리하기 위해 노력해 온 인간과 환경 간의 친밀한 관계도 함께 사라진다. 어떤 경우에는 이주로 인해 신화적 상징, 기상 관련 활동, 때로는 문화의 토대가 되는 토템과 주요 동식물이 사라지기도 한다.

Crate 2009: 147

이렇게 문화적 뿌리를 잃은 기후변화 난민은 그 원인이 무엇이든 간에 "어떤 사람들은 자신이 살아 온 환경에서 벗어날 때 발생하는 삶의 방향 감각 상실, 소외, 의미 상실"을 겪을 수 있다(Crate 2009: 147-148). 그 결과 회복탄력성이 깨어지거나 적응에 실패할 수 있다.

문화생태학의 관점을 채택한 다른 여러 인류학자도 제1장에서 논의한 개념인 기후변화 분석에 "위험"과 "회복탄력성"이라는 개념을 사용한다. 마크 너톨(Mark Nuttall 2009: 298)은 그린란드의 이누이트인 연구에서 원주민들의 생태적 회복탄력성을 보여줌으로써 시간이 지남에 따라 "이들이 기후변화와 변이에 적응하고, 주변으로 이동하고, 환경 속에서 기회를 포착할 수 있었다."라고 주장한다. 커스틴 해스트럽(Kirsten Hastrup)은 『회복탄력성의 문제: 기후변화에 대한 사회적 대응(The Question of Resilience: Social Response to Climate Change)』(Hastrup 2009b)이라는 책을 집필했다. 이 책은 코펜하겐대학교에서 열린 "인류학적 관점에서 본 물의 세계, 자연·환경 재난, 사회적 회복탄력성(Waterworlds, Natural Environmental Disaster, and Social Resilience in Anthropological Perspective)"이라는 공동연구프로젝트의 심포지엄 내용을 바탕으로 집필되었다. 이 프로젝트는 기후변화/물과 관련된 위협, 즉 "녹아내리는 얼음, 해수면 상승, 메마른 땅이 전 세계 지역사회에 미치는 영향"에 초점을 맞췄다(Hastrup 2009b: 9). 첫 장에서 해스트럽(Hastrup 2009c: 15)은 기후변화와 관련된 위험이 전 세계에 고르게 분포된 것이 아니기 때문에, "새로운 유형의 지역 이주, 정치 불안, 경제적 취약성, 공급 자원의 변화, 일상생활에 영향을 미칠 정도로 심각한 위험에 대한 감각"을 만들어내고 있다고 썼다. 그녀는 "회복탄력성은 … 단순히 외부 요인에 대한 하나의 체계적인 (사회 또는 문화적) 적응의 문제가 아니라 그 사회를 작동시키는 필수 요소"라고 주장한다(Hastrup 2009c: 28). 실제로 사회에 높은 수준의 회복탄력성을 부여하는 것은 문화이지만, 인위적인 파괴를 흡수하는 지구의 능력이 무한하지 않은 것처럼 회복의 능력도 무한하다고 가정할 수는 없다. 두 번째 장, 회복탄력성의 문제에서 올러브와 캐톤(Orlove and Caton 2009: 34)은 물 문제가 1960년대와 1970년대 대기오염에 대한 우려로 시작해 1970년대와 1980년대에 산성비에 대한 우려로 이어졌고, 이후 기후변화와 해양 산성화에 대한 우려로 이어진, 지구의 대기 또는 "공기 세계"에 대한 우려와 연결되어 있다고 썼다. 지구의 대기권과 수권(waterworld) 모두 인간활동으로 인해 얽히고설킨 악영향을 받고 있으며, 이러한 상호작용은 그에 영향을 받는 지역사회의 회복탄력성을 위협하고 있다.

생물문화 또는 의료생태학적 관점을 채택하는 몇몇 의료인류학자도 기후변화 문제를 다룬다. 아르멜라고스와 하퍼(Armelagos and Harper 2010: 303)는 뎅기열, 치쿤구니아 등 다양한 전염성 벡터매개 질병이 증가하고 있으며, 이는 부분적으로 지구온난화 때문이라고 지적한다. 이들은 인류가 "전 지구화, 전례 없는 도시화, 지구온난화로 인해 항생제 시대가 종말을 고하는 가운데, 종식되고 있다고 여겨지는 질병(㉝ 결핵)이 다시 출현하는 제3의 질병역학의 전환기"를 겪고 있다고 주장한다(Armelagos and Harper 2010: 304).

전반적으로 기후변화인류학에서 문화생태학의 관점은 따뜻해진 지구의 기후 혼돈으로 생겨난 도전에 사회문화적으로 대응하는 과정에서 발생한 문제에 답을 찾으려는 연구에서 두드러진다. 이 관점은 사람들이 기후변화의 역경에 맞서 새로운 위협에 대처하고 대안적인 선택지를 개발하기 위해 문화체계를 집단적으로 대응하고 사용하는 방식에 주목한다.

기후변화에 대한 문화해석학의 관점

문화해석학의 관점을 지닌 환경인류학자는 문화를 환경 안에 인간을 위치시키는 “해석과 인식”의 집합으로 본다(Milton 1996: 63). 기후변화에 대한 대부분의 문화해석학 또는 현상학적 연구는 다양한 사람의 인식 또는 기후변화에 대한 “지역지식(local knowledge)”에 초점을 맞추는 경향이 있다. 예를 들어, 기후인류학의 주요 학자인 카를라 론콜리 등(Carla Roncoli *et al*. 2009: 95)은 인류학자가 “지역지식과 기후 현상” 사이의 관계를 탐구하기 시작했다고 말한다. 이러한 관점은 소규모 집단이나 지역사회에서 지역지식의 범주에 포함될 수 있는 정보, 즉 사람들의 “에믹(emic; 내부자)” 관점에 대한 데이터를 수집하던 문화인류학자의 이전 연구 경향에서 자연스럽게 이어져 왔기에 오늘날 기후변화인류학에서 지배적인 관점이 되었을 수 있다. 아이러니하게도 지역지식은 기후변화의 현실을 인식하게 하지만, 현대 사회의 많은 사람에게 문화는 기후변화가 일어나고 있다는 사실을 경시하거나 심지어 부정하는 역할을 할 수도 있다. 밀턴은 다음과 같이 지적한다(Milton 1996: 138).

> *연속적인 빙하기가 더 따뜻한 시대로 이어졌던 과거의 기후변화를 이해하게 되면, 우리가 지구의 기후를 돌이킬 수 없이 변화시킨 것에 대해 궁극적으로 책임져야 한다는 두려움에서 어느 정도 빠져나오는 데 도움이 된다. 인간활동에 의해 유발된 변화는 더 큰 “자연” 유형의 맥락에서 보면 그리 놀랍지 않게 느껴진다.*

좀 더 광범위하게 보면, 문화해석학의 관점을 수용하는 인류학자는 “한 장소/시간/사람의 경험을 다른 삶의 세계에 사는 사람들이 이해할 수 있도록”(Strauss 2009: 166) 돕는다. 스트라우스(Strauss 2009)는 스위스 알프스의 로이커바트(Leukerbad)에서 수행한 연구를 바탕으로, 일 년 내내 지역의 저수지 역할을 하는 빙하가 사라진다는 것이 사람에게 어떤 의미인지를 묻는다. 연구에 따르면 사람은 자신이 직면한 환경의 우발적 상황에 대처할 수 있고 궁극적으로 일어날 일은 하나님의 뜻이라고 생각하지만, 그러한 태도에도 불구하고 일부 사람들은 미래에 일어날 일에 대해 두려움을 느끼기 시작했다고 한다. 이러한 사람들의 태도에는 "예방할 수 있는 것은 아무것도 없다."라는 운명론적 인식이 내재되어 있다(Strauss 2009: 172).

우리가 문화해석학의 관점에 적합하다고 보는 작업의 관심사 중 하나는 기후변화에 대한 대규모의 사회 및 기술적 대응이 지역의 사회문화적 구성과 환경에 대한 지역적 이해에 민감해야 한다는 것이다. 예를 들어, 셀레스트 레이(Celeste Ray 2002: 90)는 기후변화에 관한 정책은 "전통적인 가족 및 공동체 구조, 노동 분업, 지역화된 생계 전략에 대해 의식하면서도 적절한 환경적 실천에 대한 비교문화적 관점의 지식을 활용해야 한다."라고 주장한다.

실제로 인류학자가 반드시 불변하는 이론을 고수하는 것은 아니며, 다양한 문제를 해결하기 위해 다양한 이론적 관점을 활용할 수 있다. 앞서 설명한 바와 같이 크레이트는 기후변화에 대한 일부 연구에서는 문화생태학의 관점을 채택하고 있지만, 다른 연구에서는 문화해석학의 관점도 활용한다. 그녀는 빌리우이 사하인에 대한 연구를 바탕으로 다음과 같이 주장한 바 있다.

> *전 지구적 기후변화의 원인, 영향, 완화는 궁극적으로 문화와 밀접한 관련이 있다. 기후변화는 서구 소비문화의 여러 요인에 의해 발생하며, 상징문화와 생존문화를 변화시킨다(여기서 빌리우이 사하 사례로 대표됨). 이는 파괴적 소비행태에서 재생적 소비행태로의 문화적 전환을 통해서만 막을 수 있다. 따라서 인류학자는 전례 없는 기후변화의 문화적 영향에 대응하여 연구 현장과 자국 내에서 해석, 촉진, 번역, 소통, 옹호, 행동할 수 있는 전략적으로 유리한 위치에 있다.*
>
> *Crate 2008: 570*

크레이트(Crate 2008: 574)는 인류학자가 "연구 참여자의 지식과 관찰 방식을 경청, 공유, 수용하면서 그들이 전 지구적 기후변화가 그들의 세계와 세계관에 미치는 지역적 영향을 어떻게 인식하는지에 대한 문화 모델을 구축해야 한다."라고 주장한다. 그녀는 이러한 노력이 "연구 참여자가 적합하다고 생각하는 방식으로 그들의 인식을 설명할 수 있다면, 이들이 긍정적인 변화를 가져올 수 있도록 지식을 제공하고 재구성할 수 있다."(Crate 2008 : 574)라고 하였다.

서구의 소비 문화가 기후변화의 요인이라는 크레이트의 주장은 유용한 출발점이지만, 보다 "상위의 구조에 대한 질문", 즉 소비 문화의 사회적 위치와 결정요인에 대한 질문은 충분히 다루지 않는다. 인류 역사의 흐름을 살펴보면 끊임없이 팽창하는 욕망과 소비에 대한 집착은 인간 조건 혹은 인간 본성의 내재적이거나 자연스러운 특질이 아님을 알 수 있다. 오히려 현대인의 만족을 모르는 소비 방식은 이윤 창출을 위해 지속적인 축적과 끊임없는 확장을 요구하는 경제체제인 전 지구적 자본주의라는 더 큰 체계의 일부이다. 전 지구적 자본주의는 전 세계의 에너지를 빨아들이는 기계를 작동시킨다. 이 전 지구적 정치경제는 사회의 가장 부유한 이들에게는 부와 이익을 보장하지만, 그 과정에서 환경의 지속 가능성이나 인류의 많은 부분에서 요구되는 인간의 필요는 이윤 창출에 별로 기여하지 않는다고 평가되어 희생된다. 생존을 위해 자본주의는 인위적인 욕구, 즉 잠재적으로 위험하고 치명적인 상품을 포함하여 다양한 상품을 끊임없이 소비하게 하는 욕망을 만들어내야 한다(Singer and Baer 2009). 소비주의는 자본주의의 이데올로기적 근거를 제공해왔다. 예를 들어, 담배 업계는 담배 소비를 촉진하기 위해 수십억 달러를 지출한다. 이러한 행위가 얼마나 치명적인지를 인식하고 있는 자본주의 경제의 다른 부문에서는 담배 중독을 치료하기 위해 염산 부프로피온 염산염(Bupropion Hydrochloride)을 함유한 의약품[4], 니코틴 대체

4 영국 글락소스미스클라인이 개발한 항우울제 혹은 경구용 금연 치료제로 쓰이는 의약품이다.

껌, 니코틴 사탕, 니코틴 패치, 니코틴 흡입기, 흡연을 모방한 비담배인 전자담배의 소비를 촉진했다. 한마디로 사람을 병들게 하고, 그로 인해 생겨난 질병을 치료함으로써 이익을 얻는 것이다. 공해와 온실가스를 잠재적인 수익 창출의 장으로 인식하도록 홍보하는 노력도 비슷한 유형으로 시작되고 있다.

저명한 환경인류학자인 케이 밀턴(Kay Milton 2008)은 메리 더글라스(Mary Douglas)의 연구를 바탕으로 기후변화에 대한 문화 이론을 설명하려고 노력했다. 더글라스는 인간사회 조직의 두 가지 핵심 변수를 각각 "격자(grid; 사회적 규칙)"와 "집단(group; 집단 소속감)"이라고 부른다. 격자는 "사람이 행사하는 선택의 자유를 측정"하고, 집단은 "집단적 충성도를 측정"한다(Milton 2008: 40). 다시 말해, "격자"는 사람의 행동이 제약을 받는 정도를 의미하고, "집단"은 사람이 개인으로서 또는 자신이 속한 집단을 위해 행동하는 정도를 의미한다. 격자와 집단 간의 관계는 [그림 4-1]에 표시된 사분면을 생성하며, 이는 다시 다양한 문화적 성향을 만들어낸다.

사회 안에서 위계주의 관점(hierarchical perspective)은 "집단에 대한 충성도가

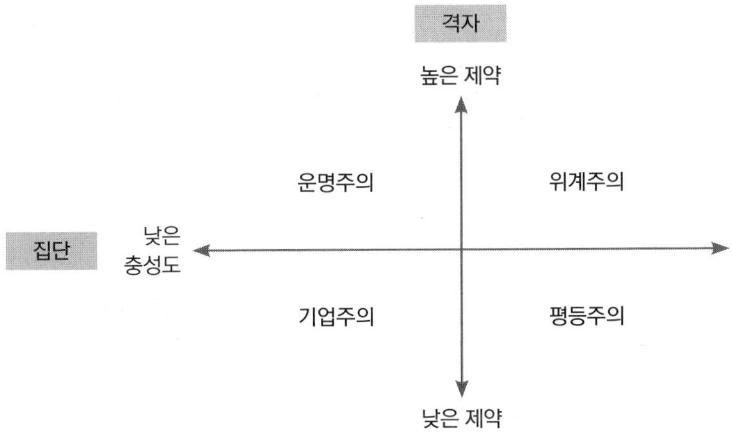

그림 4-1 더글라스의 격자-집단 모델

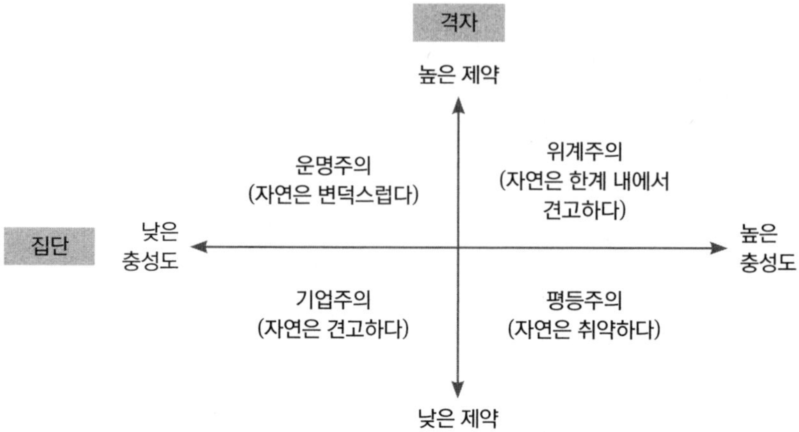

그림 4-2 자연의 관점을 고려한 격자-집단 모델

높고 사람의 행동이 상대적으로 제약될 때" 발생한다(Milton 2008: 40). 평등주의 관점(egalitarian perspective)은 "높은 수준의 집단 충성도와 함께 낮은 수준의 제약을 수반하며 … 사회 정의와 공동의 이익이 중시되는"(Milton 2008: 40) 관점이다. 기업주의 관점은 시장 경제에서 촉진되는 것과 같은 개인주의적 야망에 기여하는 "낮은 수준의 제약과 낮은 수준의 집단 충성도가 결합된 낮은 수준의 제약"을 수반한다(Milton 2008 : 40). 운명주의 관점은 "행동이 엄격하게 제약되고 집단 충성도가 낮은" 상황에서 발생하며, 사람은 역경에 직면했을 때 무력감을 느끼게 된다. 자연에 대한 관점 측면에서 밀턴은 [그림 4-2]와 같이 격자-집단 모델을 재구성한다.

밀턴(Milton 2008: 45)은 다국적 기업과 서구 정부는 지구온난화를 기업주의의 관점으로 다루는 경향이 있지만 자연이 그들이 생각한 것만큼 견고하지 않다는 것을 인정해야 했으며(산업 독소와 온실가스의 막대한 환경 배출을 합리화한 믿음), "점점 더 많은 사람이 자연은 취약하다는 관점을 채택하고 있다."라고 주장한다. 기후과학과 기후변화에 대한 이해가 높아지면서 점점 더 많은 사람이 자신의 생활 방식이 역사적인 생태위기에 기여하고 있다는 사실을 인식하게 되었다. 많은 사람이 지구온난화에 대해 운명론적인 태도를 취하거나, 그 현실을 부정하거나, 적어도 인간활동이 지구온난화를 초래했다는 것을 부정하지만, 밀턴은 평등주의와 녹색 가치를 통합하여 "미래 세대 그리고/또는 비인간 자연을 포함"하려는 "확장된 평등주의(expansive egalitarianism)"를 주장한다(Milton 2008: 48). 그녀는 지구온난화를 둘러싼 논쟁이 좌파와 우파의 분열을 다시 불러일으켰다고 주장한다. 그러나 밀턴(Milton 2008: 49)은 좌파 단체와 비평가들이 "[세계 경제]의 급진적인 재편과 부의 분배에 대한 근본적인 변화가 최선의 방법이라고 주장하는" 경향은 피한다. 그녀는 평등주의자는 필요한 사회적 변화를 가져오지 못하고 있다고 주장하며, 온실가스 배출을 줄일 수 있는 기술 혁신과 지구온난화를 완화하는 데 필요한 "신속하고 결정적인 행동"을 촉진할 수 있는 계층 구조를 만드는 사람에게 보상을 주는 기업주의의 관점을 믿는다. 밀턴(Milton 2008: 50)은 "일부 국가 정부, 국제기구, 영리 기업이 지구온난화를 심각하게 받아들이기 시작했지만, 효과가 있을 만큼 빨리 그렇게 하고 있는지는 아직 지켜봐야 한다."라고 주장한다.

인류학자 데이비드 립셋(David Lipset 2011)은 파푸아뉴기니의 해안 주민인 무릭인(Murik)의 남성다움과 기후변화 사이의 미묘한 관계를 제시한다. 립셋은 크로노트로프(chronotrope) 개념을 사용하여 시간과 공간 내에서 남성다움에 대한 상반된 이미지를 언급한다. 그는 크로노트로프를 "서사 텍스트의 시간과 공간에서 사건의 의미 있는 순서를 구성하고 조직하는 범주 또는 분석 단위"로 정의한다(Lipset 2011: 21). 무릭 마을은 태평양과 얕은 석호 및 맹그로브 숲을 구분하는 매우 좁은 해변의 해수면에 위치하고 있으며, 약 0.8~1.2km 이상이 침식되어 있다. 2007년 유난히 높은 해일이 덮친 적이 있는데, 이에 대해 어떤 무릭인은 지구온난화로 남성의 전통적인 생계 활동이 위협을 받은 것이라고 보았다. 반대로 어떤 남성은 당시의 해수면 상승과 쓰나미 발생의 역사를 '티밋(timit)'의 크로노트로프 관점에서 이야기했는데, 이는 바다에 음식을 던져 성난 바다 정령을 달래는 남성 의례와 관련되어 있다. 그들은 바다의 정령들이 아웃리거 카누를 조종하던 전통적인 생활 방식에서 "선외기 모터로 구동되는 보트를 조종하는" 현대적 생활 방식으로 전환함으로써 스스로를 약화시킨 무릭 남성에게 보복한 것이라고 보았다(Lipset 2011: 39-40).

커스틴 해스트럽(Kirsten Hastrup 2015)은 기후변화에 대한 사람들의 지식이 단순히 지역 환경에 국한된 것이 아니라 더 큰 세계에서 얻은 정보에 의존하는 현대 세계의 현실을 포착해 '기후 세계'라는 용어를 만들었다. 그녀는 다음과 같이 주장한다.

> *초기에는 문화가 독립적이고 다소 고정된 것으로 여겨졌지만, 오늘날 우리는 마치 새로운 날씨와 바람의 유형이 생기는 것처럼 모든 세계관이 가변적이고 지속적으로 새로운 곳에서 온 지식을 통합하고 찾아낸다는 것을 깨달았다.*
>
> *Hastrup 2015: 8*

해스트럽은 고위도 북극에 대한 민족지학적 연구를 바탕으로 이누이트의 기후 세계가 다른 지역의 사람들보다 특별히 더 전통적이거나 지역적이지 않으며, 북극의 기후변화에 대한 관심을 고려할 때 그들은 기후변화가 그들의 미래에 미치는 영향에 대해 매우 우려하고 있다고 주장한다. 기후 세계에 대한 비교연구를 위해 그녀는 다음과 같이 주장한다.

> *인류학자들이 직면한 과제 중 하나는 서구 과학이 아닌 다른 지역의 지식 실천이 현재의 문제뿐만 아니라 미래의 해결책에도 어떻게 영향을 미칠 수 있는지를 보여주는 것이다. 인류학은 사람이 기후변화에 대처하는 방법에 대한 인류학적 연구가 급증하면서 모든 사람이 다양한 형태의 지식을 통합할 수 있다는 것을 보여줌으로써 인간을 파괴자뿐만 아니라 새로운 가능성을 창조하는 존재로 인식하는 데 크게 기여할 수 있다.*
>
> *Hastrup 2015: 151*

실제로 2010년 6월부터 에센고등연구소(Institute of Advanced Studies in Essen)와 빌레펠트 역사사회학 대학원(Bielefeld Graduate School in History and Sociaology)에 기반을 둔 기후 세계 연구팀은 기후변화의 영향과 기후변화가 세계 여러 지역에서 문화적으로 어떻게 구성되는지에 대한 학제 간 민족지학적 연구를 수행해 왔다(Greschke 2015). 이 팀은 주로 네덜란드의 서프리지아 섬인 암란트(Ameland, a West Frisian), 매니토바의 허드슨 만 처칠(Hudson's Bay in Manitoba), 북대서양의 카보베르데(Cape Verde) 등 해안 지역에 집중해 왔으며, 다양한 연구 현장에서 약 20개월에 걸친 장기 현장 조사에 전념하고 있다.

원주민들이 "우주관 또는 전통적 세계관으로 대표되는 전통적인 삶의 방식에 대한 위협으로서 기후변화에 대해 특히 목소리를 높여왔다는 상당한 증거가 있으며, 이는 특히 지도자와 대표자가 선진국과 유엔이 기후변화의 심각성을 인식하고 과감한 기후변화 완화 노력을 채택할 것을 요구하는 것으로 해석되는 경우가 많다(Eisenstadt and West 2017: 41)." 예를 들어, 에콰도르 국민을 대상으로 한 전국적인 설문조사에 따르면 토착적인 우주관을 지닌 응답자가 그렇지 않은 응답자보다 기후변화로 인한 위협, 특히 빙하가 급격히 감소하고 있는 안데스 국가들이 처한 위험을 더 잘 인식하고 있는 것으로 나타났다. 실제로 에콰도르 헌법은 "자연의 권리(rights of nature)"를 인정하는 세계 유일의 헌법으로, 대자연도 인간과 마찬가지로 권리를 가진다는 것을 인정하고 있다. 안타깝게도 라파엘 코레아(Rafael Correa) 정부는 2013년 약 100만 달러를 기부한 국제기업이 석유 수입 중 일부를 에콰도르에 보상하는 조건으로 풍부한 생물다양성을 가지고 있는 야수니국립공원(Yasuni National Park)의 열대우림 보호를 위해 석유 시추를 허용하지 않는다는 서약을 깨뜨렸다(Eisenstadt and West 2017: 43).

문화해석학의 관점에서 제기되는 질문은 사람들이 주변 환경의 변화에 대한 인식과 이해를 포함하여 어떻게 자연과 사회의 의미 세계를 문화적으로 구성하는가 하는 것이다. 이러한 질문에 대한 답은 기후변화에 대응하고 문화에 근거한 기후변화 정책을 개발하는 데 있어 다양한 사람과 가장 잘 협력할 수 있는 방법에 대한 통찰력을 얻을 수 있다. 사람들은 백지상태가 아니라 세상과 그 안에서 일어나는 변화에 대해 나름대로의 이해를 가지고 있다는 사실을 인식하지 못하면 기후변화에 대응하려는 노력은 현지의 문화적 지식과 상충되며 실패할 수 있다. 이러한 유형의 실패는 새로운 것은 아니지만, 사실 외부에서 시작된 개발이나 건강 증진 프로그램에서 오랫동안 나타났던 일들의 특징이기도 하다. 이러한 위험을 고려할 때, 해석학 중심의 인류학자들은 오래된 오류를 반복하지 않는 것이 중요하다고 주장한다.

반대로 기후변화에 대한 현지의 인식에 초점을 맞춘 민족지학적 현장 연구의 한계를 인식하는 것도 중요한다. 알프 혼보그(Alf Hornborg 2013: 54)가 지적했듯이, 일부 인류학자는 "이국적이고 지역적인 경험에 대한 불분명한 재현"에 몰두함으로써 나무 때문에 숲을 놓치고, 현대의 인위적인 기후변화를 일으키는 거시적인 힘을 경시한다. 이는 다음에 논의할 기후변화에 관한 비판인류학의 핵심 관심사이자 우리가 고수하려는 입장이다.

기후변화에 관한 비판인류학

기후변화에 관한 비판인류학의 관점은 인류학 안팎의 세 가지 이론적 흐름과 함께 하는 생태사회적 관점을 가지고 있다. 세계체제이론과 이를 민족지학적 지식을 바탕으로 한 인류학에서 특수하게 응용한 것, 환경과 인간의 상호작용에 내재한 정치성을 이해하는 정치생태학 이론, 건강 불평등과 경험, 행동의 사회적 결정 요인에 초점을 맞춘 비판의료인류학이 그것이다.

이들 가운데 우선 살펴볼 것은 자본주의에 관한 세계체제이론의 관점이다. 오늘날 생산 수단의 사유화, 시장에 기반한 상품과 서비스의 분배, 상품으로서의 노동 거래를 기반으로 하는 노동 통제를 중심으로 하는 자본주의는 국경을 초월하여 지역과 국가를 하나로 묶는 특정한 종류의 경제 및 사회체제이다. 세계체제이론에 따르면 이러한 자본주의의 특징은 서로 얽혀 있는 두 개의 위계 관계를 형성한다. 첫 번째 위계 관계는 세계 국가들 간의 관계는 경제적으로 지배적인 (그리고 온실가스를 가장 많이 배출하는) 핵심 국가, 개발도상국이지만 종속적인 준주변국(경제 발전을 추진하면서 빠르게 중요한 온실가스 배출국이 됨), 상대적으로 취약한 (그리고 잠재적으로 실패할 가능성이 있는) 정부와 지역 경제를 가진 주변국(자연에서 원료를 추출하여 핵심 국가로 수출하는 데 주력하고 산업 생산의 폐기물을 지역 환경 처리를 위해 다시 받는) 등 세 가지로 나뉘는 질서이다. 온실가스를 가장 적게 배출하지만 지구온난화의 영향으로 가장 큰 피해를 입기 시작한 것은 세계의 주변 지역에 사는 사람들이다. 두 번째 위계 관계는 노동과 사회 계층의 구성과 관련이 있다. 에릭 울프(Eric Wolf 1982: 354)가 지적했듯이, 시장 경제는 "[노동의] 거래가 계약 당사자 간의 대칭적인 교환이라는 허구를 만들어내지만, 실제 시장 거래는 계급 간의 비대칭적인 관계를 전제로 한다." 결과적으로 세계경제체제의 기후변화 특징과 유사하게 부유한 (노동력 구매) 계층은 온실가스의 환경 배출로 이어지는 과정(즉, 생산 확대, 시장 성장)에서 가장 많은 혜택을 누리는 반면, 가장 가난한 노동 계층은 환경 부정의의 구조와 보호 자원의 제약으로 인해 지구온난화로 인해 비대칭적으로 불균형한 피해를 입게 된다. 세계체제이론은 다음과 같은 거시적 차원의 질문을 던지는 경향이 있다. 핵심 국가는 어느 정도까지 주변국을 저개발 상태로 유지해야 하는가? 또는 무엇이 세계체제를 변화시키는가? 전 세계 여러 현장의 사회문화적 배치와 인간 주체에 관한 문화 비교에 초점을 맞춘 이 분야의 인류학 연구는 세계화의 동질화 영향에 직면한 저항, 회복탄력성, 새로운 문화적 이질성 문제를 포함해 거시적 수준의 힘과 구조, 보다 미시적 수준의 사회적 현실과 실천이 어떠한 관계를 지니고 있는가에 질문을 던진다.

둘째, 정치생태학 이론은 환경적 맥락에서의 사회 연구, 특히 앞서 논의한 문화생태학 연구들에서 발전한 다학제적 관점이다(예 Cole and Wolf 1974; Wolf 1972). 이러한 관점은 정치, 경제, 환경 요인 간 상호작용의 근본적인 중요성에 주목한다(Foster 1994; Roberts and Grimes 2002). 특히 정치생태학은 환경 변화의 비용과 편익의 불평등한 분배(예 계급, 인종 또는 기타 사회적 분열)에서 권력의 역할, 이러한 불평등한 분배가 기존 사회 및 경제적 불평등을 강화(또는 특정 맥락에서는 감소)하는 방식, 환경 변화의 정치적 결과에 질문하면서 문화생태학적 접근을 넘어선다.

마지막으로 비판의료인류학은 인간의 건강과 치료 체계의 본질과 원인에 대한 이론적 관점이다. 의료인류학이 형성된 초창기에는 이 분야의 설명이 특정한 생태적 조건, 문화적 구성 또는 심리적 요인이라는 관점에서 지역사회 수준에서 건강과 관련된 믿음이나 실천의 본질을 설명하고자 했던 다소 협소한 경향이 있었다. 지역 의료 모델의 본질과 기능에 대한 지식은 늘어났지만, 그러한 초기 관점은 인간의 의사결정과 건강 관련 행동이 더 넓은 차원에서 원인과 결정 요인을 간과하는 경향이 있었다. 1980년대부터 의료인류학자들은 사람됨에 관한 관념, 문화적으로 틀지워진 동기와 지식, 심지어 지역의 생태적 관계들이 건강과 관련된 문제에 영향을 준다는 것에 국한된 설명의 가치에 의문을 제기하면서 지역사회 집단과 더 크게 교차하는 지역, 국가, 세계적 과정(예 상품화와 자본주의 시장, 생산의 세계화와 노동력의 구조조정, 자본주의의 전 세계적 침투를 반영하는 생명의학의 확산)에 연결되는, 상대적으로 덜 연구된 '수직적 연결고리'의 중요성을 지적하기 시작했다. 비판의료인류학이 등장한 이후 빈곤, 차별, 폭력, 스트레스와 폭력에 대한 노출이 질병을 만들고 유지하는 방식 등 질병의 사회적 기원에 대한 질문에 관심을 기울이게 되었다. 비판의료인류학은 또한 건강에서 지배적인 문화적 구성의 기원과 의료 서비스 관행 및 전달 구조에서 사회적 불평등의 역할에 관심을 갖고 있다. 최근 비판의료인류학은 질병을 유발하고 사회계층, 성별, 인종 간 건강 불균형을 초래하는 오염 산업의 역할과 같이 환경적으로 매개된 건강 불평등에 점점 더 초점을 맞추고 있다(Baer 2009; Singer 2011b).

이 세 가지 접근법을 구성 요소로 통합한 기후변화에 관한 비판인류학은 자본주의 생산 방식과 지구의 지속 가능성, 온실가스와 산업 오염의 생산과 통제(또는 통제 불능)에서 권력의 역할, 기후변화를 부정하는 흐름의 사회적 기원과 사회적 영향, 건강 및 기타 기후변화 영향의 불평등하고 부정의한 분배, 녹색 자본주의의 모순, 기업의 환경 파괴에 반대하여 등장한 지역 및 더 넓은 사회 운동에 대해 질문한다. 요컨대, 기후변화의 비판인류학은 인간활동에 의한 기후변화와 기타 환경 파괴에서 권력과 사회적 위계의 상호작용, 기후변화 혼돈의 결과로 발생하는 불평등한 건강 및 사회적 결과, 차별적 경험, 대응에 대한 통합적 이해를 발전시키려 노력한다.

기후변화의 비판인류학은 기후변화에 대한 고고학, 문화생태학, 문화해석학의 접근과 소통하면서 다른 한편으로는 지역적 유형이 세계체제와 어떻게 연결되는지 그리고 한 사회에서 공동체나 지역 그리고 전 지구적 차원의 권력이 갖는 직접적이고 헤게모니적인 역할을 고려하지 않는 분석의 한계를 강조한다. 일반적인 비판인류학과 마찬가지로 기후변화의 비판인류학은 활동가/학자의 실천(praxis) 개념 또는 두 영역의 작업이 서로 영향을 미치는 이론과 사회적 행동의 통합에 기여한다. 따라서 고고학, 문화생태학, 문화해석학이라는 접근 방식에 관계없이 기후변화인류학에 관여하는 다른 많은 사람과 마찬가지로 기후변화에 관한 비판인류학은 지역사회 및 기타 그에 속하는 인구와 기후변화에 대응하는 사회운동과의 협력을 아우르는 기후변화에 관한 응용인류학을 촉진한다. 기후변화의 비판인류학은 다음과 같이 주장한다.

1. 사회체제는 공동체, 지역, 전 지구적 수준에서 영원히 지속되지 않는다.
2. 자본주의 세계체제 또는 전 지구적 자본주의는 약 500년 동안 지속되어 왔지만, 인류와 동식물의 지속적인 생존을 보장하기 위해 반드시 초월해야 할 많은 내재적 모순을 내포하고 있다.

3. 사람들의 기본적 필요, 사회적 형평성과 정의, 민주주의, 환경의 지속 가능성을 충족하기 위해 노력하는 대안적인 전 지구적 체제가 필요하다. 이러한 대안적 체제에 대한 제안은 전 지구적 민주주의(global democracy), 지구 민주주의(Earth democracy), 경제 민주주의(economic democracy), 생태무정부주의(eco-anarchism), 생태사회주의(eco-socialism) 등 다양한 용어로 제시되고 있다.
4. 인류학자와 다른 진보적 사회과학자들은 지구온난화와 자본주의에 대항하는 투쟁의 선봉장 역할을 하기에는 너무 작은 집단이다. 이들은 노동, 반기업 세계화 또는 사회 정의, 평화, 원주민 및 소수민족의 권리, 환경운동, 여성운동, 점차 커지고 있는 기후 또는 지구온난화 방지 운동을 포함한 반체제 운동과 연계되어야 한다(Baer and Singer 2009).

위의 네 번째 요점과 관련하여 로라 네이더(Laura Nader 2013: 230)는 장기적 관점을 가진 인류학자는 "모든 문명이 지속되는 것은 아니다."라는 점을 인식하고 있다고 주장한다.

요약하면, 기후변화에 관한 비판인류학은 최근의 기후변화의 기반이 지속적인 성장과 확장, 온실가스 배출 화석연료에 대한 과도한 의존, 국가 안팎의 전 지구적 사회 불평등을 추구하는 자본주의적 세계체제의 맥락에서 찾는다.

기후변화의 잠재적 폐해와 이에 대한 완화 조치의 필요성에 대해 경각심을 표명한 호주의 니콜라스 스턴(Nicholas Stern 2007)이나 로스 가노트(Ross Garnaut 2008)와 같은 전통적인 경제학자도 세계 경제는 계속 성장해야 하며, 인간은 점점 더 많은 것을 얻기 위해 소비하려는 내적 욕구를 가지고 있다는 전제를 받아들인다. 특히 크리스마스 쇼핑 성수기에 소매 판매가 감소하면 패닉이 시작된다. 현대 사회에서는 미국이나 호주와 같은 선진국이나 중국, 인도와 같은 개발도상국을 막론하고, 인간은 필요하든 필요하지 않든 점점 더 많은 것을 소유하고자 하는 타고난 욕망을 가지고 있다는 자본주의의 패권주의적 이데올로기는 상식이라고 여겨지며 널리 퍼져 있다.

인간의 본성은 매우 가변적이다. 자본주의 사회에 살고 있다면, 대부분의 사람은 어디를 가든 수많은 광고에 자극받아 소유하고 싶은 충동, 심지어는 탐욕스럽다고 말할 수 있을 정도가 될 수도 있다. 안토니오 그람시(Antonio Gramsci)의 분석에 따르면 이러한 사회에서 사람은 소비주의의 문화적 헤게모니에 영향을 받는다. 이 장의 앞부분에서 설명했듯이 문화적 헤게모니는 지배적인 주류 사회 계급에 기원을 두고 있지만 사회의 모든 계층이 자연스럽고 불가피한 것으로 인식하게 되는 일련의 사상, 규범 및 가치가 사회의 지배적인 제도를 통해 사회적으로 확산되는 것을 포함한다. 하지만 소비주의는 인간 본성의 고유한 특징, 즉 자연스러운 것인가? 토착민이나 부족민, 특히 수렵이나 수렵 채집 사회를 대상으로 한 수많은 민족지학적 연구에서 알 수 있듯이, 이러한 사회에서 대부분의 사람은 물질적 소유물이나 기타 획득 가능한 재화(㉵ 활동이나 경험을 거래로 취득하는 것)로 성취감이나 자존감을 평가하는 것이 아니라 나눔과 호혜를 강조한다.

전 지구적 자본주의가 만들어낸 세계에는 10억 명이 넘는 사람이 기본적인 생활 필수품 없이 살아가고 있으며, 동시에 필요 이상의 소비를 하고 사용하지 않는 물건을 점점 더 큰 주거 공간, 심지어는 여러 개의 주거 공간과 창고에 보관하는 사람도 많이 있다. 안타깝게도 이러한 높은 수준의 소비 유형은 천연자원을 고갈시키고 생산 과정에서 자연환경을 악화시킬 뿐만 아니라 온실가스 배출을 유발하여 기후변화를 초래한다.

앞서 언급한 바와 같이 인간활동에 의한 기후변화는 21세기에 접어들면서 심각한 경제, 사회, 정치, 군사, 보건적 결과를 초래했으며 앞으로도 지속될 것이 분명하다. 계속되는 지구온난화와 이와 관련된 기후 및 기타 인위적 환경 변화는 인류가 적어도 현재의 인구 수와 현재의 거주지 대부분을 차지한다고 가정했을 때, 2100년 이후에는 얼마나 오래 번영할 수 있을지에 대한 의문을 제기한다. 따라서 다른 어떤 환경 위기보다도 인간활동에 의한 기후변화는 우리로 하여금 전 지구적 자본주의를 넘어서서 인류가 대안, 즉 민주적 생태사회주의 세계체제를 개발해야 하는지를 검토하게 한다.

비판적 관점에서 볼 때, 기후변화는 21세기의 다른 수많은 환경 문제와 연관되어 있다는 점에서 가장 중요한 사회 문제 중 하나이며, 아마도 가장 중요한 이슈일 것이다. 자본주의 세계체제는 다음과 같은 수많은 모순을 드러내고 있다: (1) 이윤 창출, 경제 확장, 생산과 소비의 끊임없는 기계적 작동에 대한 강조, (2) 국가 내 및 국가 간 빈부 격차의 증가, (3) 천연자원의 고갈과 환경 파괴, 그 중 가장 심각한 형태는 기후변화, (4) 지속적인 빈곤에 의해 촉진되는 인구 증가, (5) 다국적 기업의 이익을 증진하기 위해 여러 선진국, 특히 미국, 영국, 호주가 벌이는 자원 전쟁 등. 기후변화는 다른 어떤 환경 위기보다 자본주의 세계체제의 지속 불가능성을 잘 보여주지만, 제1장에서 강조했듯이 기후변화의 영향은 단독으로 발생하는 것이 아니라 다른 생태위기와의 상호작용을 통해 확대된다. 예를 들어, 싱어(Singer 2013)는 천식과 같은 질병의 전 세계적 증가에서 볼 수 있듯이 인간 건강에 대한 호흡기 위험은 인간활동에 의한 대기오염과 기후변화의 복합적인 영향의 산물이라고 지적한다. 이러한 호흡기 질환 증가의 중요한 원인은 꽃가루, 유해한 곰팡이, 산불, 뇌우 및 극심한 강수량(기후온난화 관련), 산업, 자동차, 화학물질 및 기타 대기오염원의 증가로 인한 대기 질 저하 간의 상호작용이다. 싱어는 다양한 생태위기가 심각한 위험이라고 지적한다(Singer 2013: 98).

> *호흡기는 다양한 환경 위협이 모여들고, 서로 섞이고, 그 악영향(㉵ 디젤 연료 방울과 박테리아, 알레르기 유발 요인 및 감염원)을 증가시키는 주요 신체 연결 고리이기 때문에 지구온난화로 인해 호흡기 건강에 대한 두 번째 위협도 발생하고 있다.*

단기적으로 인류가 기후변화에 적응하는 것은 불가피하지만(기후변화는 이미 한동안 진행되어 왔고 그 불규칙한 영향은 이미 전 세계 사람이 느끼고 있다), 기후변화 비판인류학의 관점에서 볼 때 더 중요한 장기적 문제는 완화, 즉 인류의 생존과 생물다양성 보전을 위해 온실가스 축적의 원인을 해결하는 것이다. 1980년대 후반부터 국제, 지역, 주 또는 지방, 심지어 광범위한 지역 수준에서 기후체제가 등장했다. 대부분의 기후체제는 배출권 거래제, 다양한 기술 혁신, 에너지 효율성, 재활용 및 기타 실천들을 채택함으로써 자본주의가 환경적으로 지속 가능할 수 있다는 개념인 녹색 자본주의의 한계를 벗어나지 않는 범위 내에서 작동한다. 환경 피해와 기후변화를 완화하기 위해 점점 더 많은 기업, 정치인, 정책입안자, 연구 과학자, 학자들이 녹색 자본주의, 심지어 기후 자본주의, 즉 효율성과 재생 에너지, 폐기물 억제, 탄소 시장, 신기술, 지속 가능한 사업 계획을 수용하는 것이 지구에 좋을 뿐만 아니라 수익성도 높일 수 있다는 생각을 지지하는 사람이 많아지고 있다. 역사적으로 기업들은 자신들의 관행 중 상당수가 환경을 파괴하고 기후변화를 일으키는 요인이라는 환경운동가의 주장에 저항해 왔지만, 이제는 점점 더 많은 기업이 생태 근대화 과정에 참여함으로써 온실가스 배출량을 줄이면서 지속 가능한 발전을 이룰 수 있다고 주장하기 시작했다. 재생 가능한 에너지원과 에너지 효율과 같은 기술 혁신은 기후변화 완화에 중요한 역할을 하지만, 지속적인 경제 성장이라는 자본주의적 명제를 받아들이는 한 장기적으로 기후변화를 억제할 수는 없다. 따라서 기후변화에 관한 비판인류학은 녹색 자본주의는 물론 기후 자본주의도 기후변화의 완화라는 측면에서는 본질적으로 한계가 있다고 주장한다.

결과적으로 우리는 기후변화와 관련해 전 지구적 자본주의에 대한 대안을 진지하게 검토할 수 있어야 한다. 기후변화에 관한 비판인류학은 전 지구적 자본주의 그 자체를 넘어서려는 것은 아니지만, 기후변화를 포함하여 사회적으로 더 정의롭고 환경적으로 지속 가능한 자본주의를 만들기 위한 다양한 사회정의 프로젝트를 탐구해 나간다. 기후변화에 관한 비판인류학은 사회적으로 허용되는 틀의 바깥에서 사고하고 기후변화의 궁극적인 완화 전략으로서 전 지구적 자본주의에 대한 대안을 구축하는 것이 필수적이라고 주장한다. 역사적으로 많은 자본주의 국가에서 개인의 자유를 강조해 왔음에도 불구하고, 어떤 사상은 불법이라거나 진지하게 고려할 가치가 없는 것이라며 재빠르게 무시되는 등 실질적으로 비판적인 사상에 대한 관용은 거의 존재하지 않았다. 이러한 사회적 통제 메커니즘은 자본주의 사회의 구조에 깊숙이 자리 잡고 있으며, 사회 제도 전반에 걸쳐 노골적으로 또는 은밀하게 표현되고 있다. 예를 들어, 연구자들이 학문의 위계화와 정당화 체계의 미묘한 형태를 밝혀낸 방법 중 하나는 "인용의 정치"로 알려진 분석을 통해 이루어졌다. 이러한 형태의 학문의 장에서 작동하는 정치에서 저자는 그 연구 분야에서 상대적으로 높은 지위나 소속 기관의 위상에 따라 인용되는 경향이 있는 반면, 자본주의 세계체제에 대한 주류의 지배적인 사회적 신화에 의문을 제기하는 연구들은 (학문적인 냉대를 통해) 제대로 평가받지 못하며 더 낮은 위치로 위계화되는 경향이 있다. 이러한 유형은 예를 들어, 기후변화 분야에서 새롭게 성장하는 인류학과 관련 연구에서도 볼 수 있는데, 많은 연구가 기후변화에 관한 비판인류학의 분석틀 내에서 수행된 작업을 인정하지 않는 경우가 많다.

기후변화가 인류에 미치는 영향과 이를 완화하는 방법을 조사하려는 노력은 자연과학자, 사회과학자, 공중보건학자, 정책 분석가, 기후 정의 운동 및 기타 반체제 운동에 기꺼이 협력하고자 하는 인문학자 간의 협업을 포함하는 학제 간 협력을 수반해야 한다. 인간활동에 의한 기후변화를 일으켰고 지금도 계속 발생시키고 있는 현재의 자본주의 세계체제를 대안적인 세계 정치 경제로 전환하는 데는 많은 노력이 필요하다. 여기서 대안적인 세계 정치경제라고 하는 것이 어떻게 정의되든 그것이 사회적으로 더 공평하고 환경적으로 지속 가능한 세상을 만들 수 있으리라고 보장할 수 있는 것은 아니다. 하지만 그렇더라도 인류와 다른 형태의 생명체의 상당수가 파괴되고 기후변화를 비롯한 환경 파괴가 계속되는 이 상황에서 대안적인 정치경제체제를 찾아가는 것 이외에 어떤 다른 의미 있는 선택이 있을 수 있는가?

기후변화에 관한 비판인류학을 구축하는 과정에서 브라질우주연구소(Brazilian Institute for Space Researcher)의 지구시스템과학센터 부연구원인 미얀나 라센(Myanna Lahsen 2005a)은 기후 모델과 대기 과학자가 온실가스 배출로 인한 지구 기후변화를 예측하려는 일반적인 순환 컴퓨터 모델과 관련된 확실성과 불확실성의 문제를 어떻게 다루는지에 대한 비판적 민족지학적 연구를 수행했다. 그녀는 또한 미국의 기후 정치에 대해 글을 썼으며, 기후변화에 대한 미국인의 우려가 커지는 것에 대응하기 위해 캠페인을 벌이는 과정에서 "보수적이고 금융적인 엘리트"의 역할에 대해 논의하고(Lahsen 2005b), 북반구의 선진 국가들이 국제 환경 및 기후 협상을 뒷받침하는 기후과학을 포함한 과학의 틀을 어떻게 지배하는지에 대해서도 논의했다(Lahsen 2007b). 그녀는 인류학자가 기후변화가 지역 주민에게 미치는 영향을 해석하고, 이 과정에 대한 정보를 전달하며, 기후 정책결정권자의 조언자이자 그들이 연구하는 사람의 옹호자로서 현장과 국내에서 기후변화에 대응할 수 있는 전략적으로 좋은 위치에 있다고 주장한 크레이트(Crate 2008)의 앞선 논평에 대해서도 다음과 같이 예리하게 지적했다(Lahsen 2008a: 587).

> *전 지구적 변화에 관한 연구와 관련된 학문 및 정책 분야에서 우리 연구의 효과를 강화하고 주변성을 극복하기 위해서는 모든 유형의 관련 "지역"과 특히 권력 기관에 속한 사람을 연구해야 한다. 이는 우리가 연구하는 데 익숙한 주변부의 집단보다 기후변화와 관련된 지식 및 정책을 형성하는 데 훨씬 더 중요한 과학자, 정부의 의사결정권자, 산업계의 리더, 언론인, 금융 엘리트 등 권력을 매개하는 이들을 연구하는 데 대한 거부감을 극복해야 한다는 것을 의미한다.*

40년 전 로라 네이더(Laura Nader 1972)의 충고에 따라, 베어(Baer)는 정치학자 베리티 버그만(Verity Burgmann)과 함께 호주의 기후 정치를 세 가지 수준 — "위로부터", "중간에서", "아래로부터" — 에서 살펴보기 위한 공동 연구에 참여했다(Burgmann and Baer 2012). 이 책의 1부에서는 위로부터의 기후 정치, 즉 기업과 그 주요 정당, 연방 및 주 정부를 다룬다. 2부에서는 중간 단계의 기후 정치와 관련하여 호주 녹색당, 주요 환경 비정부기구, 학술 연구 센터, 싱크탱크, 대중 지식인, 노동조합 운동에 대해 살펴보았다. 중간 단계의 활동가는 아래로부터의 급성장하는 운동과 자주 접촉하고 현장의 기후운동 활동에 참여하며, 때때로 관련 장관이나 공무원과의 공식 협의 또는 비공식 대화 등을 통해 기후 정치의 최상위 수준에서 공식적, 비공식적으로 의견을 제시한다. 마지막으로, 아래로부터의 기후 정치 측면에서 우리는 풀뿌리 기후운동, 즉 다양하고 많은 공동체, 지역, 전국적인 기후운동단체와 네트워크, 그리고 기후변화를 통해 전 지구적 자본주의는 최악이라고 생각하는 극좌파주의 단체들도 연구했다.

기후변화에 비판적인 시각을 가진 또 다른 인류학자인 라민더 카우어(Raminder Kaur 2011)는 인도 엘리트가 기후변화에 대응하기 위한 메커니즘으로 어떻게 핵 국가를 만들어내는지를 연구했다. 특정 정당이 원자력을 추구하는 나라가 인도만은 아니다. 영국, 미국, 심지어 호주에서도 이러한 움직임이 일어나고 있다. 다행히도 카우어(Kaur 2011: 277)가 지적한 것처럼, "비평가는 국가의 환경주의 탈취에 대해 계속 이의를 제기하며 기후변화가 문제라면 원자력은 결코 해결책이 될 수 없다."라고 주장한다.

리처드 윌크(Richard Wilk 2009)도 기후변화의 원인으로 개인의 과소비를 지목하는 관점을 비판하면서 기후변화를 이해하는 데 있어 비판인류학의 중요성을 언급한다. 그는 소비에 관한 많은 선택은 오히려 "정부, 규제 기관 및 기업"에 의해 이루어지고 있다고 보았다(Wilk 2009: 266). 그는 인류학과 다른 사회과학은 "인간이 왜 그렇게 탐욕스러워졌는지에 대한 질문에 대해 부분적이고 한시적인 대답만 제공했다."라고 주장한다(Wilk 2009: 269). 소비인류학은 아직 초기 단계에 머물러 있지만, 이러한 노력은 전 지구적 자본주의가 생산하는 상품을 마케팅하는 데 수십억 달러를 지출하고 완전하고 의미 있고 즐거운 삶을 영위하고, 다른 사람에게 호감을 얻고, 관계와 직업 경력에서 성공하고, 모든 고통과 불편을 제거하고, 개인적인 성취를 표시하기 위해 많은 물건, 실제로 새로운 물건이 필요하다는 강한 인식을 심어준다는 인식에서 출발해야 한다. 윌크(Wilk 2009: 266)는 구리, 철, 석탄과 같은 대부분의 재생 불가능한 자원은 여전히 풍부하게 공급되고 있는 반면, 목재와 어류와 같이 이론적으로 재생 가능한 다양한 자원은 과소비와 인구 증가로 인해 고갈될 위험에 처해 있다고 지적한다. 궁극적으로 윌크는 "소비자 경제", 즉 전 지구적 자본주의라고 부르는 것이 부유한 선진국에서 보편화된 사치스러운 라이프스타일과 초부유층 개인과 가족으로 구성된 엘리트 계층에 전 세계 부가 편중되는 현상에 의해 주도된다고 주장한다.

1950년대부터 선진국 사회의 가정에 전기밥솥, 세탁기, 건조기, 냉장고, 토스터기, 전기 다리미, 전자레인지, 전동 칫솔, 전동 면도기, 텔레비전 세트, 레코드 플레이어, 카세트 플레이어, 비디오 레코더, 컴퓨터, 프린터, 전동 공구, 전동 잔디깎이, 전동 울타리 절단기, 낙엽 송풍기, 정교한 조명 시스템 등 에너지 집약적인 기기와 장치가 도입되면서 소비 자본주의가 본격적으로 발전하기 시작했다. 자본주의는 사람들이 최신 텔레비전, CD, DVD, 블루레이 플레이어, 휴대폰, 아이팟, 아이패드 및 기타 여러 장치의 구형 모델을 새 제품으로 계속 바꾸도록 유도한다. 사회학자 지그문트 바우만(Zygmunt Bauman 2011: 24)은 "유럽과 미국은 반려동물 사료에 매년 170억 달러를 지출하고 있는데, 일부 전문가에 따르면 전 세계 인구를 기아에서 구하기 위해서는 190억 달러만 있으면 된다."라고 보고한다. 선진국 사회가 소비 문화를 주도하고 있지만, 중국과 인도 같이 빠르게 발전하는 여러 사회도 이 대열에 빠르게 합류하고 있다. 중국에서 생산되는 냉장고, 에어컨, 세탁기, 텔레비전, 컴퓨터의 대부분은 수출되고 있지만, 중국 사회의 엘리트층뿐만 아니라 새로운 중국 중산층에게 판매되는 제품도 점점 더 많아지고 있다.

린다 코너(Linda Conner)는 "기후변화는 비판인류학의 분석이 필요한 생명 세계의 문화적 위기"라고 주장한다(Connor 2010: 1). 그녀는 뉴 사우스 웨일즈 헌터 밸리(Hunter Valley of New South Wales)의 (오순절교회) 종교 신자와의 인터뷰에서 거의 모든 인터뷰 대상자가 "종말론적 관점보다는 인본주의적 관점이 지배적인 다양한 '종말' 시나리오가 있었지만 기후변화를 종말의 위협과 연결시켰다."라는 것을 발견했다. 그러나 오순절교회 신자들은[5] 기후변화의 현실에 대한 기후과학의 주장을 부정하는 경향이 있지만, 기후변화가 일어나고 있더라도 종말에 대한 믿음은 그들에게 다른 삶을 보장할 것이라고 믿고 있었다. 코너(Conner 2010: 12-13)는 "소비주의가 자아 정체성을 소유와 풍요로움, 자연의 끝없는 착취, 새로움, 영원한 갱신이라는 가치와 실천을 연결시킴으로써 쾌락과 미래에 대한 안정감을 불러일으키고 유지하며", 이는 소비 자본주의가 일종의 유사 "불멸의 시스템"으로 기능하게 한다고 본다.

기후변화의 비판인류학 연구자 중 하나인 제임스 트로슬(James Trostle 2010)은 기후 문제에 대한 세계은행의 성명과 실제 행동 사이의 모순을 밝혀냈다. 세계은행은 개발도상국에게 자본 프로그램을 위해 대출을 해주는 국제 금융 기관으로, 각국이 구조 조정과 시장 기반 개혁을 채택하도록 압력을 가해 온 역사를 가지고 있다. 트로슬은 『세계 개발 보고서 2010: 개발과 기후변화(World Development Report 2010: Development and Climate Change)』(World Bank 2010: xx-xxi)에 다음과 같이 명시되어 있다.

- 빈곤을 줄이고 개발을 지속하기 위한 노력은 계속되어야 한다. 특히 기후변화는 이를 더욱 어렵게 만들 것이기 때문에 더욱 그렇다.

---

5 성령의 은사나 영적인 체험을 강조하는 기독교 내의 영적인 운동을 강조하는 교회이다.

• 기후변화는 모든 국가, 특히 가난한 국가를 위협하기 때문에 기후변화 대응은 매우 중요하다.
• 경제 성장만이 기후변화 해결의 해답은 아니다.
• 글로벌 기후 협약이 시급하다.
• 공동체, 지역, 국가, 국제 모든 수준에서 새로운 정책이 개발되고 실행될 수 있도록 행동과 여론이 바뀌어야 한다.

트로슬은 대규모 화력발전 등 세계은행이 후원하는 개발도상국의 많은 개발 프로젝트가 온실가스 배출에 기여하고 있지만, 세계은행의 보고서는 온실가스 배출 증가에 기여한 자신들의 역할을 인정하지 않고 있다고 지적한다.

요약하면, 기후변화에 관한 비판인류학은 생태학적 접근을 통해 인간-환경 상호작용의 중요성을 인식하고 해석학적 접근을 통해 기후변화에 대한 지역의 견해와 태도를 이해할 필요성을 인식하고 있지만, 그 관점의 핵심은 사회적 불평등과 권력 구조가 인간이 생태계에 관여하고 상호작용하는 방식에 영향을 미치는 과정을 주목하는 것이다.

2010년 세계개발보고서(World Development Report 2010)가 발표된 이후 의사 겸 인류학자이자 보건운동가인 김용은 자신이 한때는 폐지해야 한다고 제안한 바 있던 세계은행의 총재라는 권위 있는 위치에 올랐다. "파트너스 인 헬스(Partners in Health)"의 공동 설립자였던 그는 하버드의과대학 글로벌 보건 및 사회의학 학과장과 다트머스대학교 총장을 역임한 바 있다. 인류학자로서는 매우 이례적으로 2012년 3월 버락 오바마 대통령이 그를 세계은행 총재로 지명하면서 김 총재는 국제적인 주목을 받았다. 김 총재 지명은 개발도상국 측뿐만 아니라 신자유주의 경제학자의 거센 반대에 부딪혔다. 김 총재가 『성장을 위한 죽음(Dying for Growth)』(Kim *et al*. 2000)이라는 책의 책임편집자로 참여한 것을 두고 일부 경제학자는 그를 "반성장주의자"라고 주장했다. 이 책은 여러 곳에서 신자유주의와 각국 빈곤층의 건강 문제가 어떻게 연결되는지를 탐구하면서 경제 성장에 대한 강조가 어떻게 전 세계 많은 사람의 빈곤을 악화시켰는지를 밝히는 데 크게 기여했다. 하지만 『성장을 위한 죽음』의 단점은 단순히 전 지구적 자본주의가 빈곤층의 건강에 미치는 최악의 영향을 개선해야 하는 것 이상의 비전을 독자에게 제공하지 못한다는 점이다. 비판의료인류학의 관점에 따르면, 이러한 비전은 이윤 창출보다는 사회적 필요를 충족시키는 것을 지향하는 대안적 글로벌 정치경제를 구축하여 건강과 그에 수반되는 모든 것을 위한 역량을 창출하는 것을 수반해야 한다 — 이와 관련된 비전은 이 책의 마지막 장에서 논의할 것이다. 김 총재가 세계은행 총재 후보로 지명되는 과정에서 이 책의 책임편집자였다는 이유로 일각에서 추측하듯 그가 반성장주의자인지, 반자본주의자인지에 대한 많은 질문이 쏟아졌을 때, 『성장을 위한 죽음』에서 이러한 내용이 누락된 것이 그에게 필요한 해명의 여지를 제공했을지도 모르겠다. BBC 인터뷰에서 그는 이러한 질문에 다음과 같이 답했다. "저는 일자리를 창출하는 동시에 사람들을 빈곤에서 벗어나게 할 수 있는 자본주의 시장을 기반으로 하는 성장을 매우 찬성한다."(BBC News 2012). 2012년 7월 1일 세계은행 총재로 취임한 그는 기후변화 정책 토론에 참여했다. 기후변화가 환경과 인간사회에 미치는 영향에 대한 기후과학의 연구 결과를 진지하게 다룬 세계은행의 2012년 보고서 『4°: 열을 끌어내리자 — 왜 4℃ 세상을 피해야 하는가(4°: Turn Down the Heat — Why a 4℃ World Must Be Avoided)』의 서문에서 그는 다음과 같이 말했다. "기후변화에 대한 행동이 부족하면 개발도상국 수백만 명의 사람이 번영을 누릴 수 없을 뿐만 아니라 수십 년간의 지속 가능한 발전을 후퇴시킬 위험이 있다"(Kim 2012: ix). 그러나 비판인류학의 관점에서 지속 가능한 자본주의 발전이라는 개념은 경제 성장과 환경의 지속 가능성 사이의 상보적 가능성을 암시한다는 점에서 문제가 있다. 김용 총재는 다음과 같이 주장한다(Kim 2012: x).

세계은행 그룹은 국제 및 지역 협약과 기후 자금 조달 확대를 위한 강력한 지지자가 될 것이다. 우리는 탄소 배출을 완화하고 적응 역량을 구축하기 위해 빠르게 성장하는 국가 프로젝트를 지원하고 포용적인 녹색 성장과 기후 스마트 개발을 지원하기 위한 노력을 배가할 것이다. 포용적 녹색 성장에 대한 우리의 연구는 에너지와 천연자원을 더 효율적으로, 더 스마트하게 사용하면서도 빈곤 퇴치와 경제 성장을 늦추지 않고도 개발이 기후에 미치는 영향을 크게 줄일 수 있는 많은 기회가 존재한다는 것을 보여주었다.

또한 2013년 1월 24일자 워싱턴포스트(Washington Post)에 실린 "기후변화를 우선순위로 삼자(Make climate change a priority)"라는 제목의 사설에서 김 총재는 세계은행이 70억 달러가 넘는 기후투자기금을 통해 기후 재앙을 막기 위해 노력하고 있으며, 이 기금은 "지구온난화를 막기 위해 산림 관리, 태양 에너지 보급, 모든 도시의 친환경 확대를 촉진하고 있다."라고 밝혔다(Kim 2013a). 2013년 2월 16일 모스크바에서 열린 G20 회의에서 김 총재는 다음과 같이 덧붙였다.

세계은행 그룹은 기후변화 완화, 적응, 재난 위험 관리 업무를 강화하고 있다. 나는 매우 실질적이고 현존하는 위험인 기후변화에 맞서기 위해 우리가 해야 할 일에 대해 G20이 더 많은 관심을 가져주기를 바란다.

래리 엘리엇(Larry Elliott 2013)에 따르면, 김용 총재의 이러한 인식은 가디언(The Guardian)과의 인터뷰에서 더 확고하게 드러났다.

그는 빈곤을 줄이는 것은 성장 없이는 불가능하며, 새로운 일자리의 90%는 민간 부문의 번영을 통해 창출될 것이라고 주장했다. 그는 성장만으로는 충분하지 않으며, 정부는 성장을 더욱 포용적으로 만드는 정책을 채택해야 한다고 말했다.

김 총재는 빈곤 문제를 효과적으로 해결하는 데 깊은 관심을 갖고 있지만, 화석연료 중심의 생산과 소비가 전 세계적으로 사회적 불평등을 심화시킬 뿐만 아니라 천연자원 고갈과 기후/환경 위기 악화에 기여하고 있다는 증거가 늘어나는 상황에서 자본주의 세계체제와 관련된 성장 패러다임에 도전하는 학자와 활동가가 늘어나고 있다는 점은 간과하고 있는 것으로 보인다. 김 총재와 세계은행은 제7장에서 살펴볼 것처럼 일부 기업과 정부뿐만 아니라 많은 사회과학자도 생태 근대화를 지지하는 입장에 서 있다. 생태 근대화를 지지하는 사람은 재생 가능한 에너지원 개발, 에너지 효율성 향상, 대중교통 이용 확대, 전기차 도입, 기타 이와 관련된 '기술 수정주의' 접근법 등 다양한 기술 혁신의 도입을 통해 기후변화를 충분히 완화할 수 있다고 믿는다. 김 총재와 세계은행은 세계 빈곤 퇴치를 촉구하지만, 사회적 평등을 증진하거나 부의 집중을 완화하여 보다 공정한 경제 환경을 조성함으로써 달성할 수 있다는 점은 전혀 언급하지 않는다. 또한, 장기적인 지속 가능성이 전 지구적 자본주의를 극복해야만 달성할 수 있는지도 고려하지 않는다.

결론

이 장에서 논의한 바와 같이, 기후변화인류학은 세 가지 대안적 관점을 만들어냈으며, 인류학 연구자가 기후변화 문제를 접할 때 제기하는 질문들은 서로 다르다. 우리 자신은 세계체제이론에 기반한 비판적 관점을 선호하는 경향이 있지만, 오르(Orr *et al*. 2015: 161)가 주장한 것처럼 이 접근법이 "모든 행위자를 전 지구적 수준의 행위자 수준으로만 국한하고 지역공동체 수준에서는 아무것도 고려하지 않는 것처럼 보였기 때문에 지나치게 과장되었을 수 있다."라는 점을 인정한다. 이러한 이유로 비판인류학자가 전 세계의 기후운동과 기후변화에 대한 다른 지역적 대응, 그리고 전 지구적 자본주의와 사회적 불평등을 면밀히 검토할 필요가 있다고 믿는다(Cassidy 2012).

대안적인 관점은 논쟁과 의견 불일치로 이어질 수 있지만, 열띤 토론을 통해 새로운 통찰력을 얻고 새로운 질문을 제기하며 생산적인 시너지 효과를 낼 수도 있기 때문에 그것을 본질적으로 부정적인 현상으로 여길 필요는 없다. 다음 장에서는 바로 이러한 통합의 문제를 다루기 위해 여러 사례 연구를 제시한다.

제5장
기후변화인류학의 사례 연구

혼합된 관점

제4장에서 기후변화를 이해하기 위해 인류학자가 사용하는 뚜렷한 이론적 관점—문화생태학, 문화해석학, 비판인류학—을 설명했지만, 기후변화 연구에 참여하는 인류학자가 일상적으로 작업하는 과정에서는 보통 절충적 접근을 통해 이러한 관점을 혼합한다. 예를 들어, 크레이트와 너톨(Crate and Nuttall)은 문화생태학의 접근법과 문화해석학의 접근법을 함께 사용하면서, 또 한편으로는 기후변화에 대한 비판인류학적 연구도 병행한다. 크레이트와 너톨이 도입한 환경식민주의(environmental colonialism)라는 개념은 온실가스 배출 및 오염 산업을 양산한 산업 사회가 지구를 생산과 포장, 상품 노후화 과정에서 배출되는 부산물과 폐기물을 버리는 장소로 이용했다고 한 점은 비판인류학의 관점에서 매우 적절하다. 환경식민주의는 토착민의 삶의 방식을 거의 고려하지 않고 전 세계의 민족, 토지, 천연자원을 자신의 소유물로 여기고 통제했던 이전의 식민지 시대의 모습과 매우 유사하다. 하비(Harvey 2003)가 "강탈에 의한 축적(accumulation through dispossession)"이라고 부르는 식민주의의 환경 윤리는 강제 진입, 법적 조

작, 공유자산의 사유화를 통한 자본의 축적과 관련이 있다. 이러한 관점에서 볼 때, 인간활동에 의한 현대의 온실가스 배출에 내재된 환경 윤리는 독성 및 기타 생산 부산물을 환경에 방출하고 투기하는 "폐기물의 배분(apportioning of waste)"이라고 할 수 있는 역학 관계를 포함한다. 이는 이들 계급의 사적 피해에만 머무르는 것이 아니라 집단적 피해를 야기한다. 크레이트는 인류학자들이 기후변화가 지역환경에 적응하려는 인간의 능력을 어떻게 악화시키는지를 조사하는 것과 동시에 "그들의 문화적 지향과 특정 적응의 근거가 되는 상징적 분석틀"도 탐구하고 있다고 하면서 문화생태학의 관점과 문화해석학의 관점을 통합해야 할 필요성에 대해 구체적으로 언급한다(Crate 2011a : 179).

마찬가지로 토마스 로이터(Thomas Reuter 2010)는 기후변화 문제 해결에 대한 저항의 문화적 원인을 이해하기 위해 문화해석학의 관점과 비판인류학의 관점을 혼합하려고 노력한다. 그는 "대량 소비의 현대 경제체제와 이와 관련된 소비주의 문화 및 자본주의 이데올로기가 현재의 [기후] 위기에 책임이 있다."라고 인정하면서, 한편으로는 "(대량소비의 현대 경제체제, 소비주의 문화, 자본주의 이데올로기가) 자신의 핵심 원칙을 부정하는 근본적인 변화에 힘을 실어주는 데는 도움이 되지 않을 것"이라고 보았다(Reuter 2010: 15). 그렇기에 로이터는 이산화탄소를 배출하는 화석연료에 대한 과도한 의존은 "원유 중심의 세계관(crude oil cosmology)"을 수용하는 서구 문화체제의 고유한 구성 요소가 되었다고 주장한다(Reuter 2010: 14).

환경인류학자는 사회유형을 이야기할 때 개인의 정신병리적 현상을 기술하는 용어를 사용하는 대신 "생산양식 회복탄력성(mode of production resilience)"이라는 용어를 사용하여 사회 체계와 그 생존/생산 방식이 환경에서 직면한 위협과 도전에 대응할 수 있는 역량을 논의했다. 이는 종종 문화적 삶의 방식의 핵심 특징을 지속할 수 있을 정도의 변화만을 수반하는 것으로 밝혀졌다. 제3장에서 소개한 아나사지인(Anasazi)이 대표적인 사례이다. 아나사지인은 여러 가족이 살

수 있는 다층 구조의 다가구 주택 지붕을 만들거나 다른 여러 용도로 목재를 사용하는데, 대체로 자신의 거주지 주변 숲에서 벌채한 소나무와 향나무를 이용해왔다. 인구가 늘어나면서 거주지 주변의 숲에서 소나무와 향나무가 줄어들었지만, 새로운 유형의 주택을 건설하기보다는 그들의 기초적인 사회체제를 유지하기 위해 다른 종류의 목재를 사용하게 되었다(이런 방식으로 기존의 문화 유형을 유지하는 것은 기껏해야 몇 세대 정도나 더 이어갈 수 있는 단기적인 회복탄력성이다). 생산양식 회복탄력성이라는 개념은 안정된 경직성(stabilized rigidity)이라는 개념과 대비된다. 회복탄력성 있는 체계는 교란을 흡수하고 이에 대응하기 위해 어느 정도의 변화를 겪을 수 있는 반면, 안정화 또는 경직된 시스템은 고정되어 적응적 변화에 저항하는 체계이다. 사람들은 새로운 문화 형태로 변화하는 대신 기존의 문화 유형을 유지하기 위해 더 많은 노력을 투자하고 더 많은 박탈(㉮ 질 낮은 식단 섭취)을 겪게 된다. 가장 위험한 형태의 안정화는 "경직성의 함정(rigidity trap)"으로 알려져 있다. 경직성의 함정은 사회/환경 체계에서 제도가 고도로 상호 연결되고, 자기 강화적이며, 점점 더 융통성이 없어질 때 발생한다(Gunderson and Holling 2002). 인간의 질병, 고통, 사망이 증가함에도 불구하고 변화에 강하게 저항하는 문화체계는 이러한 경직성 함정에 갇혀 있다고 할 수 있다(Goodman *et al*. 1980). 이러한 체계는 핵심적인 체계 변화에 저항하며, 익숙한 사회문화적 유형을 유지하는 데 드는 비용이 더욱 늘어나는데도 그것을 고수하려고 노력하기 때문에 사회 붕괴의 위험을 서서히 증가시킨다. 이 이야기는 아나사지인이나 호호캄인과 같은 북아메리카의 남서부 부족이 자신들이 살던 지역에 남겨두었던 구조물과 토목시설의 유적을 통해 잘 설명된다.

자본주의 세계체제가 점점 더 고도화되고, 생산과 소비 지향적이고, 화석연료 중심의 경직성 함정에 빠져 있는 것은 아닌지에 대한 의문이 제기되고 있다. 이와 관련하여 로이터(Reuter 2010: 22)는 서구 문화에서 세속화와 "전체의 신성함에 대한 인식"[1]으로부터의 이탈이 인간이 자연을 착취할 수 있다는 관점에 기여해, 자본주의와 생태계 사이의 "대사적 균열(metabolic rift)"[2]에 기여했다고 주장한다(Foster *et al.* 2010). 이에 관해서는 제7장에서 논의할 예정이다.

여러 분야의 연구자가 모이는 대규모 연구 센터는 기후변화에 대한 다학제적 연구를 활성화하는 중요한 역할을 한다. 예를 들어, 국제기후·환경연구센터(The Centre for International Climate and Environmental Research)는 오슬로대학교(University of Oslo)와 연계된 독립연구센터로, 기후변화를 오늘날 인류가 직면한 가장 심각한 위협 중 하나로 보고 있다. 이 센터가 제시하는 사명의 핵심은 과학 분야와 국경을 넘어 협력이 이루어져야 한다는 인식이다. 인류학, 대기화학, 기상학, 지구물리학, 인문지리학, 사회학, 생물학, 화학, 정치학, 경제학 등 다양한 학문 분야가 스톡홀름연구센터에 소속되어 있다. 마찬가지로 스톡홀름회복력센터(Stockholm Resilience Centre)는 복잡한 사회-생태체제에 대한 이해를 증진하고 생태계 관리와 장기적인 지속 가능성을 개선하기 위한 새로운 통찰과 발전을 도모하고자 한다. 스톡홀름회복력센터가 회복력에 초점을 맞추는 것은 때때로 변화가 "기후 영향, 지구시스템과학의 도전, 취약한 지역에서 보이는 것처럼 갑작스럽고 무질서하며 격렬하다."라는 인식에 기인한다(Stockholm Resilience Centre 2007). 특히 지구온난화 시대에는 "이러한 갑작스러운 변화의 빈도와 규모가 증가할 가능성이 높다는 것이 명백하다. 이는 사회의 적응 역량에 도전이 된다."(Stockholm Resilience Centre 2007).

다음에 제시된 지역 또는 공동체 사례 연구를 살펴보면, 스미트와 웬델(Smit and Wandel 2006: 289)이 지적한 것처럼 다음과 같은 사실이 분명해진다. "기후

1 여기서 전체는 개별자가 아닌 통합된 전체를 의미한다. 신학적 측면에서는 모든 개별자가 서로 다르지 않고 하나 안에 통합되어 있음을 의미한다.

2 마르크스의 자본론에서 기원한 개념으로, 자본주의적 노동과 상품관계, 자본축적 과정이 인간과 자연 사이의 조화로운 관계를 파괴한 것을 의미한다.

변화 적응에 대한 연구들은 많은 통찰력을 제공했지만, 현재까지 기후변화 위험에 대한 사람들의 취약성을 줄이는 실질적인 효과는 미온적인 수준이었다." 이는 부분적으로는 기후변화의 급박한 영향에 대처하기 위해 수행되는 문화적 적응이 기후변화에만 맞추어 개발되는 경우가 드물기 때문이다. 사회는 서로 다른 여러 생태학적 위기에 직면할 뿐만 아니라 더 광범위한 정치-경제적 힘들로 인해 행동에 제약을 받을 수 있다. 기후변화 또는 기타 환경 문제에 직면한 사회의 내부적 특징을 평가하는 데 "적응 역량(capacity to adapt)"(Yohe and Tol 2002)이라는 개념이 사용되어 왔고(Handmer *et al*. 1999; Turner *et al*. 2003; Wisner *et al*. 2004), 이를 통해 사회적 취약성을 측정하는 도구가 개발되었지만(Cutter *et al*. 2009), 내부적 특징만이 전부는 아니다. 또한 지역사회나 공동체가 광범위한 정치 및 경제 세력과 집단 간 사회 관계에서 권력의 사용(예 신자유주의 정책과 시장 지배력 강화를 위한 구조조정 압력, 외국의 경제 침투)에 영향을 받는 방식도 상당히 중요하다. 이와 관련해 스미트와 웬델은 기후변화 적응이 기후에 초점을 맞춘 개별적이고 독립적인 프로젝트가 아니라, 공동체를 가로막고 취약성을 증가시키는 것으로 간주되는 광범위한 경제-사회-정치 구조를 변화시키려는 노력의 일부이자 여러 시도의 합이라고 강조한다. 실제로 이들은 "취약성 감소는 다양한 수준의 서로 다른 전략 및 계획과 함께 수행될 때 가장 효과적인 것으로 보인다."라고 지적한다(Smit and Wandel 2006: 289).

사례 연구

기후변화와 관련된 현상을 분석할 때 인류학자들이 다양한 이론적 관점을 어떻게 통합하는지, 그리고 기후변화와 관련된 사회적 문제를 분석할 때 인류학적 개념과 다른 개념들을 어떻게 활용하는지를 설명하기 위해, 우리는 다음과 같은 주제를 통해 인류학적 연구를 기반으로 한 일련의 사례 연구를 제시한다. (1) 기후변화와 북극 및 아북극(subartic) 지대에 사는 사람들, (2) 기후변화와 남태평양 저지대 섬에 사는 사람들, (3) 기후변화와 방글라데시 주민들, (4) 기후변화와 고산지대에 사는 사람들, (5) 기후변화와 건조지대에 사는 사람들, (6) 기후변화와 미국 남서부 원주민, (7) 선진국 사회의 기후변화 대응, (8) 기후과학자와 기후변화 부정론자의 갈등 관계. (1)~(7)의 사례 연구는 특정한 환경적 맥락에서 살아가는 사람들에 초점을 맞춘 반면, (8)의 사례 연구는 최근의 기후변화 관련 인류학자가 다루기 시작한 매우 다른 특성의 문제에 초점을 맞추고 있다.

우리가 여기서 다루는 사례 연구의 상당 부분은 올러브(Orlove *et al*. 2014: 251)가 지적한 것처럼 "기후변화에 영향을 받는 장소로 가장 많은 관심을 받고 있는" 북극과 저지대 섬이라는 점을 인정한다. 마찬가지로 "산과 사막 지대는 기후변화에 대한 논의에서 상대적으로 잘 다루어지지 않는 편이다." 아이러니하게도 이들 지역은 모두 인구가 상대적으로 적은 주변부 지역이다. 따라서 인류학자는 기후변화가 인구가 많은 곳, 특히 도시에 사는 사람에게 미치는 영향을 더 많이 검토할 필요가 있다. 이러한 점을 염두에 두고, 이 책에서는 선진국의 기후변화 대응 사례 연구도 함께 소개한다.

사례 연구 1. 기후변화와 북극 및 아북극 지대에 사는 사람들

기후변화가 북극 지대 원주민의 생활 방식과 정착 유형에 미치는 영향은 집중적인 연구 대상이 되어 왔다. 인류학자 줄리 크루이크섕크(Julie Cruikshank 2001, 2007)가 밝힌 바와 같이, 기후변화와 그것이 원주민에게 미친 영향에 대한 이야기는 인류학에서 오랜 역사를 지니고 있다. 이러한 연구의 대부분은 문화해석학의 관점이나 문화생태학의 관점, 또는 이 두 가지를 통합한 관점을 통해 이루어졌다.

토론토의 요크대학교(York University)에서 환경학 박사 학위를 취득하고 캐나다 북부 원주민 커뮤니티에서 수년간 연구한 티모시 레덕(Timothy B. Leduc

2007, 2010)의 연구가 대표적이다. 레덕은 그의 연구에서 환경에 대한 원주민의 지식을 기존 과학을 보완하는 정당한 지식원으로 제시한다. 예를 들어, 그는 캐나다의 이누이트인이 공기의 정령인 실라(Sila)를 날씨와 관련된 힘으로 여긴다는 점에 주목한다. 이누이트인이 실라의 행동에 대해 말할 때, 그들은 본질적으로 "기후변화를 부적절한 인간 행동에 대한 세계의 윤리적 대응으로 해석하는 문화적이고 영적인 차원"을 언급한다(Leduc 2007: 242). 이렇게 통합된 영적/윤리적 지향은 캐나다 정부의 행동이 미친 영향과는 매우 다른 것이라고 레덕은 강조한다(Leduc 2011).

> *(캐나다 정부의 기후변화 관련 행동은) 식민주의의 역사와 캐나다의 열악한 기후 대응과 관련된, 일련의 강력한 서구 문화적 가정과 경제적 관행을 구현한다. 다시 말해, 기후변화에서 온실가스의 영향은 이차적인 것이며, 일차적인 것은 환경과 원주민 문화에 대한 서구의 오랜 역사적 접근 방식이 현재의 지속 불가능한 화석연료 사용에 미친 영향이다.*

실제로 기후변화에 대한 캐나다의 담론에서 발견되는 주제는 다음에서 자세히 설명할 "승자와 패자" 패러다임을 반영하며, 온난화 속에서 환경 조건이 개선된 승자 또는 수혜자로서의 캐나다를 강조하는 경우가 많다. 더 넓게 보면, 캐나다(그리고 기후변화의 혜택을 받는 것으로 간주되는 다른 지역) 정부의 지향은 나오미 클라인(Naomi Klein 2007)이 "재난 자본주의"라고 부르는 유형, 즉 재난과 위기를 생산적인 시장 기회로 간주하는 사고를 반영하고 있다. 재난 자본주의의 관점에서 보면, "지속적인 성장을 요구하는 자본주의 세계체제는 환경 규제와 관련된 거의 모든 진지한 노력을 거부하면서 군사, 생태, 재정적 재난을 그 자체로 꾸준히 만들어낸다." 이러한 재난은 체제에 대한 위협이 아니라 규제 완화, 민영화, 이윤 창출을 위한 중요한 기회로 간주된다. 예를 들어, 석유 회사는 북극 해빙이 녹아내리는 것(그리고 이로 인해 북극 원주민과 동물에 닥칠 모든 위협)을 석유 탐사를 위한 엄청난 기회로 여기고 있다. 북극에 전 세계 미개발 원유 매장량의 14%에 달하는 석유가 매장되어 있을 것이라는 미국지질조사국의 보고서가 발표되면서 막대한 석유 수익에 대한 꿈이 촉발되었다(Baily 2007). 그러나 레덕(Leduc 2011)의 관점에 따르면, "기후온난화로 번영할 것이라는 캐나다의 논리는, 오늘날 북극 지역의 온난화와 전 지구적 변화를 역사적으로 촉진해 온 가치 및 신념과 본질적으로 일치한다." 레덕은 서구의 (기후변화에 대한) "문화 및 종교적 이해 방식은 적응과는 거리가 먼 정치 및 경제적 경향과 얽혀 있지만", 원주민의 이해 방식은 "지속 가능하고 정의로운 글로벌 사회에 필요한 중대한 변화를 만드는 데 지혜와 영감을 제공할 수 있다."라고 믿는다(Leduc 2011).

기후변화 관련 연구에서 북극은 종종 "탄광 안의 카나리아"[3]로 묘사된다. 예를 들어, 기후과학자는 알래스카 남부의 겨울이 30년 전보다 2~3℃ 더 따뜻해졌다고 지적했다. 북극 원주민은 빙하가 사라지면서 전통적인 사냥과 어업 활동에 미치는 영향, 동물의 이동 경로 변화, 얼음이 없는 해안의 파도 작용으로 인한 해안 침식, 영구 동토층의 소실, 육지와 바다의 전통 식량 자원의 변화 등에 대처해야 한다. 예를 들어, 알래스카 북서부의 사리체프 섬(Sarichef Island)에 있는 600여 명의 주민으로 구성된 이누피아트인(Inupiat) 마을 시시마레프(Shishmaref)는 해수면 상승과 점점 더 격렬해지는 폭풍을 경험하고 있다(Lynas 2004: 45-51). 인류학자 앤서니 올리버-스미스(Anthony Oliver-Smith 2010: 178)에 따르면, 시시마레프는 "언론에서 지구 기후변화와 해수면 상승의 영향과 관련해서 투발루만큼이나 상징적인 섬나라"이다. 시시마레프 주민들이 겪고 있는 기후변화의 한 측면은 집과 발 밑의 툰드라가 녹아내리고 있다는 점이다. 그에 따라 집은 무너

3 광부들이 탄광의 유해가스를 알아차리기 위해 일산화탄소 등 유해가스에 유독 민감한 카나리아를 탄광에 놓고, 카나리아의 이상행동을 탈출 경고로 삼은 데서 유래한 문구로 재난이나 위험을 예고하는 조기 경보를 뜻한다.

지고 해안가 주택은 바다로 밀려가고 있다. 이러한 급박한 상황에도 시시마레프 주민 대부분은 지역의 중심지인 놈(Nome)이나 코체부(Kotzebu) 또는 페어뱅크스(Fairbanks)나 앵커리지(Anchorage)로 이주해 재정착하는 길을 선택하지는 않는다. 일부 주민이 취업 기회를 위해 이들 지역으로 이주하는 경우가 있지만, 대부분은 기후 난민(climate refugee)이 되려고 하지 않는다(Marino and Lazrus 2015: 346).

『북극 기후영향 평가보고서(Report of the Artic Climate Impact Assessment)』의 저자인 인류학자 마크 너톨 등(Mark Nuttall *et al*. 2004)은 다양한 북극 원주민 공동체가 기후변화에 적응해 온 방식을 조사했다. 이들은 캐나다 서북극의 삭스하버(Sachs Harbor)의 이누비아루이트인(Inuvialuit), 누아부트(Nuavut, 이누크티툿어로 "우리 땅"을 의미하며 캐나다 최북단 영토)의 캐나다 이누이트인, 시베리아 북서부의 야말 네네츠(Yamal Nenets), 러시아 북부의 원주민에 대한 사례 연구를 보여준다. 연구팀은 뱅크아일랜드의 삭스하버의 경우 기후변화로 인해 여름철 해빙이 줄어 물살이 거칠어지고, 여름과 가을에 비가 많이 내려 여행이 어려워졌으며, 추운 계절에는 해빙 상태를 예측할 수 없어 여행과 사냥이 모두 위험해졌고, 여름철에는 모기가 더 많아졌다는 사실을 발견했다(Nuttall *et al*. 2004). 이러한 조건들로 인해 전통적으로 식량, 의복, 무역의 중요한 공급원이었던 바다표범에 대한 접근은 더욱 제한되고 있다. 보고서는 다음과 같이 지적한다.

> *기후가 지역민의 인지에 미치는 주요 영향 중 하나는 예측 가능성을 상실하게 한다는 문제다. 날씨를 예측하고, 얼음 상태를 읽어내고, 눈의 상태를 판단하고, 동물의 움직임과 분포를 예측할 수 있는 사람의 능력은 북극의 땅에서 생계를 꾸리는 데 중요하다. 날씨를 예측하거나 얼음 상태를 읽어낼 수 없는 사냥꾼은 이동에 제한을 받는다. 무엇을 사냥하고 어디에서 사냥할 것인지를 결정할 수 없는 사냥꾼은 많은 식량을 얻을 수 없다.*
>
> *Nuttall et al. 2004: 670*

또한, 북극 환경에서 생활하며 전통적인 식품을 획득하고 소비하는 것은 북극 사람들의 문화적 정체성의 토대를 형성한다. 따라서 이 지역에서의 삶의 경제적 측면에 대한 위협은 사람들의 삶의 의미, 목적 및 안정성에 대한 위협이기도 하다. 이러한 예측 가능성의 상실은 제1장에서 논의한 바와 같이 사회적 회복탄력성을 붕괴시키고 취약성을 강화할 수 있다.

단기적으로 북극 사냥꾼들은 얼음, 툰드라 식생, 육상 및 해양 동물 분포의 변화에 맞춰 사냥 유형을 바꿔가며 기후변화에 대응한다. 이들의 대응은 결코 정적이지 않았던 북극 환경에서의 오래된 생활 경험에서 비롯된 문화적 특성, 즉 "적응적 유연성(adaptive flexibility)"을 기반으로 한다. 앞서 설명한 "경직성의 함정"이라는 개념과는 대조적으로, 적응적 유연성이라는 용어는 삶에 내재된 형태의 회복탄력성을 반영하고 있으며, 북극 생활에서 생겨나는 새로운 도전에 대처하기 위한 수단으로 다양한 생계 전략, 지리적 이동, 변화하는 정착 유형, 식량 저장 기술을 통합하는 것을 의미한다. 따라서 이누이트인의 정착 유형과 인구 조직을 유연하게 유지하는 것은 "식량의 가용성과 생산을 모두 보장하고 환경 변화에 대응할 수 있는 규제적 사회 메커니즘으로 작용했다"(Nuttall *et al*. 2004: 650). 『북극 기후영향 평가보고서』는 이러한 역량의 존재에도 불구하고 다음과 같이 강조한다.

> *(북극) 원주민은 일반적으로 과거의 기후변화에 잘 적응해 왔지만, 현재 및 예상되는 기후변화의 규모, 성격, 정도는 이전과는 매우 다른 불확실성을 지니기 때문에 그들의 생계와 문화에 다양한 종류의 위험과 위협을 가한다.*
>
> *Nuttall et al. 2004: 650*

이는 기후변화의 중요한 특징이다. 원주민 공동체가 직면한 과거의 도전은 온난화의 영향이 지구에 영향을 미치면서 그들이 채택할 수 있는 대응 유형을 확실히 제시하지만, 현재 기후변화의 규모와 다층적 성격, 그리고 다른 인위적 생태위기와의 동시 발생 및 상호작용은 가장 오랜 기간 검증된 토착적인 적응 기제조차 압도할 위험이 있다.

코펜하겐대학교(University of Copenhagen)의 커스틴 해스트럽(Kirsten Hastrup 2009a: 245)은 그린란드 북부의 카아나크(Qaanaaq, 미국이 툴레(Thule) 공군기지를 확장하고 원주민을 강제로 이주시키면서 만들어진 약 600명의 정착촌) 인근의 사냥꾼들이 "북극곰이 유빙을 떠나 더 단단한 땅으로 이동하면서 이전보다 더 많은 북극곰을 잡는 동시에 오랜 삶의 방식이 사라지는 상황에 직면하고 있다."라고 보고한다. 카아나크인은 이전보다 얼음이 줄어들고, 더 늦게 두꺼워지고, 더 일찍 깨지며, 더 얇아지고, 점점 더 큰 구멍이 생기면서 개썰매로 여행하는 것이 과거보다 더 어려워졌다고 보고한다(Hastrup 2009a). 그린란드 북부의 주민도 기후가 더 춥고 눈이 많이 내리고 얼음이 일찍 녹아 지역 내 정착지 간 이동에 제약을 받고 있다고 보고했다(Hastrup 2009a). 이누이트인의 창의성, 유연성, 회복탄력성에도 불구하고, 해스트럽(Hastrup 2009a: 270)은 "북극 사냥꾼의 환경에 맞는 잘 알려진 안전망, 즉 그들의 이동성과 자연에 대한 감각이 점점 더 빈약해지고 있다."라고 지적한다.

물론 이누이트인은 더 이상 전통적인 생활 방식을 고수하지 않으며, 전통적인 요소와 외부로부터 도입한 요소를 혼합한 생활 방식을 가지고 있다. 인류학자 앤 헨쇼(Anne Henshaw 2009: 155)는 이누이트인이 환경을 경험하고 이에 대응하는 방식에 있어서 전통적으로 이동이 큰 역할을 해왔다고 말한다. 그러나 더 큰 세계체제에 편입되면서 정착촌과 도시가 형성되었으며, 이는 "열과 운송을 위한 화석연료"에 의존하게 된 것에서 알 수 있듯이 특정한 취약성을 만들어냈다(Henshaw 2009: 157). 누나부트의 이누이트인은 기후변화가 지역사회에 미치는 영향을 우려해 왔으며, 이누이트 환북극 연맹(Inuit Circumpolar)[4] 및 이누이

4 1983년 알래스카와 캐나다 그리고 그린란드의 이누이트인이 권리 획득을 위해 결성한 국제기구이다.

트 타피리잇 카나타미(Inuit Tapiriit Kanatami)[5] 등 비정부기구와 협력하여 그들이 처한 문제에 대한 관심을 끌어내고 있다(Henshaw 2009: 159). 반대로, 이 지대의 다른 이누이트인은 "더 따뜻하고 얼음이 없는 환경에서 얻을 수 있는 경제적 기회를 적극적으로 추구하고 있다"(Henshaw 2009: 159). 누나부트 자치주 정부와 지역사회는 북극 지방의 빙하가 줄어들면서 더 많은 순찰선과 예비군을 바다에 배치해 북극 해역에 대한 주권을 주장하려는 캐나다 정부의 노력에 발맞추어 군사 훈련 센터의 개발을 지원하고 있다(Henshaw 2009: 160). 헨쇼(Henshaw 2009: 162)는 누나부트의 이누이트인 사이에서 벌어지고 있는 역설적인 상황을 인식하면서도 인류학자로서 "우리는 이러한 복잡성 속에서 능동적으로 대처하고 있으며, 인류학적 렌즈를 사용하여 이 정도 규모의 문제에 대해 심층적이고 공감할 수 있는 조사를 수행할 수 있는 독특한 위치에 있다."라고 주장한다.

북극의 다른 지역에서는 엘리자베스 마드리노와 피터 슈바이처(Elizabeth Madrino and Peter Schweitzer 2009)가 알래스카 북서부의 다섯 개 지역사회에서 연구를 수행하여 이누피아그인이 지역 차원에서 기후변화의 영향을 어떻게 인식하고 있는지를 기록했다.

> *일부 이누피아그인은 겨울철 빙하가 얇아지면서 사냥이 더 위험하고 어려워졌으며 … 비버의 개체 수가 증가하고 점점 북상하면서 전통적인 수원이 위협받고 있다고 보고했다. 지역 전문가는 딱정벌레와 기타 곤충이 수워드반도(Seward Peninsula)의 나무를 감염시키고 고사시키는 등 이전에는 알려지지 않았던 문제가 있다고 보고했다.*
>
> *Elizabeth Madrino and Peter Schweitzer 2009: 211*

과학자나 언론인, 정치인 등 다양한 외부인이 지구의 기후변화에 대한 지식을

5 1971년 이누이트의 토지 소유권 협상 조정 및 이누이트인의 자결권 투쟁 등을 위하여 설립된 캐나다의 전국 이누이트 대표 조직이다.

만들어내지만, 이 지역 주민은 툰드라 연못의 고갈 같은 특정 변화의 관점에서 지역 환경을 인식하는 경향이 있다(Madrino and Schweitzer 2009: 213-214). 마드리노와 슈바이처(Madrino and Schweitzer 2009)는 인류학자가 기후변화 그 자체만으로 질문을 구성하면 현지 지식에 기반한 상세한 설명을 놓칠 수 있다고 경고한다. 즉, 토착민이 인식하는 환경 변화의 다른 측면도 파악해야 한다는 것이다. 기후와 물리적 환경 간의 관계는 복잡하기 때문에 기후변화를 연구하는 인류학자는 토착민 사회에서 인지되는 다양한 종류의 변화에 대해 폭넓은 관점을 유지하는 것이 중요하다. 니콜 허먼-머서 등(Nicole Herman-Mercer *et al*. 2011)은 알래스카의 유콘강(Yukon River) 하류 유역에 있는 세인트 메리(St. Mary) 마을과 피트카스포인트(Pitka's Point) 마을의 사냥꾼과 노인이 지닌 기후변화에 대한 현지 지식을 조사했다. 이 연구팀이 인터뷰한 모든 정보제공자는 최근 몇 년 동안 이 지역 강의 얼음이 얇아져 썰매나 썰매 개를 통해 얼어붙은 강을 여행하는 것이 영향을 받았다고 말했다(Herman-Mercer *et al*. 2011: 248). 허먼-머서 등(Herman-Mercer *et al*. 2011: 249-251)은 정보제공자들이 관찰한 내용이 "과학 논문에 보고된 내용과 일치한다."라고 주장하며, "적절한 적응 전략을 개발하기 위해서는 특정 지역의 특정 기후변화 영향을 더 깊이 이해하기 위해 토착 지식과 과학 연구가 함께 협력해야 한다."라고 주장했다. 이는 다양한 환경에서 기후변화에 대한 토착 경험을 연구하는 많은 인류학자와 현장연구자가 권고한 내용이기도 하다.

특히 2003년 5월과 2004년 1월에 다른 기후변화 연구자와 함께 후슬라의 코유콘 아타바스칸 마을(Koyukon Athabascan Village of Huslia)에서 연구한 섀넌 맥닐리와 오빌 헌팅턴(Shannon McNeeley and Orville Huntington 2007)은 주민이 북극의 다른 사람과 마찬가지로 기후변화가 지역사회에 악영향을 미치고 있다는 사실을 인정하면서도 화석연료 중심의 경제에 강하게 얽혀 있다는 사실을 보고했다.

[알래스카 원주민은] 화석연료를 사용하여 난방을 하고 전등을 밝히며 요리를 하고, 보트, 제설기, 전지형 차량으로 이동하며 전통적인 생계 활동을 이어가고 있다. 값싼 화석연료를 대체할 수 있는 대안이 없다면 이들이 식량으로 의존하고 있는 물고기와 사냥감을 잡을 수 없다. 또한 이들은 석유 산업이 창출하는 배당금, 일자리, 국가 지원 서비스를 통해 수익을 얻는 방식으로 석유 산업에 의존한다. 따라서 온실가스 배출을 줄이기 위한 지역적 조치는 현재의 기후변화에 대한 기본 담론에서 중요한 초점이 되지 못하고 있다.

McNeeley and Huntington 2007: 145

실제로 알래스카 원주민과 비원주민이 모두 포함된 알래스카 경제의 상당 부분은 온실가스 배출의 주요 원인 중 하나인 화석연료의 원유 시추 및 운송과 관련되어 있다. 이 논의에서 알 수 있듯이 인류학자는 전통적으로 정부나 기업의 토지 강탈, 삼림 벌채 또는 기타 자원 추출, 환경 오염 및 쓰레기 투기, 기타 문제와 분쟁에 맞서 싸우는 원주민의 편을 들어왔고 그것이 당연한 일이었다. 여기에서 원주민 사회를 시장 경제를 중심으로 조직된 사회보다 물리적인 환경과 훨씬 더 균형을 이루며 살아가는 환경의 자연 관리자로 이상화하기 쉽다. 이는 어느 정도는 사실이지만, 원주민 사회에서도 토지 오남용, 남획, 종의 멸종 등의 역사가 있었기 때문에 원주민을 지나치게 낭만적으로 묘사하는 것에는 주의할 필요가 있다(㉠ Keeley 2003).

이러한 지적에도 불구하고, 이누이트 환북극 컨퍼런스(Inuit Circumpolar Conference) 및 그위친위원회(Gwich'in Council)와 같은 일부 북극/아북극 사람이 현대의 기후변화 문제에 직접적으로 맞서고 있다는 것은 분명한 사실이다. 이누이트 운동가이자 노벨상 후보였던 쉴라 와트-클루티에(Sheila Watt-Cloutier, 2007)는 미주기구 산하 미주인권위원회(Inter-American Commission of Human Rights of the Organization of American States, IACHR)에 제출한 발표문에서 원주민 공동체의 경우 인위적인 기후변화의 영향으로부터 보호받는 것은 인권의 문제라고 주장했다. 제1장에서 소개한 모델에 비추어 볼 때, 지구온난화 시대에 북극 원주민의 취약성 문제는 분명하게 제기된다. 프랭크 세예르센(Frank Sejersen 2009)은 이 문제를 다루면서 외부 정치 및 경제 세력에 대한 북극 원주민의 주변적 지위로 인해 이들이 특히 기후변화에 취약해진다고 주장한다. 그는 이렇게 말한다.

> *주변부와 취약 계층은 이미 기존의 사회 및 경제적 문제로 어려움을 겪고 있기 때문에 기후변화에 대처할 수 있는 잠재력은 더 큰 틀에서 바라보아야 한다. 따라서 이들의 취약성을 줄이기 위한 해결책은 매우 복잡하며, 일반적으로 기후변화 적응과 관련이 있고 필요하다고 생각하는 것과는 거리가 먼 사회변화 문제를 포함하게 된다.*
>
> *Sejersen 2009: 221*

북극 원주민이 일상생활에서 가장 중요하게 여기는 사회경제적 조건은 의미 있는 고용, 의료, 교육에 대한 접근성뿐만 아니라 각자 속한 국가 내에서 소외된 소수 민족이 경험하는 문화 정체성의 문제다. 또한 세예르센은 북극 원주민은 약 40만 명에 불과하고 전 세계 원주민 인구의 2%도 되지 않지만, 이들의 기후변화 대응 경험이 "다른 원주민뿐만 아니라 전 세계의 소외된 취약한 집단"에게도 행동의 본보기가 될 수 있다고 주장한다(Sejersen 2009: 222).

기후변화 문제와 관련하여 풀뿌리 차원에서 원주민을 대변하고자 하는 북극위원회(Artic Council)와 달리, 일부 원주민은 온실가스 배출 증가와 기후변화에 기여하는 개발 노력을 지원하는 정부 구조에 깊이 관여되어 있기도 하다. 예를 들어, 그린란드 정부는 신속한 산업화 프로그램을 유지하기 위해 그린란드의 이산화탄소 배출량을 1,500퍼센트까지 늘릴 수 있도록 요청했다(Sejersen 2009: 235). 실제로 북극의 경우, 너톨(Nuttall 2009: 293)은 "기후변화가 인식되는 다양한 방식과 기후변화가 얼마나 시급한지 또는 그렇지 않다고 느끼는지는 개인이나 공동체가 어디에 위치하는지에 따라 달라진다."라고 주장한다. 너톨은 어업과 같은 그린란드 경제의 특정 부문에는 기후변화가 도움이 될 수도 있다고 말한다(Nuttall 2009: 300). 실제로 에머슨(Emmerson 2010: 315-316)은 그린란드 어부에게 "북극 기후의 온난화는 물고기가 북쪽으로 올라오는 혜택을 가져올 수 있다."라고 주장한다. 실제로 수산업은 그린란드 수출의 93%를 차지한다(Delaney 2016). 앨린 델라니(Alyne E. Delany 2016)는 그린란드의 도시 우퍼나비크(Upernavik)(인구 1,129명)와 외곽 지역 4개 마을에서 현장 조사를 실시했다. 그녀는 그린란드 연안의 가자미잡이 어부는 위험하고 어려운 조건 속에서도 조업 장소를 조정할 수 있었기 때문에 지금까지의 기후변화가 이들의 조업 활동에 큰 영향을 미치지 않았다는 것을 발견했다. "2012년 그린란드 연안 가자미 조업 관리 계획"은 2014년에 쿼터 제한이 없는 조업 구역을 개설할 수 있도록 변경되었고, 이 정책으로 인해 쿼터 제한 구역에서 새로운 자유 구역으로 조업지를 옮기게 되었다. 델라니는 우퍼나비크 사례 연구를 통해 기후변화의 영향에 성공적으로 적응하지 못하는 것은 기후변화 그 자체보다는 신자유주의 정책의 결과일 수 있다고 결론지었다.

그린란드의 빙하가 줄어들면서 여러 광산 업체는 현행법의 제한으로 채굴이 불가능한 몰리브덴[6], 납, 아연, 다이아몬드, 심지어 우라늄과 같은 다양한 광물에 더 쉽게 접근할 수 있게 되기를 희망하고 있다(Emmerson 2010: 296). 그린란드광물석유국(Greenland Bureau of Minerals and Petroleum)은 향후 몇 년 안에 7개의 광산이 문을 열면 현재 약 5만 6천 명의 영주권자가 있는 나라에서 약 1만 5천 개의 일자리가 창출될 것으로 예상하고 있다. 너톨(Nuttall 2009: 297)에 따르면, 내륙의 얼음이 녹으면서 "새로운 그린란드가 부상하고 있다."라고 하면서, 일부 그린란드인은 이를 그린란드가 "근대 국가가 될 수 있는" 긍정적인 발전으로 보고 있다고 한다.

---

6 수연. 화학 원소로 기호는 Mo이고 원자 번호는 42. 고융점 금속이라 불리는 고온 특성을 가지고 있는 비철금속 중 하나로 합금재료로 많이 사용한다.

앞서 언급했듯이, 비판인류학의 관점에서 우리는 기후변화에 관한 정부 간 협의체(IPCC)의 여러 보고서에서도 채택하고 있는 너톨의 결론에 내포되어 있는 "승자와 패자" 패러다임에 의문을 제기한다. 너톨과 같은 해석은 인류학자가 전 지구적인 인간-환경 상호작용의 그물망과 같은 본질을 인식하기 위해 우리가 추구하는 총체론에 완전히 반하는 것이다. 또한 "승자와 패자" 패러다임은 제1장에서 소개한 기후변화의 다차원적 혼돈의 모델을 경시한다. 기후변화의 다차원적 혼돈 모델에 따르면 한 영역의 국지적 개선(㉠ 농작물 재배 기간)은 다른 영역에 더 큰 피해(㉠ 인간과 동물 사이의 전염성 매개 질병 또는 식물 사이의 해충 종 확산)를 주는 등, 다른 기후 관련 변화에 의해 상쇄되는 결과를 초래할 수 있다. 또한, 이 패러다임은 제1장에서 설명한 바와 같이 여러 인위적 생태위기가 상호작용하는 다중위험의 상호작용을 고려하지 않는다. 얽히고설킨 생태위기 외에도 기후변화와 관련된 다른 종류의 부정적 상호작용은 "승자와 패자" 패러다임의 평가에 포함되지 않는 경향이 있다. 앞서 언급했듯이 기후변화는 벡터매개 및 수인성 질병의 확산에 기여하고 있지만, 이러한 확산은 항생제의 오남용으로 인해 다양한 병원체에서 항생제 내성이 증가하고 있는 시점과 맞물려 일어나고 있다. 영국 정부의 방역수장인 최고의료책임자(Chief Medical Officer)인 샐리 데이비스(Sally Davis) 여사는 첫 번째 연례 보고서에서 다음과 같이 지적했다.

> *항생제 내성은 영국뿐만 아니라 전 세계에 시한폭탄과 같은 존재다. 항생제 내성이 널리 퍼지는 종말론적 시나리오가 현실화되지 않도록 모두가 협력해야 한다. 이 위협은 전 세계에 기후변화만큼이나 중요한 문제이다.*
>
> *Davies 2013: 16*

그럼에도 불구하고 데이비스는 기후변화와 미생물 내성의 영향이 인간의 안녕에 완전히 별개의 독립적 형태로 작동하는 것이 아니라는 사실을 말하지 않았다. 기후변화는 감염원의 확산에 기여할 뿐만 아니라 의료 서비스 인프라를 손

Case studies in the anthropology of climate change

상시키고 파괴할 수 있다. 즉, 지구온난화 시대에 전염병은 새로운 인구 집단으로 확산되어 치명적인 감염에 대응할 수 있는 치료 역량이 무너지고 있으며, 기후혼돈의 영향을 가장 많이 받는 지역에서는 기상이변으로 인해 전염병에 대응할 수 있는 인프라가 무력화될 수 있다.

기후변화의 "승자와 패자" 패러다임은 신고전주의 미시경제학 또는 신자유주의 담론의 단점을 노골적으로 드러내는 예시라고 평가한다. 일반적으로 사하라 사막 이남의 많은 아프리카와 작은 섬나라에 사는 사람이 지구온난화의 패자가 될 것이라는 인식이 지배적이지만, 여러 주류 경제학자와 사업가는 캐나다, 시베리아, 태즈메이니아, 뉴질랜드 등 일반적으로 인구 밀도가 낮은 지대의 지역사회는 거주할 수 있는 땅이 늘어나고 오래 경작해야 하는 포도 같은 작물을 더 잘 재배할 수 있는 기간이 늘어난다는 점에서 승자가 될 것이라고 주장하고 있다. 이러한 유형의 "승자와 패자" 관점의 문제점은 2004년 11월 16일 북극 기후평가(Arctic Climate Assessment) 위원장이었던 로버트 코릴(Robert W. Coreil)이 미국 상원의 상업·과학·교통위원회에서 한 발언에 잘 드러나 있다.

> *기후변화는 … 북극 내부에 큰 영향을 미칠 것으로 예상되며, 그 중 일부는 이미 진행 중이다. 특정 영향이 부정적으로 인식되는지 긍정적으로 인식되는지는 각자의 이해관계에 따라 달라진다. 예를 들어, 해빙의 감소는 북극곰, 얼음에 의존하는 바다표범, 그리고 이 동물이 주요 식량 자원인 지역 주민에게 치명적인 결과를 초래할 가능성이 매우 높다. 반면에 해빙이 감소하면 이 지역의 자원에 대한 해상 접근성이 높아져 해운과 해상 원유 추출의 기회가 확대될 가능성이 높다(일부 지역에서는 얼음의 이동이 증가해 초기 운영에 지장을 초래할 수 있지만).*
>
> *Coreil 2004: 3*

코릴은 해운과 자원 추출 증가로 해빙이 감소하면 환경과 해양 생물이 손상되어 북극 원주민과 그들의 문화에 악영향을 미칠 수 있다는 점을 인정하지만, 최근 몇 년간 발생한 기름 유출로 인한 피해는 물론이고, 석유 추출이 궁극적으로 대기 중 이산화탄소를 더 많이 발생시킬 수 있다는 점은 지적하지 않았다. 말할 필요도 없이, 코릴은 2100년 이후에도 기후변화 문제를 이대로 방치할 경우 전 지구적 자본주의가 오늘날 기후변화로 인한 폭염, 홍수, 가뭄과 농작물 손실, 이재민 발생, 전염병 확산 등 이미 우리가 겪고 있는 것의 몇 배에 달하는 비극적인 규모로 전 세계에 대규모 보건, 식량, 안전 위기를 초래할 수 있다는 기후과학의 경고를 제대로 인식하고 있지 않다. 또한, 전 지구화가 진행된 세계에서 한 곳에서 발생한 재난은 사회가 불안정해짐에 따라 여러 곳에 큰 영향을 미친다. 작가 커트 콥(Kurt Cobb 2006)은 다음과 같이 말한다. "지구온난화를 '승자'와 '패자'가 있는 게임이라고 상상하는 것은 우리 모두를 패자로 만드는 가장 확실한 방법일 수 있다." 그린란드의 경우, 석유 시추, 채굴 및 기타 광물 추출을 늘리고 어업 활동을 확대하려는 새로운 계획이 "더 많은 것이 더 좋고, 더 빠른 것이 더 좋다."라는 전통적인 생산주의자 윤리에 따라 추진된다면, 이는 장기적으로는 "승리하는 시나리오"가 되지 않을 가능성이 높다.

앤 맥엘로이(Anne McElroy)는 캐나다 동부 북극의 이누이트인을 대상으로 오랜 기간 현장 연구를 수행해 왔다. 북극의 문화 및 생태 변화에 대한 대규모 조사의 일환으로 그녀는 1999년부터 2006년까지 이쿠루이트(Ikuluit), 팡그니르퉁(Pangnirtung), 키키크타르주악(Qikiqtarjuaq), 바핀아일랜드(Baffin Island)의 케이프 도셋(Cape Dorcet, Kinnait)에서 이누이트의 노인과 인터뷰를 진행했다(McElroy 2013). 그녀의 인터뷰에 따르면 이 노인과 다른 이누이트인은 기후변화가 자신들의 본래 거주지에 미치는 영향을 인식하고 있었지만 식량 안보, 공유 네트워크의 유지, 전통 음식 재료를 수확할 권리, 전통 요리에 대한 접근성, 북극 전통 음식의 지속 가능성에 대한 위협, 적절한 소득과 건강 관리에 대한 접근성, 과거와 현재의 트라우마로 인한 정신적 피해, 누나부트 주 주민으로서의 정체성 문제, 과학 연구에 근거한 정부 규제에 대한 회의론 등 훨씬 더 즉각적인 우려를 가지고 있었다. 역사적으로 이누이트인은 수천 년 동안 자연환경의 기후변화에 적응해 왔으며, 남쪽에 있는 다른 북아메리카 인구에 비해 탄소 발자국을 극히 적게 남겼다.

> *하지만 전통 문화에 내재된 행동의 유연성에 기초해 이누이트인은 전통적인 생태학적 지식을 GPS 시스템, 개인 위치 추적기, 위성 전화, 잠수복 등 현대 기술과 결합해 청년들에게 적설량, 얼음 형성, 기상 유형 변화의 위험을 평가하는 땅의 기술을 훈련시켰다.*
>
> *McElroy 2013: 167*

유빙에 발이 묶인 북극곰은 기후변화가 북극 지역에 미치는 영향을 보여주는 "새장 속의 카나리아"가 되었다. 캐나다 북극의 가장자리에 있는 작은 마을인 매니토바주 처칠(Churchill, Manitoba)은 매년 가을 북극곰이 사냥을 떠나기 직전 수천 명의 관광객이 이곳을 찾아 "세계의 북극곰 수도"라는 별칭을 얻었다. 그러나 관광 시즌이 끝나면, 대부분의 지역 주민은 기후변화라는 주제에 대한 관심을 잃고 얼음이 덮인 강을 건너는 등 느리게 살아가는 일상으로 돌아간다. 그럼에도 불구하고 클라우디아 그릴(Claudia Grill 2015: 113)은 다음과 같이 말한다.

> *처칠의 많은 주민은 인간활동이 기후변화를 일으킨다는 점이나 그 중요성을 부인하고 있지만, 매년 가을이면 부상하는 이 개념을 무시하기는 어렵다. 일 년 중 북극곰 관광 시즌인 6~8주 동안 기후변화라는 개념은 주민들의 기존의 해석 유형을 압도하고 거기에 도전한다.*

안타깝게도 현재까지 북극의 기후변화 문제에 대한 거의 모든 인류학적 연구는 문화생태학의 관점에 국한되어 있었다. 물론 이 연구들은 귀중한 통찰력을 제공해 주었지만 북극 원주민 공동체와 더 큰 자본주의 세계체제 간의 글로벌-로컬 또는 거시-미시의 연결을 만들지 못하거나 경시하고 있다. 그러나 지리학자 에밀리 카메론(Emily S. Cameron 2012: 104)은 북극과 다른 지역의 기후변화에 대한 비판인류학이 "식민지, 탈식민지, 탈식민지화 역사, 실천, 사상을 실질적으로 고려함으로써 … 이 분야를 발전시키는 데 필요하다."라고 주장하면서 그 길을 제시한다. 북극의 기후변화에 대한 비판인류학은 궁극적으로 강력한 경제정치적 이해관계가 북극 원주민에 미치는 영향과 상관없이 북극의 경제 개발을 추진하고 있다는 사실을 인식해야 한다. 예를 들어, 캐나다의 정치학자 피터 줄(Peter Jull)은 극적인 기후변화가 북극 해빙과 그린란드 빙하에 영향을 미치는 영향을 다음과 같이 기록하고 있다.

> *(극적인 기후변화로 인해) 고위도 북극 섬(랭커스터 사운드와 북서항로 등) 혹은 북극 근처의 얼지 않는 북극해(open Arctic Ocean)에서 북극 운송과 관련된 관심과 활동이 폭발적으로 증가하고 있다. 러시아는 북극 운송에 훨씬 더 많은 경험을 가지고 있기 때문에 노르웨이 주변과 러시아의 북단을 가로질러 극동으로 향하는 북동항로도 활발히 이용되고 있다.*
>
> *Jull 2009-2010: 45*

전반적으로 북극의 변화는 빠르게 진행되고 있으며, 그 변화의 모든 특징과 결과는 아직 가시화하지 않은 게 분명하다. 북극은 지구의 다른 지역보다 기후변화를 더 일찍, 더 강하게 느끼고 있으며, 이는 원주민과 여러 다른 주민이 우려하는 문제다.

사례 연구 2. 기후변화와 남태평양 저지대 섬에 사는 사람들

여러 도서 국가, 특히 남태평양과 인도양의 여러 섬 나라는 해양 침수의 위험에 처해 있다. 투발루(인구 10,544명), 키리바시(78,000명), 마셜제도(58,000명), 뉴질랜드령 토켈라우(2,000명), 몰디브(269,000명) 등이 여기에 포함된다. 남태평양의 투발루와 인도양의 몰디브에 있는 주요 섬들의 경우 "평균 해수면보다 4m 미만, 대부분의 지역이 2m 미만" 위에 위치한다(Whyte 2008: 184).

앤서니 올리버-스미스(Anthony Oliver-Smith 2009)는 기후변화로 인해 저지대 섬과 해안 지역에 사는 사람과 같이 특정 인구의 강제 이주가 증가할 것이라고 지적한다. 예를 들어, 파푸아뉴기니 해안에서 80km 떨어진 여섯 개의 환초로 이루어진 카트렛 제도(Carteret Islands)는 가까운 장래에 해수면 아래로 가라앉을 것으로 예상된다. 휴에네(Huene)로 알려진 환초 중 하나는 해수면 상승으로 인해 섬이 세 개로 갈라졌다. 해일로 나뭇가지 더미와 코코넛 나무 그루터기가 물 위로 튀어나왔다. 이 환초의 주민 3,000명은 2005년부터 단계적으로 파푸아뉴기니로 대피하기 시작했고, 그 결과 이들은 최초의 기후변화 난민(refugee of climate change)으로 불리고 있다. 방파제를 쌓고 맹그로브를 심어 바다를 막으려는 노력은 실패했고, 폭풍 해일이 섬을 휩쓸어 집과 나무를 바다로 끌어당기고 채소밭이 바닷물에 잠기고 식수가 오염되는 현상이 계속되고 있다. 경험 연구 차원에서 이러한 변화의 영향은 남편, 장애인 아들, 다른 가족 한 명과 함께 후에네 환초 중 아직 살 수 있는 곳에 거주하고 있는 셀리나 네토이(Selina Netoi)의 사례에서 확인할 수 있다. 셀리나는 이렇게 말한다. "우리는 코코넛 밀크와 생선으로 살아가고 있다. … 하루에 한 끼만 먹는다. 바다가 너무 거칠어 낚시를 할 수 없거나 바람이 너무 세서 코코넛 나무에 올라가지 못하면 먹을 것이 없다." 그녀는 후에네가 자신의 집이라며, 이렇게 한탄했다.

> *이곳을 떠나기는 어렵겠지만 결국 떠나야만 한다. 여긴 더 이상 안전하지 않다. 만조가 되면 집에 물이 넘친다. 사이클론이나 쓰나미가 오면 우리는 휩쓸려 가고 말 것이다. 우리는 (뉴기니의) 부겐빌에 할당된 땅으로 가기만을 기다리고 있다. 아이러니하게도 나는 1990년대 부겐빌 내전[7]이 벌어져 그곳을 떠났다. 그때 나는 전쟁 난민이었는데 이제는 기후 난민이 될 것이다.*
>
> *Caritas Internationalis 2012*

---

7 구리 및 금광 채굴권 확보를 둘러싼 갈등으로 부겐빌이 파푸아뉴기니에서 독립을 선언하면서 벌어진 분쟁이다.

길버트와 엘리스 제도(Gilbert and Ellice Islands)로 더 잘 알려진 영국의 옛 식민지이자 1978년 독립한 투발루는 해수면 상승의 위험성 문제와 관련해 다른 남태평양 섬들보다 더 많은 주목을 받고 있다. 하와이와 호주의 중간쯤에 위치한 이 외딴 나라의 이름은 현지어로 "여덟 무리"라는 뜻에서 유래했다(이 작은 국가를 구성하는 9개의 섬 중 하나가 유럽인 접촉 당시에는 사람이 살지 않았기 때문이다). 투발루를 구성하는 섬들은 676km에 이르는 바다에 늘어서 있으며, 총 면적은 26km^{2}에 불과하다. 15세 이상 투발루 국민의 약 80%가 농업과 어업에 종사하고 있으며, 나머지 노동 인구는 수도 푸나푸티(Funafuti)의 공공 또는 민간 부문의 유급 일자리에 종사하고 있다(Ralston *et al*. 2004). 주민들은 해양 생물 외에도 전통적으로 얌, 코코넛, 판다누스 열매, 바나나를 소비했다. 해변 침식, 해일 피해, 경작지로의 바닷물 침입, 산호초와 같은 자연 방파제가 파괴되는 것을 경험하고 있는 투발루인에게 기후변화는 더 이상 먼 미래의 일이 아니다. 이러한 암울한 현실에도 불구하고 헤더 라즈러스(Heather Lazrus 2009: 244)는 푸나푸티와 투발루의 다른 지역에서 현장 조사를 하는 과정에서 반복적으로 발생하는 치명적인 폭풍에 대응하는 "사람들의 에너지와 활력에 압도당했다."라고 느꼈다. 실제로 투발루인은 기후변화에 실질적으로 거의 아무런 기여도 하지 않았지만 전 지구적 기후변화로 인해 사회 각계각층이 엄청난 역경에 직면해 있으며, 그럼에도 불구하고 그러한 역경에 맞서는 주체성의 모범을 보여 주었다. 2005년 제58차 유엔 총회에서 투발루의 사우파투 소포앙가(Saufatu Sopoanga) 총리는 투발루인이 기후변화의 악영향을 끊임없이 두려워하며 살아가고 있다고 토로했다.

> *산호섬 국가인 투발루에게 해수면 상승과 더 심한 기상 이변은 전 국민에게 점점 더 큰 위협으로 다가오고 있다. 이 위협은 실제적이고 심각한 것이며, 우리에게는 느리고 교활한 형태의 테러와 다르지 않다.*
>
> *Sopoanga 2003*

데이비드 스탠리(David Stanley 2007)의 말을 빌리자면, "해수면이 계속 상승함에 따라 투발루의 전체 인구가 대피해야 할 수도 있으며, 제1세계의 풍요로움에 희생된 제3세계 사람들이 대피해야 할 수도 있다." 한편 올리버-스미스(Oliver-Smith 2010: 176)는 다음과 같이 말한다. "투발루인은 향후 해수면 상승으로 영구적으로 이주할 가능성을 알고 있지만, 현재 그들의 전략은 대규모 이주보다는 현지에 기반한 대응과 적응을 개발하는 것이다." 반대로 투발루 최북단 환초이자 약 600명이 살고 있는 나누메아(Nanumea)의 많은 주민은 국제 선박과 수도 푸나푸티, 심지어 피지, 호주, 뉴질랜드에서 일하고 있다(Marino and Lazrus 2015: 346).

사람들이 기후변화에 적응하는 방식은 다양하다. 코펜하겐대학교 인류학과의 세실리 루보우(Cecilie Rubow, 2009)는 문화해석학의 관점을 채택하여 남태평양, 특히 최근 몇 년간 태풍, 기타 폭풍, 저지대 홍수의 강도와 빈도가 증가한 지역인 쿡 제도(Cook Islands)의 기후변화에 대한 종교적 대응을 조사한 바 있다. 그녀는 다음과 같은 사실을 관찰했다.

> *쿡 제도에서 현장 조사를 하면서 주로 쿡 제도 기독교 교회의 매장 전통을 연구하던 나는 … 사람들이 일요일 아침에 교회 바로 밖에서 수영하는 것과 같은 도덕적으로 그릇된 행위를 증가하는 사이클론 활동과 연결 짓는 것을 목격했다. 그러나 이것은 교회와 기독교에 대한 다양한 태도를 가진 공동체뿐만 아니라 개인이 생각하고 행동하고 말할 수 있는 여러 입장 중 하나의 목소리일 뿐이라는 것을 배웠다.*
>
> *Rubow 2009: 106*

쿡 제도는 정부 차원에서 기후변화를 해결하기 위해 남태평양 지역 환경 프로그램과 같은 다양한 국제 및 정치위원회와 조직에 참여했다. 그런데 여러 형태의 기독교적 신앙에 신실한 쿡 제도 사람들은 기후변화 문제를 신학적 의미로 이해하고 대응해 나간다.

피터 루디악-굴드(Peter Rudiak-Gould 2010)는 남태평양의 저지대 섬, 특히 평균 고도가 2m가 조금 넘고 해발 9.75m 이하의 산호 환초 군도인 마셜제도의 기후변화에 대해 지금까지 가장 광범위한 인류학적 연구를 수행했다. 마셜제도(Marshall Islands)는 1,942,490km²의 바다 위에 총 180km²의 1,225개 섬으로 이루어져 있다. 마셜제도의 한 작은 섬은 이미 해수면 아래로 가라앉아 앞으로 어떤 일이 일어날지 알 수 없는 상황이다. 루디악-굴드는 마셜제도 주민과 18건의 인터뷰를 포함해 146건의 인터뷰를 진행했다. 그는 외국의 영향과 현금 경제와 같은 최근의 사회 변화가 마셜제도 사람에게 진정성, 유쾌함, 삶의 유지라는 세 가지 토착적 가치에 대한 위협으로 인식되고 있다고 주장한다(Rudiak-Gould 2010). 마셜인은 그들의 땅을 잃게 되면 필연적으로 자신들의 문화 그리고 전통적인 방식으로 서로 교류할 수 있는 능력이 사라질 것을 걱정한다. 루디악-굴드는 마셜인이 기후변화를 해석하는 두 가지 주요한 전략을 다음과 같이 제시한다(Rudiak-Gould 2010: 70).

> *첫 번째는 기후변화를 외면하거나 무시하는 것인데, 나는 이를 기후변화 부정이라고 부른다. 두 번째는 기존의 신념에 기후변화를 통합하는 것인데, 이는 기후변화 비관론이 된다. 두 가지 기존 신념이 있다고 말할 때, 마셜제도 주민의 일부가 첫 번째 신념을 사용하고 다른 일부가 두 번째 신념을 사용한다는 의미는 아니다. 두 가지 전략을 모두 사용할 수 있으며, 어떤 사람들은 한 가지 전략을 고수하고 어떤 사람들은 다른 전략을 고수하며 많은 사람이 서로 다른 맥락에서 둘 중 하나를 사용한다는 의미이다.*

(기후변화) 부정론의 이유는 다음과 같다. (1) 지역 환경 변화가 미미하다는 느낌, (2) 기후가 본질적으로 일정하고 온화하다는 느낌, (3) 장래의 날씨 예측을 꺼리는 것, (4) 기독교 목사들의 기후변화 부정을 수용하는 것, (5) 세계에 대한 과학 지식과 지역 지식 사이의 불일치, (6) 과학자에 대한 불신, (7) 혼란스러운 현상에 대한 거부 또는 논의 거부, (8) 초자연적 개입에 대한 믿음(Rudiak-Gould

2010: 74-81). 비관주의자의 이유는 다음과 같다. (1) 좋은 삶이 쇠퇴하고 있다는 기존의 믿음, (2) 무력감, (3) 미디어의 과도한 경고, (4) 다른 나라가 기후변화의 파국에서 그들을 구해줄 것이라는 아이러니한 희망(Rudiak-Gould 2010: 86-88).

루디악-굴드의 경험에 따르면, 마셜제도 주민의 기후변화에 대한 이해에는 상황에 대한 과학적 평가에 대한 인식이 포함되어 있다.

> *(그러나) 이 과학적 정보들은 지역에서 급격히 늘어나고 있는 영향(해수면 상승, 침식, 가뭄, 기온)을 직접 목격하는 것뿐만 아니라 성서 해석을 통해 보완된다. 예를 들어, 일부 섬 주민은 창세기에서 하나님이 다시는 지구에 홍수를 일으키지 않겠다고 약속했기 때문에 나라 전체가 침수될 것이라는 예측은 거짓이라고 말하는 반면, 어떤 사람은 요한 계시록에서 기후혼돈이 예언되어 있기 때문에 기후변화는 사실이라고 믿는다.*
>
> *Rudiak-Gould 2012a: 5*

부정론과 비관주의는 마셜제도 주민이 기후변화를 이해하려고 할 때 가장 많이 사용하는 전략이지만, 일부는 "행동주의"로 기운다. 예를 들어, 국가 지도자인 케사이(Kessai) 대통령은 다음과 같이 말했다.

> *신이 이것(기후변화)의 원인이라고 해도, 신은 우리에게 회개하고 이에 대해 무언가를 할 수 있는 권능도 주셨다. 하나님은 또한 사람들이 무엇을 해야 하는지 알 수 있도록 지성을 주셨다. 나는 이런 것들을 믿는다. … 하나님은 스스로 돕는 자를 돕는다. 당신도 무엇을 해야 하는지 알고 있다. 나는 이런 것들을 믿는다. … 하나님은 스스로 돕는 자를 돕는다. 그러니 여러분은 먼저 할 수 있는 일을 하면 그것이 도움이 되리라는 것을 알 것이다.*
>
> *Rudiak-Gould 2010: 98*

마셜제도 주민은 전통적인 신념과 지식, 서양에서 도입된 성경 주석, 그리고 최근 기후과학에 대한 노출에서 파생된 개념을 혼합한 복잡한 문화적 렌즈를 통해 변화하는 환경을 바라보면서, 그들의 땅이 심각한 위기에 직면했다는 다양한 징후를 보고 있다. 하지만 이들은 세상은 원래 흥망성쇠가 있다는 역사적 주기에 대한 믿음을 바탕으로 이주를 통해 다른 곳으로 재정착해야 한다는 것을 거부한다. 궁극적으로 마셜제도 주민은 전통적인 문화 요소를 잃어버리고 서구식 유형을 수용한 것이 기후변화의 원인이라고 지목하는 경향이 있다(Rudiak-Gould 2013).

홀리 바커(Holy M. Barker)는 적어도 마셜제도 사회의 일부 사람은 기후변화에 대해 적극적인 입장을 취하고 있다고 단언한다. 그녀는 다음과 같이 보고한다.

> *마셜제도에서 정부와 산업계는 준설 정책, 폐기물 관리, 해안침식 방지를 위한 토목공사, 지역사회 지원 및 교육 등 기후변화의 영향을 완화하는 데 도움이 되는 지역 사업을 검토하고 있다. 섬 지도자들은 기후변화에 대한 자신들의 관점을 알리고, 현재 선진국들의 행동이 위협하고 있는 수천 년의 섬 역사와 문화를 전 세계가 이해해 줄 것을 요구하고 있다.*
>
> *Barker 2011: 429*

다른 여러 남태평양 저지대 섬의 대표들은 기후변화에 대한 적극적인 접근 방식을 집단적으로 수용했다. 2002년 8월, 16개 태평양 도서국 정부 지도자는 피지 수바(Suva, Fiji)에서 제33차 태평양 도서국 포럼을 개최하여 기후변화로 인해 국민이 겪고 있는 극심한 어려움에 대한 공통의 강력한 우려를 표명했다. 참가자는 대부분의 온실가스 배출에 책임이 있는 선진국들이 전 지구적 영향에 대처할 것을 촉구하는 성명서를 발표했다.

이러한 노력들을 기록했음에도 불구하고, 루디악-굴드(Rudiak-Gould 2011: 9)는 인류학자가 "아직 사회가 지구의 인위적 기후변화에 대한 과학적 담론을 어떻게 받아들이고, 해석하고, 이해하고, 활용하는지를 충분히 이해하고 있지 못하다."라고 주장한다. 마셜제도에서의 연구를 바탕으로 그는 인류학자가 기후변화 수용 연구에 더 많이 참여해야 한다고 촉구한다. 왜냐하면 인류학은 "지역과 세계의 교차점에 대한 예리한 인식과 지역사회에 외국 제도와 사상의 통합을 연구해 온 오랜 경험"이라는 귀중한 기술을 제공하기 때문이다(Rudiak-Gould 2011: 12). 루디악-굴드(Rudiak-Gould 2012b)는 마셜제도에서의 경험을 바탕으로 기후변화에 대한 공적 지식은 과학 용어에서 보통 사람의 언어로 번역될 필요가 있으며, 기후변화에 관한 정부 간 협의체(IPCC)와 같은 전문 기관의 기후과학을 일반인에게 전달해야 한다고 주장한다. 그러나 대부분의 토착어에는 날씨와 기후에 대한 별도의 용어가 없다는 점에서 이는 매우 어려운 작업이다. 서구 사회에서도 사람들은 종종 기후와 날씨를 혼동하거나 혹한이나 폭염과 같은 고립된 기상 현상을 기후변화로 간주하기도 한다. 루디악-굴드는 기후변화에 대해 소통할 수 있는 사람이 현지의 의미에 민감한 인류학자, 언어학자 및 기타 학자들의 도움을 받을 수 있다는 점을 인정한다.

> *(그럼에도 불구하고) 오역은 종종 피할 수 없는데, 그 이유는 선택지가 제한되어 있고 그 이유가 피상적이기보다는 심층적이기 때문이다. 영어에서 "기후(climate)" 또는 "날씨(weather)"를 충실하게 번역하려면 자연과 문화가 융합된 사회에 완전히 새로운 개념, 즉 "사회적" 현상을 배제한 개념을 도입해야 하는데, 이는 현지인에게 공감을 얻지 못할 급진적으로 외국화되고 "잘못된" 번역 전략이 될 가능성이 높기 때문이다.*
>
> *Rudiak-Gould 2012b: 52*

기후변화는 주민에게 미치는 영향 외에도 산호초를 파괴하고, 해변을 망가뜨리고, 밤 기온을 점점 더 불편하게 만들고, 가용한 담수량에 부담을 주면서 많은 남태평양 섬의 관광 산업에 악영향을 미치고 있다. 아이러니하게도 베켄(Becken 2005: 381)은 다음과 같이 말한다. "관광 산업이 화석연료 소비와 그로 인한 온실가스 배출을 통해 기후변화에 큰 영향을 미친다는 인식이 높아지고 있다."

어떤 의미에서 이들은 섬에 고립된 집단이기 때문에 기후변화는 저지대 섬에 사는 사람과 이곳에서 발견되는 다른 동식물에게 여러 악영향을 미치고 있다.

실제로 이러한 섬들은 일종의 자연 실험실 역할을 한다. 이들 원주민의 삶의 방식은 전 세계의 다른 많은 사람보다 먼저 기후변화에 개념적으로나 행동으로 맞서고 있다. 이들이 기후변화에 대응하는 방식과 세계가 이들의 곤경에 대응하는 방식은 인간과 기후 간 상호작용의 광범위한 유형에 대한 교훈을 담고 있다. 헤더 라즈러스는 다음과 같이 말한다(Heather Lazrus 2012: 293).

> *기후변화 영향에 대한 대응방법으로서 이주는 섬 지역공동체 내부와 관련된 많은 기후 담론과 논쟁의 핵심에 있는 중요한 문제이다. 기후변화의 영향을 받은 섬에 사람이 살 수 있는가? 사람은 언제 어디로 이주할 것인가? 이주 비용은 어떻게 조달할 것인가? 누가 이주 결정을 내려야 할까? 국경을 넘어 이주한 사람을 위한 시민권은 어떻게 구성할 것인가? 문화적 연속성과 고유성은 어떤 영향을 받을까?*

저지대 섬 주민의 요구에 부응하지 못하면 지구온난화로 인한 인명 피해는 증가할 것이고 우리는 암울한 미래에 직면하게 될 것이다. 반대로, 상황이 더 악화되기 전에 저지대 섬 주민과 같은 사례에 전 세계가 관심을 기울인다면 기후변화에 대응하는 집단적이고 사회적인 책임의 유형을 확립하는 데 도움이 될 수 있다.

사례 연구 3. 기후변화와 방글라데시 주민들

약 1억 5천만 명의 인구가 밀집한 방글라데시는 기후변화 담론에서 해수면 상승으로 심각한 위협에 노출된 국가로 자주 언급된다. 일부 도시 국가를 제외하면 방글라데시는 세계에서 인구 밀도가 가장 높은 국가이다. 대부분의 주민이 갠지스강(Ganges), 브라마푸트라강(Brahmaputra), 메그나강(Meghna)으로 형성된 삼각주에서 살고 있다. 실제로 방글라데시의 약 90%는 범람원이다. 인도양과 히말라야 산맥 사이에 위치한 방글라데시는 "농업에 필수적인 몬순 계절풍의 혜택을 누리지만 열대성 저기압, 폭풍 해일, 홍수 등 주기적인 재난에 노출되어 대규모 인명 손실을 입는"(Whyte 2008: 188) 곳이기도 하다. 방글라데시 해안을 강타하는 폭풍 해일은 대개 내륙으로 이동하여 엄청난 홍수를 일으킨다.

> *최근 들어 역사상 가장 치명적인 인명 피해는 1970년의 해안 홍수로 남부 지역에서 약 30만~50만 명의 방글라데시인이 사망한 사건으로 기록된다. 1991년에는 사이클론이 벵골 해안을 강타하여 14만 명이 사망했고, 2007년 11월에는 사이클론 시드르(Cyclone SIDR)[8]의 발생으로 3,700명이 추가로 사망했다. 또한 해수면은 20세기 동안 20cm 상승한 것으로 추정되며, 적절한 보호 대책이 마련되지 않으면 해수면이 45cm 더 상승하여 방글라데시 국토의 10.9%가 유실될 수 있다는 예측이 있다.*
>
> *Findlay and Geddes 2011: 146*

해수면 상승은 주택과 지역사회를 침수시킬 뿐만 아니라 방글라데시 인구의 약 85퍼센트의 수입원인 광활한 농경지를 위험에 빠뜨린다. 살레물 후크와 미잔 칸(Saleemul Huq and Mizan R. Khan 2006: 186)에 따르면 방글라데시에서는 "노동인구의 3분의 2, 즉 약 3,800만 명이 농업에 종사하고 있으며, 특히 해안 지역에서 기후변화의 영향으로 가장 큰 타격을 받을 가능성이 높은 분야"가 바로 농업이다.

방글라데시에서 기후변화로 인해 생기는 위험 중 하나는 해안 지역의 식수원에 바닷물이 들어오는 것이다. 담수에 염분이 들어가는 요인에는 우기 동안의 조수 범람, 폭풍우 시 염수의 직접 침수, 염분이 함유된 지하수의 상향 이동 등이 있다. 염분이 스민 땅에서는 농사짓기가 불가능하다. 바닷물이 들어오면서 작물을 재배하거나 의류와 같은 다른 생필품으로 판매할 수 있는 잉여 농산물을 충분히 생산하는 데 어려움을 겪고 있다. 집을 잃고, 학비를 내지 못하고, 건강 문제(㉮ 생리 중 염분이 포함된 물을 사용해 생기는 부인과 질병)가 증가하는 것도 담수의 염분화로 인해 발생하는 또 다른 부담이다. 아시쿠르 라흐만(Ashiqur

---

8 2007년 11월 11일부터 11월 16일까지 활동했던 최저기압 944hPa를 기록한 인도양 사이클론이다.

Rahman 2010)은 방글라데시 사트키라(Satkhira) 지역의 해안 마을인 하리나가르(Harinagar)에서 이 과정을 민족지학적으로 연구하여 사람들이 이 중대한 환경적 도전에 어떻게 대응하고 있는지를 조사했다. 담수의 염분화 영향은 한 가족의 경험에서 분명하게 드러난다.

> *지구온난화는 이 마을에서 맛으로 나타난다. 바로 소금 맛이다. 불과 몇 년 전까지만 해도 동네 연못의 물은 사밋 비스와스(Samit Biswas) 씨의 혀끝에서 신선하고 달콤한 맛을 냈다. 물은 가족의 갈증을 해소해주고 몸을 깨끗하게 해주었다.*
>
> *하지만 이제 한 컵을 마시면 입안에 짠맛이 남는다. 목욕 후 비스와스 씨의 피부와 아내가 빨래한 옷에는 작은 하얀 결정체가 생겨난다. … 해수면이 현재와 같은 속도로 계속 상승한다면, 35세인 비스와스 씨가 교사직에서 은퇴할 무렵에는 그가 유일하게 알고 지내던 고향은 잠기고, 멈출 수 없는 강한 힘 같은 바다에 침범당할 것이다. 이는 또 다른 종류의 홍수, 즉 살 곳을 찾아 헤매는 수백만 명의 이재민 홍수를 불러일으킬 것이다.*
>
> *Chu 2007*

하리나가르 주민에게 염분 섞인 물은 "마실 수 없는 것"을 의미하지만, 이 단어에는 굶주림, 실직, 그리고 이러한 상황에 수반되는 결과라는 의미도 내포되어 있다. 한 주민은 라흐만(Rahman 2009: 38)에게 "우리에게는 현재도 미래도 없으며, 우리를 망친 것은 염분이었다."라고 말했다.

하리나가르 마을 주민은 염분화에 대응하기 위해 새우 양식, 게잡이, 굴과 같은 어패류 채취와 소규모 어업을 시작했다. 새우 양식은 자금을 갖춘 사람에게는 수익성이 높았지만, 논농사를 짓던 가난한 농부는 자신의 땅을 엘리트가 소유한 새우 양식장에 내놓아야 했다. 논농사를 더 이상 할 수 없는 농부는 게잡이를 해보았지만 그것도 적절한 생계책이 되지는 못했다. 그러나 단기적인 생존을 위해서는 그럭저럭 돈이 되었다. 라흐만의 연구 당시 굴과 기타 조개류 채취는 비교적 새로운 경제 활동이었기 때문에 그들은 "없는 것보다는 낫다."라고 생각했다. 게다가 많은 사람이 점점 더 혼잡해져가는 도시에서 일자리를 찾기 위해 방글라데시나 인도의 도시로 떠났다. 또 다른 사람은 돈을 빌려 빚더미에 앉았고, 그 과정에서 땅을 잃기도 했다. 생계를 유지하기 위해 고군분투하는 동안, 많은 사람에게 "바닷물은 굶주림, 실업, 불행을 가져왔다"(Rahman 2009: 62).

점점 더 커져가는 기후변화의 영향이 아니더라도 방글라데시는 매년 최소 한 차례 이상 대형 사이클론을 포함한 강력한 폭풍우를 빈번히 겪어왔다. 그러나 기후변화는 이러한 폭풍의 빈도와 강도를 증가시킬 뿐만 아니라 방글라데시 전역의 지역사회에 더 큰 피해를 입히는 것으로 보인다. 방글라데시는 세계에서 가장 가난한 나라 중 하나이며, 기후변화의 폐해에 직면해 더욱 취약해지고 있다. 인구의 절반 이상은 하루 1달러 미만으로 생활한다(Oliver-Smith 2010: 172).

인류학자 티모시 피난(Timothy Finan 2009: 179)은 방글라데시 남서부의 비엘(beel, 홍수로 인해 생겨나는 저지대 습지 지역)을 조사하면서 적응, 취약성, 회복탄력성이라는 개념을 적용했다. 비엘은 "해안선으로부터 다양한 거리에 위치한 다소 움푹 패인 곳들로 운하와 작은 강들을 통해 지역의 복잡한 수문학적 체계와 연결되어 있다." 비엘은 계절에 따라 크기가 달라지고 우기에는 보로 쌀을 재배하는 데, 건기에는 가축의 목초지로 사용된다. 우기가 시작되면 강에 물이 가득 차서 인근 지역 주민을 위한 공공 어업 장소로 활용된다. 또한 지난 20여 년 동안 비엘을 기반으로 한 새우 수출 산업이 등장했다. 피난은 다음과 같이 설명한다(Finan 2009: 179-180).

> *방글라데시의 새우 수출 가치는 현재 3억 5천만 달러로 추산되며, 의류와 송금에 이어 주요 외화 수입원이다. … 현재 10만 명이 넘는 골다(민물새우의 현지 용어) 생산자가 있으며, 특히 그 이상의 가정들이 이 양식장에 새우 유생을 공급하거나 노동자로 고용되어 혜택을 받고 있다.*

안타깝게도 기후변화와 관련된 해수면 상승의 가능성은 보로 쌀 재배와 새우 양식의 복잡한 체계를 위협하는데, 이는 "훨씬 더 많은 양의 염분이 보로 지역에 물을 공급하는 운하로 이동하여 수자원을 오염시키고 흙으로 만들어진 게르 제방을 침식할 가능성이 있기 때문"(Finan 2009: 181)이다. 방글라데시 정부는 제방 위에 약 2,500개의 콘크리트 대피소 건설, 경보 시스템 설치, 구조대 조직, 대피 계획 실행 등을 통해 이전의 재난에 대응해 왔다(Pilkey and Young 2009: 135). 정부는 해수면 상승을 막기 위해 대규모 토목 공사를 고려하고 있지만, 이러한 개발이 이 지역의 복잡한 수문시스템을 보호하는 데는 충분하지 않을 수 있다. 하지만 피난(Finan 2009: 184)은 비엘의 사례가 "지역 자원에 대한 접근, 사용, 생계 형태의 분포"를 평가하고, "지역사회를 더 넓은 시스템과 연결하는 제도적 관계"를 파악하며, "지역 자원 관리 및 문제 해결 과정"을 촉진하는 데 인류학이 할 수 있는 역할을 보여준다고 말한다. 이는 다른 환경 문제에 대한 대응을 평가하고 지구온난화로 인한 혼란에 지역사회가 어떻게 대응할지를 추정하는 기후변화인류학 연구에서 상당히 일반적인 접근 방식이다.

다른 선진국 및 개발도상국과 마찬가지로 방글라데시에서도 모자하룰 알람과 아티크 라흐만(Mozaharul Alam and Atiq Rahman 2008: 56)이 관찰한 것처럼 "산업계의 주요 의제는 자신들의 활동을 확대하고 홍보하는 것이며, 사회적 의제에는 거의 관심이 없다." 방글라데시 온실가스 배출량의 약 50%가 전력 생산과 요소 비료 생산에서 발생한다(Alam and Rahman 2008: 58). 알람과 라흐만(Alam and Rahman 2008: 59)에 따르면 방글라데시의 이산화탄소 배출량은 1990년과 2000년 사이에 다음과 같은 변화로 인해 급격히 증가했다.

- 농업, 어업, 임업의 배출량이 68만 톤에서 183만 톤으로 증가
- 상업 및 기관의 배출량은 23.9만 톤에서 27.4만 톤으로 증가
- 주거 부문 배출량은 208.2만 톤에서 429만 톤으로 증가
- 교통 부문 배출량은 189.2만 톤에서 476만 톤으로 증가

• 제조업 및 건설업 배출량은 362.3만 톤에서 803만 톤으로 증가
• 에너지 산업 배출량은 476.3만 톤에서 1,314.5만 톤으로 증가

이산화탄소 배출량이 급격하게 증가하기는 했지만, 방글라데시는 여전히 세계에서 가장 낮은 1인당 온실가스 배출국 중 하나다. 방글라데시는 이론적으로는 기후변화 완화에 부분적으로 기여할 수 있지만, 자본주의 세계체제에 갇힌 가난한 주변국으로서 경제 발전의 현 단계에서는 그 기여도가 미미할 것으로 보인다. 방글라데시 환경산림부는 "방글라데시의 주요 관심사는 기후변화와 변동성의 악영향을 줄이는 것이기 때문에 적응이 최우선 과제라는 것을 깨달았다"(Alam and Rahman 2008: 61). 국가 제도적 차원에서 방글라데시 정부는 국가 적응 행동 프로그램(National Adaptation Programme of Action), 기후변화 전략 및 행동 계획(Climate Change Strategy and Action Plan), 국가 기후변화 신탁 기금(National Climate Change Trust Fund), 다자간 기후 회복력 기금(Climate Resilient Fund) 등 여러 기후변화 적응 계획에 참여하고 있다. 예를 들어, 첫 번째 계획은 방글라데시 사회의 다양한 측면에 대한 기후변화의 영향을 줄이기 위한 다차원적인 연방 정부 전략으로, 해안 지역사회와 협력하여 재조림, 해수면 상승으로 인한 염분 증가에 대응하기 위한 깨끗한 물 공급체계 개발, 기후변화에 대한 생태적 적응 대응을 위한 토착 및 기타 지식 평가 등의 계획이 포함되어 있다. 안타깝게도 2010년 국제부패인식지수(International Corruptions Perceptions Index, ICPI)에서 방글라데시는 178개국 중 134위를 기록했다. 이는 전년도에 비해 다소 개선된 것이기는 했지만 계획된 변화에서 실제적이고 효과적인 현장 프로그램이 실행되기에는 여전히 큰 어려움이 있음을 보여준다.

278가구를 대상으로 한 설문조사, 세 차례의 초점집단 토론, 7명의 핵심 정보제공자 인터뷰를 바탕으로 마흐무드와 프로우즈(Mahmud and Prowse 2012)는 2009년 5월 사이클론 아일라(Cylone Aila) 발생 전후로 이 나라에서 세 번째로 큰

도시인 크훌나(Khulna)에서 재난 전후의 개입 과정에서 광범위한 부패가 있었다는 증거를 발견했다. 방글라데시에 여러 기후 적응 계획이 존재함에도 불구하고, 이 연구자들은 "청렴성을 높이지 않으면 어렵게 확보한 자금이 가난한 가정과 지역사회의 회복탄력성을 높이지는 못할 것"이라는 우려를 표명한다(Mahmud and Prowse 2012: 941). 에티엔 피게(Etienne Piguet 2008: 146)는 방글라데시가 환경 변화로 인해 대규모 이주가 필요한 시점에 도달할 수 있는 비교적 큰 민족 국가일 수 있으며, 이는 매우 드문 사례가 될 것이라고 이야기한다. 실제로 방글라데시 정부는 국제사회에 약 2천만 명의 자국민을 다른 나라에 정착할 수 있도록 허용해 줄 것을 요청했다(Findlay and Geddes 2011: 150). 난민에게 여러 가지 문제를 안겨주는 이러한 유형의 대규모 이주는 지구온난화 시대에 기존의 "난민 피로감(refugee fatigue)" 현상과 자국의 경제적 곤란에 대한 우려로 인해 잠재적으로 수용국이 될 수 있는 국가에서 잘 받아들여지지 않을 가능성이 높다. 실제로 인도의 북부와 서부, 미얀마 동부는 방글라데시에서 기후 난민들이 대규모로 들어올 가능성에 대해 적대적으로 반응하고 있다. 페이건은 다음과 같이 보고하고 있다(Fagan 2013: 164).

> *인도는 이민자, 가축 몰이꾼, 일자리를 찾아 오는 사람들을 막기 위해 4천km에 달하는 장벽을 건설하고 있다. 물론 이 모든 것은 방글라데시가 과거에 속해 있던 인도와 파키스탄이 보유한 핵무기와는 별개의 문제이다.*

사례 연구 4. 기후변화와 고산지대에 사는 사람들: 안데스, 히말라야, 알프스

대부분의 산악지대는 저지대에 비해 기후변화를 더 빠르게 체감하고 있다. 전 세계 인구의 약 26%는 산악지대에 살고 있는 것으로 추정된다(Nogués-Bravero *et al.* 2007: 420). 산악 생태계의 특수성은 산의 빙하와 눈이 녹아내린 물에 의존하는 존재들, 즉 산이나 바로 그 아래에 사는 사람뿐만 아니라 산에서 상당한 거리가 있는 저지대에 사는 사람도 영향을 받는다는 것이다. 산악 지역은 수력 발전의 중요한 원천이자 스키, 하이킹, 캠핑, 보트 타기와 같은 관광 활동의 장소이기도 하다. 그러나 기후변화는 수력 발전에 불안정한 유형을 만들어내고 있으며, 불행히도 에너지를 많이 사용하고 생태적으로 파괴적인 경향이 있는 스키장과 고급 숙박시설을 갖춘 스키 리조트에 점점 더 큰 악영향을 미칠 것이다(Scott *et al*. 2007).

페루는 세계에서 기후변화에 가장 취약한 국가 중 하나로 부각되곤 한다. 페루는 전 세계 열대 빙하의 약 70%를 보유하고 있으며, 이 빙하들은 페루의 농촌 및 도시 지역의 관개시설 및 소비를 위한 대부분의 물을 공급한다(Paerregaard 2016: 250). 기후변화 시나리오에 따르면 향후 15년 안에 해발 5,500m 이하의 모든 빙하가 사라질 것으로 예측되는데, 페루 인구의 약 90%가 건조, 반건조 또는 반습 지역에 살고 있다는 점을 감안하면 이는 매우 심각한 위협이다.

페루의 켈카야(Quelccaya) 만년설 가장자리에 대한 새로운 연구에 따르면, 만들어지는데 최소 1,600년이 걸렸던 빙하가 불과 25년 만에 녹아내렸다는 사실이 밝혀지면서 빙하가 녹는 속도와 심각성이 드러났다(Thompson *et al*. 2013). 현재 켈카야 빙하가 급속히 녹으면서 수천 년 전 빙하가 형성되던 당시 그 자리에 얼어붙었던 식물들이 발견되기도 했다. 과학자들은 이 식물들의 방사성 탄소 연대 측정을 통해 빙하의 역사를 파악할 수 있게 되었다. 빙하가 녹으면서 켈카야에서 일어난 일처럼 수많은 빙하 호수가 형성되는 등 인간 공동체에 다양한 악영향을 미치고 있으며, 그 중 일부는 하류 주민에게 홍수 위험을 초래하고 있다. 벤 올러브 등(Ben Orlove *et al*. 2008: 3)은 빙하가 인간활동에 대한 지구의 취약성을 보여주고 있다고 주장한다. 안데스 산맥의 빙하가 빠르게 녹으면서 사람들은 더 높은 고지대에서 주식이 되는 작물을 재배하게 되었는데, 이는 삼림 벌채와 토양 침식의 원인이 되었다. 고산지대나 산악지대에 사는 사람이 도시로 이주하면서 과밀하고 오염된 빈민가나 판자촌에서 고립된 삶을 살아야 한다거나, 저임금 공장이나 낮은 지위의 서비스직, 비공식 경제의 노점상 등으로 생계를 꾸려나가야 하는 경우도 많다. 특히 생물학적으로 심장이 크고 심박수가 낮은 고산지대에 적응해 온 안데스 사람에게는 해안가나 저지대 도시 생활에 적응해 살아가는 것이 생리적으로 큰 부담이 될 수 있다. 인구 밀집과 도시 빈곤으로 인한 건강 및 사회적 비용도 그에 못지않은 스트레스가 된다. 요컨대, 기후변화로 인한 고지대 지역의 변화는 이미 심각하며 시간이 지남에 따라 점점 더 위협적으로 변할 것이다.

잉게 볼린(Inge Bolin 2009)은 안데스 고산지대, 특히 페루 남동부의 쿠스코(Cusco) 지대의 키스피칸치스(Quispicanchis)와 우루밤바(Urubamba) 지방의 빙하 후퇴를 조사했다. 안데스 산맥은 남북으로 7,250km에 걸쳐 뻗어 있는 세계에서 가장 긴 산맥이다. 지난 20여 년 동안 페루 안데스 산맥의 얼음은 20퍼센트 감소했다(Bolin 2009: 230). 빙하가 녹으면 단기적으로는 물을 더 공급할 수 있지만 낙석, 산사태, 홍수가 발생하기도 한다. 그러나 결국 적설량이 감소하면 산악 호수와 개울이 줄어들고 심지어 사라져 농경지 관개, 인간과 동물이 마시는 물, 수력 발전용 물이 줄어들게 된다. 많은 안데스 주민은 그들의 신성한 산에서 빙하가 사라지는 것에 놀라움과 혼란을 느끼고 있다. 볼린은 이를 다음과 같이 이야기한다(Bolin 2009: 232).

> *일부 원주민은 산 중턱에서 흐르는 물을 제한하기 시작한 신들의 분노를 받을 만큼 자신들이 무엇을 잘못했는지 궁금해하고 있다. 노인들 중에는 엘리뇨의 영향으로 날씨 패턴이 혼란스러워질 수 있다는 걸 아는 이들도 있지만, 대부분의 사람은 지구 기후변화의 근본적인 문제와 이 파괴적인 과정을 일으킨 책임자가 누구인지 알지 못한다. … 환경의 사소한 변화는 [케추아 사람들에게] 무언가 잘못되었던 시기를 알려준다. 예를 들어, 빌카노타(Vilcanota) 계곡과 우루밤바 계곡 위 산비탈에 사는 사람들은 이미 1980년대 중반(어쩌면 그 이전)에 중요한 약용 식물이 점점 더 찾기 어려워지고, 그나마 남아 있던 곳에서도 일 년 중 적어도 한동안은 물이 부족해 잘 자라지 않는다는 것을 관찰했다.*

볼린 등(Bolin *et al.* 2009)은 현지 주민이 기후변화의 파괴적인 영향에 적응할 수 있도록 돕기 위한 노력의 일환으로 다음과 같은 세 가지 우선순위를 설정하는 데 안데스 원주민의 지식을 활용하고 있다. (1) 고대식 테라스를 재건축하고 새로운 테라스를 건설하는 것, (2) 보존 경작 활용, (3) 고대 관개 시스템을 다시 활성화하는 것. 그녀는 이렇게 주장한다. "원주민 그리고 기타 장소에 기반을 두고 살아가는 사람들과 함께 일하는 인류학자는 기후변화 문제에서 중요한 역할을 하며 지역과 세계 사이의 연구 협력자이자 중재자 역할을 한다"(Bolin 2009: 236).

로버트 로즈 등(Robert E. Rhoades *et al.* 2008)은 에콰도르 안데스 산맥의 최북단 화산 봉우리 중 가장 높은 코타카치(Cotacachi)에서 빙하 후퇴로 인한 기후변화에 대한 지역의 인식과 사회적 영향을 탐구했다. 원주민 코타카체뇨인은 이 산을 넓은 "치마"를 두르고 사는 어머니로 여긴다. 로즈 등은 코타카치의 기후변화와 빙하 후퇴에 대한 주민의 인식을 확인하기 위해 여러 마을의 주민과 워크숍을 개최했다. "노인들과 외딴 마을 주민은 [빙하 후퇴가] '어머니 코타카치(Mama Cotacachi)'의 벌 때문이라고 믿었지만 … 정규 교육을 받은 경험이 있는 젊은이는 전 지구적인 기후변화를 정확히 지적했다"(Rhoades *et al.* 2008: 221). 기후변화와 빙하 후퇴에 대한 다양한 인식에 관계없이 이러한 사건은 과거에 어머니 코타카치가 항상 생계와 일상생활에 필요한 풍부한 물을 공급했기 때문에 코타카체뇨인에게 방향 감각을 잃게 하는 원인이 되었다. 로즈 등(Rhoades *et al.*)은 역사적으로 빙하가 녹아내리는 것에 의존해 온 사람들에게 어떤 일이 일어났는지 이해하기 위해 다양한 당사자 간의 공동 연구가 필요하다고 강조한다. 이들은 "직접적으로 영향을 받는 사람들이 참여하는 강력한 학제 간 접근만이 빙하가 먹여 살려온 산악 지형에 깊이 뿌리내린 고대 문화를 파괴할 수 있는 기후변화 문제에 대한 해결책을 찾을 수 있다."라고 주장한다(Rhoades *et al.* 2008: 225).

카르스텐 페레가드(Karsten Paerregaard 2016)는 1986년부터 2011년까지 페루

남부 고산지대 콜카 계곡(Colca Valley)의 해발 2,200~5,400m에 흩어져 있는 안데스 공동체 타페이(Tapay)에서 민족지학적 현장조사를 주기적으로 수행했다. 현장조사를 통해 그는 주변 산에 내려 쌓이는 눈이 더 짧은 기간 동안만 지속되고 녹는 물의 양이 줄어드는 것을 확인할 수 있었다. 일부 주민은 이 지역의 기온 상승이 타페이의 현대적 생활 방식과 오염이 심한 페루 광산 산업의 침투 때문이라고 생각했다. 일부 타페이 주민은 과거 자신들의 삶의 방식을 지탱해 준 산신의 영적인 힘을 의심하기까지 했다. 페루의 한 광산 회사가 금 채굴 사업을 시작하려는 계획은 이 지역의 물 공급에 또 다른 위협이 되고 있다.

마티아스 보그 라스무센(Mattias Borg Rasmussen 2009)은 기후변화가 페루 안데스 산맥 주민에게 미치는 영향을 조사했으며, 2008년에 이뤄진 레쿠아이 선언(Declaration of Recuay)에 주목한다. 레쿠아이주 주도인 레쿠아이에서 주변 지역사회의 대표들이 작성한 5페이지 분량의 이 문서는 "이 지역의 지구온난화 문제와 지역사회의 취약성을 다루고 있으며, 중앙 정부의 신자유주의 정치를 맹렬히 비판"하고 있다(Rasmussen 2009: 198). 기후변화 외에도 페루 고원지대에 계속 확장하고 있는 광산은 제한된 수자원에 막대한 압력을 가하여 피해를 입히는 다중위험의 상호작용을 일으킬 것이다(Rasmussen 2009: 210). 라스무센(Rasmussen 2009: 212)은 레쿠아이 선언이 인류학자에게 "다양한 규모의 회복탄력성을 갖춘 단위들을 식별하고, 수계의 유역을 따라 페루 사회의 다양한 부문과 수준이 수직적, 수평적으로 어떻게 서로 연결되어 있는지 면밀히 조사해야 하는 과제"를 제공한다고 주장한다. 또한, 기후변화와 광업이 지역사회의 회복탄력성을 저해하여 취약성을 증가시키는 악영향과 같은 요인도 중요하다.

레쿠아이 선언이 페루 국가 엘리트가 인류의 기후변화에 기여한 공모를 밝히는 동안, 안데스 산맥에 위치한 볼리비아의 에보 모랄레스(Evo Morales) 대통령은 2010년 4월 코차밤바(Cochabamba)에서 "기후변화와 어머니 지구의 권리에 관한 세계인민회의(World People's Conference on Climate Change and the Rights of

Mother Earth)"를 소집했다. 142개국에서 35,000명 이상이 참석한 이 회의에서 모랄레스는 "자본주의가 죽지 않으면 어머니 지구는 죽는다."라고 단호하게 주장했다. 이 회의에서 채택된 "인민 합의문(People's Agreement)"은 선진국들이 지구의 온실가스 수준(이산화탄소)을 300ppm으로 되돌리고 지구 평균 기온 상승을 최대 1℃(1.8°F)로 제한하는 데 앞장설 것을 촉구했다. 또한 기후변화에 대한 국가, 산업, 개인의 고의 또는 과실로 인한 기여도를 판단하고 처벌할 수 있는 법적 권한을 가진 국제 기후·환경 정의 재판(International Climate and Environmental Justice Tribunal) 구성을 촉구했다.

티베트, 네팔, 인도에 위치한 히말라야는 세계 최고봉인 에베레스트산 등정에 도전하는 산악인과 이들의 트레킹을 돕는 셰르파 가이드, 중국의 티베트 점령으로 인한 달라이 라마의 망명에 항의하는 영적 구도자 등 많은 사람에게 상징적인 산이며, 분쟁의 장소이기도 하다. 빙하와 눈이 녹아 빙하 호수가 생겨나면서 티베트의 상징적인 지위가 위협받고 있다. 티베트 원주민은 히말라야를 자신들의 안녕을 비추는 신성한 산으로 여긴다(Diemberger 2012).

파상 양지 셰르파(Passan Yangjee Sherpa)는 기후변화와 관련된 네 가지 제도적 활동과 원주민이 거기에 어떻게 참여했는지를 조사한 원주민 인류학자이다. 그녀의 연구는 텐징 노르가이 셰르파(Tenzing Norgay Sherpa)와 뉴질랜드인 에드먼드 힐러리 경(Sir Edmund Hillary)이 에베레스트산 등정 성공을 계기로 연간 35,000명 이상의 관광객이 방문하는 루클라의 파락 마을(Pharak village of Lukla)에 초점을 맞추고 있다. 말할 필요도 없이, 이들 관광객 대부분은 네팔로 비행기를 타고 오면서 온실가스 배출에 기여하고, 특히 에베레스트산에 생태 발자국을 남기며, 일부는 등반을 시도하기도 한다.

파상 양지 셰르파는 2008년부터 2011년까지 에베레스트 지역의 셰르파[9]를 위

9 셰르파는 셰르파 사람들을 이르는 말이자, 히말라야 등반가들을 보좌하는 셰르파인을 부르는 말이다.

해 만들어진 네 가지 제도, 즉 (1) "쿰부 지역 주민의 기후변화 적응과 회복탄력성 증진" 워크숍, (2) 칼라파트타르(Kalapatthar)에서 열린 네팔 내각 회의, (3) 임자 호수 액션 이벤트(Imja Tsho Action Event)[10], (4) 안데스-히말라야 빙하 호수 교류 및 협력 탐험 사례를 조사했다. 아이러니하게도 이들 행사 중 일부는 세계 다른 지역에 거주하는 셰르파를 포함하여 참가자들이 장거리 이동을 통해 방문하면서 더 많은 온실가스를 배출했다. 이 행사는 기후변화가 히말라야 지역에 미치는 영향의 심각성을 강조했지만, 주로 기후변화 완화보다는 적응에 초점을 맞췄다. 마지막으로, 파상 양지 셰르파(Passan Yangjee Sherpa 2015: 21)는 다음과 같이 보고했다. "제도적 활동은 과학적 기후변화 지식에 대한 지역의 수용성을 높였지만, 임박한 파멸에 대한 두려움과 구체적인 행동 없이 기후변화에 대한 논의가 계속되는 것에 대한 분노를 샀다."

베드완과 로즈(Vedwan and Rhoades 2001)는 인도 서부 히말라야의 사과 농부의 인식을 조사했다. 1962년부터 1996년까지의 강설량과 강우량 자료는 지역 주민이 [표 5-1]에 묘사된 용어로 설명한 기후변화를 나타낸다. 정보제공자들은 기후가 따뜻해지고 있다고 보고했으며 "사과 농사가 가능한 지대가 계곡 위쪽으로 올라가고 있다고 언급했다"(Vedwan and Rhoades 2001: 115). 또한 다음과 같은 관찰도 있었다.

> *해충과 질병 발생률이 늘어난 것에는 질병 생태계의 변화와 기후변화의 영향이라는 인식이 널리 퍼져 있다. 나무를 썩게 만드는 사과나무부란병(Canker, 腐爛病)은 더욱 기승을 부리고 있다.*
>
> *Vedwan and Rhoades 2001: 115*

10 임자 호수는 에베레스트 산 인근 솔루쿰푸 지역의 해발 5,000m 고지에 있는 호수로 빙하가 녹는 계절에 홍수를 일으키곤 한다.

표 5-1 쿠일루 계곡의 전통 절기

대략적인 시기	과거의 이상적인 날씨 유형 (1970년대까지)	최근의 날씨 유형
1월 15일 ~ 2월 15일	추위와 눈	약간의 비와 눈
3월 15일 ~ 4월 15일	비, 드물게 눈	약간의 비와 눈
5월 15일 ~ 6월 15일	고온	건조
7월 15일 ~ 8월 15일	비	고온과 비
9월 15일 ~ 10월 15일	쾌청	전반 비, 후반 건조
11월 15일 ~ 12월 15일	눈	눈(이상적 유형과 동일)
12월 15일 ~ 1월 15일	최대 추위와 눈	아주 적은 눈

베드완과 로즈(Vedwan and Rhoades 2001: 117)는 오랜 기간의 현지 경험과 현장 관찰이 지역 변화의 실질적 성격에 대한 귀중한 통찰력의 원천이 될 수 있기 때문에 정책입안자는 기후변화를 완화하기 위한 결정을 내릴 때 현지 지식을 고려해야 한다고 믿는다.

기후변화와 빙하 후퇴는 안데스 산맥이나 히말라야 산맥과 같은 개발도상국 고산지대 주민뿐만 아니라 알프스 산맥에 위치한 스위스나 오스트리아와 같은 선진국의 산악지대 주민에게도 영향을 미친다. 사라 스트라우스는 다음과 같이 지적한다(Sarah Strauss 2009: 167).

> *빙하는 역사적으로 알프스 문화에서 식수 및 전력 생산을 위한 저수지, 상업용 원자재(냉장 기술이 없던 시절), 관광지, 환경 변화의 가시적 지표, 잃어버린 영혼을 위한 보고(寶庫) 등 여러 가지 이유로 중요했다.*

그녀는 스위스 왈리스 주의 론 강 근처의 계곡인 달라탈(Dalatal, 프랑스어로 "발라시스")에 위치한 로이커바트(Leukerbad)에서 물, 날씨, 기후에 관한 인류학 연구를 수행해 왔다. 이 마을은 온천, 담수, 강, 호수, 빙하, 스키장이 있는 곳이다. 그녀가 실시한 설문조사에서 응답자의 75%가 지역 기후가 이전 수십 년보다 더 따뜻하고 습해졌다고 답했다(Strauss 2009: 170). 로이커바트 주민은 미래를 예측하기 위해 기후 모델과 과학적 지식에 의존하고 있지만, 그러한 정보가 힘을 실어주지는 못한다고 생각한다. 스트라우스는 다음과 같이 보고한다(Strauss 2009: 172).

수년 동안 내가 만난 대부분의 로이커바트 주민은 종교적 신념이 있든 없든 어떤 상황이 닥쳐도 대처할 수 있다고 생각했다. 그들은 이전에도 힘든 삶을 살아왔고, 앞으로도 그럴 수 있으며, 일자리를 찾기 위해 고향을 떠나 도시나 지방으로 이주해야 한다면 이런 일들은 자신이 통제할 수 있는 일이 아니기 때문에 걱정할 필요가 없다고 생각한다. 기후변화가 일어나고 있다고 믿든 인위적이라고 믿든 기후변화가 자신과 자녀의 생활 방식에 큰 영향을 미칠 것이라고 믿든 여전히 예방할 수 있는 것은 아무것도 없다는 느낌을 가지는 것이다.

로이커바트 주민은 선진국이든 개발도상국이든 기후변화를 당장 통제할 수는 없다고 생각하는 전 세계 사람 중 일부라는 예시를 보여준다. 어떤 이들은 기업과 정부 부문의 전략적 엘리트나 유엔과 같은 다자간 국제기구가 상황을 개선할 수 있을 것이라고 믿는다. 또 다른 이들은 전략적 엘리트가 "원래 하던대로 하던 관행"과 지배적인 세계 경제의 핵심 기능에 너무 매몰되어 기후변화를 효과적으로 완화할 수 없다고 생각하면서, 제6장에서 논의할 기후운동의 맥락에서 안전한 기후를 위해 직접 노력하려고 뛰어든다.

사례 연구 5. 기후변화와 건조하고 메마른 땅에 사는 사람들: 사하라 이남 아프리카와 호주

기후변화는 건조하고 메마른 지역의 가뭄을 더욱 심화시킨다. (물론 인간의 잘못된 토지 이용과 수자원의 불균등한 분배에도 영향을 받지만) 이로 인해, 전 세계의 원예작물업, 목축업, 농업 인구가 막대한 악영향을 받고 있다. 특히 약 50개의 주권 국가로 구성된 사하라 사막 이남 아프리카는 기후변화로 인한 농업의 악영향으로 위험에 처해 있다. 사하라 사막 이남 아프리카에는 6억 명이 넘는 인구가 살고 있으며, 이들 중 대다수는 생계를 위해 토지와 식량 생산에 직접적으로 의존하고 있다. 국제농업개발기금(Fund for Agricultural Development, FAD)의 대표인 레나르트 베이지(Lennart Bage)는 다음과 같이 말한다. "흉작과 가축의 폐사 증가는 이미 사하라 이남 아프리카 일부 지역에서 막대한 경제 손실을 초래하고 식량 안보를 악화시키고 있으며, 지구온난화가 지속될수록 이 문제는 더욱 심각해질 것이다"(Kenya Environment and Political News 2007). 식량 공급 감소와 그에 따른 식량 가격 상승은 토지를 소유하지 않은 노동자에게도 즉각적인 영향을 미치는데, 이들은 힘든 시기에 자신을 보호하기 위한 저축을 할 수 없는 개인과 가구이다.

북쪽의 사하라 사막과 남쪽의 사바나 국가 사이에 있는 반건조 생태지대인 아프리카 사헬(African Sahel) 지역의 경우, 강우량 감소로 1970년에서 2000년 사이에 농업 생산성이 연간 1%씩 감소했다(Eggleton 2013: 77).

> *동시에 사막화도 증가했다. 일부 농업 관행 개선으로 20세기 후반에는 식량 생산 감소 추세가 반전되기 시작했지만, 이 지역은 여전히 가뭄에 매우 취약한 지역이다. 2010년 초, 전년도에 비가 오지 않아 차드(Chad)의 곡물 생산량은 30% 감소했다. 이웃 니제르는 20년 만에 최악의 작황을 보였다. 유니세프의 유엔아동기금(United Nation Children's Fund)에 따르면 사헬 지역에서는 매년 30만 명의 5세 미만 어린이가 사망한다. 사헬 지역의 건조기후는 적도 북쪽과 남쪽의 대서양 해수면 간의 온도 차가 커지고 인도양의 온난화가 원인으로 지목되고 있다.*
>
> *Eggleton 2013: 77-78*

사하라 사막 이남 아프리카에서 사막화의 가장 심각한 현상 중 하나는 역사에서 차드, 카메룬, 니제르, 나이지리아에 걸쳐 있던 차드 호수(Lake Chad)가 줄어들고 있다는 것이다. 1960년대만 해도 이 호수의 면적은 38,000km^{2}에 달했으며 접경 4개국의 인간, 동물, 식물의 생존을 모두 지탱했다(Aulakh 2013). 하지만 지구온난화와 사하라 사막의 꾸준한 남하로 인해 오늘날 차드 호수의 면적은 1,300km^{2}에 불과하다. 차드 호수가 21세기에도 살아남을 수 있을지는 확실하지 않다. 그 결과 대규모 이주, 영양실조, 사회적 갈등이 증가했다.

차드 호수의 건조화로 인해 점점 더 많은 사람이 기후 난민이라는 취약한 지위에 놓이게 되었다. 할리메 지메(Halime Djime)의 가족이 대표적인 예이다. 이 가족은 낙타 수십 마리를 키우며 고기와 우유로 생계를 유지하던 목축 농가였다. 그러나 가축을 키우던 지역이 건조해지기 시작하면서 낙타 무리를 키울 수 있는 초목이 점점 줄어들었다(York 2010). 할리메의 남편은 남은 낙타를 팔아 리비아와 차드 동부에서 일자리를 구했다. 그러나 상황이 악화되면서 남편과의 연락이 끊겼고 그녀는 더 이상 남편이 어디에 있는지 알 수 없게 되었다. 딸 파티메(Fatime)는 심각한 영양실조로 굶주림에 시달리고 있다. 할리메의 가족이 살고 있는 지역은 세계에서 가장 가난하고 굶주린 지역 중 하나로, 어린이 4분의 1이 다섯 번째 생일을 맞기도 전에 사망하고 있다.

로버트 히치콕(Robert K. Hitchcock 2009)은 아프리카 남부 보츠와나 칼라하리 사막(Kalahari Desert of Botswanna)의 산인(San people)에게 기후변화가 미치는 영향을 조사했다. 그의 산인 정보제공자는 칼라하리의 환경 및 기후변화의 본질에 대해 다양한 견해를 제시하기는 했지만, 일반적으로 지하수면이 점점 낮아지는 것에 대해 걱정하는 것은 공통적이었다(Hitchcock 2009: 253). 히치콕(Hitchcock 2009: 256)에 따르면 "상당수의 산인 정보제공자는 정부와 국제 사회가 지구 및 지역에서 기후변화의 영향을 줄이기 위해 더 많은 일을 해야 한다고 생각한다."라고 말했다. 일부 산인은 히치콕에게 환경 변화의 승자와 패자 시나리오로 보면 자신들은 엄청난 패자가 될 것이라고 말했다(Hitchcock 2009: 257). 한 산인 여성은 기후변화 위기를 해결하기 위해서는 사회정의의 관점을 지녀야 한다고 히치콕과 의견을 공유했다.

그녀는 지구 기후변화는 다루기 어려운 것이지만 노인과 젊은이, 산인과 산인이 아닌 사람, 아프리카와 전 세계가 함께 노력한다면 자연 재난, 사회 갈등 및 환경 변동성에 대처하는 방법에 대한 과학적 지식과 지역 지식을 모두 활용하여 그들이 직면한 문제에 대처할 수 있다고 말했다.

Hitchcock 2009: 259

매지스트로와 로(Magistro and Lo)는 세네갈 정부가 농업용수를 확보하기 위해 일련의 댐을 건설하여 30년간의 강수량 감소에 대응한 사례 연구를 보여준다. 그들은 1980년대 중반에 건설된 댐들이 "하천 흐름의 계절성을 안정화시켜 연중 관개 계획에 따라 쌀 수확을 두 번 할 수 있게 되었다."라고 보고한다(Magistro and Lo 2001: 141). 리틀 등(Little *et al*. 2001)은 케냐 북부와 소말리아 남부의 목축업 농가를 대상으로 1996/1997년 가뭄과 1997/1998년 엘니뇨 현상으로 인한 홍수에 대한 대응 경험을 조사했다. 이들은 "홍수나 가뭄과 같은 거시적 기후 사건"의 발생을 "지구 기후변화에 대한 과장된 주장"이라고 치부하려는 경향을 강하게 비판했다(Little *et al*. 2001: 152). 대신 저자들은 기후변화는 목축 농가와 지역사회를 생계를 유지하는 과정에서 맞닥뜨린 일련의 위험 중 하나일 뿐이라고 주장한다. 다른 위험으로는 거시 시장 상황이나 정치적 불안 및 갈등이 포함될 수 있는데, 이들은 기후 사건과도 무관하지 않을 수 있다. 리틀 등이 이 연구를 발표한 이후 몇 년 동안 지구온난화는 기후변화 모델이 예측한 패턴대로 근래에 들어서는 인류 역사상 전례 없는 속도로 지속되고 있다. 이 연구자들이 연구한 지역의 목축농가는 여러 요인으로 인해 어려움을 겪고 있지만, 기후과학자 사이에서 특정 지역의 기상 유형이 기후변화 때문이라는 설명이 점점 더 보편화되고 있으며 점점 더 설득력을 얻고 있다. 리틀 등(Little *et al*. 2001: 158)은 그들의 연구에서 일부 목축농가는 문제가 되는 앞서 두 가지 기후 사건으로 인해 심각한 고통을 겪었지만, 다른 목축농가는 "충분한 가사 노동력과 (당시의 기후 사건에) 영향을 받지 않는 목초지에 접근"할 수 있었던 덕분에 적응할 수 있었다는 사실을 발견했다. 이 사례에서 알 수 있듯이 회복탄력성은 자원의 통제와 관련된 가변적인 요소다. 애드거 등은 다음과 같이 지적한다(Adger *et al*. 2003: 179).

> *모든 사회는 근본적으로 적응력이 있으며, 과거에 그 사회들이 기후변화와 유사한 위험에 적응해야 했던 많은 상황이 있었다. … 일부 부문은 다른 부문보다 기후변화로 인한 위험에 더 민감하고 사회 내 일부 집단은 다른 집단보다 더 취약하다.*

오늘날 기후변화와 관련해 제기되는 질문 중 하나는 리틀 등이 논의한 아프리카의 뿔(Horn of Africa)[11] 지역 국가들이 직면한 바로 그 조건, 즉 기후혼돈과 다중 위험의 상호작용에 직면한 (사회의) 회복탄력성의 지속 가능성에 관한 것이다. 리틀 등의 연구에 따르면 기존의 취약성은 기후변화의 부정적 영향이 무엇인지를 결정하는 데 도움이 될 것이다. 그러나 상황이 계속 악화된다면 초기에 적응력을 입증한 가구와 지역사회도 대처가 어려울 수 있다.

클레멘스 로만키에비츠와 마틴 도븐스피크(Clemens Romankiewicz and Martin Doevenspeak 2015)도 서아프리카 사헬 지역, 특히 말리와 세네갈에서 학제 간 프로젝트의 일환으로 연구를 수행했다. 역사적으로 이 지역은 세계에서 가장 이동이 활발한 지역 중 하나이며, 다양한 연구에서 밝혀진 바와 같이 기후변화가 이주의 원인 중 하나로 작용하고 있다. 사헬 서부의 기온은 1960년대 이후 상승했으며, 따뜻한 날이 늘어나고 추운 날은 줄어드는 것으로 나타났다. 마을 노인과의 인터뷰는 최근의 강우량이 1970년대 이전보다는 낮지만 1970년대와 1980년대의 극심한 가뭄 시기보다는 높다는 기상 기록과 일치했다. 로만키에비츠와 도븐스피크는 다중현장연구를 기반으로 다음과 같이 주장한다(Romankiewicz and Doevenspeak 2015: 96).

---

11 아프리카 대륙 북동부, 소말리아 공화국과 그 인근 지역을 일컫는다.

특정 기후 및 식생의 형태가 어떤 종류의 이주민에게 어떤 역할을 하는지, 어떻게, 어느 정도 영향을 미치는지 이해하기 위해서는 다양한 사회, 정치, 경제적 변화 과정의 맥락에서 환경 변화와 이주의 지역적 의미를 더 깊이 이해하는 것이 중요하다.

사헬 서부의 린게레(Linnguerre) 지역 주민은 교육과 더 나은 고용 및 소득 기회를 위해 도시로, 심지어 유럽으로 이주하는 경우가 많다.

이 사례 연구에서 우려하는 또 다른 장소는 미국의 인접한 48개 주와 거의 비슷한 면적을 가진 호주다. 그러나 호주는 전반적으로 훨씬 더 건조하고 혹독한 (기후조건을 지닌) 나라다. 오랜 세월 호주 학생들은 "나는 햇볕에 그을린 우리나라를 사랑한다."라는 유명한 문구가 들어 있는 도로시아 맥켈러(Dorothea Mackellar)의 시 "나의 나라"를 암송하며 그 사실을 배워 왔다. 호주는 인도양, 태평양, 남극해 등 세 개의 바다로 둘러싸여 있지만, 지구상에서 가장 건조한 대륙으로 묘사되는 데는 그럴 만한 이유가 있다. 호주는 기후변화의 직접적인 영향에 가장 취약한 선진국이자 기후변화로 인해 스트레스를 받는 이웃 국가들의 간접적인 영향에도 취약한 국가이다. 호주는 엘니뇨와 라니냐 사이의 변동으로 기온과 강수량 변동성을 형성하는 남방 진동[12]에 다른 어떤 대륙보다 더 큰 영향을 받기 때문에 기후변화의 최악의 영향에 대한 민감도가 높다. 엘니뇨는 최대 7년 동안 호주의 강우량을 감소시켜 가뭄을 일으키고 산불을 심화시킨다. 반대로 라니냐가 발생하면 더 많은 비가 내리고 폭우와 홍수가 발생하기도 한다. 기후변화는 남방 진동의 강도를 증가시킨 것으로 보인다. 또한 20세기 후반부터 해수면 온도의 불규칙한 진동인 인도양 쌍극 진동(Indian Ocean Dipole)[13]으로 인해 서쪽이 온난화되고 남서부 지역의 봄비가 감소했다. 2007년 기후변화에 관한 정

12 적도 동태평양의 해수 온도가 평균보다 높은 상태인 엘니뇨와 낮은 상태인 라니냐 사이의 순환을 말한다.

13 초여름과 늦가을 사이에 인도양 열대 해역의 동부에서는 수온이 낮아지고, 서부에서는 수온이 높아지는 대기해양현상이다.

부 간 합의체(IPCC) 보고서는 기후변화가 호주에 미친 영향을 다음과 같이 설명했다. 1950년 이후 0.4~0.7℃(0.72~1.26°F) 기온 상승, 폭염 증가, 서리 감소, 북서부 지역 강우량 증가, 남동부 지역 강우량 감소, 가뭄 심화, 약 70mm 해수면 상승이 있었다(Hennessey *et al*. 2007). 호주 전체로 볼 때 2009년은 1910년 고급 기상 관측 기록이 시작된 이래 두 번째로 더운 해였으며, 2009년 8월은 기록상 가장 뜨거웠던 8월이었고, 2005년은 1961~1990년 기간의 표준 평균 기온보다 1.09℃(1.96°F) 더 높은 가장 더운 해였다(Austalian Bureau of Meteorology 2009; Lindenmayer 2007). 2010년에 호주 기상청은 기록상 가장 더웠던 2001~2010년의 10년이 평년 기온보다 0.52℃(0.94°F) 높았으며, 호주의 기후는 지난 60년 동안 꾸준히 따뜻해졌고, 지난 30년 동안 서늘했던 해는 거의 없었다고 보고했다. 그 후 호주는 2010년 말과 2011년 초에 기록된 역사상 가장 심각한 라니냐 현상으로 인해 황폐화되었으며, 이는 기후변화와 관련되었을 가능성이 높은 기록적으로 높은 지표면 온도로 인해 더욱 악화되었다. 호주 연방과학산업연구기구(Commonwealth Scientific and Industrial Research Organisation, CSIRO)와 호주 기상청의 2010년 기후현황보고서에 따르면 호주의 평균 기온은 2030년까지 0.6~1.5℃(1.08~2.7°F) 상승할 것으로 예상되며, 전 세계 온실가스 배출량이 현재 수준으로 계속된다면 2070년까지 2.2~5.0℃(3.96~9°F) 범위의 온난화가 일어날 것으로 전망된다. 이 정도의 온난화는 실제로 호주를 햇볕에 그을린 나라로 만들 것이다.

모든 호주인 중에서 호주 원주민 또는 애보리진인(Aboriginal People), 특히 호주 중서부의 외딴 지역공동체(remote communities)에 거주하는 원주민은 기온 상승 및 기타 기후변화에 가장 취약하다. 도나 그린(Donna Green 2009)은 기후변화가 호주의 외딴 지역 원주민 공동체에 미치는 영향과 대응 방안에 대한 연구를 수행했다. 그녀는 호주 북부의 원로 및 전통적 토지 소유주(Elders and Traditional Owners of the Land) 30명과 연구자 및 과학자 30명이 모인 워크숍을 조직했다(Green 2009: 220). 이 그룹은 호주 본토와 파푸아뉴기니 사이에 위치한 섬에 거주하는 토레스 해협 섬 주민(Torres Strait Islander)에게 기후변화가 미치는 영향을 우선적으로 연구하기로 결정했다. 섬 주민은 최근 몇 년 동안 만조 시 높은 파고를 가리키는 킹 타이드[14]가 더 높고 강력해졌다고 보고했다.

> *(더욱이) 몇몇 섬에서는 해안 도로가 쓸려 내려가고 오래전부터 있던 묘지와 집들이 침수되었다. 홍수로 인한 심리적 고통 외에도 외딴 곳이기 때문에 이러한 피해를 복구하는 데 엄청난 비용이 들어가고, 섬 주민이 컨설턴트를 고용해 인식 조사를 수행하거나 기본 인프라에 대한 유지 보수 작업을 실제로 수행하는 데 필요한 자원 접근성이 떨어진다.*
>
> *Green 2009: 221*

또한 섬 주민은 침수로 인해 담수 공급원이 오염되거나 쓰레기매립지가 범람할 수 있다고 우려했다. 2007년 기후변화에 관한 정부 간 협의체(IPCC) 보고서는 토레스 해협 섬들에 거주하는 4,000명의 주민 중 약 절반이 해수면 상승과 그에 따른 폭풍 해일로 인해 결국 이주해야 할 수도 있다고 지적한다(Hennessey *et al*. 2007).

시드니 뉴사우스웨일스대학교(University of New South Wales)의 기후변화 연구센터에서 운영하는 "지식 공유(Sharing Knowledge)" 웹 사이트는 "외딴 지역 원주민 공동체가 살고 있는 호주 북부 대부분의 지역에 대한 기후변화 예측을 제공하고 … [그리고] 날씨와 기후에 대한 전통환경지식(traditional environmental knowledge, TEK)의 저장소 역할을 한다"(Green 2009: 225). 웹 사이트에는 다음과 같은 인식이 담겨 있다. "현재 호주 원주민, 지역사회, 문화 및 국가의 건강에 영향을 미치는 데 기후가 어떤 역할을 하는지에 대한 이해가 부족하다." 이러한

---

14 조수 간만의 차이로 발생하는 파도 중 특히 만조가 되어 다른 때보다 파고가 높아질 때를 킹 타이드(King Tide)라고 부른다.

지식의 격차를 극복하기 위해 센터는 호주 북부와 중부의 주요 병원에서 20년간의 입원 자료를 분석하고 그 결과를 기후 데이터와 연관시키는 여러 연구를 진행하고 있다. 두 번째 연구는 위크인(Wik)과 쿠구인(Kugu)의 전통적 토지 소유주 및 원로들과 함께 그들의 원래 고향 지역으로 여행을 떠나 그들이 기억하는 전통 마을에 대한 기억과 변화된 모습에 대해 이야기하는 것을 촬영하는 것이다. 현재 그들의 마을 대부분은 보트나 헬리콥터를 통해서만 접근할 수 있기 때문에 대부분의 사람이 정기적으로 방문하기가 어렵다.

호주 연방과학산업연구기구(CSIRO)에서 수년간 근무한 인류학자 마커스 바버(Marcus Barber 2011b)는 호주 정부가 의뢰한 기후변화에 관한 가나우트 평가(Garnaut Review)에서 상당한 완화책이 없다면 호주 노던준주(Northern Territory)의 주도인 다윈(Darwin)은 2070년까지 매년 35℃(95℉)를 넘는 날이 200일 이상 될 것이라고 예측했다고 말한다. 그는 호주 연방과학산업연구기구에서 근무하는 동안 많은 시간을 호주 북부의 외딴 지역을 여행하며 원주민과 물 문제 및 지역 환경 변화에 대해 이야기를 나누는데 보냈다. 그의 원주민 정보제공자들은 "기후변화"와 "지구온난화"에 대한 언급이 점점 더 많아졌고, 이러한 기후과학 개념이 지구의 외딴 지역들로까지 확산되고 있음을 시사했다. 바버(Barber 2011b)는 인류학자가 맞닥뜨린 한 가지 과제는 "(기후변화로 인해 생겨날) 미래를 설명할 수 있는 지식이 생성되는 곳 그리고 실제로 (기후변화를 일으키는) 대부분의 인과적 요인이 발생하는 곳에서 멀리 떨어진 곳에서 살아가는 사람들과 이야기를 나눌 때 적절하게 대화하는 방법을 찾는 것"이라고 주장한다. 바버(2011a: 94-95)는 또 다른 에세이에서 다음과 같이 말한다(Barber 2011a: 94-95).

2008년에 저와 이야기를 욜릉구(Yolngu)의 많은 사람이 어떤 형태로든 기후변화에 대해 들어본 적이 있었지만, 세부적인 내용은 저마다 달랐다. 극지방의 얼음이 녹고 해수면이 상승할 가능성은 잘 알려진 현상이었지만, 그것과 이산화탄소 배출과의 관계에 대한 지식이 내가 이야기를 나눈 사람들 사이에

서는 분명하지 않았다. … 많은 사람이 과거 마법사와 마술사가 어떻게 폭풍과 날씨를 조절할 수 있었는지에 대해 이야기하기도 하지만, 요즘은 대화에서 그런 지식은 대체로 원주민이 아닌 이들에게는 받아들여지지 않는 설명이라는 것을 알고 있다는 식으로 부언하는 경우가 많다.

그럼에도 불구하고 노던준주의 아넘랜드(Arnhem Land)에 거주하는 호주 원주민은 대중매체의 보도, 원주민 순찰대(Indigenous rangers)[15] 보고서, 정부의 환경 보고서 등을 통해 인간활동에 의해 유발되는 기후변화에 대해 점점 더 많이 알게 되었다. 그 결과, 욜릉구 사람은 이제 기후변화를 자신들의 생활 방식에 대한 주요 위협으로 간주하고 있다.

이러한 위협은 호주 원주민 사이에서 전반적으로 증가하고 있다. 은가린제리 지역공동체(Ngarrindjeri Community)의 멜라니 쿨마트리(Melanie Koolmatrie)는 자신이 목격한 변화에 대해 다음과 같이 말한다.

우리는 항상 물가에서 살아왔다. 우리는 물의 사람이다. 우리는 물의 정령이다. 나에게는 나라가 하나뿐인데 바로 이 나라다. 만약 이것이 사라진다면, 나에게 다른 집은 있을 수 없다. … 정말 가슴이 아프다. 우리 땅은 병들어 버렸다. 무엇인가를 해야 한다. 지금 당장 해야 한다.

Hero Project 2009

그린 등(Green *et al*. 2010)은 호주 원주민이 기후 및 기상 관측을 포함한 생태 지식에 대한 기록을 축적하고 있으며, 이는 잠재적으로 열대 북부 호주의 계절 변화에 대한 기후 자료의 격차를 보완할 수 있다고 주장한다. 실제로 호주 기상청은 온라인 원주민 날씨 지식 프로젝트(Indigenous Weather Knowledge Project)를 운영하여 원주민 공동체를 위한 세 가지 날씨 달력을 제공하고 있다. 그린 등(Green *et al*. 2010: 351)은 "원주민 지식은 이러한 지역사회에 문화적으로 적절한

---

15 원주민 지역공동체 구역을 순찰하는 대원이다.

기후변화 적응을 위한 최선의 방법을 이해하는 데 있어 핵심적인 열쇠 중 하나일 수 있다."라고 주장한다.

사례 연구 6. 기후변화와 미국 남서부 원주민

역사적으로 미국 남서부는 제3장에서 설명한 기후-사회 유형, 즉 변화하는 기후 및 환경 조건의 압박으로 복잡한 사회체제가 회복탄력성을 잃고 파괴되었던 사례다. 하지만 이들은 이후 좀 더 단순한 사회적 결합체로 조직된 저밀도 인구 집단으로 파편화되어 붕괴를 경험하기도 했지만 그 붕괴의 여파 속에서 계속 생존할 수도 있다는 점을 보여준다. 오늘날 미국의 남서부 원주민에 대해 존 핵은 다음과 같이 보고했다(John Hack 1942: 76).

> *나바호인(Navahos), 아파치인(Apaches), 파이우테인(Paiutes)이 광범위하게 흩어져 반-유목 생활을 하는 미국 남서부의 고원지대 전역은 해당 인구를 수용하기에는 척박한 땅이었지만, 그 이전에 이 일대에서 농업을 하던 푸에블로인의 수많은 유적과 작업 흔적은 이곳에도 많은 인구가 존재했었음을 증명하는 것으로 잘 알려져 있다.*

인위적 기후변화의 영향이 나타나기 시작하면서 미국 남서부 일대는 가장 큰 타격을 받고 있는 지역 중 하나가 되었으며, 기후변화는 이 지역 원주민에게 심각한 위협이 되고 있다.

연평균 강수량이 25.5cm 미만인 건조한 남서부 지역에는 미국 연방 정부가 인정한 70개 이상의 인디언 부족이 거주하고 있으며, 물 부족이 심각하다. 윌리엄 브레넌(William Brennan) 판사는 대법원 판결문에서 다음과 같이 썼다. "미국 남서부 지역의 문제 중 물 부족 문제보다 더 심각한 문제는 없을 것이다."(Brennan 1976). 남서부의 미국 원주민은 다른 원주민과 마찬가지로 지구온난화의 원인에는 거의 기여하지 않았지만, 지리적, 정치경제적 이유, 특히 가용 가능한 물 문제와 관련하여 지구온난화의 부정적인 영향으로 인해 심각하게 고통을 받고 있다

(Krakoff 2008).

컬럼비아대학교 라몬트-도허티 지구관측소(Columbia University's Lamont-Doherty Earth Observatory)의 기후과학자이자 미국 남서부 지역의 기후 요인 전문가인 리처드 시거(Richard Seager)는 현재 진행 중인 지구온난화 유형을 고려할 때 이 지역이 1930년대 극심했던 먼지 폭풍인 더스트볼(Dust Bowl)에 견줄 만한 "영구 가뭄"의 시기에 접어든 것으로 보고 있다(Seager *et al*. 2007). 남서부의 가뭄은 "20년간 지속되다가 1996년경부터 거의 일정하게 나타나고 있으며, 지난 5년 동안은 기록상 가장 더운 평균 기온을 보였다"(Institute for Tribal Environmental Professionals 2008). 시거에 따르면 남서부는 적도 열대 지방의 북쪽과 남쪽에 있는 아열대 지방의 다른 지역과 마찬가지로 대기의 흐름이 폭풍으로 유입되는 양보다 훨씬 더 많은 수분을 이 지역 밖으로 이동시키는 경향 때문에 건조하다. 이제 열을 가두는 온실가스의 농도가 증가함에 따라 지구의 대기는 더 따뜻해지고 더 많은 수분을 함유할 것이다. 호수와 강에서의 증발이 증가하고 토양은 더욱 건조해지며 식물은 더 많은 수분을 대기로 직접 배출할 것으로 예상된다.

블로그 "ClimateProgress.org"를 운영하고 있는 물리학자 조셉 롬(Joseph Romm 2011)은 과거에는 이러한 상황을 사막화라고 불렀지만, "더스트볼이 되어가는 현상(Dustbowlifcation)"이 더 정확하고 생생한 표현이라는 것을 깨달았다고 말한다. 200만 명의 이재민이 발생한 1930년대의 더스트볼은 아마도 지금까지 미국 역사상 가장 최악의 환경 재난이었을 것이다. 기존의 컴퓨터 시뮬레이션 예측에 따르면 21세기 중반에는 캔자스에서 캘리포니아까지 치명적인 더스트볼 현상이 발생할 수 있다고 한다(Seager *et al*. 2007). 예를 들어, 애리조나와 뉴멕시코의 나바호 모래 언덕에 대한 마가렛 히자 레드스티어(Margaret Hiza Redsteer)의 연구에 따르면, 기온과 식물 증산율[16]이 상승하고, 날리는 먼지가 증가하고 있

---

16 식물의 잎에 도달한 물이 기체 상태로 되어 기공을 통해 식물체 밖으로 빠져 나가는 정도를 이른다.

으며, 모래 언덕은 넓어지고, 우물이 마르고 있다(Institute for Tribal Environmental Professionals 2008).

나바호에서 살아온 레드스티어는 지질학자로 훈련을 받았지만 나바호 원로들의 기후변화에 대한 경험을 기록하기 시작했다. 그녀는 이렇게 보고한다.

> *노인들은 종종 풀이 얼마나 다른지, 예를 들어 예전에는 어느 정도 키로 자랐고, 굵기는 어땠으며, 얼마나 많았는지에 대해 이야기한다. 어떤 사람들은 어렸을 때 양떼를 몰고 다닐 때는 양떼의 바로 옆에 있어야 했다고 말한다. 그렇지 않으면 양들이 풀밭에서 길을 잃을 수 있기 때문이다. 지금은 그렇지 않다. … 노인들의 기억은 물리적 기록으로는 알 수 없는 정보를 알려줄 수 있다. 노인들의 기억은 생태계의 변화를 훨씬 더 잘 보여준다. 예를 들어, 사람들은 겨울에 눈이 말의 가슴 높이까지 쌓였다고 이야기한다. 작물을 기르면서 물을 대기 위해서는 특정 하천을 사용했다고 이야기하지만, 지금은 그렇게 많은 하천이 흐르지 않는다.*
>
> *Venton 2012*

레드스티어는 자신이 수집한 구전 기록이 이용 가능한 기상 자료와 얼마나 잘 일치하는지를 알고 깊은 인상을 받았다. 100건이 넘는 인터뷰를 통해 그녀는 같은 지역에 사는 사람들이 과거의 환경 조건에 대해 일관되게 이야기하고 있다는 것을 발견했다. 또한 그녀는 건조해진 기후가 이미 나바호인의 생계 유형에 영향을 미치고 있다고 지적한다.

> *이미 많은 사람이 가축을 기르지 않는다. 가축이 마실 물도 없고 사료도 없다. 그리고 건초를 보호구역까지 운반하는 데는 항상 엄청난 비용이 든다. 생계가 어려워지거나 거래에서 손해를 보는 경우가 많다. 사람들이 가축을 기르긴 하지만 그 수가 많지 않고 대부분 의례에 사용할 정도만 기른다.*
>
> *Venton 2012*

특히 레드스티어는 자신이 인터뷰한 나바호인이 다른 원주민과 마찬가지로 자신들이 목격하고 있는 나쁜 환경 변화에 대해 스스로를 탓하고 있다는 사실을 발견했다. 그들은 나바호인이 서구화되고, 자동차를 운전하고, 임금 노동에 참여하고, 땅을 돌보지 않고, 전통 의식을 지키지 않은 결과 이러한 변화가 일어났다고 말했다.

미국 야생동물연맹(National Wildlife Federation)의 연구에 따르면 미국 전체에서 현재 기후변화의 영향을 가장 많이 받는 집단은 원주민들이다. "폭풍에 맞서기: 인디언 부족, 기후로 인한 기상이변, 인디언 나라의 미래(Facing the Storm: Indian Tribes, Climate-Induced Weather Extremes, and the Future for Indian Country)"(Curry *et al.* 2011)라는 제목의 이 연구는 남서부의 많은 인디언 인구에 대해 다소 끔찍한 전망을 그리고 있다. 이 보고서에 따르면 미국 원주민의 취약성은 (1) 일반적으로 더 넓은 사회에서의 낮은 지위, (2) 빈곤과 높은 실업률, (3) 땅에 대한 물리적이고 문화적인 의존(특히 보호구역 인구), (4) 환경 재난에 적절히 대비할 수 있는 자원 부족 등 여러 요인에 기인한다. 이 보고서는 화재로 위협받는 아파치 숲, 홍수와 싸우는 호피 마을, 수천 명의 나바호인을 고립시킨 극심한 눈보라 등 최근 사례를 보여주었다.

미국 남서부 원주민이 직면한 중요한 문제 중 하나는 이들이 이 지역에 이주한 다른 사람들보다 더 오래 전부터 살아왔음에도 불구하고, 물 이용의 우선권은 부여받지 못했다는 사실이다. 19세기와 20세기에 이 지역에 유럽계 미국인이 빠르게 정착하면서 주 당국은 인디언의 물 권리보다는 유럽계 미국인이 지역을 개발하기 위해 필요한 물의 권리를 옹호했다. 그 결과 가뭄이 심해지는 시기가 되면 이들이 남서부의 물 흐름을 통제하여 원주민에게 피해를 입혔다. 나바호 그린 잡스(Navajo Green Jobs)와 블랙 메사 물 연맹(Black Mesa Water Coalition)의 나바호인 환경운동가인 니케 알렉스(Nikke Alex)는 이렇게 말한다.

상황은 점점 더 악화되어 갈 텐데, 우리에겐 계획이 없다. … 우리는 환경 문제에 대한 해결책으로 탄소포집, 천연 가스 및 배출권 거래제에 대해 이야기하고 있다. 그것들은 진짜 해결책이 아니다. … (제 고향인 딜콘에서는) 병원을 짓는다고 하는데, … 우리는 빨래할 때 쓸 물조차 부족하다. 이런 상황에서 어떻게 병원을 지을 수 있겠는가? 우리는 항상 적응할 수 있었다. … 그래서 이 모든 주제가 나를 화나게 만드는 거다. 우리는 주류의 답을 기다리는 대신 우리만의 해결책을 만들어 앞장서야 한다.

quoted in Yurth 2011

남서부 인디언 사이에서 기후변화에 대한 자생적 대응이 일어나고 있는 곳 중 하나는 메스칼레로 아파치 부족(Mescalero Apache Tribe)의 땅이다. 메스칼레로 아파치 보호구역은 뉴멕시코 남부에 위치한 187,370ha의 조상 대대로 내려오는 땅이다. 미국의 지배에 저항하는 제로니모의 투쟁(Geronimo struggle)으로 전국적인 주목을 받은 이 땅은 점점 더 따뜻해지고 건조해지는 날씨, 짧아지는 겨울, 길어지는 여름, 산불 발생 빈도 증가, 고산 생태계 축소 등 인위적인 기후변화의 영향을 체감하기 시작했다. 기후변화에 대응하기 위해 부족의 땅에서 중국 느릅나무와 같은 외래 수종을 제거하여 유역 복원을 지원하는 동시에 부족의 노인들에게 땔감을 제공하고, 산불을 억제하기 위해 빽빽해진 수목을 솎아내고, 오래된 나무를 태우는 난방기와 난로를 에너지 효율이 높은 장작 난로로 교체하는 등의 노력이 이루어졌다. 저수지에서 지역공동체의 밭과 동물 농장으로 물을 전달하는 태양열 물 펌프를 설치하거나(식료품점까지 차량으로 이동하는 횟수 감소), 부족 부화장에 태양열 조명 설치, 마분지 상자나 플라스틱, 종이, 각종 금속들의 재활용 프로그램 개발, 가뭄에 강한 토종 식물을 조경에 사용하는 것, 청정 재생 에너지 공급원으로 풍력 터빈을 설치하는 등의 프로젝트를 검토하고 있다(Montoya 2013).

뉴멕시코 산도발 카운티의 헤메즈 푸에블로(Jemez Pueblo, in Sandoval County)

에서도 이와 유사한 프로젝트가 시작되었다. 헤메즈 푸에블로는 연평균 310일 동안 맑은 날씨가 지속되는 지리적 여건을 고려하여 12ha의 보호구역에 약 15,000개의 태양광 패널을 갖춘 4MW 규모의 태양광 발전소를 개발 중이다. 이 발전소는 푸에블로호에 전력을 공급할 뿐만 아니라 외부인에게 전기를 판매해 다른 프로젝트를 위한 예비 자금을 마련할 계획이다. 헤메즈 푸에블로는 지열 발전소 개발 가능성도 모색하고 있다. 로스알라모스국립연구소(Los Alamos National Laboratory) 및 여러 대학교와 협력하여 온실 농업 운영, 난방 시스템 및 상업용 스파에 전력을 공급하는 데 사용할 수 있는 지열 수자원을 조사하고 있다(Sommer 2011).

원주민 지역공동체와 기후변화(The Native Communities and Climate Change) 보고서는 기후변화로 인해 영향을 받는 남서부 원주민에 대한 기후변화의 악영향을 줄이기 위해 의회에 몇 가지 권고 사항을 제시했다(Hanna 2007). 이 중 첫 번째는 부족의 참여와 의견 수렴 문제이다. 특히 이 보고서는 의회가 원주민에게 영향을 미칠 기후변화 관련 법안을 제정하기 전에 부족으로부터 정보를 수집할 수 있는 의회 청문회를 소집해야 한다고 촉구한다. 또한, 이 보고서는 의회가 기후변화에 대응하기 위한 행정 역량을 확대하기 전에 인디언 부족 및 그 대표들과 신뢰할 수 있는 소통 채널을 구축하여 이들 부족 집단이 의미 있는 기후 정책을 수립하는 과정에 참여할 수 있도록 해야 한다고 주장한다. 게다가 이 보고서는 의회가 부족이 기후변화 영향에 적응하고 완화 노력을 기울이는 데 필요한 기금을 만들어야 한다고 권고한다. 마지막으로, 보고서는 원주민 구역의 대체 에너지 용량 개발을 위해 연방 정부의 투자가 중요하다고 강조한다. 풍력 및 태양광 발전은 남서부 원주민 구역의 잠재적인 에너지원이 될 수 있을 것으로 보인다. 그러나 다음 사례 연구에서 언급하겠지만, 원주민 공동체와 기후변화 보고서의 모든 권고 사항은 기후변화를 부정하는 이들의 조직적인 방해에 가로막혀 있다.

사례 연구 7. 선진국 사회의 기후변화 대응

기후 회의론자가 많은 미국이나 호주와 달리 스칸디나비아 국가 국민은 대체로 인위적 기후변화의 심각성을 인정하고 있다. 스웨덴의 경우 정부, 산업계, 그리고 많은 시민이 생태 근대화 프로그램을 기후변화의 완화를 위한 최선의 전략으로 보고 있다(Graham 2015). 자연을 사랑하는 많은 스웨덴인은 스스로를 "친환경적"이고 환경을 중시하는 사람이라고 생각한다. 마크 그레이엄(Mark Graham)은 하마르비 쇠에스탄(Hammarby Sjoestan) 주민과의 인터뷰와 민족지학적 연구를 바탕으로 다음과 같은 몇 가지 흥미로운 관찰 결과를 도출했다.

- 일부 정보제공자는 기술적인 해결책에 대한 믿음을 표명하거나 해결책이 거의 나왔다고 믿었다.
- 많은 정보제공자가 자신이 인식하는 세계인 메르크벨트(Merkwelt)와 자신의 행동이 영향을 미치는 세계인 비르크벨트(Wirkwelt)를 구분하는 데 어려움을 겪었다. 이들은 자원 고갈 및 재활용과 같은 환경 문제를 기후변화와 혼동하는 경우가 많았다.
- 일부 정보제공자는 도시, 특히 중산층이 사는 동네에서 나무 몇 그루가 벌목되는 것에는 화를 냈지만, 스웨덴의 원시림 벌목에 대해서는 이의를 제기하지 않았다.
- 대부분의 정보제공자는 소비 문화가 기후변화에 미치는 영향에 대해 우려를 표명하지 않았다.

스웨덴 정부는 경제성장 패러다임에 대한 믿음을 계속 표명하고 있지만, 국제 기후변화 협상 및 협약의 실패와 자원 고갈의 현실은 일부 스웨덴인이 "해외에서의 발흥에 영감을 얻은 스웨덴 전환 운동의 출현을 포함해 가정과 지역 프로젝트에 더 긴밀한 관심을 가지도록" 촉구한다(Graham 2015: 245).

기후체제 및 협약과 같은 온실가스 배출 완화 노력이 대체로 큰 영향력을 갖지 못하는 현실에서 기업가(예 빌 게이츠, 리처드 브랜슨), 정부 및 정책 자문가들 사이에서는 생태 근대화 전략 중 하나인 지구공학이 인기를 얻고 있다. 인류학자 조나단 마샬은 다음과 같이 보고한다(Jonathan Marshall 2015: 253).

> *지구공학 및 기타 상상 속의 기술은 특히 호주에서 기존의 문화/경제적 질서 체제를 안정화시키는 수단으로 홍보되고 있다. 호주 정부의 "2012년 에너지 백서"는 태양복사관리기법(Solar Radiation Management, SRM)을 언급하고 있지는 않지만, 주로 미래 상상 기술에 기반한 재무부 모델링에서는 호주의 탄소 배출량을 줄이는 방법으로 이 기법을 사용했다.*

호주에서 인기 있는 미래 상상 기술 또는 지구공학 기술은 탄소 포집 및 저장(carbon capture and storage, CCS)이다. 멜버른대학교에는 "탄소포집·저장연구를 위한 피터 쿡 센터(Peter Cook Centre for Carbon Capture and Storage)"가 있으며, 이 센터는 온실가스기술협력연구센터(Cooperative Research Centre for Greenhouse Gas Technologies), 리오 틴토(Rio Tinto), 빅토리아주정부개발·산업·혁신부(Victorian Government Department of State Development, Business and Innovation)와 파트너십을 맺고 있다(Baer and Gallois 2016: 9). 실제로 석탄 채굴 업계는 수익의 극히 일부만을 탄소포집·저장 기술 연구에 투자하고 있다. 이산화탄소를 포집하여 땅이나 바다에 주입하거나 오래된 석유 저장고나 탄광에 저장할 수 있을 것으로 추정되는 탄소포집·저장 기술은 아직 입증되지 않은 기술이다. 이 기술이 대규모로 실현된다면 추가 에너지가 필요하다는 점에서 발전 단가는 상승하고 에너지 효율은 떨어질 수 있다. 또한, 전 세계적으로 계속 증가하는 대량의 탄소를 저장할 수 있는 누출 방지 시설도 충분하지 않을 수 있다. 마샬(Marshall 2015: 260)이 예리하게 관찰한 것처럼 탄소포집·저장 기술을 포함한 지구공학은 "습관, 권력, 확실성의 자유시장 문화 복합체를 (비록 방해할 수 있지만) 보존하는 것처럼 보이지만, 현재로서는 창의적인 대안을 억압하고 이들 집단의 신용을 떨어뜨리는 것을 목표로 한다."라고 지적한다.

사례 연구 8. 기후과학자와 기후변화 부정론자들의 갈등 관계

기후의 관점에서 사회사를 보고 있는 이 시점에서, 기후변화에 대한 사람들의 지식과 태도의 형성 과정은 거의 모든 기후과학자의 견해와 지구온난화를 부정하거나 그 과정의 핵심 동인으로서 인간의 역할을 부정하는 개인 및 조직 간의 격렬한 충돌의 산물이라고 말하는 것이 정확할 것이다. 크레이트와 너톨(Crate and Nuttall 2009b: 398)은 그들의 저서 후기에서 다음과 같이 말했다. "기후변화 과학은 사람들이 세계의 '실재'가 무엇이고 어떻게 변화하고 있는지에 대해 생각할 수 있는 정보를 제공함으로써 합의된 의사결정 과정에 이르도록 돕는다." 그러나 과학은 대중에게 직접 전달되는 것이 아니라 미디어를 통해(때로는 정부 기관을 통해) 가공되는데, 흔히 미디어는 핵심이 되는 줄거리를 파악하고, 특정 쟁점을 강조하며, 내러티브를 만들면서 다양한 관점을 제공해야 한다는 의무에 기대는 경우가 많다. 인류학자 찰스 브릭스(Charlse Briggs 2011)는 과학의 소통 가능성에 대한 분석에서 전문가, 미디어, 대중이 참여하는 지식 유통 과정의 정치사회적 성격을 강조한다. 예를 들어, 기후과학자는 계속 증가하고 있는 기후과학 지식을 생산하는 관련 과학 문헌들을 철저히 검토하고 통합하여 기후변화에 관한 정부 간 협의체(IPCC) 보고서를 작성하지만, 정책입안자를 위해 정기적으로 발표되는 30페이지 분량의 보고서 요약본은 각자의 정치적 의제를 가진 정부 대표들과 협상을 통해 작성된다.

일반 대중의 경우, 기후과학자 간의 광범위한 합의에 관한 사항은 빈번히 소거된 상태로 혹은 상충되는 형태로 전달되어 과학적 발견의 시급성에 대한 초점을 흐리거나 개인 차원의 행동(㉮ 전등 끄기, 더 효율적인 전구 사용)을 유도하는 데 그친다. 예를 들어, 잡지 발행인 크리스 앤더슨(Chris Anderson)이 설립한 비영리 민간 재단인 새플링재단(Sapling Founation)이 후원하는 강연 시리즈인 TED 강연에서 미국항공우주국(NASA)의 저명한 기후과학자인 제임스 한센(James Hansen 2012b)은 현재 지구온난화의 증가가 "1년 365일 매일 40만 개의 히로시마 원폭을 터뜨리는 것과 같다."라고 보고한 바 있다. 이러한 지식이나 그것이 기후혼돈에 미치는 심오한 영향은 일상적인 기업 활동에서 즉각적이고 광범위하며 효과적인 변화에 대한 대중의 격렬한 항의를 불러일으킬 것으로 예상할 수 있지만, 실제로는 그렇지 않았다. 사회학자 울리히 벡의 말을 빌리자면 그 이유는 다음과 같다(Ulich Beck 2010: 254).

> *인류를 위협하는 환경 파괴에도 바스티유 성벽을 습격하지 않는 이유는 무엇이며, 생태계에 "붉은 10월"이 없는 이유는 무엇일까?*[17] *왜 우리 시대의 가장 시급한 문제인 기후변화와 생태위기에 대해 과거의 빈곤, 폭정, 전쟁의 비극에 대항하던 열정, 에너지, 낙관주의, 이상, 미래지향적 민주주의 정신이 나타나지 않는 것일까?*

이런 일이 일어나지 않는 것은 부분적으로는 기후과학자의 연구 결과와 결론을 격렬하게 부정하는 열렬한 반대자들(대부분 기후과학자가 아님)이 있었기 때문이다. "기후변화 회의론자(climate change skeptic)"와 "기후변화 부정론자(climate change denier)"라는 용어는 증거를 외면한 채 기후변화 지식은 사기이며, 기후과학자는 기후변화 연구 자금의 혜택만을 받기 위해 공모하는 음모론자라고 보는 이들을 일컫는 데 사용되었다(Anderegg, Prall, and Harold 2010; Anderegg, Prall, Harold, and Schneider 2010). 이들 기후변화 부정론자는 더 넓게는 환경 회의론을 보이는 경향이 있는데, "여러 주제를 망라하기는 하지만, 환경 문제 특히 생태적 지속 가능성을 위협하는 생물다양성 손실이나 기후변화와 같은 문제의 진정성을 부정하는 것이 그 가장 큰 특징"이다(Jacques *et al*. 2008).

기후변화 부정론의 주요 특징은 (1) 조직화된 운동에 의해 주도되며(따라서 복수의 중심이 있는 풀뿌리 운동이 아니라 계획되고 조직화되어 있다), (2) 위협받는 이데올로기(㉠ 자본주의는 생산적인 경제체제일 뿐만 아니라 도덕적이고

---

17 프랑스 혁명의 발단이 된 바스티유 습격 사건과 러시아 혁명에 대한 비유이다.

선한 의제를 특징으로 한다는 믿음)를 방어하고자 하며, (3) 운동의 자금과 조직적 기원이 대부분 알려지지 않으며, (4) 언론과 정책입안자 및 일반 대중에게 혼란을 일으키고자 한다(Antilla 2005; Boykoff and Boykoff 2004). 미국 국립과학원(US National Academy of Scienc)이 1,372명의 기후과학자를 대상으로 실시한 설문조사에 따르면 이들 중 97~98%가 최근의 기후변화는 대부분 인위적이라는 기후변화에 관한 정부 간 협의체(IPCC)의 주장을 받아들이고 있다. 이는 과학자 사이에서 이례적으로 높은 수준의 동의를 보이는 것이지만, 기후 부정주의자는 일련의 허위 정보에 집착해 왔으며 2009년 코펜하겐에서 열린 기후정상회의 이후 "특히 미디어에서 크게 보도"되었다(Wijkman and Rockström 2011: 87-88).

기후변화 부정론의 또 다른 측면은 지구온난화를 우려하는 사람들이 거대한 음모와 사기를 저지르고 있다고 강하게 의심하는 경향이 있다는 점이다. 부정론자는 기후변화 관련자의 사악한 음모를 "폭로"해야 한다고 생각하며, 이들이 벌이는 교활한 속임수 캠페인의 지도자라고 생각되는 사람들을 향해 일상적으로 인신공격을 하고 심하게 조롱을 퍼붓는다. 예를 들어, 제2장에서 언급했듯이 인류학자 마거릿 미드는 1975년 "대기: 현재의 위험과 미래의 위험(The Atmosphere: Endangered and Endangering)"이라는 제목의 컨퍼런스를 개최하는 데 공헌한 바 있다. 이 컨퍼런스를 개최했다는 이유로, 그녀는 핵폐기물 같은 것은 존재하지 않는다는 논쟁적인 주장으로 유명한 기후변화 부정론자 마조리 마젤 헥트(Marjorie Mazel Hecht 2007)로부터 엄청난 공격을 받았다(Hecht 2004). 헥트(Hecht 2007: 64)의 신랄한 비판은 미드의 저서 『사모아의 사춘기(Coming of Age in Samoa)』(1943[1928])가 "결국 사기로 밝혀졌다."라는 그녀의 엉뚱한 주장에서 금방 드러난다. 헥트(Hecht 2007: 64)는 "오늘날 기후 사기의 거의 모든 공포 시나리오가 뿌리를 내린 곳"이라고 말하며 미드가 조직을 도운 컨퍼런스를 공격했다. 헥트(Hecht 2007: 64)는 인구 증가(회의 개최 당시 40억 명에서 현재 70억 명 이상으로 증가) 그리고 그로 인해 지구 자원에 수요가 늘어날 것에 대한 미드의 우려를 근거로 “미드의 인구 통제 정책은 히틀러 이후의 우생학 흐름에 확고한 기반을 두고 있다.”라고 비뚤어지게 주장했다. 미드의 컨퍼런스 개회 연설에 대해 헥트(Hecht 2007: 65)는 “인류 과학과 산업 발전의 종말을 정당화하기 위해 거짓된 공식을 적나라하게 권유”했다고 주장한다. 헥트는 사회 문제에 대한 공개적인 논평을 함으로써 미드가 서구 사회의 퇴보에 “핵심적인 역할”을 하고 있다고 비난했다. 요컨대, 헥트가 하려고 한 일은 거대하고 위협적인 기후변화 사기의 발원지를 찾아내어 음모의 존재를 확인하는 것이었다. 비록 이 컨퍼런스가 일반적인 과학 회의와 마찬가지로 참가자 사이에 상당한 의견 차이를 포용하는 여러 연구가 공유되는 공개 회의일 뿐이었어도 말이다.

궁극적으로 기후변화 과학자에 대한 공격은 자크가 주장하듯이 다음과 같은 사실에 기인한다(Jacques 2012: 11).

> *생태학 연구가 처음에 “전복적인” 힘으로 여겨졌던 것처럼 기후변화 과학은 산업 권력, 서구 근대성, 서구 진보의 이상에 대해 피하기 어려운 비판을 가한다. 왜냐하면 이 비판은 만약 진지하게 받아들여지면 “근대” 사회의 핵심 기제에 도전하기 때문이다.*

더 정확히 말하면, 온실가스 배출, 블랙카본, 기후 피드백 순환(climate feedback loops)과 임계치, 지구온난화의 격동적인 영향 등 위험 추세에 대한 기후 및 기타 물리학과 사회과학의 연구 결과는 자본주의 세계체제의 지속 가능성에 도전하는 것이다. 따라서 기후과학을 반박할 방법을 찾는 것은 뿌리 깊은 이데올로기적 약속에 의해 주도된다.

기후변화 부정 운동 이데올로기의 중심에는 정치적으로 보수적인 싱크탱크와 공공정책 옹호 단체들이 자리 잡고 있다. 이들은 시장 경제와 자유 기업(국제적으로는 신자유주의 포함)의 미덕을 옹호하며, 사유 재산권, 정부 규모 및 개입의 제한, 그리고 강력하고 국제적으로 활동하는 군대를 지지하는 경향이 있다. 환경 문제와 관련하여 이들 단체는 모든 종류의 환경 쟁점의 심각성을 의심하고, 과학자가 제기하는 환경 문제를 "의심스러운 과학, 과장된 과학, 제대로 보고되지 않은 과학, 과학자 스스로의 부당한 진술"로 간주하며(Michaels 2004: 5), 환경을 개선하거나 보호하기 위한 정책을 거부하고, 환경 피해에 대해 기업의 책임을 묻고 강제하는 것을 반대하며, 환경 보호가 경제 발전을 위협한다고 생각한다(Jacques *et al*. 2008). 이와 관련해 기후과학자 리처드 서머빌(Richard Somerville)은 인류학자 피터 리틀과의 인터뷰에서 다음과 같이 말했다(Peter Little 2011).

기후과학 분야에서 우리는 굉장히 전문적이고 자금이 풍부한 허위 정보 생산자와 싸우고 있다. 이는 담배 업계가 담배와 질병의 상관관계에 대한 과학적 근거가 확립되지 않았다는 사실을 전 세계에 확신시키기 위해 반대파 과학자에게 자금을 지원하여 의심을 불러일으키고 혼란을 조장했던 담배 전쟁과 정확히 닮아있다. 고도로 정치적인 주제인 전 세계 기후변화 문제 또한, 물론 아직 연구하고 조사하고 알아내야 할 과학적 사실들이 있지만, 전문가 커뮤니티에서는 큰 그림과 주요 사실에 대해서는 장기간에 걸쳐 엄청난 수준의 합의가 이루어지고 있다.

또한 서머빌(Little 2011 참조)은 다음과 같이 지적한다.

탄소세를 반대한다거나, 배출량을 제한하는 국제 조약에 반대한다거나, 자유시장에 대한 정부의 간섭을 반대한다거나, 환경보호청의 규제를 반대한다고 말하는 대신, 그런 (부정론자인) 사람들은 종종 과학과 과학자를 공격하는 방법을 택한다. 이는 명백한 사실이다. 나는 이것이 매우 유감이라고 생각한다. 정말 유감스러운 일이다. 하지만 여러분은 매일 그것을 접하고 있다. 언론에서, 의회에서, 그리고 다른 많은 곳에서 볼 수 있다.

메신저[18]를 표적으로 삼는 이러한 유형의 대표적인 예는 로렌스 리버모어 연구소(Lawrence Livermore Laboratory)의 기후과학자 벤자민 샌터(Benjamin Santer)가 겪은 인신 공격이다. 샌터는 온실 효과의 존재를 확인한 공로를 인정받아 맥아더재단의 "천재 기금(genius grant)"을 수상하는 데 기여한 공로로 1995년 IPCC 보고서의 한 장(chapter)의 주저자로 선정되어 주목을 받았다. 과학적 증거를 살펴보았을 때 지구 기후 유형에서 인간의 영향이 뚜렷하다는 점을 가리키는 보고서가 발표된 직후, 에너지 업계의 지원을 받는 한 단체는 샌터가 IPCC의 조사 결과를 변경했다고 호도하며 샌터의 개인적 신용을 떨어뜨리기 위한 캠페인을 시작했다(다음에서 자세히 설명함). 샌터를 인터뷰한 슐만은 샌터가 다음과 같이 설명했다고 보도했다(Shulman 2010).

> *나의 대학 교육은 그 보고서의 여파로 내가 겪게 된 일들에 대처하는 데 아무런 도움이 되지 않았다. … 과학자는 자신의 연구를 방어할 준비가 되어 있다. 하지만 나는 내 개인의 진실성을 방어할 준비는 되어 있지 않았다. 그렇게 해야 할 줄은 상상도 못했다.*

그 이후로 샌터는 기후변화 부정론자로부터 계속 인신공격의 대상이 되고 있다. 그는 주로 혐오성 메일을 받는다. 샌터가 "불합리한 세력"이라고 부르는 기후변화 부정론자가 영국 이스트앵글리아대학교(East Anglia University) 컴퓨터 시스템에 침입한 후 발견한 내용을 왜곡하려고 시도했을 때 해킹된 이메일 중에는 샌터의 이메일도 포함되어 있었다(㉨ 지구온난화 관점을 뒷받침하지 않는 자료를 숨기려고 노력했다는 증거를 발견했다는 허위 주장 등).

조지 마샬 연구소(George Marshall Institute), 오레곤 과학·의학 연구소(Oregon Institute of Science and Medicine), 과학 및 환경 정책 프로젝트(Environmental Policy Project), 글로벌 기후 연합(Global Climate Coalition) 같은 보수적인 싱크탱크, 정

18 메시지를 전달하는 사람을 일컫는다.

책 연구소, 연합단체는 대부분의 기후변화 반대론과 기후과학자에 대한 적대감의 원천이다. 이들은 언론과 일부 정책입안자의 관점에서 "독립 연구자이며 … 종종 전문가 의견의 출처로서 대학 및 이익 단체의 대표보다 선호되는"(Beder 2001: 129) 곳으로 자리 잡을 수 있었다. 그러나 앨런(Allen 1992: 90)이 지적했듯이, 보수 싱크탱크는 "여론과 정치 엘리트의 의제에 영향을 미치기 위한 수단으로 경제 엘리트의 후원을 받는 전문 사회운동 조직"이다. 즉, 이러한 단체가 독립성을 지녔을지는 의문이다.

기후변화 부정론자에 대한 연구의 일환으로, 라센(Lahsen 1999; 2008b)은 앞서 언급한 바와 같이 1995년 관측된 기후변화가 인간활동의 결과인지를 평가하는 장이었던 1995년 IPCC 보고서의 제8장 초안과 최종본 사이에 부당한 수정이 있었다는 것을 근거로 프레드릭 자이츠(Fredrick Seitz)가 IPCC에 대한 캠페인을 어떻게 조율했는지 조사했다(Lahsen 1999: 112). 마샬 연구소(Marshall Institute, 워싱턴 DC에 위치한 보수적 싱크탱크)의 이사장을 역임한 자이츠는 프린스턴대학교에서 물리학 박사학위를 받았으며, 고체물리학 및 재료물리학에 관한 중요한 저서를 저술했다. 그는 1965년 미국 국립과학원의 초대 전임 회장을 역임하는 등 여러 중요한 직책을 맡았다. 그러나 자이츠는 "흡연이 건강에 악영향을 준다는 증거를 부정하는 회의론을 과학적으로 정당화"하기 위해 담배 회사인 R. J. 레이놀즈 기업이 후원하는 건강 연구 프로젝트를 수행하는 데 도움을 준 바 있다(Lahsen 2008a: 209). 자이츠는 1996년 월스트리트 저널에 보낸 "지구온난화의 주요 속임수(A Major Deception on Global Warming)"라는 제목의 서한에서 IPCC가 2차 평가 보고서에서 인위적 기후변화 문제에 대한 회의론을 언급하는 문구를 삭제했다고 비난했다. 라센은 다음과 같이 지적한다(Lahsen 1999: 112).

자이츠는 자신의 사회적 관심과 가치관을 암시하며 정책입안자가 "미국의 석유 및 가스 가격에 막대한 영향을 미칠 것"과 "세계 경제에 거의 확실하게 파

과적인 영향을 미칠 것"이라고 가정한 IPCC 보고서의 권고에 따라 온실가스 배출을 줄이기 위해 행동하게 될 것을 우려했다.

특히 자이츠와 같은 과학자들 중 상당수는 실제로 기후과학자가 아니지만 "10명 미만의 개인으로 구성된 그룹이라는 사실에도 불구하고" 미국의 기후 논쟁에서 큰 영향력을 행사해 왔다(Lahsen 1999: 113). 태양물리학자 프레드 싱어(Fred S. Singer, 이 책의 저자인 메릴 싱어와는 관련이 없다)는 이 소수의 부정론 과학자 집단에 포함할 수 있을 것이다. 라센은 다음과 같이 말한다(Lahsen 1999: 125).

자신의 견해를 전파하는 데 관심이 있는 싱어는 다른 부정론자와 마찬가지로 미국 사회의 정치적, 종교적 우파 그룹과 유대를 맺었다. 싱어는 1980년대 초부터 극우 정치를 조장하는 조직을 구축하기 위해 노력해 온 문선명 목사(통일교)가 이끄는 보수 종교 단체로부터 물질적 지원을 받아왔다. 그는 인간에 의한 기후변화 이론에 회의적인 과학자들의 핵심 조직자가 되어, 종종 인간에 의한 기후변화 대책에 반대하는 편지 쓰기와 청원 캠페인을 조율하기도 했다.

이후의 논문에서 라센은 미국의 저명한 기후 부정주의자인 프레드릭 자이츠, 로버트 재스트로우(Robert Jastrow), 윌리엄 니렌버그(William Nierenberg)의 견해와 활동에 초점을 맞췄다. 이 세 사람은 오랫동안 마샬 연구소와 인연을 맺어 왔다(Lahsen 2008b). 1998년, 자이츠는 미국 정부에 교토의정서 거부를 촉구하는 청원서에 17,000명 이상의 서명을 모으는 데 핵심적인 역할을 했다(이 중 상당수는 나중에 실존하지 않는 개인이 한 것으로 밝혀졌다). 마샬 연구소의 회장을 역임한 로버트 재스트로우는 컬럼비아대학교에서 천문학과 천체물리학을 전공하여 물리학 박사학위를 받았으며, 뉴저지주 프린스턴에 있는 고등연구소에서 한동안 근무하고 미국항공우주국(NASA)의 고다드우주과학연구소에서 수년간 근무했으며 다트머스대학교에서 강의를 하기도 했다. 윌리엄 니렌버그는 2000

년 사망할 때까지 마샬 연구소에 소속되어 있었다. 그는 컬럼비아대학교에서 물리학 박사학위를 받았으며 1942년부터 1945년까지 맨해튼 프로젝트(Manhattan Project)에 참여했다. 박사학위를 취득하는 동안 니렌버그는 1960년 자이츠를 대신하여 북대서양조약기구(NATO)의 과학 고문을 맡는 등 수많은 권위 있는 직책을 맡았다. 그는 또한 캘리포니아에 있는 스크립스 해양학 연구소(Scripps Institute of Oceanography)의 소장을 역임했다. 라센은 다음과 같이 기록했다(Lahsen 2008b: 210).

> *마샬 연구소 물리학자는 지위, 영향력 그리고 자금 지원이라는 측면에서 전문 경력 초기의 수십 년 동안 엄청난 특권을 누렸다. 전후 미국 과학의 사회 계약에서 중요한 지점은 과학자가 정치적 의사결정의 핵심층에서 고문으로 존재한다는 것이다. … 이 세 사람은 20세기 대부분 동안 미국에서 과학과 정부의 접점을 지배했던 소수의 핵 과학자 그룹에 속해 있었다.*

그러나 1970년대에 환경 및 평화 운동은 핵 기술이 인류와 지구에 위협이 된다는 이유로 핵 기술에 이의를 제기했다. 그 결과 미국 과학계에서는 (인간활동이 환경에 미치는 영향과 같은) 영향 과학(impact sciences) 그리고 다양한 사물을 생산할 때 공학, 경제학, 물리학, 화학을 적용하는 생산 과학(production science)에 종사하는 과학자가 군산복합체와 밀접한 관계를 맺고 있는 과학자와 분열했다. 라센은 다음과 같이 이야기한다(Lahsen 2008b: 210-211).

> *마샬 연구소의 물리학자들은 핵 기술과 기후변화 문제에 대해 상대방이 공유하기 어려운 수준의 과학과 기술에 대한 믿음을 유지하고 있다. 마샬 연구소 과학자들은 기후변화와 기타 새로운 환경 문제에 적용되는 생존 담론을 거의 수용하지 않는다. 이들의 담론은 일반적으로 과학과 기술이 환경, 사회, 경제적 문제를 해결할 수 있다는 강한 확신, 즉 20세기 전반기에 만연했던 과학과 진보에 대한 이해를 특징으로 하는 (성찰적 근대주의 이전의) 기성 진보주의 정신을 드러내고 있다.*

기후변화 부정과 관련해 마지막으로 우려되는 문제는 자금 출처에 관한 것이다. 기후변화 과학을 반대하는 사람들이 독립성이 떨어진다는 것은 기후변화 부정을 뒷받침하는 자금의 출처를 조사해 보면 알 수 있다. 특히 기후변화 부정에 기여한 규모로 볼 때 반드시 언급해야 하는 세 개의 기업과 기관은 엑슨모빌(ExxonMobil), 코크 형제(Koch brothers, 코크 기업), 도너스 트러스트(Doners Trust)이다. 이 중 첫 번째 에너지 기업인 엑슨모빌은 "세계 가스 및 석유 사업계의 최대 기업이자 세계 최대의 지구온난화 오염 생산자 중 하나"이다(Union of Concerned Scientists 2007: 4). 우려하는 과학자 연합(Union of Concerned Scientists)이 정리한 바와 같이, 1990년대에 엑슨모빌은 흡연과 암의 연관성을 부정하는 담배 업계의 캠페인과 여러 면에서 닮았으며(그리고 몇몇 인물은 동일), 기후변화를 부정하는 캠페인에 자금을 지원하고 이를 지휘하기 시작했다. 엑슨모빌의 노력에는 다음과 같은 요소가 포함되어 있다. 첫째, 엑슨모빌은 미국기업연구소(American Enterprise Institute), 경쟁기업연구소(Competitive Enterprise Institute), 카토연구소(Cato Institute)와 같은 기성 단체에 자금을 지원하여 지구온난화 및 기타 환경에 대한 의무적 규제 조치에 적극적으로 반대했다. 둘째, 엑슨모빌은 일반 대중에게 기후 불확실성을 조성하기 위해 언론과 기타 매체에 지구온난화와 관련된 허위 정보를 배포하는 잘 알려지지 않은 단체들의 서로 얽힌 네트워크(중복된 회원들)를 지원했다. 셋째, 엑슨모빌은 지구온난화 또는 인간의 역할을 부정하는 소수의 과학자 대변인을 지원하고 부정적 관점의 새로운 과학적 목소리를 모집하는 데 상당히 큰 경제적 자원을 사용했다. 넷째, 엑슨모빌은 대중의 논의가 온실가스 배출을 완화하는 데 초점을 맞추던 것에서 사회가 어떤 개선 조치를 취하기 전에 완전한 확실성을 확립해야 한다는 소위 "건전한 과학"의 필요성을 논의하는 것으로 눈을 돌리도록 압력을 가했다(이는 과학의 확실성에 대한 잘못된 개념에 기반한 것이다). 마지막으로, 엑슨모빌은 온실가스 규제에 대한 유리한 정책을 얻거나 규제 조치를 차단하기 위해 정치인을 대상으로 로비

(및 캠페인 기부금)에 참여했다. 이러한 막대한 자금력을 바탕으로 한 전략을 통해 엑슨모빌은 인위적인 기후변화의 발생을 보여주는 과학적 증거뿐만 아니라 온난화 지구로 인해 인류 공동체와 다른 종에 미치는 비용의 결과에 대한 대중의 인식을 차단하는 데 도움을 주었다.

2010년에 그린피스는 『코크 기업: 기후변화 부정론자들의 은밀한 자금(Koch Industries: Secretly Funding the Climate Denial Machine)』이라는 제목의 보고서를 발표했다. 보고서는 미국에서 두 번째로 큰 민간 기업이자 환경 관련 기록이 특히 나쁜 석유 회사인 이 코크 기업을 "기후과학 부정과 청정에너지 반대의 주축"으로 지목했다(Greenpeace 2010: 6). 보고서에 따르면 2005년부터 2008년까지 코크 기업의 소유자인 찰스 코크와 데이비드 코크 형제는 기후변화와 관련된 법안에 맞서 싸우는 단체에 돈을 기부하고 지구온난화를 부정하는 대규모 재단, 싱크탱크 및 정치 단체에 자금을 지원하면서 엑슨모빌보다 훨씬 많은 돈을 지출했다. 이 보고서와 그린피스의 후속 연구에 따르면 코크 형제는 1997년 이후 기후변화 부정 단체에 6,700만 달러(한화 약 920억 원)를 기부했다.

캔자스에 본사를 둔 코크 기업은 알래스카, 텍사스, 미네소타에 정유 공장을 보유하고 있으며, 최소 6,440km의 파이프라인을 관리하고 있다. 또한 코크 기업은 브로니(Brawny) 종이 타월, 딕시(Dixie) 컵, 조지아-퍼시픽(Georgia-Pacific) 목재, 스테인마스터(Stainmaster) 카펫, 라이크라(Lycra) 의류 등 다양한 상품을 소유하고 있다. 코크 형제의 총 재산은 350억 달러(한화 약 48조 원)로 추정되며, 미국에서는 빌 게이츠와 워런 버핏의 재산보다 더 많은 것으로 알려져 있다. 2000년 말, 코크 형제는 텍사스주 코퍼스 크리스티(Corpus Christi)의 정유 공장에서 발암 물질로 알려진 벤젠 91톤을 불법으로 방출한 사실을 은폐한 혐의로 기소되었다. 처음에 97건의 기소와 3억 5,000만 달러(한화 약 4,800억 원)의 벌금형에 직면했던 코크 형제는 당시 법무부 장관 존 애쉬크로프트(John Ashcroft)와 문서 위조 혐의에 대한 유죄 인정과 2,000만 달러(한화 약 270억 원)의 합의금을 내는 것으로 모든 주요 혐의를 취하하는 합의를 맺었다. 코크 형제가 소유한 여러 기업은 미국뿐만 아니라 전 세계 곳곳에서 환경 및 기타 법률을 반복적으로 위반해 왔으며, 일부 위반 행위에 대해 수억 달러의 벌금을 부과받았지만 코크 기업의 수익에 비하면 벌금 액수는 미미한 수준이다(Lewis *et al*. 2013). 미국 환경보호청(EPA) 통계에 따르면 코크 기업은 이산화탄소 배출의 주요 원인이다. 2011년 환경보호청(EPA)의 온실가스 보고 데이터베이스에 따르면 이 회사의 정유 공장은 일반적으로 자동차 500만 대가 배출하는 양인 2,400만 톤 이상의 이산화탄소를 배출한 것으로 나타났다(Mayer 2013). 초당파적 감시(탐사보도) 단체인 공공청렴성센터(Center for Public Integrity, CPI)의 설립자 찰스 루이스(Charles Lewis)는 이렇게 말했다.

> *코크 형제는 완전히 다른 차원에 있다. 이렇게 많은 돈을 쓴 사람은 아무도 없다. 그 엄청난 규모가 이들을 차별화시킨다. 그들은 불법을 저지르고, 정치 조작을 하고, 고의로 혼란을 일으키는 유형을 가지고 있다. 나는 워터게이트 사건 이후 워싱턴에 계속 있었지만 이런 일은 본 적이 없다. 코크 기업은 우리 시대의 스탠다드 오일(Standard Oil)[19] 이다.*
>
> *quoted in Oil Watchdog 2012*

미국의 에너지 및 관련 문제에서 코크 형제의 관여는 매우 두드러진다. 코크 형제가 지원하는 보수 정치 운동 단체인 미국 입법교환위원회(American Legislative Exchange Council, ALEC)는 재생가능에너지 포트폴리오 표준(renewable energy portfolio standards, RPS)을 시행하는 많은 주에서 이를 폐지하거나 약화시키려는 노력에 앞장서고 있다(Bull 2013). 재생가능에너지 포트폴리오 표준(RPS)

---

19 스탠다드 오일(Standard Oil)은 1870년 오하이오 클리블랜드에서 존 록펠러와 그의 파트너들이 창업해 1911년까지 41년간 존속한 미국의 거대 석유회사다. 이 회사는 1890년대에 미국 내 시장점유율 90%를 차지한 독점기업이었다. 이 회사는 나중에 34개로 쪼개졌는데 그 후손이 오늘날 엑슨모빌(ExxonMobil), 셰브런(Chevron), 아모코(Amoco), 매러손 석유(Marathon Petroleum) 등으로 이어져 세계석유시장을 좌지우지하고 있다(출처: 아틀라스 뉴스).

은 에너지 생산업체의 에너지 생산량 증가분을 풍력, 태양광, 바이오매스, 지열과 같은 재생가능에너지원에서 생산하도록 요구하는 규정이다. 또한 2011년과 2012년에 코크 기업의 로비 부서인 코크 기업 퍼블릭 센터 LLC(Koch Industries Public Sector LLC)는 환경보호청에 온실가스 규제 권한이 있다는 대법원의 판결을 뒤집는 에너지세방지법(Energy Tax Prevention Act)을 옹호했다. 코크 형제가 자금을 지원하는 미국 자본형성위원회(American Council for Capital Formation)의 경제학자 마고 소닝(Margo Thorning)은 미국 하원 에너지·상업 위원회가 주최한 이 법안에 대한 청문회에서 온실가스 배출 규제가 "경제적 또는 환경적으로 거의 의미가 없다."라고 증언했다(Lewis *et al*. 2013). 소닝은 에너지 문제에 대해 의회에서 정기적으로 증언하는, 코크 형제가 지원하는 많은 단체 대표 중 한 명에 불과하다. 또한, 아메리칸대학교(American University)의 탐사보도 워크숍에서 2년 동안 진행한 연구에 따르면 코크 형제가 자금을 지원하는 보수 단체 중 하나인 "번영을 위한 미국인(Americans for Prosperity)"의 노력으로 총 411명의 공직자 중 상당수가 기후변화와 관련된 법안에 반대한다는 서약서에 서명하도록 설득하는 데 성공했다고 한다. 온실가스 배출 문제에 대한 대부분의 실행 가능한 해결책은 오염 유발자와 공공이 오염 방지 시설 개선 등에 비용을 부담하는 것이기 때문에, 이 서약에 서명한 사람들은 사실상 전 지구적 경고를 완화하기 위해 고안된 거의 모든 의미 있는 법안에 반대표를 던지겠다는 약속을 한 것이나 마찬가지다. 이러한 노력은 극보수 성향의 공화당 공직 후보자에게 자금을 지원하는 코크 형제의 광범위한 노력과 관련이 있다. 그 결과 2010년에 선출된 85명의 공화당 초선 의원 중 거의 90%가 이 서약에 서명했다(Mayer 2013). 그 결과 미국에서는 기후변화 완화 법안이 거의 통과된 적이 없다.

이들의 집중적인 노력에도 불구하고 실제로는 코크 형제가 기후변화를 부정하는 가장 큰 재정 후원자도 아니고, 가장 숨겨져 있는 후원자도 아니라는 것이 밝혀졌다. 영국 신문 가디언(The Guardian)은 탐사보도를 통해 매우 보수적이고, 또한 매우 부자인 영국인들이 미국의 100개 이상의 반기후변화 싱크탱크에 자금(지금까지 약 1억 2,000만 달러, 한화 약 1,600억 원)을 전달하는 도너스트러스트라는 비밀 자금 경로의 존재를 밝혀냈다. 저널리스트 수잔 골든버그(Suzanne Goldenberg 2013)는 2002년부터 2010년 사이에 배포된 이 기금이 "기후변화를 중립적인 과학적 사실의 문제에서 강경 보수주의자를 위한 정치적으로 양극화되기 쉬운 '쐐기 이슈(wedge issue)'"[20]로 재정의하는 데 초점을 맞춘 싱크탱크와 미디어 활동가 단체의 광범위한 네트워크 구축과 지원에 도움이 되었다고 지적한다. 이 기금은 기후과학의 신뢰를 떨어뜨리거나 기후 행동을 막기 위해 노력하는 단체를 홍보하는 데 사용된다. 실제 기부자는 비밀에 부쳐져 있어 가디언은 이들의 기부금을 "검은 돈(dark money)"이라고 부른다. (지구온난화를 불확실하고 논란의 여지가 있는 것처럼 이해하도록 하려는 다양한 노력 중에서도) 이 세 개의 기후변화 자금의 출처가 밝혀진 것은 이해관계가 엄청나게 얽혀 있으며, 기후과학자가 이 문제를 대중 앞에서 드러내는 것이 어떻게 성공할 수 있는지를 드러낸다. 이는 또한 인류학자가 기후변화의 사회과학을 좀 더 대중적으로 접근하기 쉽게 구축할 책임이 있다는 것을 보여준다.

전반적으로 라센(Lahsen 1999: 133-134)은 기후 반대론자가 "과학적, 정치적 반대자들을 의심하는 수사적 수단에 지나지 않는" 미국의 오랜 음모론 전통의 또 하나의 사례라고 결론지었다.

아이러니하게도 기후과학은 몇몇 보수적인 물리학자뿐만 아니라 또 다른 이유로 개발도상국의 정치적으로 진보적인 과학자에 의해서도 도전을 받아왔다. 1990년대 후반, 라센은 워싱턴DC의 한 연방 기관에서 미국의 저명한 기후과학 행정가를 인터뷰했다. 이 행정가는 "목표가 변화하는 현상과 그 사회경제적 함

---

20 쐐기 이슈는 상대에게 분열을 야기할 수 있는 주요 정치 쟁점으로, 여기서는 기후변화의 문제를 과학적 사실의 문제에서 정치적 문제로 전환시켰다는 의미로 쓰이고 있다.

의"를 이해하기 위해 국제적인 과학 협력과 소통을 촉진하는 데 전념하는 브라질 기반의 국제기구인 미주연구소(Inter-American Institute, IAI)를 설립하는 데 핵심적인 역할을 했다(Lahsen 2007b: 179). 아이러니하게도, 그는 라틴아메리카 동료가 미주연구소가 "미국의 지정학적 이익을 증진하는 데 기여했다."라고 의심한다는 사실을 알고 크게 실망했다(Lahsen 2007b: 179). 이러한 경험은 그가 미국 정부가 지원하는 프로젝트를 주도하는 정치 및 경제적 의제에 민감하게 반응하게 했다.

기후변화에 관한 정부 간 협의체(IPCC)는 그 자체로 미국 주도의 계획은 아니다. 하지만 한편으로는 인위적 기후변화가 해결해야 할 심각한 문제라는 강력한 증거를 수집하고, 다른 한편으로는 래리 로만(Rarry Lohmann 2006: 36)이 지적한 것처럼 "강력한 정부와 기업이 더 수용하기 쉬운 방식으로 기후 문제와 해결책을 형성하는 데 도움을 주었다."라는 점에서 모순적 기구라는 점에 유의해야 한다. IPCC에서 눈에 띄는 단점 중 하나는 개발도상국 출신 저자들이 과소 대표된다는 점이다. IPCC 4차 평가 보고서는 OECD 국가 출신 393명, 비 OECD 국가 출신 198명이 참여해 저술했다. OECD 국가에는 멕시코와 같은 일부 상위 개발도상국이 포함되어 있지만, "일부 개발도상국은 자금 부족으로 인해 … 패널 회의에 대표를 파견하지 않는다."라는 사실에서 알 수 있듯이 전반적으로 선진국이 개발도상국보다 IPCC에서 더 높은 비율을 차지하고 있다(Barnett and Campbell 2010: 61).

비슷한 맥락에서 브라질에서의 인터뷰를 바탕으로 라센(Lahsen 2007b: 182)은 "의사결정자들은 세계은행 지구환경시설(World Bank's Global Environmental Facility, GEF)이 (선진국이 많은) 북쪽 공여국들의 정책 우선순위에 우호적이지만 동시에 국가 기후 문제에 대한 브라질 정부의 통제력을 약화시키는 방식으로 저개발국(less-developed countries, LDC)에 과학 의제를 제시한다는 의혹을 표명했다."라고 보고한다. 한 브라질 의사결정권자는 자국이 외국의 기후 모델에 의

존해야 하는 시나리오를 피하기 위해 만족스러운 국가 영향 평가를 수행할 때 기후 모델링 작업에 브라질의 참여가 필요하다고 말했다. 라센(Lahsen 2007b: 182)은 "자원 격차는 인간이 유발한 기후변화를 평가하고 대처하려는 국제적 노력의 효과를 떨어뜨린다."라고 주장한다. 또한 라센(Lahsen 2004: 161)은 브라질 기후과학자가 IPCC와 다른 국제 과학 기관은 "(선진국이 많은) 북의 문제 분석 틀에 지배되어 (저개발국이 많은) 남의 해석과 이해에는 편향되어 있기" 때문에 종종 이들을 불신한다는 사실을 발견했다. 또한, 브라질의 대외관계부 소속 일부 주요 인사들은 아마존 유역의 활동이 기후변화에 미치는 영향을 평가하기 위한 국제적인 과학자 협력 작업인 IPCC와 대규모 생물권 프로젝트가 해당 지역의 삼림 벌채로 인한 이산화탄소 배출량을 과대 평가하는 경향이 있다고 의심하고 있다(Lahsen 2004: 164). 기후변화를 완화하려는 회원국의 최선의 의도에도 불구하고, 과학 및 정책 자문 기구인 IPCC는 기업이나 정부 기관이 자본주의적 생산 및 소비와 관련된 온실가스 배출량 증가를 심각하게 줄이도록 효과적으로 영향을 미치지 못했다. 루크는 다음과 같이 말한다(Luke 2008: 142).

> *과학 연구가 늘어나면서 기후변화에 대한 인식은 높아졌지만, 기후변화의 흐름은 거의 막지 못했다. 기존의 상품 생산과 소비의 불평등은 상품 생산에 따른 부작용과 소비자의 선택권 박탈이라는 새로운 불평등으로 이어졌는데, 이는 과학기술이 추가적인 생물권 손실을 꼼꼼하게 기록하는 일에만 머물러 있기 때문이다. 그러나 과학기술이 손실이 초래되는 방식을 쉽게 변화시킬 수는 없다.*

브라질의 민족지학적 연구에서 라센(Lahsen 2009)은 아마존 열대우림이 대기 중 이산화탄소를 흡수해 지구온난화를 막는 탄소흡수원인지를 두고 브라질 기후과학자와 정책결정권자 사이에 벌어진 첨예한 갈등을 조사했다. 브라질의 기후과학자는 산림 보존을 위해 아마존이 탄소흡수원으로서 중요하다고 주장했지만, 교토의정서와 관련된 국제 기후 협상에서 브라질의 입장을 결정할 권한을 가진 정책입안자는 이 주장에 이의를 제기했다. 이후 이들은 이 문제가 언론을 통해 브라질 국민에게 어떻게 전달되어야 하는지를 두고 갈등을 겪었다. 라센은 이 갈등의 본질과 이용 가능한 기후과학 증거에 대한 양측의 해석을 분석하고자 했다. 이 충돌에는 과학이 부유한 국가가 저개발국 및 개발도상국에 대한 지배력을 유지하는 힘이라는 정책입안자의 의심이 반영되어 있다. 이러한 관점은 많은 기후과학자가 브라질 이외의 부유한 국가에서 과학 교육을 받았으며 과학 단체, 컨퍼런스 및 협력 프로젝트에 참여함으로써 외국의 이해관계와 지속적으로 밀접한 관계를 맺고 있다는 인식을 통해 강화되고 있다. 라센은 이러한 반응이 기후변화와 관련된 브라질의 의사결정에서 과거로부터 이어져 온 고립되고 중앙집권적인 접근 방식을 반영한다고 주장한다. 이 사례에서 알 수 있듯이, 기후과학에 대한 정책입안자의 태도는 제시된 증거의 질적 수준이 아니라 기후변화 지식을 생산하는 과학에 대한 뿌리 깊은 문화적 유형과 정치적 영향을 받은 생각에서 생겨날 수도 있다. 또한 이 연구는 기후변화 대응과 관련하여 "과학의 한계, 그리고 과학이 정치 문제에서 변화를 가져올 수 있는 능력의 한계"를 드러내고 있다(Lahsen 2009: 365).

미국의 제임스 한센(James Hansen), 독일의 한스 셸른후버(Hans Schellnhuber), 호주의 배리 피톡(A. Barrie Pittock)과 같은 선진국의 일부 기후과학자는 IPCC가 일반적으로 제시하는 것보다 더 급진적인 기후변화 시나리오를 예측한다. 예를 들어, 마틴 스크리드스트럽(Martin Skrydstrup 2009: 340)은 2009년 3월 코펜하겐 벨라 센터(Bella Centre)에서 열린 기후 회의에 참석했는데, 이 회의에서 포츠담 기후 영향 연구소(Potsdam Institute for Climate Impact Research)의 기후과학자 스테판 람스토프(Stefan Rahmstorf)는 IPCC가 향후 1,000년 동안 해수면이 18~59cm 상승할 것으로 예측한 것은 "해양의 열팽창만 포함했고 빙하와 대륙 빙상이 녹는 것에 대한 전체 영향은 포함하지 않았다."라고 주장하며 이에 대한 과학적 증거도 불충분하다고 주장했다. 포츠담 기후 영향 연구소 창립 당시 소장이자 코펜하겐에서 열린 제15차 당사국 총회(Conference of Parties, COP) 독일 정부 수석 고문인 한스 셸른후버는 기후변화의 위험성에 대한 발언에서 볼 수 있듯이 그 총회에서 가장 비판적인 기후과학자임을 입증했다. 그는 많은 기후 정책결정권자가 받아들이고 있는 2℃(3.6℉) 상승에 대한 IPCC의 예상은 앞으로의 기온 상승에 대한 매우 소심한 평가라고 주장했다. 셸른후버는 "그린란드의 만년설이 녹고 '지구의 아킬레스건인 티베트 고원이 녹는 것'과 같은 다양한 티핑포인트가 될 요소를 고려할 수 있는 5℃ [상승한] 세계의 상상에 대해 논의했다."(Skrydstrup 2009: 347). 그는 미국이 전 세계 난민의 25%를 수용하고 있는 상황에서 "기후 난민의 정착은 전 지구적인 분배적 정의[계획]에 따라 할당되어야 한다."라고 제안했다(Skrydstrup 2009: 347). 말할 필요도 없이, 향후 수십 년 동안 지구온난화로 인해 난민이 될 것으로 예상되는 사람들의 수를 고려할 때, 미국이 경제적으로는 옳지만 사회적으로는 매우 도전적일 것으로 예상되는 이 합의에 곧바로 헌신할 것 같지는 않다.

기후과학이나 IPCC에 대한 비판은 보수적 관점과 진보적 관점 모두에서 나오고 있지만, 이 두 가지 비판이 같은 무게를 지닌 것은 아니다. 보수주의의 기후변화 부정론은 기후과학과 과학자의 명예를 훼손하여 사람들에게 혼란을 야기하고 규제를 받지 않는 생산활동으로 이윤 창출을 제한하는 정부 정책의 시행을 피하고자 하는 반면, 진보주의적 비판은 적어도 부분적으로는 개발도상국보다 선진국의 이익에 유리한 방식으로 기후 연구를 해석하는 것을 목표로 삼고 있다. 후자의 관점은 이미 선진국이 주로 만들어낸 온실가스에 더 이상 추가 기여하지 않으면서 가난한 국가의 발전을 허용하는 방법이라는 어려운 과제를 제기한다.

인류학의 관점에서 볼 때, 기후과학을 사회적 실천으로 이해하는 것은 매우 중요한 문제이다. 예를 들어, 인류학자 베르너 크라우스(Werner Krauss 2009)는 독일 해안연구소(Institute for Coastal Research)에서 과거 기후의 재구성을 포함한 연구소의 일상과 2002년 8월 폭우로 인해 제방이 무너진 엘베강(Elbe River)에 대한 연구소의 언론 대응을 조사하는 등 다양한 현장 연구를 수행했다. 여기서 엘베강 범람은 일부 평론가가 독일 최초의 진정한 기후 재난이라고 간주한 사건이다. 크라우스는 연구소의 과학자들의 활동이 다소 열광적이고 역동적인 세계를 구성한다고 설명한다.

> *연구소 소장인 한스 폰 스토르흐(Hans von Storch)는 저명한 기후 연구자로서 전 세계를 돌아다니며 연구소를 대표해 글로벌 차원의 토론에 참여하거나 토론을 이끌었다. 그의 활동 범위는 만조 관리에서부터 하키 스틱 논쟁, 정책 자문 및 공공 정보 제공, 연구소 운영에 이르기까지 다양했다. 기후와 해안 연구는 학제 간 및 초국가적 프로젝트와 다양한 연구 주제로 가득 찬 신경계 같다. … 정기적으로 연구소의 연구 결과가 언론에 발표되고, 소장이 인터뷰와 대중 연설을 하고, 과학 기사와 논문이 꾸준히 생산된다. 과학자들은 또한 열렬한 블로그 운영자로 과학잡지 네이처(Nature)나 사이언스(Science)에 게재된 논문은 대개 블로그스피어(blogsphere)[21]로 확산된다.*
>
> *Krauss 2009: 151-152*

폰 스토르흐는 펜실베니아주립대학교(Penn State University)의 세계적인 기후과학자 마이클 만(Michael Mann)이 공식화한 하키 스틱 곡선 모델에 이의를 제기했다는 점에서 논란의 여지가 있는 인물임이 입증되었다. 기후 회의론자와는 달리 폰 스토르흐는 최근 수십 년 동안 급격히 상승하는 곡선을 묘사하는 칼날에 의문을 제기하지 않고 오히려 "만과 그의 동료가 지난 천 년 동안 기후를 상대적으로 불변한 것으로 해석한 것"을 반대했다(Krauss 2009: 157). 기후과학계는 연구자들 사이에서뿐만 아니라 전 세계 기후 정치의 더 큰 세계에 퍼져 있는

21 블로그(blog)와 영역(sphere)의 합성어로 공간적 의미인 사이버 공간과 달리 상호 연결을 통해 특유의 문화를 형성하는 것을 의미한다. 블로그권, 블로그 세계 등으로 부르기도 하며, 규범 표기는 아직 확정되지 않았다.

불일치를 포함하여 우발적인 상황과 고도로 정치화된 논쟁으로 가득 찬 세계이다. 많은 기후과학자의 연구에서 알 수 있듯이, 실제로 저명한 과학철학자 브루노 라투르(Bruno Latour 2003: 32)는 다음과 같이 이야기했다.

> *거대한 컴퓨터 안에서 많은 시뮬레이션과 복잡한 모델이 시도되고 있지만, 실제 실험은 우리에게서 일어나고 있다. 모든 바다, 상층의 대기, 심지어 일부 해양학자가 주장하는 것처럼 걸프 해류까지 참여하는 우리 [비록 빈곤한 다수보다 특권을 가진 소수가 더 많지만] 각자의 행동을 통해서 말이다.*

사회적 행위자로서의 기후과학자를 조사한 라센(Lahsen 2005a)은 6년 동안 기후 모델을 만드는 학자와 많은 공식 및 비공식의 대화를 포함한 참여관찰을 수행했다. 그녀는 기후 모델 학자들이 다양한 분야, 특히 대기 과학, 수학, 물리학 출신이라는 사실을 발견했다(Lahsen 2005a: 898). 기후 모델 학자들은 특권을 지닌 매우 전문적이고 경쟁이 치열한 환경에서 일한다.

> *점점 더 복잡해지는 기후 모델을 실행하는 데 필요한 자원은 매우 광범위하고 비싸기 때문에 이를 감당할 수 있는 국가와 기관은 상대적으로 적은 편이다. 영국, 독일, 일본 등 대부분의 국가는 단일 국가 모델에 노력을 집중하기로 결정했다. 그러나 미국은 단일 국가 모델 없이 다양한 모델링 노력을 기울이고 있다. 따라서 모델 그룹은 미국 국립과학재단, 환경보호청, 국립해양대기청, 에너지부 등 국가 기관의 연구 기금을 받기 위해 서로 경쟁하고 있다.*
>
> *Lahsen 2005a: 898*

라센은 기후 모델이 인상적인 성과이기는 하지만, 그럼에도 불구하고 상당한 한계와 불확실성을 드러내고 있다고 주장한다. 그녀는 "기후 모델 학자가 모델과 모델이 속한 사회 세계에 대한 심리적으로나 사회적으로 깊이 관여되면, 때때로 자신의 창조물(모델)로부터의 비판적 거리를 유지하지 못할 수 있으며", "항상 자기 모델의 약점을 인식할 의향이 있다거나 인식할 수 있는 것은 아니다."(Lahsen 2005a: 903)라고 주장한다. 기후변화에 대한 연구 결과는 정치적 함의가 크기 때문에 기후 모델 학자들은 공개 포럼에서 연구 결과를 발표할 때 신중을 기해야 한다는 것을 배웠다(Lahsen 2005a: 905).

추가 인터뷰를 바탕으로 라센(Lahsen 2013)은 인간활동에 기인한 기후변화(인위적 기후변화, Anthropogenic Climate Change, ACC)에 대한 자연과학자의 입장을 다음과 같이 분류했다.

- 주류 과학자: 이론 전체가 아닌 일부분에만 의문을 제기하며, 공식 과학 기관에서 일하고, 동료 심사를 거친 과학 저널에 글을 쓰며, 자유주의적 정치 가치관을 가진 사람들
- 주류 회의론자: 인위적 기후변화 또는 이론 전체에 대한 증거에 적당히 의문을 제기하지만 공식 과학 기관에서 일하고, 동료 심사를 거친 과학 저널에 글을 쓰며, 정치적으로 자유주의적인 사람들
- 반대자들: 인간활동에 기인한 기후변화이론을 강력하게 또는 단호하게 부정하는 이들. 일부 공식 과학 기관에서 일하는 경우도 있지만, 동료 검토를 거치지 않은 매체에 글을 쓰는 경향이 있으며 정치적으로 보수적인 사람들

라센(Lahsen 2015: 227)은 인간활동에 기인한 기후변화이론에 의문을 제기하는 주류 과학자들을 (1) 연구 기상학자, (2) 실증 기후학자, "특히 일기예보 분야에서 한때 일했던 나이 든 과학자", (3) 일기 예보관 등 세 가지 하위 그룹으로 구분한다.

기후변화를 연구하는 대부분의 인류학자는 우리와 마찬가지로 인간활동에 기인한 기후변화이론을 받아들이는 경향이 있지만, 라센은 한편으로는 IPCC 보고서의 사회과학이 "적응, 취약성 및 경제 연구에 국한되어 그러한 연구를 자연환경 변화에 대한 인간의 반응으로 축소하는 경향이 있으며," 다른 한편으로는 대부분의 경우 "사회과학자들은 기후과학을 형성하는 특별한 문화적 차원에 대한

연구 요청에 응답하는 데 느리고 잘 조율되지 않는다."라는 점에서 IPCC 기후과학자와 사회과학자가 다른 문화 세계에서 활동하고 있다고 (타당하게) 지적한다(Lahsen 2013: 736).

기후변화에 대한 과학자들의 견해를 조사한 라센과 마찬가지로 베르너 크라우스(Werner Krauss 2016)는 중도적 입장을 지닌 기후과학자에 대한 연구를 수행했지만, 자신을 "기후 현실주의자" 또는 "기후 실용주의자"로 정의하는 라센 그룹의 과학자와는 달리 기후 경고론자 또는 기후 재앙론자로 간주하는 주류 기후과학자와는 차별화되는 입장을 취하고 있다. 이러한 기후 현실주의자 중 한 명인 함부르크대학교의 한스 폰 스토르흐는 "기후과학에서 모든 사건을 기후변화와 연결시키는 경향이 증가하고 있다."라고 한탄한다(Krauss 2016: 416). 그러나 기후 및 대기 과학자들과의 주기적인 만남이 이러한 주장을 입증하지는 못하지만, 라센과 크라우스가 지적했듯이 기후과학 커뮤니티 내에는 분명히 다른 진영과의 경쟁이 존재하며, 이는 인류학을 포함한 모든 학문에도 적용되는 현실이다(O'Reilly 2015 참조). 기후과학자는 정치적 성향은 서로 다르지만, 대부분 보수적이거나 급진적이기보다는 진보적이다. 그러나 "모든 문화적 자본에도 불구하고 기후과학 커뮤니티는 기득권과 현상 유지 세력에 맞서지는 못한다"(Uekötter 2015: 179)라고 말한다.

제롬 휘팅턴(Jerome Whitington)도 인류학의 관점에서 기후과학에 대한 의문을 제기했다. 그의 초점은 기후과학을 만드는 과정에서 정량화가 어떤 문화적 역할을 하는가이다. 휘팅턴(Whitington 2013b)은 다음과 같이 말한다. "기후변화를 둘러싼 대중의 담론에서 멀리 갈 필요 없이 숫자의 신비로움에 빠져들게 된다." 인류학자인 휘팅턴은 그래프, 차트, 표, 공식 및 기타 숫자 기반 도구로 구현하는 광범위한 기후과학 연구의 밑바닥을 파헤쳐 탄소 계산의 상상력 차원으로 들어가려고 한다. 그의 목표는 특히 "많은 경우 실제 변화가 [컴퓨터] 모델링 시나리오를 앞지르고 있다."라는 사실에 비추어 볼 때, 기후과학에서 변화를 생각하는 데 있어 가능성을 넘어 숫자가 왜 그렇게 강력한 영향력을 행사하는지를 이해하는 것이다(Whitington 2013a). 그 해답의 일부는 현대 컴퓨터의 계산 능력을 고려할 때 다양한 종류와 출처를 가진 숫자들로 무엇을 할 수 있는지를 보는 데 있다. 모델 구축은 기후과학에서 매우 핵심적이며, 점점 더 정교하고 설득력 있게 발전하고 있다. 그러나 휘팅턴이 지적했듯이, 기후과학의 역사에서 딱딱한 숫자는 공상과학의 씨앗을 쉽게 만들어낼 수 있는 상상력의 예술성을 덮어버렸다. 휘팅턴이 인용한 그라멜스버거와 파이히터(Gramelsberger and Feichter 2011: 9)의 말에 따르면, "기후에 대한 과학적 개념은 직접 경험할 수 없는 수학적 구성물"이다. 마찬가지로 기후과학에서 희망의 요소는 정량화가 아니라 인간 상상력의 다른 곳에서 비롯된다. 휘팅턴은 다음과 같이 결론내린다(Whitington 2013b).

성서의 종말(Apocalypse)이 세계의 끝을 선포하며 시간을 닫는 것이라면, 기후과학과 기후 정치는 모두 행성 규모에서 현대의 인간 생활의 형식을 새롭게 상상할 수 있는 (아마도 실제로 반드시 그래야 하는) 열린 미래를 향해 있다.

기후과학자가 직면한 한 가지 과제는 복잡한 과학적 모델을 넘어 일반인과 정책입안자에게 의미 있는 소통을 끌어내는 변화일 것이다.

결론

이 장에서 소개한 사례 연구에서 알 수 있듯이 기후변화인류학은 인류학 내에서 비교적 새로운 하위 분야이지만, 이미 여러 지역, 특히 기후변화의 초기 또는 특별히 가속화되고 있는 유형과 특정하게 취약한 인구가 있는 지역의 사람들과 기후의 상호작용을 조사한 연구들이 있다. 또한, 이러한 연구는 기후변화인류학 내의 특정한 이론적 관점과 구체적인 문제를 다루는 데 있어 다양한 관점의 혼합을 반영하고 있다. 또한, 기후과학자의 사회적 세계, 사회적 현상으로서의 기후변화 부정론의 본질 등 특정 주제에 대한 인류학적 관심이 증가하고 있다. 이러한 다양한 연구는 제1장에서 제시된 모델을 뒷받침한다. 이 모델은 기후혼돈의 발생(각 지역마다 다른 양상으로 나타남), 기후변화 영향을 복잡하게 하고 심화시키는 다중위험의 상호작용, 그리고 특정 집단과 인구 계층 및 전 세계의 광범위한 지역에서 취약성을 분석하고 이에 기여하거나 이를 완화하는 요인들을 검토하는 것의 중요성을 포함한다.

기후변화의 위협에 대한 논의는 인간의 대응 방식에 대한 근본적인 질문을 제기하며, 인류학에서는 이러한 급격한 변화에 어떻게 대응할 것인가라는 질문이 중심이 된다. 이와 관련된 응용 인류학적 연구가 점차 이루어지고 있으며, 이 주제는 제6장에서 집중적으로 다룬다.

제6장

기후변화인류학 연구의 응용

응용의 가능성

많은 대학이 기후변화를 이론적 차원에서 다루는 환경 교육 프로그램을 운영하고 있다. 또한 일부 인류학과에는 환경인류학 또는 생태인류학 프로그램이 있으며, 일부 환경연구소에는 인류학자가 소속되어 있기도 하다. 기후변화인류학에서 문화적, 문화생태적, 그리고 비판인류학적 관점을 지지하는 사람은 이론 구축을 넘어 자신의 연구가 특정 집단이나 사회, 그리고 인류의 미래를 위해 응용할 수 있는 부분이 있다는 점을 인식한다. 환경인류학과 관련하여 엘리너 쇼어만-오이멧과 헬렌 코프니나(Shoreman-Ouimet and Helen Kopnina 2011: 7)는 환경인류학이 "단순히 정치에 더 관여하는 것이 아니라, 그 자체가 더 정치적이기 시작했다."라고 파악한다.

인류학자는 응용 측면에서 기후변화 이슈에 대해 광범위하지만 매우 다른 두 가지 수준에서 작업해 왔다. 첫째는 기후정책을 수립하는 작업이고, 둘째는 지구온난화를 제한하기 위해 사회 및 경제적 변화를 지지하는 기후행동 그룹과 기후운동에 참여하는 것이었다. 워렌(Warren 2006: 213)은 참여적 인류학자가 검토해야 할 쟁점에 "사회정의, 불평등, 현재 상태에 대한 하층민의 도전, 세계화의 영향, 폭력적 분쟁 상황에서 현장연구의 윤리적 위치"를 포함시켰다. 그러나 궁극적으로 이러한 문제 중 상당수는 인위적인 기후변화와 관련이 있다. 또한 많은 응용인류학자는 환경에 대한 커뮤니티의 인식, 대안적인 환경 기반의 생계 전략, 문화 및 환경 자원 관리, 지역 맥락에서의 환경 파괴, 환경 변화의 확인 및 대응에 대한 사회적 역할 등 기후변화의 환경적 영향을 해결하기 위한 다양한 유형의 환경 문제에 관여한다. 보다 일반적으로는 현재 발생하는 변화가 축적되고 있는 이 시점에서 더 많은 인류학자가 지역, 지방, 국가, 지구적 규모의 기후변화에 대응하기 위한 응용적 기획에 관찰자이자 학자로서 참여해야 한다는 것이 분명해졌다. 이를 위해서는 인류학자가 국제 기후체제, 중앙 및 지방 정부, NGO 및 환경 단체, 커뮤니티, 기후행동 및 지속 가능성 사회운동 등에의 합류를 통해 기후변화 완화를 위한 더 큰 집단적 노력의 일부가 되어야 한다.

기후정책

스티브 레이너(Steve Rayner)는 1990년대 초부터 환경 및 기후정책 분석에 초점을 맞춘 응용인류학 연구의 선구자로, 1991년에는 온실가스에 관한 첫 번째 논문을 발표하기도 했다. 레이너는 옥스퍼드대학교 인류학과 박물관 민족지학과의 과학, 혁신 및 사회 연구소 소장으로 재직 중이며, 이 연구소는 사회, 과학, 기술 변화와 관련된 현대적이고 새로운 이슈를 연구하는 센터이다. 레이너는 의사결정권자가 다양한 사회 또는 기관의 문화적 현실에 부합하는 정책을 설계할 필요성을 파악하기 위해 '문화적 분석'을 활용해 왔다(Rayner 1991). 그는 제도적 문화가 종종 국경을 넘나들며 "글로벌 환경 협약의 수립과 이행에 중요한 기회를 제공할 수 있는 잠재력"을 가지고 있다고 말한다(Rayner 1991: 78). 레이너는 (1) 현실주의 모델, (2) 체제 또는 다중심주의 모델, (3) 준현실주의 모델의 세 가지 국제적 의사결정 모델을 설명한다. 현실주의 모델에서는 개별 정부가 각자의 특수한 이해관계에 따라 자체 정책을 수립한 다음, 여러 정부가 "함께 모여 국제적 합의를 도출해 조약으로 구체화"하고 이후 각 정부에 의해 조약이 제정된다(Rayner 1991: 79). 현실주의 모델은 1985년 오존층 보호를 위한 비엔나 협약의 통과에 영향을 미쳤다. 체제 또는 다중심주의 모델에서 의사결정자는 정부, NGO, 과학기술 기관, 환경 단체, 기업 등 경합하는 이익 집단들에 속한다(Rayner 1991). 이 모델은 1987년 오존층 보호를 위한 몬트리올 의정서 체결을 이끌었다. 레이너는 다음과 같이 주장한다(Rayner 1991: 81).

> *다중심주의 체제 모델은 강력한 내부 이해에 따라 국가 이익에 반하는 것으로 간주될 수 있는 입장을 국가가 고수하지 않고도 기후변화와 같이 복잡한 대규모 문제의 여러 측면을 다루는 방법에 대해 국제 구성원이 합의에 도달할 수 있는 가능성을 제시한다.*

마지막으로, 준현실주의 모델은 기후변화에 관한 정부 간 협의체(IPCC)에서 볼 수 있듯이 제도적 문화보다 국가적 문화에 우선순위를 두어 고려한다. IPCC에서 의사결정을 위한 매개변수를 설정하는 것은 유엔환경계획, 세계기상기구, NGO가 아니라 각국 정부가 된다. 레이너(Rayner 1991: 83)는 준현실주의 모델이 "현실주의적 의사결정 과정의 경우보다 다양한 제도적 문화의 직접적인 참여에 더 개방적"이라고 주장한다. 그는 문화가 인간이 "사건의 흐름에 일종의 질서와 일관성을 부과"하는 "사회적 통제 시스템"으로 기능한다고 가정한다(Rayner 1991: 84).

1993년 레이너(Rayner 1993a)는 "온실가스 배출 이행을 위한 제도적 역량에 국가별 사례 연구"를 주제로 특별호 편집을 맡았다. 이 특별호에는 미국, 인도, 인도네시아, 중국, 유럽 공동체에서 온실가스 배출을 줄이기 위한 노력에 대한 연구가 포함되었다. 레이너는 이 사례들의 시사점을 다음과 같이 보고한다(Rayner 1993a: 10-11).

요약하면, 이 모든 연구에서 제시된 전반적인 그림은 환경 정책을 형성하고 실행하는 데 비공식 기관이 점점 더 중요한 요소가 되고 있는 지역의 분권화된 이니셔티브와 중앙 집중화된 국가 프로그램 사이에 역동적인 관계가 있다는 것이다. 국가 및 지역 기관 모두 재정, 정보, RD&D(Research, Development, and Demonstration) 메커니즘을 포함하는 지휘 및 통제의 규제 외에도 창의적인 정책 지침을 모색하고 있지만, 정치문화의 폭넓은 차이는 정책 수단의 선택과 합법적인 정책 목표가 정의되는 방식에 상당한 영향을 미치는 것으로 보인다.

이산화탄소 배출량 감축 정책에 대한 분석에서 레이너(Rayner 1993b: 12)는 1990년대 초반까지 미국은 온실가스 감축 노력의 주요 부문으로 임업과 에너지에 초점을 두었다고 말한다. 그는 대부분의 경우 "미국의 정치문화는 상품, 서비스, 활동에 대한 수요를 개인과 기업에 맡기는 것을 선호하며, 수요에 영향을 미치기 위해 명시적으로 수립된 공공 정책(또는 세법)을 합법적인 것으로 간주하지 않는다."라고 지적한다(Rayner 1993b: 14). 그는 (1) 전기 공공시설, (2) 운송, (3) 제조업, (4) 주거 및 상업 지역 등 에너지 사용의 여러 분야에서 온실가스 배출을 줄이기 위한 노력을 확인했으며, 지구온난화에 대한 미국의 입장을 예방, 적응, 지속 가능한 발전이라는 세 가지 대응으로 구분한다. 예방주의적 관점을 취하는 사람은 온실가스 배출을 줄이기 위한 전략으로 대체 에너지원과 규제 및 과세를 선호한다. 적응주의자는 온실가스 배출을 줄이기 위해 청정 석탄 기술의 도입, 원자력 발전의 사용 확대, 그리고 다양한 종류의 시장 메커니즘의 활용을 선호한다. 마지막으로, 지속 가능한 발전을 지지하는 사람은 "통제되는 성장을 위해 자연이 제공하는 기회를 신중하게 관리함으로써 전 지구적 재앙을 피할 수 있다."라고 주장한다(Rayner 1993b: 24). 그는 지속 가능한 발전의 개념에는 "적응주의적 기술 비관론자와 예방주의적 기술 낙관론자가 그들 사이에 내재된 갈등을 인정하지 않고 각자의 세계관을 지속하도록 하는" 모호성이 내재되어 있다고 주장한다(Rayner 1993b: 25). 따라서 지속 가능한 발전은 경제 확장과 환경적 지속 가능성 사이의 상호보완 가능성을 의미하는데, 이는 기후변화를 주도하는 팽창주의적 엔진에 대한 비판인류학적 이해에 전적으로 배치되는 제안이다.

레이너(Rayner 1993b: 30)는 미국에서 온실가스 배출 감축을 위한 구체적인 정책을 권고하지는 않지만, 배출을 줄이기 위한 노력은 "중대한 정치적 과제"를 수반하는 매우 어려운 도전이라고 단언한다. 아이러니하면서 비극적으로 거의 20년이 지나서도 이 과제는 그다지 엄청난 것으로 보이지 않으며, 따라서 지속 가능성을 달성하기 위한 진전은 알아채지 못할 만큼 느리다. 이러한 슬픈 현실을 인식한 레이너는 14년 후 다음과 같은 결론을 내린다.

> *공공정책 실행의 관점에서 볼 때, 적응해 나간다는 것은 온실가스 감축을 목표로 하는 정책보다 몇 가지 유리한 점이 있을 수 있다. 이해관계자들은 일상생활에서 알고 있고 소중하게 여기는 사람, 사물, 경관을 직접적으로 다룬다는 점에서 적응은 배출량 감축보다 이해관계자들과 더 즉각적인 관련이 있을 수 있다.*
>
> *Rayner 2007: 18*

그러나 이러한 입장은 온실가스 배출을 줄이기 위한 진지한 노력을 의도치 않게 약화시켜 궁극적으로 기후변화를 효과적으로 완화시키려는 노력을 저해할 수 있다는 점에서 우려스럽다. 실제로 세계적으로 여러 수준에서 완화보다 적응을 강조하는 방향으로의 전환이 더 많아지는 것으로 보인다. 이미 배출되었고 한동안 대기 중에 있을 온실가스의 영향으로 인해 이미 조장된 "온난화에의 연루" 때문에 어느 정도의 적응은 절대적으로 필요하다. 그러나 온실가스 감축을 외면하면 온실가스가 계속 축적되어 인류와 사회가 적응해야 하는 환경은 더욱 심각해질 것이다. 제1장에서 강조했듯이 적응 역량에는 한계가 있어서 감축에 실패하면 취약성과 영향이 커질 수밖에 없다.

레이너는 응용적 측면에 대한 관심으로 기후변화 발생에서 화석연료 사용의 영향을 검토한 『에너지와 기후변화(Energy and Climate Change)』(US Department of Energy 1990)를 출간한 미국 에너지부의 기후변화 복합연구실 위원회의 작업에 참여했고, 기후정책에 관한 여러 논문의 공동 저자로도 참여했다(Prins and Rayner 2007; Prins *et al*. 2009). 또한 지구 변화 연구에 관한 미국 의회 위원회와 기후정책에 관한 영국 의회 위원회에서 증언했으며, 기후변화 정책 및 이행에 대해 미국 의회에 제출한 여러 보고서의 주저자 또는 기고자로 참여했다. 또한, 교토의정서 및 코펜하겐 회의 등 기후정책에 관해서도 종종 여러 사람과 협력하여 기록하고 있다.

메릴랜드대학교의 환경 및 정책 인류학자인 셜리 피스케는 인류학자가 기후정책 과정에서 행동하는 주체가 되어야 한다고 주장하며 다음과 같이 말한다.

> *나는 나의 경력 초기부터 인류학이 다양한 정책 단계와 이슈에 걸쳐 중요한 통찰력을 제공하고 역할을 할 수 있다는 확신을 갖게 되었고, 이러한 방식을 더 많은 대중과 학계가 활용할 수 있도록 하는 데 전념해 왔다.*
>
> *Fiske 2012a*

그녀는 인류학자가 기후변화가 세계 곳곳의 사람에게 미치는 영향을 기록해 왔지만, 국가의 기후정책 의사결정에 참여하는 것은 머뭇거렸다고 지적한다(Fiske 2009: 278). 그녀는 "논쟁이 탄소 규제를 실행하고 그것이 어떻게 작동할 수 있는지에 대한 논의로 옮겨졌다는 점에서 인류학자가 현장에서 참여하고 협력하며, 특정 프로그램과 활동에 대한 비판적 분석을 할 수 있는 기회가 있다."라고 확신한다(Fiske 2009: 278). 그녀는 미국의 기후정책과 배출권 거래 체계를 둘러싼 논쟁을 언급하며 다음과 같이 희망한다.

> *인류학자가 국내의 정책 논쟁을 면밀히 살펴보면서, 서명 기사를 작성하고, 의회 의원들과 접촉하며, 전문가 단체를 조직하고, 국가 정책과 다양한 이해*

관계자 그룹 또는 선거구 모두에 명백한 영향을 미치는 입법 조항에 대해 논평하거나 증언하는 것을 고려할 수 있다. 이러한 조항 중 상당수는 탄소 경매 공적 자금에 대한 접근과 사용, 탄소세의 분배 효과, 환경 정의 문제, 이러한 정책 시행에서 이해관계자 그룹 간의 형평성과 관련된 문제를 제기한다는 점에서 인류학자가 관심을 가질 수 있을 것으로 예상된다.

Fiske 2009: 280

그녀는 또한 기후변화에 관심이 있는 인류학자가 기후변화 문제를 다루는 퓨 지구 기후변화 센터(Pew Center on Global Climate Change), 사회적 책임을 위한 의사회(Physicians for Social Responsibility)와 같은 단체들, 싱크탱크 및 재단과 연계할 것을 제안한다(Fiske 2009: 288). 그녀는 미국 공공 부문과 세계은행 내에서 기후정책과 관련된 프로젝트를 수행하는 실천 인류학자에 관해서도 "2009년 12월 코펜하겐에서 열린 제15차 유엔 당사국총회(UN COP 15)에는 그 이전의 어느 유엔기후변화협약(UNFCCC) 행사보다 더 많은 인류학자가 참석했다."(Fiske 2012b: 161)라고 언급했다.

그러나 그녀 자신이 보아왔듯이, 미국 의회 위원회는 결국 기존 세계 정치경제의 틀에 급진적인 질문을 제기하지 않는 정당에 의존하는 경향이 있다는 점을 고려할 때 기후정책에 대한 비판인류학적 참여는 매우 어려울 수 있다(Fiske 2009). 인류학자가 유엔기후변화협약이나 미국 의회의 청문회와 같은 고위급 정책 결정 과정에 진출해야 한다는 피스케의 주장에 동의하지만, 그들의 의견을 더 잘 수용할 수 있는 주와 지방정부, NGO, 풀뿌리 단체, 특히 기후운동 단체들도 찾아 볼 수 있으며, 이 문제는 이후에 더 자세히 논의할 것이다. 일반적으로 아이젠버그(Eisenberg 2011: 100)가 강조하듯이, "주와 지역 차원의 정책 행위자는 연방 차원의 정책 행위자보다 지역 시민(지역 인류학자 포함)에게 더 쉽게 접근하고 반응할 수 있다."

더 최근에 피스케(Fiske 2016: 319)는 기후 회의론이 국가 차원에서 "미국 기후

법안에 대한 반대를 촉발하는" 중요한 세력이며, 많은 지역에서 기후 회의론이 기후 행동에 대한 장벽으로 작용하고 있음을 인정해야 한다고 강조했다. 2016년 11월, 노골적인 기후 회의론자이자 석탄 채굴의 확고한 지지자이며 화석연료산업의 동맹자인 도널드 트럼프가 대통령에 당선된 것은 세계에서 가장 강력하고 부유한 나라에서 기후 회의론이 계속해서 강력한 패권주의 세력으로 작용하고 있다는 암울한 현실을 더욱 부각시킨다.

제3회 노벨상 수상자 글로벌 지속 가능성 심포지엄에서 스톡홀름 각서에 서명한 엘리너 오스트롬(Ostrom 2009)은 기후변화를 완화하기 위해 분권적 이니셔티브와 유사한 다중심적 접근 방식을 채택할 것을 제안했다. 이 전략은 오스트롬과 그녀의 남편이 시작한 인디애나대학교의 정치 이론 및 정책 분석 학제 간 워크숍에서 개발되었다. 경제학자로서는 이례적인 방법론인 현장연구를 통해 세계 각지에서 정부의 개입 없이 숲이나 어장과 같은 공동 자원을 관리하고 자원 고갈과 생태계 붕괴를 피하기 위해 스스로 협력하고 조직하는 방식을 연구하였고, 그녀는 인간과 생태계 간 상호작용의 다각도로 얽힌 특성을 인식하게 되었다. 결과적으로 그녀는 복잡한 환경 위기에 대한 하나의 만능 "해결책"과 그러한 문제에 대한 정부의 하향식 접근 방식에 대해 신중을 기하게 되었다. 2012년 사망하기 전 마지막으로 발표한 논문에서 오스트롬은 단일한 국제 협약에 의존하는 것이 타당하지 않으며, "70억 인류를 포함한 모든 생명체가 번성할 수 있는 적절한 환경을 조성하는 바다, 대기, 숲, 수로, 풍부한 생명의 다양성이라는 공통의 자원을 관리하는 문제를 해결하기 위해 단일한 글로벌 정책에만 의존할 수는 없다."라고 주장했다.

대신 친환경 정책 결정에 있어 많은 인류학자의 견해와 일치하는 입장으로 민중에 기반한 다양성이 필요하다. 따라서 기후변화를 완화하기 위한 노력을 검토할 때, 그녀는 총체적으로 변화를 가져올 수 있는 잠재력을 가진 다중심적 이니셔티브의 중요성을 강조했다.

온실가스 배출량 감소로 인한 혜택은 전 세계적인 것이 아니라, 가정에서 전 세계에 이르기까지 다양한 규모에 걸쳐 분배된다. 따라서 전 지구적 정책이 실현되기를 기다리는 한편, 전 지구보다 작은 단위에서 배출량을 줄이려는 노력, 즉 여러 규모의 프로젝트를 진행하면서 근소하지만 한계 수준으로 온실가스 배출을 감소시킬 수 있을 것이다. 아무것도 하지 않는 것은 온실가스 배출량을 더욱 증가시키는 것을 의미한다. 아직 기후과학자가 재앙을 피하기 위해 필요한 감축량에는 미치지 못하지만, 적어도 일부 지역에서는 감축 수준이 증가하고 있는 것으로 보이며, 이는 다른 지역에서 무엇을 할 수 있는지, 이러한 행동에 무엇이 필요한지에 대한 사례를 제공할 수 있을 것이다.

Ostrom 2009: 28

일란 켈만과 제니퍼 웨스트는 응용인류학적 연구를 통해 소도서 개발도상국의 기후변화에 관한 연구와 프로젝트를 검토했다. 이 경험을 바탕으로 그들은 다음과 같이 경고한다. "기후변화는 소도서 개발도상국에 영향을 미치는 변화와 연관된 도전이자 기회이다. 기후변화에 대한 취약성과 적응을 다루기 위한 기후변화 관련 정보는 여러 스트레스 요인의 맥락에서 고려되어야 한다"(Kelman and West 2009: 9).

이 권고안은 다중위험의 상호작용 모델의 중요성을 강조한다. 예를 들어, 소규모 도서국가의 경우, 선진국의 해양 남획이 기후변화(해양 산성화, 해수면 상승, 더 빈번한 폭풍 해일 등)와 상호작용하여 저지대 섬의 삶을 더 어렵게 만들고 있다.

P. J. 펀테니(Puntenney 2009: 313)는 기후변화와 관련된 문제를 포함한 환경 문제를 해결하기 위해서는 서로 경쟁 관계에 있는 그룹을 포함한 다양한 이해관계자 간의 협력이 필요하다고 주장한다. 그녀는 "문화인류학자의 맥락은 종종 지역적으로 생각하고, 전 지구적으로 행동하라는 것이다. 즉, 인간 경험에 초점을 맞춘 과학은 지속 가능성을 최우선으로 고려하여 역동적인 시스템에 관해 의사

결정권자에게 의미 있고 사용할 수 있는 형태로 통찰력을 제공한다"(Puntenney 2009: 318)라고 말하며, 인류학자가 기후변화 해결책을 찾는 데 잠재적으로 핵심적인 역할을 할 수 있다고 주장한다.

2009년과 2010년에 데이비드 휴즈(Hughes 2013: 572)는 카리브해의 작은 섬나라 트리니다드 토바고에서 기후변화 지식인과 함께 민족지학적 연구를 수행했다. 트리니나드 토바고는 1990년대 초 소도서국연합(Alliance of Small Island States, AOSIS)을 창설했으며, 탄화수소 산업에 깊이 관여해 1인당 온실가스 배출량이 다른 AOSIS 국가들보다 3배나 높은 모순적인 지위를 가진 국가이다. 1990년 1인당 탄소 배출량이 트리니다드 토바고의 두 배에 달하는 석유 국가인 바레인은 AOSIS에 가입하지 않기로 결정했다. 휴즈는 트리니다드 토바고가 개발도상국으로서 높은 배출 수준에 면죄부를 주는 "희생양" 역할을 맡았다고 주장한다. 다른 많은 섬나라와 마찬가지로 트리니다드 토바고도 해수면 상승의 위협에 직면해 있다. 휴즈의 정보 제공자들은 모두 기후과학의 결과를 받아들였지만, 한편으로 그는 다음과 같은 사실을 발견했다.

> *국가의 기후변화 지식인은 트리니다드를 복합적인 희생양의 위치에 두었다. 이들은 그들의 국토를 고려하고, 외교 포럼에서 활동하며, 위험에 대비하는 과정에서 국가와 기관을 무죄로 대변했다. 이 관대한 면죄부는 트리니다드의 가스 굴착 장치와 석유 정제소까지 영향을 미쳤다.*
>
> *Hughes 2013: 578*

기후변화 완화를 위해서는 궁극적으로 전 세계 대부분의 국가, 특히 온실가스 최대 배출국들의 합의가 요구된다. 교토의정서, 2015년 COP 파리협정, EU 배출권 거래제, 그리고 다수의 국가, 주/지방, 도시 체제에 이르는 모든 기후체제는 심각한 이행 및 책임 문제에 직면해 있다. 기후변화 회의와 기후체제는 온실가스 배출량 감축 목표를 반복적으로 권고하거나 설정한다. 안타깝게도 킬리(Kiely

2007: 148)가 지적했듯이, 기존의 기후체제는 "국제 자본주의의 불균등한 발전 속에서 권리, 가치, 윤리, 국제기구가 작동하는 불평등한 맥락을 무시하는 죄를 너무 쉽게 짓고 있다."라고 할 수 있다. 분명한 것은 급진적인 글로벌 기후 거버넌스 프로세스를 만들기 위한 모든 노력은 궁극적으로 아래로부터 시작되어야 할 것이다.

커뮤니티와의 협력

제5장의 일부 사례 연구에서 살펴본 바와 같이 인류학자는 북극, 안데스 산맥, 남태평양과 같은 지역의 원주민을 포함해 지역 커뮤니티와 함께 기후변화 문제를 연구해 왔다. 시베리아 북동부에서 말과 소를 키우는 농작목축민인 빌리우이 사하인(Viliui Sakha) 사이에서 기후변화의 영향에 대해 수년간 연구를 수행해 온 수잔 크레이트(Crate 2011b: 415)는 2003년부터 2006년까지 커뮤니티 지속 가능성 프로젝트를 진행했으며, 마지막 해에는 "기후변화에 대한 노인들의 행동 관찰, 삶과 생계에 미치는 영향, 인과관계에 대한 생각, 미래에 대한 비전"에 중점을 두었다. 연구에 참여한 모든 노인은 기후변화로 인해 생계 활동, 사회생활, 건강이 악화될 것이라고 답했다. 크레이트(Crate 2011b: 422)는 빌리우이 사하인과의 경험을 바탕으로 인류학자가 "문화와 인권에 대한 이 엄청난 위협을 해결하기 위해 지역 규모의 커뮤니티와 함께 면밀하게 일해야 한다."라고 설득력 있게 주장한다. 실제로 다양한 인류학자가 이미 세계 각지의 기후변화 문제에 대해 커뮤니티와 협력하고 있다.

포크란트와 스토커(Pokrant and Stocker 2009)는 서호주 연안과 방글라데시에서 기후변화 적응에 대한 인류학의 기여에 초점을 맞춘다. 이들은 기후변화가 "인류학자에게 기후에 대한 비인격적인 지식을 일반인의 생활세계에 통합하고 커뮤니티에 기후변화로 인한 위험에 대처할 수 있는 기술, 관행, 가이드 및 기타 지원 메커니즘을 갖추게 하는 데 있어 단독으로 또는 다른 사람과 협력하여 중요한 역할을 수행할 수 있는 기회를 제공한다."(Pokrant and Stocker 2009: 181)라고 단언한다.

그들은 "호주 해안 지역의 과학 활용 활성화"라는 정부 지원의 학제 간 프로젝트를 언급하는데, 이 프로젝트에서는 사회과학자, 자연 및 환경 과학자, 기업, 정책입안자 및 지역 커뮤니티를 모아 해안 커뮤니티의 회복탄력성 문화를 조성하기 위해 노력한다(Pokrant and Stocker 2009: 187). 회복탄력성을 구축하려는 노력이 더디게 진행되는 것은 "과학과 정책의 격차"라고 불리는 현상인데, 이는 새로운 과학 지식의 실질적인 활용을 가로막는 장애물이 있게 마련이며, 과학, 관리, 커뮤니티 지식 사이에도 갈등이 발생하기 때문이다. 한 가지 유형은 의사결정권자가 정책 결정으로 나아갈수록 적극적인 과학 투입의 수준이 감소한다는 것이다(Stocker *et al*. 2010). 이 유형은 정책 형성의 최종 과정에서 의사결정권자가 일반적인 과학 지식보다 특수 이해관계에 있는 로비스트(에너지 회사에 고용된 전직 공직자 등)의 영향을 더 많이 받을 수 있다는 것을 의미하기 때문에 주목할 만하다. 제5장에서 설명한 것처럼 이러한 유형에 대한 인식은 기후과학자들이 정책입안자 및 대중과 소통하기 위한 노력을 배가하게 하는 요인 중 하나이다.

방글라데시에서 인류학자는 "기후변화에 더 회복탄력성을 갖는 개발 계획을 만들기" 위해 지방 정부, NGO, 개발 실무자 및 기타 연구자들과 협력해 왔다(Pokrant and Stocker 2009: 188). 여기에는 보다 숙의적 형태의 참여, 정보 공유, 집단 동원, 국가 계획 기관과의 협력, 국제 포럼에서의 대표성을 통해 기후변화에 대한 지역적 이해를 지방, 국가, 국제적 규모로 연결하기 위한 공동 연구 프로그램이 포함되었다(Pokrant and Stocker 2009: 188-189).

파멜라 맥엘위(McElwee 2015)는 베트남에서 REDD+(Reducing Emissions from

Deforestation and Degradation)의 영향을 조사했다. REDD+는 2009년 발리 당사국총회에서 나온 유엔 연계 프로그램으로, 가구와 정부에 벌목을 통해 이론적으로 얻을 수 있는 금액 이상의 보상금이나 기타 유형의 보상을 지급하는 것이다. 이렇게 REDD+는 이론적으로 탄소격리제로 기능할 수 있다. 맥엘위(McElwee 2015: 97)는 베트남에서 수행한 연구를 바탕으로 베트남의 REDD+ 프로젝트가 "오랫동안 산림 부문을 괴롭혀온 두 가지 주요 형평성 문제, 즉 불균등한 토지 보유와 지역 주민, 특히 소수민족의 참여 역할 부족을 다루도록 설계되지 않았다."라고 주장한다. 데이비드 로하스(David Rojas 2016: 22)는 아마존의 REDD+ 프로젝트에 대한 자신의 연구를 바탕으로, 적어도 그 환경에서는 이 프로젝트가 사회정치적 합의에 도전하기 위해 개발된 것이 아니라 "이주민 집단, 토지, 산림, 기계, 종자, 소, 부의 역동적인 배치와 양립할 수 있도록" 개발되었다고 결론지었다. REDD+는 기업들이 온실가스 배출을 지속하는 동시에 세계 각지의 산림 보존 프로젝트를 지원하며 이를 상쇄하고, 이로써 자신들이 환경의 지속 가능성을 위해 노력하고 있다고 주장하는 것을 가능케 한다. 토착민과 농민 집단의 이주 문제 외에도, 기후 완화 전략으로 알려진 REDD+는 나무를 세우거나 새로운 나무를 심는 과정에서 격리되는 이산화탄소의 양을 측정하는 데 어려움을 겪고 있다. 이처럼 REDD와 REDD+의 수많은 문제점을 고려할 때, 전 세계의 토착민 단체와 환경 단체의 광범위한 반대에 부딪히는 것은 놀라운 일이 아니다.

제시카 반스(Jessica Barnes 2015)는 강수량이 많고 산림이 많은 나라와 반대로 기온과 해수면 상승으로 위험에 처한 이집트 나일강에서 기후변화로 인한 물 부족이 미칠 수 있는 영향을 조사했다. 그녀는 이집트 농업의 미래뿐만 아니라 이집트 도시와 산업에도 잠재적인 물 부족의 정치적 파급효과를 인식하는 것이 중요하다고 주장한다.

한편, 제니퍼 허쉬 등(Jennifer Hirsch *et al.*)은 필드 박물관의 환경, 문화 및 보존 부서의 응용 민족지학적 연구에 참여하여 시카고의 다양한 이웃 지역 주민이 기후변화에 대해 어떤 인식을 갖고 있는지 파악했다(Hirsch *et al*. 2011). 연구자들은 사우스 시카고와 노스 켄우드/오클랜드(North Kenwood/Oakland, NKO)라는 대조적인 두 지역을 주로 조사했다. 사우스 시카고는 아프리카계 미국인 62%, 라틴계 33.4%, 백인 5.6%로 인종과 민족이 다양한 지역이며, 주로 노동자 계급으로 구성되어 있다(Hirsch *et al*. 2011: 271). 반면, NKO는 아프리카계 미국인이 거의 97%에 달하지만 계급에 따라 계층화가 심하다. 두 지역의 주민은 기후변화에 대해 극명하게 다른 인식을 가지고 있었다.

> *사우스 시카고와 남동부 지역에서는 기후변화, 지구온난화, 그리고 자연환경과 오랫동안 상호 연결된 이 지역의 역사와 관련된 "친환경" 개념에 상당한 관심이 있었다. 이러한 인식은 공장이 지역의 대기 및 수질에 미친 영향에 대한 역사적 기억, 그리고 공터, 지역에 영향을 미치는 매립지, 오염물질을 방출하는 석탄 더미를 둘러싼 현재도 진행 중인 투쟁과 직접적으로 연관되어 있다. 이와는 대조적으로 NKO 주민에게 기후변화는 시카고 지역의 환경에 대한 즉각적인 위협으로 인식되지 않는 보다 추상적이고 먼 관심사로 여겨지는 경향이 있었다.*
>
> *Hirsch et al. 2011: 275*

사우스 시카고 주민은 환경 및 기후 문제에 대해 개인적 책임도 있다고 생각하는 반면, NKO 주민은 이러한 문제에 대한 자신의 역할이 기업이나 미국 정부의 역할에 비해 중요하지 않으며 기후변화 문제 해결은 자신이 통제할 수 있는 영역 밖이라고 생각하는 경향이 있었다. 이처럼 극명하게 대조적인 인식을 발견하면서, 허쉬 등(Hirsch *et al*. 2011)은 기후행동 활동을 통해 해결될 수 있는 지역 문제를 파악하면서, 건물의 에너지 효율 개선, 청정 및 재생 에너지 사용 지원, 교통수단 개선, 폐기물 감소, 적응력 향상이라는 다섯 가지 전략을 제시했다. 그들은 그들의 가장 큰 공헌이 2009년 11월 말에 시작된 시범 프로그램인 에너지 행동 네트워크의 발전이라고 주장하는데, 이 프로그램은 시카고 시민과 협력하여 “난방 지원을 확대하고 공공요금 보조금, 주택 내후성 보완, 주택 개량을 통해 에너지 사용을 줄이려는”(Hirsch *et al*. 2011: 291) 노력이다. 그들은 시 정책입안자가 자신들의 인류학적 연구를 수용하고 있으며, 이는 “기후행동의 민주적 과정과 정책 개발을 위한 광범위한 참여 모델을 개발할 수 있는 기회를 제공한다.”라고 주장한다(Hirsch *et al*. 2011: 294).

메릴 싱어(Singer 2011a)는 코네티컷 주 하트포드에 대한 현재와 미래의 기후변화 영향에 대한 관심을 환기하고 탐구하기 위해 조직된 동북 기후변화행동 연구 및 교육(Northeast Climate Change Action Research and Education, NCARE) 기획 작업을 예로 들어 인류학이 “지속 가능성의 과학”이 될 수 있는 가능성을 제시했다. 그는 비판의료인류학자로서 코네티컷대학교의 화학, 생태학, 해양과학, 경제학, 교육학 등 다양한 분야의 동료와 협력하기 시작했고, “이미 구조적 폭력의 여러 부담으로 고통받고 있는 집단이 겪을 지구온난화의 특정한 위험에 관한 인류학적 관점에 대한 그들의 개방성”을 발견할 수 있었다(Singer 2011a: 5). NCARE 기획은 “커뮤니티 기반 조직과의 협력을 통해 얻은 지식을 사용하여 기후변화, 영향 및 적응에 대한 대화형 학습 모듈을 공동으로 제작”하기 위해 시작되었다(Singer 2011a: 10). 이 기획이 직면한 가장 큰 도전은 연구비가 심각하게 줄어드는 상황에서 기후변화 및 그 밖의 인류학 분야에서 새로운 지식을 창출하기 위한 자금 지원을 유치하는 것이었다.

그레고리 버튼과 크리스티나 피터슨(Button and Peterson 2009)은 루이지애나의 그랜드 베이유 커뮤니티에서 기후변화, 열대성 폭풍, 허리케인이 주민의 삶에 미치는 영향에 대한 지역지식을 평가하기 위해 물리과학자와 협력하는 참여형 연구 프로젝트를 수행했다. 그랜드 베이유는 인종적으로 아메리카 원주민, 프랑스계, 스페인계, 아프리카계 주민으로 구성된 혼합 커뮤니티이다. 이 커뮤니티는 2005년 허리케인 카트리나로 인해 큰 피해를 입었음에도 사건 이후 4개월 동안 연방재난관리청(FEMA)의 관료들에 관심을 받지 못했다. 2003년 1월 그랜드 베이유에서 시작된 참여 연구는 공병대, 국립위험워크숍, 국립과학아카데미, 옥스팜 아메리카, 전국교회협의회, 국립과학재단, NOAA 해안서비스센터, 루이지애나 천연자원부 등 수많은 외부 단체와 커뮤니티 구성원 간의 상호작용을 끌어냈다(Button and Peterson 2009). 버튼과 피터슨(Button and Peterson 2009: 335)은 그랜드 베이유 주민들은 "전문가들이 새로운 연구 프로젝트를 시행하기 전에 지역지식을 구하는 것이 시간과 연구 비용 측면에서 훨씬 더 효율적이라고 믿고 있으며, 이 프로젝트의 과학자들도 이에 동의한다."라고 주장한다.

누어 존슨(Johnson 2016)은 캐나다 누나부트 준주의 주도인 이칼루이트와 바핀섬 북동지역에서 약 1천 명의 이누이트인을 대상으로 설문조사를 수행하기 위한 승인을 얻는 데 겪은 어려움을 논의한다. 이누크티투트 클라이드 강 유역의 이타크 유산 및 연구 센터의 연구 위원회는 "이 커뮤니티에서 이미 기후변화에 대한 상당한 양의 연구가 이루어졌다는 사실을 바탕으로" 그가 제안한 프로젝트의 필요성에 의문을 제기했다. 그는 "그러한 초기 프로젝트를 통해 커뮤니티에서 기후변화에 관한 어떠한 체계, 이해 및 활동이 개발되었는지"에 관해 조사할 것을 제안하였고, 최종적으로 위원회는 그의 프로젝트를 승인했다(Johnson 2016: 399). 존슨은 인류학을 포함한 사회과학적 연구는 정부와 다양한 종류의 글로벌 기관을 통해 지역 커뮤니티가 연결되는 관료적 네트워크와 출판물에 더 많은 관심을 기울여야 한다고 주장한다.

페기 바틀렛과 벤자민 스튜어트(Bartlett and Stewart 2009)는 기후변화에 대한 인식을 대학에 도입하는 데 따르는 어려움에 대해 조사했다. 이들은 이를 커리큘럼 개혁의 문제와 함께 캠퍼스 운영과 새로운 건물 설계에 지속 가능한 관행을 도입하는 측면도 함께 검토했다. 이들은 모교인 에모리대학교에서 교수진과 대학원생 및 학부생을 위한 일련의 기후변화 만찬을 개최하여 "지지 그룹 환경을 구축하고, 기후변화에 대한 실제 정보와 다양한 관점을 공유하며, 소그룹 토론을 통해 또 다른 에모리, 조지아 및 국가 정책을 상상할 수 있는 도약을 장려"

하고자 노력했다(Bartlett and Stewart 2009: 362). 그들은 캠퍼스에 기후변화와 지속 가능성에 대한 인식을 심어주기 위한 모든 노력이 대학교에서의 태도와 사회생활에 대한 지식에 내재되어야 한다고 주장한다.

메릴 싱어가 종신교수로 재직 중인 코네티컷대학교에서는 대학 캠퍼스를 둘러싼 기후변화와 지속 가능성에 대한 도전이 분명하게 나타난다. 주 정부로부터 상당한 재정 지원을 받고 있는 이 대학은 미국 전역에서 환경적으로 지속 가능한 발전 계획을 수립한 소수의 대학 중 하나가 됨으로써 지속 가능성에 대한 강력한 의지를 보여주었다. 이 가이드라인에는 대학 자본 개선 프로젝트에 LEED(Leadership in Energy and Design) 표준을 통합하는 것이 포함된다. LEED 표준은 2000년 말 미국의 그린빌딩위원회에서 개발했으며, 물 절약, 에너지 효율성, 자재 선택, 실내 환경 품질 등의 측면에서 지속 가능한 건물의 건설을 유도하기 위한 그린빌딩 등급 시스템을 포함하고 있다. 코네티컷대학교는 또한 고등교육 지속 가능성 발전협회에서 개발한 STARS(Sustainability Tracking Assessment and Reporting System)를 활용하는데, 이 시스템은 시에라 클럽이나 프린스턴 리뷰와 같은 단체에서 캠퍼스 지속 가능성 순위에 대한 기준을 수립하기 위해 사용하는 보고 형식이다. 이러한 노력을 인정받아 2012년 코네티컷대학교는 인도네시아대학교의 그린메트릭 세계 대학교 순위 프로그램에서 세계 1위에 올랐다. 이 평가에서 대학교는 친환경 통계치, 에너지와 기후변화, 폐기물 관리, 물 사용량, 교통, 교육 등 다양한 기준에 따라 평가된다. 이런 성과에도 불구하고 이 대학교는 물 접근성에 대한 논란에 휘말리고 있다. 이 대학교는 수자원 보존을 위해 수백만 달러를 투자했지만, 대학교의 핵심 목표인 지속적인 성장(예를 들어 1억 7,000만 달러 규모의 기술 단지 개발 중)을 위해서는 주 내 다른 곳에서 추가 용수를 확보해야 한다. 그 결과 코네티컷대학교는 파밍턴 강 유역에 있는 저수지를 사용하려 시도하고 있다. 강 유역 주위에 거주하는 주민은 2005년 기록적으로 가장 건조한 여름 이후에 대학교가 캠퍼스 근처의 강물을 퍼내어 말라버린 사실을 잘 알고 있기 때문에 대학교의 계획에 항의하고 있다. 다른 곳과 마찬가지로 코네티컷의 물 확보 경쟁은 기후변화로 인한 불확실성과 강수량과 강수 시기를 확신할 수 없는 상황으로 인해 더욱 복잡해지고 있다. 지금까지 북동부는 비교적 습한 지역이었지만, 미국 남서부나 호주와 같이 건조한 지역에서는 물 부족에 대한 취약성이 커지고 있다.

이에 대응하여 호주의 대학교들도 캠퍼스의 환경적 지속 가능성을 달성하기 위해 대규모의 프로그램에 착수하고 있다. 호주의 많은 대학교는 "그린 스코어카드"를 사용하여 환경 지속 가능성을 위한 노력을 강조한다.

1990년 10월 호주의 38개 대학교 중 19개 대학교가 환경 파괴에 맞서기 위한 노력의 일환으로 시작된 국제 탈루아 선언(Talloires Declaration)에 서명했고, 2010년 10월 이후로 52개국 427개 대학교가 이 선언에 서명했다. 호주 대학교들이 그린시프트(greenshift) 정책에 어느 정도 진전을 보이고 있지만, 실제로 이 정책을 준수하는 것은 불규칙하며 일관성이 없어 보인다. 래퍼티와 오드와이어(Rafferty and O'Dwyer 2010: 22)는 "지속 가능성에 관한 수사와 대학교 운영의 모든 차원에서 지속 가능한 시스템을 적극적으로 구현, 통합, 내재화하는 것 사이에는 잔존하는 — 가끔 지루할 정도의 — 그린갭(green gap)"이 존재한다고 지적한다. 그들은 호주 6개 대학교(호주국립대학교, 찰스스터트대학교, 그리피스대학교, 라트로브대학교, 맥쿼리대학교, 시드니대학교)의 환경 지속 가능성 관행에 대한 사례 연구를 바탕으로 다음과 같은 결론을 내린다.

> *우리는 호주 대학교들이 일반적으로 전 지구 및 커뮤니티의 관심사에 영향을 받고 있으며, 논쟁을 정의하고 주도하기보다는 이에 대응만 하고 있다고 주장한다. 대학교가 채택한 지속 가능성 전략과 계획 방식은 커뮤니티의 관심사와 지나칠 정도로 밀접하게 연관되어 있지만, 토론과 보도의 주제와 언어는 지배적인 담론과 글로벌 시장의 힘에 깊이 공모하고 있음을 드러낸다. 경영상의 책임, 지속 가능성을 위한 교육, 주류 정치의 힘과 목소리의 합리주의적 통합*

은 전 세계 기후변화의 근본적 위협 앞에서 질서와 안전에 대한 환상을 제공 한다.

Rafferty and O'Dwyer 2010: 34

2010년 말 이후 대학교 지속 가능성 포럼과 멜버른대학교의 지속 가능성 옹호자 포럼에 참여해 관찰한 한스 베어는 다른 호주 대학교의 그린시프트 관행에 대한 래퍼티와 오드와이어의 주장을 확인했다. 예를 들어, 근무 시간 외에 캠퍼스 주변에서 안전등을 제외한 모든 전등을 끄는 것에 대한 많은 논의에도 불구하고 많은 건물의 사무실, 강의실, 회의실의 전등이 계속 켜져 있었고, 조명 센서의 설치는 더디게 진행되고 있었다. 지속 가능하지 않은 또 다른 예는 학생회관의 여러 음식점에서 플라스틱 접시, 컵, 식기를 사용하는 관행이다. 베어가 한 공급업체의 지속 불가능한 관행에 대해 학생회 운영진 대표와 이야기를 나눴을 때, 그 대표는 학생회가 이 공급업체와의 계약 기간 동안은 이 관행을 바꿀 수 없을 것이라고 단언했다. 멜버른대학교는 2015년 말 대학교 지속 가능성 헌장과 계획을 발표했음에도 불구하고, 학생 주도의 캠페인인 "화석연료 없는 멜버른 대학교(Fossil Free Melbourne University)"에서 대학교로 하여금 금액이 공개되지 않은 화석연료 투자에서 손을 떼라는 요구를 거부했다(Baer and Gallois 2016).

안자 니콜 스투켄버거(Stuckenberger 2009)는 기후변화가 인간사회에 미치는 영향에 대한 대학교의 인식을 높이기 위한 또 다른 방법으로 다트머스대학교의 후드 미술관에서 열린 "얇은 얼음: 변화하는 환경 속의 이누이트 전통(Thin Ice: Inuit Traditions within a Changing Environment)"이라는 제목의 전시회에 대해 설명한다. 스투켄버거가 기획한 이 전시회는 환경과 기후변화에 대한 역사적, 현대적 인식을 살핀다. 그린란드, 알래스카, 캐나다 및 기타 북극권 지역 사람의 예술 및 물질 문화와 관련된 3,000여 점의 유물 외에도 "변화의 목격자: 기후변화에 대한 이누이트의 관찰(Eyewitnesses to Change: Inuit Observations on Climate Change)"이라는 비디오 프로그램도 포함된다.

"얇은 얼음"에서 보여주듯이 기후변화의 문화적 차원을 큐레이션하고 전시하는 것은 단순히 대중의 무비판적인 관람을 목적으로 기획된 것이 아니다. 이는 인류학자가 기후변화의 즉각적인 영향을 경험하는 사람과 협력하여 인류학적 행동을 취하고 효과적이고 창의적이며 강력한 방식으로 참여, 소통, 교육할 수 있는 중요한 방법 중 하나인 것이다.

Stuckenberger 2009: 390

마지막으로 중요한 것은 대학교가 기업화되어감에도 불구하고 여전히 기후변화를 비롯한 다양한 이슈에 대한 비판적 교육의 중요한 장소로 남아 있으며, 이는 우리 저자 두 사람이 미국과 호주에서 다양한 과목을 가르치면서 강조해 온 주제이다. 그러나 기후변화에 대한 비판적 교육은 아카데미 밖의 다양한 환경에서도 실천할 수 있다. 크리스 헵던과 동료는 다음과 같이 주장한다.

주류 교육에 비해 비판적인 교육은 제국주의적 지식보다 현장성을 선호하고, 전문가가 말하는 동안 학생은 침묵해야 한다는 생각을 거부하는 등의 저항적인 입장을 취한다. 중요한 것은 서로 다른 기술을 가진 사람이 함께 일하는 소통의 전통, 즉 도제식 교육, 협력, 호혜적 작업, 타운홀 미팅 방식의 민주주의, 커뮤니티 미디어 등 서로의 차이가 생산적으로 활용될 수 있는 다양한 형태의 상호 학습을 장려한다.

Hebdon et al. 2016: 389

기후행동 그룹 및 운동

제7장에서 더 자세히 논의하겠지만, 우리는 궁극적으로 책임 있는 방식으로 기후변화에 대응하는 것은 존 벨라미 포스터(Foster 2010)가 "생태 혁명"이라고 명명한 것과 다름없으며, 이는 장기적으로 사회적 형평성과 정의, 민주적 절차, 환경적 지속 가능성에 기반한 새로운 세계체제로 이어질 것이라고 주장한다. 기

업과 대부분의 정부가 기후변화 완화에 대한 넘쳐나는 수사에도 불구하고 책임 있게 행동하지 않는다는 점에서, 사회정의나 형평성 문제를 다루는 급성장 중인 다양한 국제 기후운동을 포함한 반체제 운동들의 집단적 노력이 더 활성화되어야 할 것이다(Baer and Singer 2009; Baer 2011). 켄트(Kent 2009: 145)는 이와 관련하여 "성공적인 사회운동은 기후변화에 대응하기 위해 개인의 선택과 자유의지에 기반을 두어야 하며, 개인과 사회적 차원의 행동을 연결할 수 있는 수단을 제공해야 한다."라고 적절하게 지적한다.

기후운동은 부분적으로는 이전의 운동, 특히 환경운동뿐만 아니라 반기업세계화 운동에서 비롯된 국제적으로나 국내적으로나 광범위하고 이질적인 현상이다(Dietz and Garrelts 2014). 북아메리카, 유럽, 호주의 많은 기후행동 단체는 기후변화 완화 전략으로 생태 근대화에 집중하는 경향이 있어 사회정의 문제를 무시하거나 경시하는 경향이 있다. 국제 기후운동은 1989년 기후행동네트워크가 결성되면서 시작된 것으로 보이며, 2008년 중반까지 약 430개 NGO의 연합으로 성장했다(Camilleri and Falk 2010: 309). 국제적 차원에서나 특정 국가 내에서나 기후운동은 상당히 파편화되어 있으며, 일부 부문은 전 지구적 자본주의의 틀 안에서 활동하려 하고, 지구의 벗(Friends of the Earth)이나 라이징 타이드(Rising Tide), 그리고 여러 사회주의 및 무정부주의 단체와 같은 단체는 이에 정면으로 도전하고 있다. 한편, 사회학자 마누엘 카스텔(Castells 2009: 325)은 "인터넷이 지구온난화 방지를 위한 글로벌 운동에서 점점 더 중요한 역할을 하고 있다."라고 언급한 바 있다. 인터넷은 그룹 간 커뮤니케이션, 정보 전파 및 활동가 모집, 대중 교육, 조직화 및 전략 수립, 기금 모금, 정치인 등에게 후원 이메일 쓰기 캠페인과 같은 대중 시위의 도구로 사용되면서 전 세계 기후운동 단체와 개인이 느슨하게 연결된 네트워크를 형성하는 데 기여해왔다.

국제 라이징 타이드 네트워크(International Rising Tide Network)의 사례에서 볼 수 있는 기후운동의 한 영역은 석탄의 채굴과 운송을 중단시키기 위해 "땅에 그대로 두자"는 접근 방식을 강조한다(Cooke 2010). 탄광, 석탄 항구, 석탄 화력 발전소를 겨냥한 기후 캠프가 미국, 캐나다, 프랑스, 벨기에, 네덜란드, 덴마크, 아일랜드, 우크라이나, 호주, 뉴질랜드, 인도에서는 열렸으며, 일부 기후행동 그룹은 전 세계의 바이오연료 사업을 겨냥하고 있다. 미국의 저명한 환경운동가인 빌 맥키벤(Bill McKibben)은 다른 환경운동가들과 함께 (대기 중 이산화탄소 농도 350ppm이 인류의 안전 한계치라는 인식에 근거하여) 350.org를 결성하여 전세계적 기후운동에 나서고 있다. 실제로 그린피스, 지구의 벗, 옥스팜, 크리스천 에이드와 같은 많은 환경 NGO는 다양한 분야로 나뉜 기후운동의 일부가 되었는데, 이 운동은 서로 다른 성격을 가진 여러 그룹으로 이루어져 있다.

이 운동의 한 영역에는 기후변화에 대응하기 위해 비폭력적 직접 행동과 공공교육을 지지하는 북아메리카 기반의 조직 및 개인 네트워크인 기후정의를 위한 동원(Mobilization for Climate Justice, MCJ)이 있다(Tokar 2009). 또 다른 영역에는 이미 경험하고 있는 기후변화의 영향에 대처하는 데 초점을 두는 원주민 커뮤니티가 포함된다. 많은 원주민 그룹이 기후변화에 대한 지역지식을 전달하기 위해 원주민 환경 네트워크(www.ienearth.org)에서 활동한다(Johansen 2006: 280).

또한 미국의 일부 복음주의 기독교인도 기후운동에 동참하고 있다. 전미 복음주의자협회의 로비스트인 리처드 시직(Richard Cizik)은 2002년경 "창조세계 돌봄"이라는 입장을 채택했다. 환경에 관심을 가진 다른 기독교 단체들과 연계하여 1993년 환경 독소 및 기후변화와 같은 생태 문제 해결에 성경적 신앙이 필수적이라고 보는 "신의 창조세계 돌봄에 헌신하는 사역"인 복음주의 환경 네트워크가 결성되었다.

여성 지구 및 기후 코커스(Women's Earth and Climate Caucus)에서도 글로벌 여성 지구 및 기후행동 운동을 발전시키기 위한 노력이 진행 중이다. 그린벨트 운동의 창시자이자 2004년 노벨 평화상 수상자인 왕가리 마타이는 다음과 같이 여성의 역할을 강조했다(Wangari Maathai 2010).

여성은 기후변화의 최전선에서 살아가고 있으며, 기후변화에 대응하는 데 있어 적극적인 파트너가 될 준비가 되어 있다. … 국제사회가 기후변화 대응에 진지하게 임하려면, 여성을 기후 문제 해결의 근본적인 역할로 인식해야 한다.

여성 지구 및 기후 코커스는 개별적 옹호 및 교육 그리고 프로젝트 기반 접근 방식을 통해 탄소 배출을 줄이고 지속 가능한 라이프스타일을 만들기 위한 진전에 속도를 내고 있다. 특히 개발도상국 여성과 원주민 여성을 비롯한 여성들이 기후 관련 의사결정에 참여할 수 있도록 하는 것이 이 단체의 핵심 목표이다. 2013년 화석연료에 대한 저항의 일환으로 모범적인 활동을 펼친 이 단체는 미국 환경보호청과 함께 대지의 여성 대표단(Women of the Land Delegates) 회의를 조직하여 논란이 되고 있는 키스톤 XL 파이프라인(Keystone XL Pipeline)이 텍사스의 원주민 커뮤니티와 여성 농부 및 농장주에게 미치는 환경 위협에 대해 논의했다. 이후 환경보호청은 국무부의 송유관 환경영향평가에 대해 신랄한 검토 결과를 발표했다(Banerjee 2013).

기후운동의 다양한 구성 요소 중 일부에 대한 설명만으로도 알 수 있듯이, 기후운동은 폭넓은 다양성을 포용하며 환경 파괴와 기후변화에 대해 공유된 관심사 외에는 공통점이 거의 없을 수 있는 그룹까지도 포함한다.

아래로부터의 기후운동

현재까지 인류학자가 기후운동에 대한 민족지학적 연구를 수행한 곳은 호주가 유일한 것으로 보인다. 호주에서 기후운동의 다양한 측면을 탐구해 온 인류학자는 멜버른대학교의 한스 베어, 시드니대학교의 린다 코너, 시드니공과대학교의 조나단 마샬 등이 있다.

한스 베어는 2008년 2월 9일 멜버른의 노스코트고등학교에서 열린 기후운동 컨버전스 컨퍼런스에 참석하면서 호주에서 나타나기 시작한 기후운동에 참여하고 관찰하기 시작했다. 컨퍼런스의 연사와 워크숍 주최자 대부분이 정치인과 기업주에게 편지를 쓰고 로비를 하는 등 "녹색 자본주의"의 테두리 안에서 기후변화를 해결하려는 적응 및 완화 전략을 제안했지만, 베어는 많은 참석자가 대중행동에 전념하며 "일상적인 상황"을 넘어서고자 한다는 것을 발견했다. 이번 컨퍼런스의 핵심은 "기후 코드 레드: 지속 가능성 비상사태의 사례(Climate Code Red: The Case for a Sustainability Emergency)"라는 제목의 보고서 발간이었다. 이 보고서는 지구의 벗이 후원하고 오랜 사회운동가인 데이비드 스프랫과 필립 서튼이 저술했으며, 그들은 이 보고서를 단행본으로 확대 출간하여 호주 기후운동의 필독서가 되었을 뿐만 아니라 호주를 넘어 주목을 받았다(Spratt and Sutton 2008a, 2008b).

베어의 기후운동 참여는 2009년 제1회 기후행동 정상회의 참석으로 이어졌다. 이 정상회의에는 다양한 단체에서 500명 이상이 등록하여 참석했으며, 호주가 2020년까지 전 세계 이산화탄소 농도를 300ppm으로 줄이기 위한 국제적 노력에 동참하고 호주의 이산화탄소 배출량을 2020년까지 최소 60%, 2030년까지 90%(1990년 수준 대비) 감축할 것을 요구하는 결의안을 통과시켰다. 그리고 정부가 2020년까지 100% 재생에너지 정책을 시행하고 모든 신규 석탄 및 가스 화력발전소 건설을 즉각 중단하며, 에너지 효율을 혁신하고, 대중교통을 활성화하고, 농업에서 생물학적 저항력을 키우고, 토종 산림 벌채를 유예할 것을 요구했다. 2009년 하반기에 베어는 빅토리아, 사우스오스트레일리아, 뉴사우스웨일즈에서 열린 수많은 기후행동 행사에서 호주 기후운동에 대해 광범위한 참여관찰을 수행했다. 예를 들어, 9월에는 빅토리아 남동부 라트로브밸리에 있는 헤이즐우드 석탄 화력발전소에서 열린 "헤이즐우드 폐쇄, 석탄 퇴출" 집회에 참석하기도 했다. 호주의 비영리 환경 단체인 "환경 빅토리아"는 헤이즐우드가 매년 1,600만 톤의 이산화탄소를 배출하여 호주에서 단일 배출원으로는 가장 많은 양을 배출하는(호주 전체의 3%, 빅토리아주의 15%) "가장 더러운" 발전소라고 보고했다. 집회 전날 밤 인근에서 야영하던 시위대의 절반가량인 500여 명이 집회를 위해 모였고, 영국 소유 기업인 인터내셔널 파워는 주차장 바깥 가장자리에 임시 방호벽을 설치하여 시위대의 접근을 막았다. 이에 굴하지 않고 22명의 시위대가 방호벽을 넘어갔지만 정문까지 도달하기 전에 체포되었다. 방호벽을 넘으려던 다른 시위 참가자들도 기마 경찰에게 계속 밀려났다.

2009년 9월 말에 베어는 사우스오스트레일리아 플린더스 산맥 가장자리에 위치한 포트 오거스타에서 열린 기후 캠프에 참석했는데, 이곳에서 약 60km 떨어진 곳에는 2기의 석탄 화력발전소가 있다. 집회 현장에서 약 2km 떨어진 주유소에는 대형 교도소 버스 두 대가 주차되어 있었다. 한 운전기사는 사법 당국이 다음 날 집회에 많은 시위대가 모일 것으로 예상했으며, 버스는 행동이 과도하게 무질서하다고 판단되는 시위대를 수용하기 위한 것이라고 설명했다. 여성 운전기사는 인구가 훨씬 적은 사우스오스트레일리아에는 이런 버스가 없기 때문에 뉴사우스웨일즈에서 가져왔다고 얘기했다. 집회 현장에는 약 50명 정도가 모여 발전소 폐쇄와 재생 에너지 발전 설비로의 교체를 요구했고, 당국은 기후 캠프가 진행되는 동안 해당 발전소를 "보호 구역"으로 지정하기까지 했다. 시위대는 "보호 구역" 안으로 2km를 행진해 임시 방호벽까지 갔고, 기마 경찰 12명을 포함해 약 70명의 경찰과 대치했으며 다른 곳곳에도 불특정 다수의 경찰이 배치되어 있었다. 이처럼 소수의 시위대에 대해 당국이 취한 선제조치는 국가가 승인한 과잉 진압의 심각한 사례에 해당하는 것이었다. 한편, 경찰은 시위대 8명이 배달차를 타고 정문으로 이동하여 대기 중 이산화탄소 농도를 350ppm으로 낮추겠다는 목표를 상징하는 350송이의 꽃을 전달할 수 있도록 허용했다.

호주의 기후운동은 크게 두 가지 층으로 구성되어 있다. 첫 번째는 때때로 국회나 지방의회에서도 활동하지만 주로 주류 시민사회 내에서 활동하는 남십자 기후연합, 비정부기구, 국가기반 자연보호 단체, 노동조합 등이 포함된다. 다른 층위는 주로 풀뿌리 수준에서 활동한다. 베어는 호주의 기후운동은 길라드 정부가 제안한 탄소 가격 메커니즘(Carbon Price Mechanism, CPM)을 포함한 거의 모든 유형의 배출권 거래제(emissions trading scheme, ETS)가 아무 것도 없는 것보다 나은지를 판단하는 방식에 따라 나뉜다는 것을 발견했다. 일부 기후운동가들은 ETS의 단점을 인정하고 수용하지만, 탄소세 도입을 위해 CPM을 지지하고 시행 3년 후 ETS로 전환하는 것에 반대하는 캠페인을 벌여야 한다고 제안했다. 호주 노동조합 협의회는 녹색당과 함께 CPM을 지지했지만, 많은 풀뿌리 기후운동가들은 그것이 혼란을 가져올 것이 분명한 시장 메커니즘의 하나일 뿐이라며 반대했다.

광범위한 국가적 이니셔티브인 호주의 기후운동은 2012년 7월 CPM이 통과된 후 다소 소강상태에 빠졌다. 그럼에도 불구하고 많은 호주 기후운동가는 계속해서 재생 에너지원 홍보, 락더게이트연대 및 석탄층가스탐사 반대 캠페인, 그린피스가 주도하고 녹색당 지도자 크리스틴 밀른이 지지하는 석탄 퇴출 캠페인 등 다양한 기후운동에 참여하고 있다. "제로 배출을 넘어(Beyond Zero Emission)" 및 다른 기후운동 단체들은 호주 노동당이 이끄는 길라드와 러드 정부가 재생 가능 에너지원에 대한 의지가 높지 않고 석탄 발전에서 천연가스 발전으로의 전환을 제안하고 있다는 점에 대해 우려를 표명했다. 호주의 다른 지역에서는 린다 코너와 그녀의 동료가 2008년에 시작된 대규모 연구 프로젝트의 일환으로 기후운동을 파악하면서, 기후변화가 뉴사우스웨일스주 헌터밸리 커뮤니티의 사회문화적 삶에 미친 영향을 조사했다. 호주 정치경제학 저널 특별호에 기고한 글에서 그녀는 다음과 같이 주장한다.

> *인류학은 다학제 및 응용 연구에 기여하고 현재 일어나고 있거나 일어날 것으로 예상되는 변화와 관련된 특정 지역 및 집단에 대한 민족지학적 분석을 수행함으로써 인위적 기후변화와 관련된 영향, 원인 및 조치를 비판적으로 분석할 수 있다.*
>
> *Connor 2010/2011: 248*

코너가 동료와 함께 진행한 프로젝트에는 기후변화에 대한 주민들의 태도와 대응 방식에 대한 종단 연구와 헌터밸리 상류, 맥쿼리 호수, 뉴캐슬시 등 3개 지역의 기후행동 그룹에 대한 민족지학적 연구가 포함되었다.

2008년 말 세 지역의 응답자 중 30~60%는 더위, 가뭄, 더 심한 산불, 폭풍이나 홍수 등 기후변화의 핵심 지표로 간주되는 기상 조건의 빈도가 높아졌다고 답했다. 토종 식물과 동물/어류의 손실에 대한 질문에는 응답자의 30~40%가 종의 손실을 목격했다고 답해 세 지역에서 매우 유사한 답변이 나왔다. 한편, 헌터 상류 지역에서는 훨씬 많은 사람이 완전히 성장한 나무가 죽어가는 것을 목격했다고 응답했다(55%). 설문조사 응답자의 대다수(55~75%)는 계절 유형과 일상적인 자연 리듬의 변화를 목격했으며, 맥쿼리 호수 주민의 약 27%는 바다 또는 호수 연안의 해수면 상승을 언급했다.

Connor 2010/2011: 257-258

그러나 일부 응답자는 이러한 현상이 반드시 인위적 기후변화의 결과라고 생각하지 않았다. 설문조사 마지막에 전체 1,162명 중에 선택적 의견을 제시한 567명의 응답자 중 102명은 "날씨 유형의 변화를 설명하거나 인위적 변화라는 생각에 반대하기 위해 '자연주기' 또는 '자연주기적 변화' 개념을 언급했다"(Connor 2010, 2011: 258). 실제로 인위적 기후변화에 대해 우려를 표명한 호주인 전체와 헌터밸리 거주자의 비율 모두 2006년에서 2009년 사이에 감소했다. 부분적으로 세계 금융 위기로 인한 경제적 악영향에 대한 우려의 증폭, 기후 회의론의 영향력 증대, 그리고 그러한 견해가 대중매체에서 다양한 형태로 방영됨에 따른 것으로 파악된다. 코너(Connor 2010/11: 254)는 "유명인 회의론자"는 그람시의 용어를 사용해 호주 인구 상당수의 사고에 영향을 미칠 수 있는 "기업 자본주의 계급의 유기적 지식인"의 사례로 볼 수 있다고 주장한다.

일부 헌터밸리 주민 사이에서 기후를 부정하는 움직임이 있기는 했지만, 코너는 또 다른 주민들이 다양한 환경 문제를 해결하기 위해 모이고 있다는 것을 발견했다.

가장 주목할 만한 것은 토지(원주민과 비원주민의 정체성의 원천), 재산 가치와 생계, 건강(특히 아동의 건강과 복지)에 대한 위협이다. 대기오염, 아동의 건강, 환경 피해를 이유로 센테니얼 석탄 회사의 아와바 탄광 채굴 연장에 반대하는 사우스레이크스 커뮤니티의 시위, 와이봉의 앤빌/망굴다 광산 반대 시위 등 최근의 이슈를 둘러싼 지역 시위, 행동 그룹 및 조직 연대를 형성하고 있다. 싱글턴/캠버웰 지역의 집중적인 석탄 채굴로 인해 누적된 대기오염, 수원 파괴, 건강 악영향에 맞서 싸우는 주민 연합, 헌터밸리의 신규 채굴 및 탄층가스 개발 중단을 요구하는 헌터서러브레드브리더 협회의 캠페인 등도 있다.

Connor 2010/2011: 262-263

이 단체들이 모두 호주 기후운동에 참여하는 것은 아니지만, 석탄 및 탄층 가스 채굴의 영향에 대한 이들의 우려는 분명히 기후행동 단체들의 우려와 교차하고 있다.

1984년부터 2011년까지 호주는 세계 최고의 석탄 수출국이었고, 헌터밸리의 끝자락에 있는 뉴캐슬은 세계 최대의 흑탄 수출지로 알려져 있다. 코너와 동료는 앤빌힐 광산 계획이 지역 동식물에 미칠 피해를 우려한 와이봉 주민이 2000년 앤빌힐 프로젝트 감시협회(AHPWA)를 조직하는 과정을 조사했다(Connor *et al*. 2009: 494). AHPWA는 2006년 뉴사우스웨일즈 정부가 광산 개발을 승인했을 때 조직된 앤빌힐 연합(AHA)의 구성원이 되었고, 그린피스와 라이징 타이드는 2005년 10월 앤빌힐 광산 저지 캠페인에 참여했다. AHPWA는 "광산 및 에너지 노동자와 석탄 수출업자를 대표하는 광산업 협회 및 노조"를 포함하여 다양한 "친광업 시민사회 단체"의 반대에 직면했으며, 모두 입장과 동맹이 바뀌고 있다(Connor *et al*. 2009: 503). 건설, 임업, 광업 및 에너지 노조는 앤빌힐 연합과 친광업 시민사회 단체 사이의 중간 그룹을 구성하게 되었고, 석탄 찬성론자 및 뉴사우스웨일즈 광물 협회와 연합하여 "기후변화가 광부의 일자리를 위협한다고 주장하고 교토의정서 비준, 2050년까지 60% 배출 감축 목표, 청정 석탄 기술에 대한 더 많은 투자"(Connor *et al*. 2009: 504)를 요구하는 광고 캠페인을 시작했다. 코너 등(Connor *et al*. 2009: 508)에 따르면, 기후운동은 기존의 에너지 사용 방식과 소비주의적 라이프스타일에 도전한다는 점에서 헌터밸리 상류지역에서 "변혁적 담론"으로 진화하고 있다.

코너(Connor 2012)는 헌터밸리의 여러 기후행동 그룹, 즉 전환마을(콜포인트와 뉴캐슬), 기후행동(뉴캐슬과 맥쿼리 호수), 라이징 타이드 오스트레일리아에 대한 민족지학적 연구도 수행했다. 뉴캐슬과 콜포인트 전환마을은 기후운동의 한 분야로 부상한 국제적인 전환마을 운동의 일환으로, 이 운동의 지지자들은 지역이 기후변화의 도전에 대응하는 기후 친화적인 공동체로 전환하도록 노력하며 지역 경제를 활성화하기 위해 세계화된 유통 시스템에서 벗어나 지역화된 시스템으로 전환하고자 한다. 전환마을 운동은 대부분 선진국에서 일어난 현상으로, 현재 영국을 비롯한 영미권 국가를 중심으로 미국, 캐나다, 호주, 뉴질랜드 등에서도 활발하게 전개되고 있다(Hopkins 2010: 447). 뉴캐슬과 맥쿼리 호수 기후행동은 지역 기반의 기후행동 그룹으로 이러한 그룹은 호주 전역에 상당수가 활동하고 있다(Burgmann and Baer 2012).

코너와 그녀의 동료는 헌터밸리 프로젝트의 일환으로 2008년부터 2013년까지 32명의 종교 및 영성 신봉자들을 인터뷰했다(Connor 2016: 178-190). 인터뷰 대상자 중 일부는 종교 단체의 회원이었지만, 자신을 종교적이라기보다는 "영적"이라고 표현했다. 기후변화의 원인에 대한 견해는 인터뷰 대상자들 사이에서 매우 다양했으며, "현대사회에 대한 도덕적 비판"이라는 견해가 개별적으로 있었고, 많은 경우 "자연/지구와의 관계에서 인간의 도덕적 퇴보"가 포함되었다(Connor 2016: 178). 인터뷰 대상자 중 몇몇은 오순절교도였으며, 그 중 한 명인 레이는 "기후변화가 성경적으로 종말의 전조로 예정된 신의 뜻인 것으로 보고 있었다"(Connor 2016: 188). 반대로 제칠일안식일 예수재림교회 신자인 빈스는 창조론자이면서도 "기후변화가 종말 사건과 관련이 있는지 모른다."라고 하면서 "종교적 설명보다 티핑포인트와 같은 과학 기반 담론"을 선호했다(Connor 2016: 189).

지난 몇 년 동안 수많은 환경 단체와 녹색당의 지지를 받고 있는 "스톱 아다니"(Stop Adani) 캠페인은 석탄이 풍부한 퀸즈랜드의 갈릴리 분지에 대규모 광산을 건설하려는 인도 대기업 아다니의 계획에 반대하는 공동의 석탄 반대 캠페인을 벌여왔다(Krien 2017). 안타깝게도 이 프로젝트는 연립 연방 정부와 퀸즐랜드 호주노동당(Australian Labor Party, ALP) 정부 모두에 의해 승인되었으며, 연방 의회의 ALP 야당 대표인 빌 쇼튼은 아다니가 특정 환경기준을 준수한다는 조건으로 승인했다. 이 탄광은 "건설되면 호주에서 가장 큰 수출 탄광이 될 것이다. 4천만 톤의 저급 열탄이 보웬 근처의 애보트 포인트로 제안된 새 항구를 통해 그레이트배리어리프를 통해 운송될 것이다"(Hepburn 2017: 12).

조나단 마샬(Marshall 2012)은 호주 기후운동에 참여한 다양한 단체의 활동 자체보다는 호주 기후운동 참여자의 사회적 상상에 초점을 맞춰 연구를 진행했다. 그는 다음과 같이 말한다.

> *기후운동은 미래에 대한 상상을 통해 동기를 부여받으며, 공유된 상상에 의해 조직되고 함께 하는 자신들을 상상하며 이루어진다. 이들은 상상 속의 다른 사람(단체로 만나기 힘든 사람)을 상대로 활동하며, 자신의 행동이 가져올 결과를 상상한다.*
>
> *Marshall 2012: 266*

세 명의 호주 학자가 호주의 기후 캠프에 참여한 활동가들에 대한 연구를 바탕으로 2013년 10월에 책으로 출간했다. 시드니대학교의 정치경제학자인 스튜어트 로즈완, 시드니공과대학교의 정치경제학자인 제임스 굿맨, 뉴사우스웨일스대학교의 정치학 대학원 연구원인 레베카 피어스가 저자들이다. 이들의 저서에서는 여러 지역의 기후행동 캠페인의 연관성을 살펴본다(Rosewarne *et al.* 2013).

기후운동가들은 종종 기후변화 완화가 엄청난 목표라는 것을 느끼지만, 궁극적으로 호주와 다른 곳에서 안전한 기후를 달성하기 위해 서로 다른 방식으로 행동해야 한다는 압박을 느끼고 있다. 풀뿌리 수준에서도 호주 기후운동의 이질적인 특성은 신사회운동(new social movements)에 대한 사회과학적 묘사에 대해 특정한 의문을 제기한다. 예를 들어, 키스 포크스는 "신사회운동은 사회주의 좌파와 신자유주의 우파의 국가주의 정치에 대한 환멸과 사회정의를 실현하고 민주적 책임을 보장하는 도구로서의 국가에 대한 노골적인 거부에서 엿볼 수 있다."(Faulks 1999: 88)라고 주장한다.

호주 기후운동의 경우, 많은 기후운동가는 위험한 기후변화를 막기 위해 정치인과 기업 엘리트까지 설득하여 정치경제를 개혁할 수 있다는 생각을 고수하고 있다. 사회주의 단체와 지구의 벗, 라이징 타이드와 같은 일부 단체를 제외하면 호주 기후운동은 전반적으로 전 지구적 자본주의에 대한 비판을 약하게 표현하고 사회정의와 기후정의 문제를 덜 강조하는 경향이 있다. 이는 전 세계, 특히 개발도상국의 다양한 기후운동 단체와 상당히 대조적인데, 사실 이들 중 상당수는 단순한 기후운동 단체라기보다는 기후정의 단체라고 부르는 것이 더 적절할 것이다.

미국 대통령에 기후 부정주의자 선출: 미국 인류학자가 기후운동가가 되는 시점

2016년 12월 트럼프는 오클라호마주 법무장관 스콧 프루이트(Scott Pruitt)를 환경보호청 청장으로 임명했다. 프루이트는 기후 부정주의자일뿐만 아니라 탄소 오염 규제에 대해 소송을 제기한 것에서 알 수 있듯이 환경보호청에 대한 확고한 반대 입장을 견지해 왔다. 또한 트럼프는 엑슨모빌의 CEO 렉스 틸러슨(Rex Tillerson)을 국무장관으로 지명하고 다른 억만장자들과 장군들을 내각에 임명하여 "미국을 석유 과두체제로 사실상 확립"했다(Helvarg 2017: 22). 그는 미국 원주민과 그들의 연합세력이 차단하려는 다코타 액세스 파이프라인(Dakota Access Pipeline)을 완공하겠다고 약속했다.

인류와 기후변화에 관한 미국 인류학회 성명서의 정신에 따라, 우리는 인류학자가 미국과 다른 나라에서 기후운동에 참여할 것을 촉구한다. 2017년 4월 22일 전 세계 도시에서 수천 명이 과학을 위한 행진에 참여했고, 그 다음 주에는 기후 행진에 참여하여 과학적 원칙에 기반한 정책과 행동에 대한 지지를 표명했다. 미국도서관협회의 대학교 및 연구도서관분과 연합의 이사회는 과학을 위한 행진에 협력하기로 결정하고, 회원들에게 여러 도시에서 열리는 집회에 참석할 것을 촉구했다(Enis 2017: 26). 2015년 지구의 날에 결성된 프로젝트 ARCC(Archivists Responding to Climate Change)는 "기후변화의 영향으로부터 아카이브 컬렉션을 보호하고, 직업을 통해 발생하는 탄소 및 생태 발자국을 줄이며, 기후변화에 대한 대중의 인식과 이해를 높이기 위해 관련 컬렉션을 향상시키는 것을 목표로 한다"(Enis 2017: 26). 우리는 미국 인류학회가 전 세계 기후변화 위기를 악화시키는 측면에서 트럼프 대통령직의 함의를 다루기 위한 새로운 태스크포스를 구성할 것을 촉구한다.

기후정의

대체로 기후운동은 환경운동의 하위 분야로 분류되지만, 생태 근대화와 자본주의의 규제를 요구하는 녹색 사회민주주의적 경향, 안전한 기후와 살기 좋은 환경을 위해서는 궁극적으로 자본주의를 초월해야 한다고 믿는 반자본주의적이고 급진적인 경향, 마지막으로 기후정의 문제를 인식하지만 명시적으로 반자본주의적이지는 않은 중간적 경향의 세 가지 경향을 보여준다. 첫 번째 경향에 속하는 그룹은 일반적으로 사회정의 문제에 큰 관심을 기울이지 않는 반면, 후자의 두 경향에 속하는 그룹은 사회정의 문제에 관심을 기울인다.

북아메리카, 유럽, 호주의 많은 기후 단체는 특히 재생 가능한 에너지원, 에너지 효율성, 대중교통 개선 등을 강조하며 생태적 근대화에 초점을 맞추는 경향이 있다. 기후변화 완화를 달성하기 위한 주요 전략으로 기술적 해결책을 강조하는 과정에서 사회정의 문제를 무시하거나 경시하는 경우가 많다. 사회주의 및 무정부주의 단체, 학생 환경 단체 등 다양한 유형의 단체가 기후운동에 참여하고 있으며, 많은 환경 NGO가 기후운동의 일부가 되었다. 반대로, 일부 환경 단체는 세계자연기금, 환경보호기금, 시에라 클럽과 같은 기후운동에 참여하면서 기업들과 밀접한 관계를 맺고 있는 것으로 알려져 있다(Bond 2010: 24).

대규모 기후운동과 달리 기후정의 운동은 2000년 헤이그에서 열린 제6차 당사국 총회 외부에서 소집된 기후정의 정상회담에서 "기후변화의 원인은 산업화된 국가의 생산 및 소비 양식"이라고 주장하면서 등장했다. 인도 기후정의 포럼(Indian Climate Justice Forum 2002: 1)은 2002년 10월 뉴델리에서 열린 기후정의 정상회의에서 "기후변화는 인권 문제"라고 선언하고 "기후위기 해결을 위한 현재의 협상을 이끄는 시장 기반 원칙"을 거부했다. 기후정의를 위한 더반 그룹(Durban Group)은 2004년 10월 남아프리카공화국에서 다그 함마르스콜드 재단이 다양한 시민사회단체와 협력하여 개최한 세미나에서 출발했다. 진보적인 종교 단체도 기후정의 운동의 일부가 되었으며, 2005년 12월 몬트리올에서 열린 유엔기후변화협약 회의에서 세계교회협의회는 "기후변화에 대한 영적 선언"이라는 제목의 성명을 발표하며 "우리는 우리 자신의 삶에서 실천하고, 정부와 산업계에 압력을 가하며, 기후변화로 가장 큰 영향을 받는 사람과 연대함으로써 기후변화의 위협을 줄이는 데 도움을 줄 것을 약속한다."라고 선언했다. 국제 기후정의 운동에 참여하는 다른 단체로는 탄소거래감시(Carbon Trade Watch), 세계열대우림 운동, 온실 개발권리 네트워크 등이 있다. 다양한 원주민 그룹도 기후정의 운동에 참여하고 있는데, 이 중 하나는 그린란드, 캐나다, 알래스카의 이누이트인을 대표하는 단체로 1977년 알래스카 배로우에 설립된 이누이트 환극지

협의회(Inuit Circumpolar Council)가 있다(Stern 2010: 175).

다양한 단체의 기후 활동가들은 2008년 12월 폴란드 포즈난(COP 14)과 2009년 12월 코펜하겐(COP 15)에서 열린 유엔 기후변화 회의와 2009년 브라질 벨렘에서 열린 세계사회포럼과 연계하여 모임을 조직했다(Peterman and Langelle 2010). 이 과정에서 기후정의행동은 COP 15에서 시위를 위한 주요 조직 네트워크로 부상했다. 또한 덴마크의 여러 단체는 대안적 세계체제의 필요성에 관한 워크숍, 논의, 토론, 예술 작품을 선보이는 클리마포럼09(People's Summit Klimaforum09)를 조직했다. 한편, 전 세계 80여 개 단체가 소속된 캄페시나(Campesina)는 코펜하겐 회의에서 행동을 촉구하는 성명서를 통해 유엔기후변화협약이 "지속적인 성장의 환상에 기반한 현재의 소비 및 생산 모델에 근본적인 의문을 제기하지 못하고 있다."라고 주장하기도 했다(Tokar 2009: 7).

2009년 12월 12일 코펜하겐 거리에서는 국제 행동의 날을 맞아 5만에서 10만 명이 시위를 벌였고, 약 900명이 체포된 것으로 알려졌다(Peterman and Langelle 2010). 코펜하겐 회의의 여파로 기후정의행동은 "기후변화가 아닌 시스템 변화"를 촉구하게 되었다(Peterman and Langelle 2010: 6). 또한, 볼리비아의 에보 모랄레스 대통령은 기후정의를 주제로 2010년 4월 코차바마에서 "기후변화와 어머니 지구의 권리에 관한 세계 시민회의(World People's Conference on Climate Change and the Rights of Mother Earth)"를 소집했다.

미니애폴리스 쌍둥이 도시의 기후위기연합의 코디네이터인 크리스틴 프랭크(Frank 2009)는 환경운동의 상당 부분이 자본주의에 너무 관대하다고 비판한다. 그녀는 "다른 억압받는 집단과의 연대 속에서 노동자들이 주도하는 타협하지 않는 환경운동", 즉 "자본주의의 유지는 물론이고 자본주의의 자살적이고 학살적인 정책을 넘어서는 생태사회주의 원칙에 충실한, 이윤보다 지구와 인간의 필요를 우선시하는 제로 성장, 제로 폐기물, 안정 상태, 민주적으로 계획된 사회주의 경제"를 발전시킬 것을 촉구한다(Frank 2009: 43). 한편, 유엔기후변화협약 당사국 총회 이틀 후인 2014년 9월 21일 뉴욕에서 열린 집회에서는 두 종류의 지지 방향이 드러났다. 첫 번째는 기후 시장이 온실가스 배출을 완화하는 데 필수적이라고 보는 녹색 자본주의 지지자이고, 두 번째는 "자본주의적 관계의 종식(기업 가치사슬의 종식을 의미)"과 "공유자 가치사슬(매트릭스 또는 망으로 더 잘 설명됨)"의 정교화를 추구하는 생명을 긍정하고 공유하는 옹호자(Giacomini and Turner 2015: 30)이다.

결론

인류학을 현실 세계의 문제 해결에 적용하는 것은 20세기 초부터 시작되었다. 특히 1940년대에 미국에서 응용인류학회가 출현하고 이후 다른 나라에서도 응용학회가 생겨나면서 더욱 발전했는데, 이는 제2차 세계대전과 관련된 다양한 종류의 실무 작업에 인류학자가 참여한 결과이기도 하다. 응용인류학과 학문적 인류학 사이에는 여전히 긴장이 존재하지만(Rylko-Bauer *et al*. 2006), 환경 문제를 포함한 다양한 이슈에 대한 실천은 잘 정립되어 있다. 기후변화인류학의 적용은 아직 초기 단계에 있으며, 전 세계의 기후 관련 정책과 실천에 영향을 미치기 위해 고군분투하고 있다. 이 책에 인용된 여러 인류학자의 말에서 알 수 있듯이, 인류학이 사회와 환경의 이원적 문제인 기후변화를 연구하고 대응하는 데 기여하는 강점에 대해 자주 언급되고 있다. 기후변화에 대한 비판인류학의 관점에서 볼 때, 사회정의 이슈와 기존 세계 경제 내에서 지속 가능성의 문제는 근본적인 중요성을 지닌다. 이러한 관점은 광범위한 기후 사회운동의 한 부문으로 자리를 잡아가고 있지만, 지구상에서 우리 앞에 펼쳐지고 있는 기후혼돈, 다중위험의 상호작용, 커뮤니티의 취약성/위험성 증대에 대한 효과적인 대응을 위해서는 이러한 관점이 수용되고 구체적인 기획으로 변환되어 적용될 수 있는 능력이 중요할 것이다.

제7장

기후변화에 관한 다른 사회과학자의 의견

다양한 분야의 교차

급격하게 변화한 생물권의 인위적 요인을 포함한 기후변화는 본질적으로 다학제적 연구가 필요한 주제이다. 그 이유는 이 현상의 여러 측면을 연구하는 데 관여하는 학문 분야가 매우 다양하고 어느 한 분야만으로는 그 본질을 완전히 밝힐 수 없기 때문이다. 물리 또는 자연 과학 분야에서는 기후과학, 대기과학, 기상학, 지리학, 심지어 공학 등 다양한 과학 분야가 포함되며, 사회 및 행동 과학의 측면에서는 고고학(인류학의 하위 분야)과 보다 일반적인 인류학 외에도 앞 장에서 언급했듯이 사회학, 정치학, 인문지리학, 심리학이 기후와 관련이 있다. 마지막으로 기후변화를 다루는 인문학에는 역사, 철학, 영어 또는 문학, 심지어 종교학과 신학까지 포함된다. 또한 지구과학, 환경학, 개발학, 공공정책과 같은 학제 간 분야에서도 기후변화를 다루고 있다. 이 외에도 조지 몬비엇(Monbiot 2006), 프레드 피어스(Pearce 2006, 2007), 마크 라이너스(Lynas 2004, 2007) 등 여러 저널리스트가 기후변화 관련 주제에 관해 대중적인 책과 각종 기사를 써왔다. 따라서 기후변화에 관한 연구는 앞서 언급한 바와 같이 본질적으로 여러 방향에서 기여하는 다학제적 영역이며, 다양한 종류의 학제적 협업이 이 분야에 상당한 기여를 해왔다는 점도 매우 중요하다. 이에 우리는 기후변화를 연구하는 데 학제적 접근이 중요하다는 커스틴 해스트럽의 주장에 매우 동의한다.

> *인류학자는 전 세계 곳곳에서 기후변화의 지역적 영향을 다루며 일상적인 기상 변동성과 장기적인 기후변화 사이의 전환 지점을 논의하는 데 기여해 왔다. 지역적 민족지의 모든 장점을 활용하기 위해 기후변화에 관한 인류학적 연구는 지역 및 세계 기후 문제와 다른 지식의 상호 교차에 포괄적인 관심을 배양할 필요가 있다. 이는 인류학을 사회학, 정치학, 경제학, 과학기술학과 같은 다른 사회과학 분야의 최근 발전과 연결시킬 수 있다.*
>
> *Hastrup 2012a: 2*

우리는 각자의 학문 경력을 쌓는 과정에서 학제적 접근을 수행해 왔기 때문에 기후변화에 대해서도 이러한 학제적 접근 방식을 채택하는 것이 매우 자연스럽다고 생각한다. 한스 베어는 처음에는 주로 사회학과와 인류학과에서 전임 또는 객원교수로 강의했었지만, 멜버른대학교에 부임한 이후에는 여러 단과대학에 개설된 개발학 프로그램을 담당했고, 2006년부터 2011년까지 멜버른대학교 인구보건학부 건강사회센터에서 강의하기도 했다. 이와 비슷하지만 다소 다른 방식으로 메릴 싱어의 경력도 학제적 협업을 강조해 왔다. 그는 인류학자, 심리학자, 역학자, 사회복지사, 그리고 에이즈, 성병, 간염과 같은 긴급한 건강 문제에 대한 지역사회 기반 연구에 관여하는 다양한 사람들로 구성된 다학제 연구팀에서 일해 왔다. 싱어(Singer 2009b: 381)는 다학제성이 "기존의 학문적 경계뿐만 아니라 고유한 개념 세계와 전문 용어로 가득 찬 학문적 언어를 초월하는 성공적인 협력, 그리고 더 어려운 것은 학문적 편견과 학문 중심주의로 인해 부과된 역사적 맹목성을 꿰뚫어 보는 우리의 능력"을 포함한다고 말한다.

기후변화에 관한 사회학자, 정치학자, 인문지리학자의 연구를 요약하는 것은 쉬운 작업이 아니다. 다행히도 이러한 연구 중 일부는 여러 분야의 저자들을 쉽게 접할 수 있도록 책으로 편집되어 있다. 특히, 애들레이드대학교의 사회학자 콘스턴스 레버-트레이시(Lever-Tracy 2008)는 기후변화사회학을 육성하는 데 핵심적인 역할을 했다. 그녀는 『기후변화에 맞서기(Confronting Climate Change)』(Lever-Tracy 2011)라는 제목의 짧은 책을 저술했을 뿐만 아니라, 『기후변화와 사회에 관한 루틀리지 핸드북(Routledge Handbook of Climate Change and Society)』(Lever-Tracy 2010)을 편집했다. 영국의 저명한 사회학자인 브로니슬라프 세르진스키와 존 어리(Szerszynski and Urry 2010)는 기후변화에 관한 저널 "이론, 사회, 그리고 문화"의 특별호를 객원 편집했다. 마지막으로 정치학자인 존 드라이젝, 리처드 노가드, 데이비드 슐로스버그는 『기후변화와 사회에 관한 옥스퍼드 핸드북(The Oxford Handbook of Climate Change and Society)』(Dryzek *et al*. 2011b)을 편집했다. 안타깝게도 이 선집들 중 인류학자의 기고문은 포함되지 않았다. 이는 인류학이 전통적으로 전 세계에서 수행한 매우 지역적인 환경의 소규모 문화 집단에 대한 연구 이외에 현대 인류학 연구의 폭넓은 분야가 다른 분야의 많은 동료에게 잘 알려지지 않았기 때문일 수 있다.

2012년 3월, 국제사회과학협의회는 "글로벌 변화를 위한 사회과학 연구의 혁신적 초석"이라는 보고서를 발표하며 "기후변화와 지구 환경 변화에 관한 사회과학을 위한 10년간의 연구 자금 및 협력 기획의 구상"을 제안했다(Hackmann and St. Clair 2012: 2). 보고서는 "사회과학자에게 기후변화와 지구 환경변화의 문제는 사회과학의 핵심이라는 메시지는 분명하다."라고 기술했다(Hackmann and St. Clair 2012: 4). 이 보고서는 기후변화와 지구 환경변화에 대한 출판물 측면에서 정치학, 사회학, 인류학, 심리학 모두 환경학, 경제학, 지리학 등의 분야에 비해 뒤처져 있다고 주장한다. 지난 25년 동안에도 기후과학자 사이에서 지구 기후변화의 현실은 논쟁의 여지가 없었다. 여전히 제한적이지만 인류학자는 점점 더 많은 수가 다양한 역할을 감당하며 전 세계의 다양한 거주 지역에서 이 문제를 연구하고 있다. 사실상 이 책의 의도는 기후변화의 인간적 기원과 기후변화가 인간 공동체와 삶의 경험에 미치는 영향의 시급성을 고려하면서 인류학계 내에서 성장 중인 이 분야를 인식하고, 지원하여, 발전시키는 것이다.

기후변화사회학

기후변화 연구에 참여가 저조한 것을 우려하는 분야가 인류학만은 아니다. 콘스탄스 레버-트레이시(Lever-Tracy 2008)는 사회학자가 자연주의적 설명을 의심하고 미래와 관련된 담론에 회의적이라고 주장하면서 사회학 연구의 부족함을 한탄하는 기사를 발표했다. 다른 이들은 레버-트레이시에 대한 반응으로 다음과 같은 다른 생각들을 제시하기도 했다.

> *사회학자는 지금까지의 논쟁이 지나치게 정치적이고, 자연과학과의 방법론적 차이가 존재하며, 그리고 현상을 장기적인 관점에서 파악하는 데 민감해야 한다고 배워왔기 때문에 신중한 자세를 취했다.*
>
> *Grundmann and Stehr 2010: 898*

이 논문들이 발표된 이후 기후변화사회학이 발전하기 시작했지만, 아직 레버-트레이시가 원하는 만큼 학문의 핵심으로 자리 잡지는 못했다.

역사적으로 브라운대학교 환경연구센터 소장인 티몬스 로버츠(J. Timmons Roberts)가 기후변화사회학의 아버지라고 할 수 있는 근거가 있긴 하지만 그렇게 인정받지는 못하고 있다. 세계체제이론의 접근법을 사용하는 여러 동료와 함께 로버츠는 자본주의 세계체제에서 각국의 위치와 탄소 집약도 및 이산화탄소 배출량을 추적하는 연구에 관여해 왔다(Roberts and Grimes 1997). 로버츠는 브래들리 파크스(Roberts and Parks 2007)와 공동으로 기후변화사회학 분야의 첫 번째 책으로 꼽히는 『기후 부정의(A Climate of Injustice)』를 출간했다. 저자들은 "지구온난화는 그로 인해 누가 가장 많은 고통을 받을 것인지, 애초에 누가 문제를 일으켰는지를 둘러싼 결국 불평등에 관한 문제"(Roberts and Parks 2007: 135)라고 주장한다. 그들은 전 세계 인구의 가장 부유한 20%가 온실가스 배출량의 60% 이상을 발생시킨다고 보고한다(Roberts and Parks 2007: 10).

기후재난이 개발도상국 국민에게 미치는 가혹한 영향, 기후체제, 글로벌 노스와 사우스의 환경 협력의 필요성 등 다양한 주제를 다루고 있는 『기후 부정의』는 기후변화를 연구하는 사회과학자라면 누구나 읽어야 할 책이다. 또한 이 책은 기후변화라는 주제가 정치화되는 것은 과학적 사실에 대한 논쟁 때문이 아니라 화석연료 기반의 세계경제체제의 결과로 가장 큰 혜택을 보는 사람과 가장 큰 피해를 보는 사람이 존재하기 때문이라는 점을 인정하고 있다.

기후변화사회학을 발전시키기 위해 조앤 나겔 등(Nagel *et al*. 2009)은 국립과학재단에서 "지구 기후변화에 대한 사회학적 관점에 관한 워크숍"을 개최했다. 이 회의에서는 기후변화의 원인, 기후변화의 영향에 대한 관점, 완화 및 적응에 대한 사회학적 접근법, 지구온난화에 관한 사회학적 연구의 발전을 위한 접근법 등 기후변화의 핵심 이슈와 이를 연구하고 대응하는 데 있어 사회학자의 역할에 초점을 맞췄다. 이 회의의 결과물로 발간된 보고서는 기후변화 연구를 위한 사회학의 촉진을 위해 "환경 사회학 연구자 수의 증가", "기후변화 연구 및 정책 조직에 사회학자의 참여", "기후변화 연구 및 정책 네트워크에 대한 사회학자의 접근성" 증진을 통한 역량 강화를 권고했다(Nagel *et al*. 2009: 5). 이 보고서는 또한 "사회학자가 멀티모달 분석틀을 수용하도록 장려"하고 "연구 네트워크에 대한 지원과 자연과학자 및 엔지니어와의 협력"을 늘리는 등 사회학과 다른 학문 간의 협력을 권장한다(Nagel *et al*. 2009: 5). 마지막으로 보고서는 "학제적 사회환경 관측 네트워크"를 발전시키고 "기후변화의 사회적 차원에 초점을 맞춘 교육 기관"을 설립하는 등 여러 형태의 "역량 구축 및 인프라 개발"을 권장했다(Nagel *et al*. 2009: 5). 또한 이 보고서는 사회학자가 기후정책 의사결정에 기여할 것을 권장하지만, 기후변화 문제에 대해 지역공동체와 협력하거나 기후운동 내에서 작업할 것을 권고하지는 않는다. 이미 많은 환경사회학자가 그러한 작업에 참여하고 있음을 고려했을 때 저자들이 그러한 현실을 누락했다는 것은 놀라울 뿐이다.

사회학자 크리스찬 파렌티(Parenti 2011)는 최근 기후변화로 인한 최악의 영향에 대한 글로벌 사우스 대부분 지역의 취약성을 지적하며 이렇게 언급했다.

지구의 중위도를 가로지르는 남회귀선과 북회귀선 사이에는 경제적, 정치적 타격을 입은 식민지 이후 국가들의 지대인 '혼돈의 열대'가 있다. 기후변화는 이 열대 지방을 중심으로 심각한 타격을 주기 시작했다. 이 지대의 사회들은 농업과 어업에 크게 의존하고 있기 때문에 기상 유형의 변화에 매우 취약하다. 이 지역은 냉전과 신자유주의의 경제적 구조조정에서도 최전선에 있었다. 그 결과, 이 지대에는 개발도상국 중에서도 실패했거나 반쯤 실패한 국가 대부분이 밀집해 있다.

Parenti 2011: 9

파렌티(Parenti 2011)는 기후변화가 이미 회복탄력성이 무너진 갈등, 혼란, 사회적 붕괴에서 현재 어떤 역할을 하고 있는지 살펴본다. 그가 '혼돈의 열대'의 국가들이라고 부른 지대에서는 물과 방목지 등 자원의 감소와 불안정성, 여기에 빈곤과 기후변화의 혼란이 겹치면서 폭력적인 갈등이 가중되고 있다.

저명한 사회학자 앤서니 기든스(Anthony Giddens)는 『기후변화정치학(The Politics of Climate Change)』(Giddens 2009, 2011)을 출간했다. 그는 "지구온난화는 그 규모 면에서, 그리고 주로 미래에 관한 문제라는 점에서 다른 어떤 것과도 다른 문제"라고 단언한다(Giddens 2009: 2). 그는 이에 관해 '기든스 역설'이라고 과감하게 명명하면서 이렇게 말한다.

지구온난화로 인한 위험은 일상 생활에서 눈에 보이거나 즉각적으로 느낄 수 있는 것이 아니기 때문에 많은 사람이 지구온난화의 위험성을 알면서도 구체

적인 행동을 취하지 않고 손 놓고 있을 것이다. 그러나 지구온난화가 눈에 보이고 심각해질 때까지 기다렸다가 심각한 행동을 취한다면 당연히 너무 늦을 것이다.

Giddens 2009: 2

기후변화에 대한 전면적 완화 전략이 없는 한 기후변화의 가장 심각하고 격동적인 영향이 미래에 닥칠 것이라는 기든스의 주장이 옳다는 것은 부인할 수 없지만, 사실 기후변화 문제와 관련된 미래는 이미 얼마 전부터 시작되었다는 것이 더 분명해지고 있다. 즉, 격렬하고 피해가 극심한 홍수, 생명을 위협하는 가뭄, 벡터매개 및 수인성 질병의 확산, 파렌티가 지적한 분쟁의 증가, 온난화의 다양한 표현과 결과에서 볼 수 있듯이 이미 기후변화가 전 세계 공동체와 삶에 중대한 영향을 미치고 있는 것이다.

영국의 또 다른 사회학자 존 어리(John Urry)는 기후변화사회학의 최전선에서 활동해 왔다. 그는 저서 『기후변화와 사회(Climate Change and Society)』에서 인간중심주의에 반대하는 글을 썼다.

나는 사회 및 사회학을 기후변화 분석의 한 주제 안에, 더 일반적으로는 사물, 기술, 기계 및 환경의 세계 안으로 포함시킨다. 사회와 물리적/물질적 세계가 완전히 얽혀 있으며 이 둘 사이의 이분법은 (과학기술 사회학에서 오랫동안 주장해 온 것처럼) 극복해야 할 이데올로기적 구성물이라고 강력하게 주장한다.

Urry 2011: 8

어리는 지금까지 기후변화에 대한 사회과학이 잘 발달되지 않았다고 주장하지만, 우리는 이러한 의견이 변화하는 과정에 있다고 믿는다.

현재까지 학계와 환경 정책 분야에서 기후변화 담론을 지배해 온 것은 인간행동에 대한 경제적 모델이다. 이러한 지배력은 많이 인용되는 스턴 보고서(Stern

Review)에서 잘 나타난다. 영국 정부의 경제 서비스의 책임자이자 세계은행의 수석 이코노미스트였던 니콜라스 스턴(Stern 2007)은 기후변화에 대응하기 위해 잘 알려진 신자유주의 전략을 제안했다. 그는 대기 중 온실가스 수준을 이산화탄소 환산치 450에서 550ppm 사이에서 안정화할 수 있다면 "기후변화의 최악의 영향으로 인한 위험"을 현저하게 줄일 수 있다고 주장했다(Stern 2007: xv). 스턴 보고서는 완화 전략은 "연간 수천억 달러가 감축에 투자되기 전에 확실한 과학과 경제학에 근거해야 한다."라는 자주 반복되는 이유를 들어 기후변화 부정론자들로부터 많은 공격을 받아왔다(Mendelsohn 2006-2007). 이에 반해 우리는 스턴 보고서의 배출 감축 목표가 너무 제한적이어서 기온 상승을 안전한 수준 이하로 억제하기 어렵고, 기후변화 피해 정도가 과소평가되었으며, 포스터 등(Foster *et al*. 2010)이 주장한 것처럼 상당한 수준의 배출 감축이 자본주의를 불안정하게 만들 것을 우려해 더 광범위한 배출 감축을 제안하지 않았다고 주장한다.

어리가 기든스의 『기후변화정치학(The Politics of Climate Change)』(Giddens 2009)이 "국가 정책과 정치에 너무 많은 강조점을 두고 '사회' 내에서 고탄소 및 저탄소 시스템과 관행에 대한 충분한 근거를 제시하지 않기 때문에 충분히 사회학적이지 않다."(Urry 2011: 15)라고 비판한 것은 주목할 만하다. 궁극적으로 어리는 근대성의 탄소화된 본질을 넘어서는 탈탄소 사회뿐만 아니라 탈탄소 사회학을 개발하고자 한다. 포스트포드주의 또는 포스트모던 사회학과는 달리, 그는 탈탄소 사회학을 "근대성이 본질적으로 탄소화된 근대 세계로 구성되었지만, 대부분의 사회 사상에 의해 이러한 탄소 기반이 모호해졌다는 점을 강조하는 사회학"으로 본다(Urry 2011: 16). 그는 초기 사회학이 "경제 및 사회 생활의 자원 및 에너지 기반을 조사하지 않은, 즉 탄소를 자각하지 않았다."라고 주장한다(Urry 2011: 16). 그는 탈탄소 사회를 내연기관에 의존하는 자동차와 같은 화석연료 및 화석연료 기반 기술에 대한 현재의 의존을 벗어난 사회로 정의한다.

또한, 어리는 사회학이 영화와 소설뿐만 아니라 제레드 다이아몬드의 『붕괴

(Collapse)』(Diamond 2005)와 같은 수많은 대중 도서에서 나타나는 사회과학 문학의 새로운 격변설에 관여하고 이에 기여해야 한다고 주장한다. 그는 "기후변화, 석유 공급의 정점, 인구 증가, 식량과 물의 안보에 대한 탈탄소 분석"에 대한 요구와 함께 소비 문화가 에너지 집약적인 물품 생산을 수반하며 군사 시설이 높은 생태 발자국을 남기고 높은 수준의 이산화탄소 배출을 생성한다는 인식을 요구한다(Urry 2011: 46). 그는 또한 비즈니스 및 업무용 여행, 모험, 관광(의료관광 포함), 가족 방문, "군대, 탱크, 헬리콥터, 항공기, 로켓, 스파이 비행기, 위성 등의 군사적 이동"을 포함한 다양한 목적의 차량과 비행기를 이용한 빠른 여행이 온실가스 배출에 미치는 영향을 강조한다(Urry 2011: 69). 그는 "기후변화 정치학은 지금 당장 풍요를 추구하거나 풍요를 늘리기 위한 캠페인이 아니라 장기적으로 그리고 세계 다른 곳곳에서도 합리적인 풍요를 보장하기 위해 것"이라고 강력하게 주장한다(Urry 2011: 100). 그의 주장의 많은 부분은 실제로 존재하는 자본주의에 대해 비판적이지만, 그는 자본주의 세계체제 자체를 넘어서자고 요구하지는 않는다. 대신 생태적 근대화에 의존하는 "자원 자본주의"를 옹호하며, "자원을 공급하고 오염을 흡수하는 능력에는 한계가 있다."라는 점을 인정한다(Urry 2011: 118). 즉, 그는 자유시장 근본주의는 거부하지만, 생산의 민영화는 거부하지 않으며, 양심이 있는 자본주의라고 할 수 있는 것은 옹호한다. 이는 얽혀 있는 경제와 환경 문제를 해결할 수 있는 이른바 녹색 자본주의의 능력에 대한 논의로 이어지며, 이 주제는 마지막 장에서 다룬다.

어리(Urry 2013)는 그의 최근 저서에서 자본주의가 식량 생산과 유통, 운송 및 기타 여러 목적을 위해 의존하고 있는 석유에 대한 과도한 의존을 넘어서야 한다고 강조한다. 그는 "저탄소 시민사회"로 이행하기 위한 "전력 감축"을 주장하며, 여기에는 소유물 축소, 에너지 사용량 감소, 건물과 주거 공간 재설계, 빠른 장거리 여행보다는 느리고 가까운 여행 강조, 집 근처에서의 사회적 관계 형성, 도시 정원 가꾸기 등이 포함된다고 말한다. 그는 이러한 사회로의 발전이 "우리가 함께 살 수는 없지만, 없어서는 살 수 없는 석유의 공급 감소와 기온 상승이라는 이중고에 대처할 수 있는 방법"이라고 말한다(Urry 2013: 240).

2015년 미국사회학회의 사회학과 글로벌기후변화 태스크포스에서 지원한 『기후변화와 사회학(Climate Change and Sociology)』 선집은 기후변화사회학에 대한 구체적인 관심사들을 강조한다(Dunlap and Brulle 2015). 여기에는 기후변화의 인위적 요인, 기후변화 완화 전략, 기후변화에 대응하는 시민사회 단체와 사회운동, 기후변화 연구의 큰 틀에 사회학적 연구를 통합하기 위한 전략 등이 포함된다. 요르겐슨(Jorgenson)은 미국사회학회의 세계체제 정치경제 섹션에 소속된 사회학자가 기후변화 분석에 기여한 바를 개관하면서 다음 네 가지 사항을 서술한다(Jorgenson 2015: 270-271).

- 인위적인 기후변화 이해에 대한 광범위한 환경 사회학 커뮤니티의 공헌
- 기후변화의 인간적 원인, 결과, 해결책을 권력과 불평등의 구조 안에서 파악
- 중심국가가 지배적인 세계체제에서 기후변화와 관련된 부정의를 인식하는 것과 함께 중심부와 반주변부의 내적 주변의 존재를 인식
- 사회는 비교적 적당한 수준의 화석연료를 소비하면서도 높은 생활 수준 달성이 가능

전반적으로 우리는 기후변화사회학 문헌을 검토하면서 다음과 같은 다섯 가지 폭넓은 주제를 발견했다. (1) 사회적 과정에 내포된 위기로서의 기후변화, (2) 자본주의와 행성 사이의 대사적 균열의 존재, (3) 기후변화에 대한 생산과 소비의 기여도, (4) 기후변화 완화 전략에서 사회학의 역할, 그리고 (5) 생태 혁명의 필요성이다. 기후변화를 연구하는 사회학자의 또 다른 주제로는 인구가 기후변화에 미치는 영향, 기후변화에 대한 대중의 가치, 태도, 신념, 지식, 그리고 기후변화에 대한 미디어 프레임과 기후변화에 대한 적응 등이 있다(Zehr 2015).

위험으로서의 기후변화

1980년대 초 인류학자 메리 더글라스(Mary Douglas)와 동료 정치학자 아론 윌다브스키(Aaron Wildavsky)는 이런 의문을 제기했다. 건강이 향상되고 기대 수명이 연장되는 시대에 왜 생명에 대한 위협에 경각심이 높아졌을까?

> *미국인은 무엇을 두려워할까? 먹는 음식, 마시는 물, 숨 쉬는 공기, 살아가는 땅, 사용하는 에너지를 제외하면 별다른 것은 없다. 15~20년이라는 아주 짧은 시간에 물리적 세계에 대한 신뢰가 의심으로 바뀌었다.*
>
> *Douglas and Wildavsky 1982: 10*

더글라스와 윌다브스키는 사회에서 인식되는 불안정성의 증가와 사람이 의존하는 환경의 안전에 대한 신뢰 및 확신의 관계를 설명하면서 각 사회가 위협과 위험에 대한 자신들의 비전을 문화적으로 구성한다고 믿는 구성주의적 입장을 채택했다. 더글라스가 1950년대에 현장 조사를 수행했던 콩고민주공화국의 레레인의 사례를 들며, 이들이 생명을 위협하는 열대성 감염병이 가득한 곳에 살고 있음에도 불구하고 건강에 대한 두려움을 주로 번개에 맞거나, 척박한 땅에서 고생하며, 기관지염에 걸리는 것에 초점을 맞췄다고 언급한다. 레레인의 사례에서 알 수 있듯이, 더글라스와 윌다브스키는 사회의 위험에 대한 지역적 인식과 개념은 객관적 실체가 아니라 문화적으로 형성된 이해방식이 만들어낸다고 주장한다. 이 연구에서 주목할 만한 점은 사회과학에서 위험이라는 주제를 제기했다는 것 외에도 더글라스처럼 문화의 중요성을 깊이 인식하고 있던 다른 많은 인류학자가 이 구성주의적 주장에 어떻게 반응했는지이다. 더글라스와 윌다브스키의 책에 대해 일부는 긍정적인 반응을 보였지만, 날카로운 비판도 제기되었다. 인류학 저널의 비평가들은 위험을 은유적 메타포로 축소하는 것이 오염된 공기(천식 발병률 증가 등), 오염된 토지(오염된 지역의 암 발병률 증가 등), 오염된 물(식수원의 손실 등), 기후변화의 영향(극한 날씨의 빈도와 영향 증가

등)과 같은 그들의 웰빙에 대한 위협의 직접적인 인식을 사소한 것으로 치부한다고 비판했다. 또한, 우리가 인식하는 모든 것이 문화적 가공물에 불과하다는 그들의 견해는 사람이 세상을 어느 정도 정확하게 인식할 수 있는 능력(그리고 필요성)을 과소평가하는 동시에 기업이 초래한 대규모 공해를 학문적으로 비판하는 것을 막는다. 사람이 문화적으로 위험하다고 생각하는 문제만 중요해지는 것이다. 이안 해킹(Hacking 1982)은 서평에서 더글라스와 윌다브스키의 책을 읽는 독자들은 때때로 "일부 공해는 실제로 존재한다고 외쳐야 한다."라고 강조했다. 실제로 일종의 문화적 구성물인 산업계의 대규모 홍보 및 허위 정보 캠페인이 환경으로 뿜어져 나오며 웰빙에 가해지는 여러 화학 물질, 대기 및 기타 위협에 대한 인식을 억제하고 있다고 주장할 수도 있다.

또한, 이 논의가 시사하는 바는 불확실성으로 가득 찬 미래에 대한 경험적 감각과 사회의 취약성에 대한 전망이 커지고 있다는 것이다. 제1장에서 살펴본 바와 같이 기후변화와 다중위험의 상호작용 영향이 커짐에 따라 사람의 불안정성에 대한 경험도 증가하여 환경 속에서 직면한 새로운 위험을 넘어 그 자체로 타격을 입히기 시작할 것으로 예상된다. 단결, 지원, 완화/적응을 위한 사회적 노력이 뒷받침되지 않는다면, 위험에 대해 고조되는 감각이 사회 제도에 대한 신뢰 상실, 필요한 사회 시스템 기능의 붕괴, 그 결과 더욱 불리한 환경에 대한 취약성 증가로 이어질 수 있다. 이러한 이유로 기후변화에 관한 사회과학 저술에서 위험이라는 개념이 어떻게 이해되고 사용되는지, 그리고 위험의 개념과 인간 존재의 우발성과의 관계는 매우 중요한 문제이다.

이와 관련하여 독일의 사회학자 울리히 벡(Ulrich Beck)은 위험사회를 주제로 많은 책을 저술했다. 벡(Beck 1992: 21)은 위험(risk)을 "근대화에 의해 유발되고 도입된 위해(hazards)와 불안을 다루는 체계적인 방식"으로 정의하며, 인간이 지구상에 존재하는 동안 위험, 위협, 불안을 경험해 왔다고 말한다. 과거의 위험과는 달리 근대의 위험은 눈에 보이지 않는 경향이 있으며(㉄ 환경 독소), 산업의 과잉 생산에 뿌리를 두고 있으며, 인간뿐만 아니라 지구상의 모든 형태의 생명체를 위협한다. 근대사회는 경찰, 법원, 공중보건부, 은행, 군대, 국가와 같은 제도적 구조에 의해 위험이 식별, 감시, 관리, 통제되는 전형적인 위험사회가 되어왔다. 다시 말해, 위험사회는 이전 시대에는 볼 수 없었던 새로운 조직 유형의 권력과 권한이 특징이며, 국제 분쟁, 테러리즘, 경제 위기, 환경 위험에서 보이듯이 전 지구적 차원을 띠고 있다(Beck 2007). 세계 위험사회에서 인간중심적 관점의 강도가 약화되는 이유는 과거 산업사회가 자연과 사회 사이의 대립을 전제로 했다면, "20세기 말에는 자연이 곧 사회이고 사회가 곧 '자연'이기 때문"이다. "자연을 비사회로 계속 말하는 사람은 더 이상 우리의 현실을 포착하지 못하는 다른 세기의 이야기를 하는 것이다"(Beck 1992: 81). 이는 인간사회의 행동으로 인해 인류가 알고 있는 모든 곳의 자연이 "고도로 합성된 산물"이 되었기 때문이다.

대부분의 초기 저서에서 벡은 기후변화에 대해 잠깐 언급하는 데 그쳤지만, 『위험에 처한 세계(World at Risk)』(Beck 2007)에서는 전 세계 많은 사람에게 이미 위험이 도래했고 앞으로 점점 더 위험해질 것으로 예상하고 있다. 그는 이 주제에 더 많은 관심을 기울이고 있으며 다음과 같이 주장한다.

> *예를 들어, 기후변화는 성공적인 산업화가 자연과 인류에 미칠 결과를 체계적으로 무시한 산물이다. 세계 경제가 너무 빠르게 성장하고 풍요로움이 급격하게 증가하고 있는데, 이는 산업 국가의 온실가스 배출량이 꾸준히 증가하고 있다는 것을 의미할 뿐이다.*
>
> *Beck 2007: 8*

안타깝게도 국가들은 의미 있는 기후변화 완화 전략에 참여할 능력도 의지도 없었고, 그 책임을 다국적 기관에 떠넘기고 있다. 벡(Beck 2007: 102)은 기후 보호와 관련하여 "글로벌 경제 행위자들의 동맹을 구축해야 하며, 그 주요 목표 중 하나는 주권에 대해 불안해하는 국가와 정부를 다국가 협력이라는 새로운 비전에 헌신하도록 하는 것"이라고 주장한다.

다른 한편으로 벡(Beck 2010)은 기후변화사회학을 안내하는 여덟 가지 논제를 제안한다.

논제 1. 기후정치는 전문가 및 엘리트주의 담론으로 일반 시민이 소외되는 경향이 있기 때문에 사회학은 기후변화 논의에 참여할 필요가 있다.

논제 2. 환경이라는 용어가 사회학적으로 의미가 있으려면 인간의 행동과 사회를 포괄해야 한다.

논제 3. 기후변화는 사회적 불평등과 권력을 수반한다.

논제 4. 기후변화는 중심부와 주변부 사이의 사회적 불평등을 악화시키는 동시에 부유층에도 악영향을 미치며, 인류가 협력하지 않으면 멸망한다는 세계적 책무를 요구한다.

논제 5. 위험 정치는 근대사회에서 조직화된 무책임성을 초월하기 위해 규제를 요구한다.

논제 6. 미디어는 인류의 고통이 드러나는 기후변화 등 전 지구적 위험을 보여줄 수 있는 능력을 가지고 있다.

논제 7. 전 지구적 생태 위험에 직면한 대안적 근대성은 현재의 경제 성장에 대한 중점을 넘어 웰빙을 우선시하는 새로운 번영의 비전을 수반해야 한다.

논제 8. 코스모폴리타니즘 또는 세계에 대한 광범위한 의식은 국익을 초월하는 관점을 구성하며 녹색 근대성을 창출할 수 있는 잠재력을 가지고 있다.

아이러니하게도 벡은 전 지구적 자본주의에 대한 구체적인 언급을 피하면서 이를 산업적 근대성 또는 서구적 근대성이라고 부르는데, 이는 현대의 점잖은 학자들이 자본주의에 대한 공개적인 대화와 토론을 피하는 일반적인 유형이다. 그럼에도 불구하고 벡(Beck 2010: 264)은 다음과 같이 말하면서 산업적 근대성이 여전히 진행 중임을 인정하고 있다.

> *나는 기후변화에 비추어 볼 때, 겉보기에 독립적이고 자율적인 산업적 근대화의 체계가 자기해체 및 자기변형의 과정을 시작했다고 주장한다. 이러한 급진적 전환은 근대화가 반성적이 되어가는 현재의 단계를 표시하는 것이다. 즉, 우리가 근대성의 재정의를 둘러싼 전 지구적 대화와 갈등에 참여해야 한다는 것을 의미한다. … 여기에는 근대성의 미래에 관한 유럽 외의 다양한 목소리, 경험, 기대가 포함되어야 한다.*

물론 유럽이나 다른 선진국의 목소리뿐만 아니라 아프리카, 아시아, 라틴 아메리카, 태평양 섬나라의 목소리도 인류의 미래에 대한 논의에 포함되어야 한다. 실제로 전 세계 인구의 약 60%가 거주하는 아시아는 2011년 기후변화 등의 재난으로 인한 사망자 및 피해자의 85%를 차지했다(Islam and Lim 2015). 북극 지역의 경우, 일반적으로 캐나다 주류 언론에서 잘 알려지지 않지만, 얼음이 녹는 것과 같은 기후변화로 인한 가장 큰 위험이 원주민에게 영향을 미친다(Stoddart and Smith 2016).

문화사회학자 필립 스미스와 니콜라스 하우(Smith and Howe 2015)의 연구에서 예시된 바와 같이, 기후변화와 관련된 위험에 대한 인식은 점점 커지고 있다. 이는 아마도 2006년 앨 고어(Al Gore)의 블록버스터 영화 〈불편한 진실(An Inconvenient Truth)〉에서 처음으로 가장 심오하게 묘사된 바 있는데, 이 사회적 드라마는 고어를 실패한 정치인에서 세계에서 가장 대중적인 기후운동가(다소 주류는 아니지만)로 다시 만들어준 계기가 되었다(Baer 2015). 이들은 기후변화가 단순히 과학적 사실이나 사회적, 정치적 딜레마, 소위 "사악한 문제"가 아니라 일상에서 벌어지는 사회적 드라마라고 주장한다. 아이러니하게도 미국과 같이 상대적으로 보수적인 국가에서도 설문조사에 따르면 미국인의 대다수가 기후변화가 일어나고 있으며 해결해야 할 위험으로 생각한다고 나타났다. 그럼에도 불구하고 기후변화가 문제라고 인식하는 대부분의 사람이 "생활방식을 바꾸거나 집단적 행동을 취하기 위해 의외로 거의 아무것도 하지 않는다"(Smith and Howe 2015: 68)라는 것도 드러났다. 이는 전 세계 기후운동가가 직면하고 있는 냉정한 현실이다.

자본주의와 지구 행성 사이의 대사적 균열

환경사회학자 존 벨라미 포스터 등(Foster *et al*. 2010: 7)은 특별히 자본주의하에서 "우리 존재의 물질적-자연적 조건과 다음 세대로부터 우리를 소외시키는" 생태적 단절 또는 마르크스의 용어를 차용한 대사적 균열이 발생했다고 주장한다. 이들은 스톡홀름 회복탄력성 센터의 요한 락스트롬과 동료가 제시한 다음의 아홉 가지 "지구위험 한계선(Planetary Boundaries)"을 인류가 안전하게 생존하고 번영할 수 있는 지구 생태계를 유지하기 위해 반드시 해결해야 할 문제라고 지적한다. 이들은 (1) 티핑포인트에 도달하기 직전인 기후변화, (2) 티핑포인트에 도달하기 직전인 해양 산성화, (3) 티핑포인트에 근접한 성층권 오존층 파괴, (4) 자연 질소 및 인 순환의 붕괴, (5) 전 세계 담수 가용성에 대한 인간의 압박, (6) 산림, 습지 및 기타 식생 유형의 농경지로의 전환, (7) 생물 다양성 손실, (8) 대기 중 에어로졸 증가, (9) 유독성 화학물질오염이다.

> *식민주의나 제국주의 또는 시장의 힘에 의해서든 자본주의의 발전은 중심국 자본가들의 이익을 위해 바다 건너 먼 지역이 생산에 편입되면서 대사적 균열을 전 세계적 수준으로 확대시켰다. 지리적 전위의 한 형태인 먼 땅을 세계 경제에 통합하는 것은 중심국가의 농업 생산에 대한 수요를 일부 완화하는 데 도움이 되었지만, 대사적 균열을 해결하는 데는 도움이 되지 못했다. 대규모 생산의 체계적 확장은 더 많은 자연 세계를 자본의 지령에 따르게 했다. 그 결과, 마르크스가 지적했듯이 "인간과 지구 사이의 대사적 상호작용을 교란"했다.*
>
> *Foster et al. 2010: 78*

포스터 등(Foster *et al*. 2010: 122)은 마르크스의 대사적 균열의 분석틀이 세 가지 차원의 연계성을 포함하는 전 지구적 기후변화 연구로 확장될 수 있다고 제안한다. 첫째는 자본주의가 지구적 탄소 순환에 미치는 영향, 둘째는 에너지 효율의 기술적 개선이 예기치 않게 천연자원의 사용량을 감소시키지 않고 오히려 증가시켜 환경 파괴에 기여한다는 제본스 역설, 마지막으로 자본주의가 탄소 흡수원의 파괴에 미치는 영향이 그것이다. 세계적 엘리트 집단의 상당수가 기후변화의 심각성을 인식하게 되었지만, 그들이 생태 근대화, 녹색 자본주의, 기존의 기후체제에 기반하여 제안하는 해결책은 재앙적인 기후변화를 억제하기에 불충분하다. 다음에서 더 자세히 설명하겠지만, 포스터 등(Foster *et al*. 2020)은 인류가 생태 혁명을 달성해야 한다고 주장한다. 더욱이, 지구위험 한계선 목록에서 알 수 있듯이, 기후변화는 진공 상태에서 일어나는 것이 아니라 해양 산성화 및 성층권 오존층 파괴와 같은 여러 인위적 생태위기와 함께 진행되고 있으며, 그 중 일부는 각각의 티핑포인트에 다다르고 있다. 제1장에서 다중위험의 상호작용에 대해 논의하면서 강조했듯이, 문제는 다양한 인간 행동으로 인한 생태위기의 동시 발생이 아니라, 이러한 위기가 서로 연계되며 증대되는 것이 인류를 위협하는 대사적 균열의 특히 강력한 부분이라는 것이다.

기후변화에 대한 생산과 소비의 영향

저명한 사회학자 지그문트 바우만(Bauman 2005: 24-26)은 근대사회가 사람을 주로 상품 생산자로 참여시키는 "생산자 사회"에서 사람이 지루함을 달래기 위해 끝없이 많은 소비재를 구입하는 데 삶을 집중하도록 유혹하는 "소비자 사회"로 변화했다고 주장한다. 실제로 생산과 소비는 모든 자본주의 사회, 특히 선진국 사회에서 복잡하게 연관되어 있지만, 점점 더 많은 개발도상국 사회도 마찬가지가 되고 있다. 이 주제의 한 측면은 사회학자 존 벨라미 포스터에 의해 다루어졌는데, 그는 제4장에서 소개한 생산의 쳇바퀴를 갖춘 전 지구적 자본주의가 어떻게 지구 생태계에 점점 더 많은 압력을 가하고 있는지 논의한다.

호주의 사회학자 아리엘 살레(Salleh 2009: 27)는 생태 및 기후위기를 분석하면서 "성인지적 생태사회주의" 관점에서 여성, 특히 글로벌 사우스의 여성은 "세계 빈곤층의 75%에 이르며, 전기도 소비재도 별로 없고, 에너지를 소비하는 여가 활동에 쓸 시간이나 돈이 거의 없다는 점에서" 기후변화에 대한 책임은 거의 없다고 주장한다. 사실 선진국에서도 이러한 유형은 크게 다르지 않다. 살레는 "계급에도 불구하고 남성의 생태 발자국은 여성보다 현저히 크다."라는 것을 보여준 2006년 스웨덴 지속 가능 개발부의 보고서를 언급한다(Salleh 2008: 104). 살레는 더 광범위하게는 "지구온난화의 원인, 영향, 해결책은 '성/젠더화된다'"라고 주장하는(Salleh 2008: 103) 한편, 환경 활동가들이 자원 사용과 접근에 있어 성별 차이를 인식하는 젠더 리터러시를 개발하지 못했다고 비판한다.

여성의 생태 발자국이 더 작은 것과는 대조적으로, 사회학자 존 어리(Urry 2010: 205)는 아랍에미리트의 두바이를 소비 문화의 아이콘으로 지적한다. 애초 석유 생산으로 촉발된 두바이의 소비는 "한 고용주에게 묶여 전체주의적 통제를 받는 파키스탄과 인도에서 온 이주 계약직 노동자가 떠받치는" 삶 그 자체다. 어리(Urry 2011: 73)에 의하면 두바이는 "사치품 소비의 천국"이 되려고 노력해 왔다. 따라서 두바이는 건조한 땅임에도 불구하고 세계에서 물 사용량이 가장 많은 도시 중 하나이다. 또한 두바이는 세계에서 1인당 에너지 소비율이 가장 높은 국가 중 하나이며, 실내 스키장이나 실외 에어컨의 찬 공기로 유지되는 정원 등 에너지 소비가 많은 에어컨에 대한 의존도가 매우 높다. 토지 이용 유형(고가의 해안가 주택과 호텔을 늘리기 위한 섬 건설)과 준설은 지역 환경을 더욱 위협하고 있다. 즉, 어리(Urry 2011: 73)가 지적하듯이, 지구온난화 시대에 "두바이는 기념비적인 과잉의 장소"이다.

제6장에서 설명한 바와 같이 개인용 자동차는 전 세계 주요 교통수단이다. 랭커스터대학의 연구원인 킹슬리 데니스는 존 어리와 공동 저술한 『자동차 이후

(After the Car)』에서 기후변화가 가속화되고, 석유 사용이 정점에 이르며, 경제 및 사회 생활의 대부분에서 디지털화가 진행되고, 인구 증가가 계속되는 상황에서 자동차는 역기능적인 시스템이라고 주장한다(Kingsley and Urry 2009). 이들은 2004년에 "영국 교통 부문이 전체 이산화탄소 배출량의 약 27%를 차지했으며, 이 중 대부분이 도로 교통에서 발생"했고 "미국 환경보호청은 미국 전체 이산화탄소 배출량의 60%가 자동차에서 배출된다고 추정"했다고 기록한다(Kingsley and Urry 2009: 10). 그들은 "포드주의적 생산과 소비 시스템"이 자동차를 부유층을 위한 사치품에서 "대중, 특히 미국 교외에 사는 많은 가족을 위한 상품"으로 변화시켰다고 주장한다(Kingsley and Urry 2009: 33-34). 시간이 지나면서 포드주의 시스템은 캐나다, 유럽, 호주, 뉴질랜드로 확산되었고, 멕시코시티, 보고타, 상파울루, 베이징, 상하이, 자카르타 등 거대 도시의 교통 혼잡에서 알 수 있듯이 개발도상국으로도 확산되었다. 자동차는 대기오염과 이산화탄소 배출의 주요 원인이며 "고탄소 사회"의 핵심 요소일 뿐만 아니라(Kingsley and Urry 2009: 47), 매년 120만 명의 사망자와 2천만~5천만 명의 부상자를 발생시키는 말 그대로 "죽음의 기계"이다(Kingsley and Urry 2009: 28). 이는 연간 항공기 추락 사고로 인한 사망자 수가 1,500명 미만인 것과 비교된다(Aircraft Crashes Record Office 2013). 또한 아리엘 살레(Salleh 2008)는 운송 부문의 에너지 사용이 성별에 따라 조정된다고 지적한다. 예를 들어, 그녀는 2006년 유럽 의회가 의뢰한 보고서를 인용하여 "EU 국가의 남성은 한 가지 목적으로 자동차 여행을 하는 경향이 있으며, 여성보다 더 먼 거리를 이동하는 경향이 있다.", "도시 간 항공 여행도 주로 남성이 이용한다."라고 지적한다(Salleh 2008: 105). 이러한 자료는 앞서 언급한 인위적 기후변화의 고도로 젠더화된 성격에 대한 살레의 주장을 뒷받침한다.

킹슬리와 어리는 2050년에 일어날 수 있는 자동차 이후의 세 가지 시나리오를 묘사함으로써 일종의 미래 사회학을 제시했다(Kingsley and Urry 2009: 160-161). 첫 번째 시나리오는 "탈석유 지역주의"로, 자동차 시스템이 보행, 자전거, 에너지 효율이 높은 대중교통 시스템 등 다양한 지역 교통수단 및 이동 수단으로 부분적으로 대체된다는 것이다. 두 번째 시나리오는 지역 군벌주의의 디스토피아적 사례로, "장기적인 이동 및 통신 시스템의 붕괴로" 인해 이동이 어렵고 "특정 장벽의 안전을 뒤로하고 떠날 경우 위험"할 수 있다는 것이다. 세 번째 시나리오에서는 디지털 제어 네트워크의 출현을 제기하며, 이는 "매우 많은 종류의 차량이 분리되어 자율적으로 움직이는 것에서 벗어나 이동의 자동화를 완전히 구현하는 자동차 이후 시스템"을 상정한다. 디지털 제어 네트워크의 개념에는 개인 소유의 자동차가 아닌 공동 소유의 자동차가 포함되며, 개인이 필요할 경우 작고 가벼운 이동 장치를 이용할 수 있는데 실제로 이러한 이동 장치 중 일부는 운전자가 없는 차량이 될 것이다. 또한 "차량의 이동은 다른 형태의 이동 방식과 전자적, 물리적으로 통합될 것"이다(Kingsley and Urry 2009: 156).

기후혼돈과 불안정한 분위기가 고조되는 등 사회적 격차가 커지고 환경이 파괴되는 세상에서 미래를 예측하려는 노력은 엄청난 어려움으로 가득 차 있다. 그럼에도 불구하고 킹슬리와 어리는 다음과 같이 주장하며 많은 생각할 거리를 제공한다.

> *지금 일어나고 있는 작은 결정과 파괴적 혁신이 일련의 거대한 경로 의존적 유형을 형성하고 있을 수 있다. 이는 석유 사용이 정점에 달하고 기후변화의 영향이 더욱 가속화됨에 따라 다음 세대에게 기회의 범위가 제한되며 엄청난 결과를 가져올 것이다. 개인 이동의 문제를 다루는 방식은 부분적으로 소규모 지역주의 속에서 또는 홉스식의 만인에 대한 만인의 투쟁 속에서, 아니면 조지 오웰식 디지털 감시 시스템하에서 결정될 것이다.*
>
> *Kingsley and Urry 2009: 164*

더 작은 규모에서 스튜어트 심(Sim 2009)은 기후위기 대처를 위해 값싼 패키지 여행을 단계적으로 폐지하고 관광 산업을 축소해야 한다고 주장하며, 이는 동시에 다문화주의와 아프리카, 카리브해, 남아메리카, 지중해의 여러 국가 경제에 악영향을 미칠 수 있다고 지적한다. 한편으로 그는 화물선과 크루즈선 등 비행기와 선박이 배출하는 온실가스에 대한 우려가 커지면서 인류가 거대한 "연" 돛을 단 선박의 개발이 이루어지는 항해 시대로 돌아가야 한다는 제안도 나온다고 언급한다(Sim 2009: 95).

사회학자 콘스탄스 레버-트레이시(Lever-Tracy 2011: 45)는 포스트 자본주의가 생산과 소비의 쳇바퀴에 기반을 두고 있지만, 정부가 부과한 배급과 저축 시스템으로 인해 "완전 고용과 소비 감소가 함께 이루어졌던" 제2차 세계대전 시대의 예에서 볼 수 있듯이 항상 그런 것은 아니라고 주장한다. 또한 전쟁 이후에는 핵무기와 우주 경쟁이 일반 대중을 대상으로 하는 소비재가 아닌 무기, 인공위성, 기타 우주 장비의 생산이 추진되었다고도 언급한다. 또한 레버-트레이시는 생태사회주의자, 생태무정부주의자, 심지어 허먼 데일리와 같은 생태경제학자, 제임스 구스타브 스페스(Speth 2008)와 같은 생태학자들이 지지하는 제로 성장 패러다임에 회의적인 경향을 보인다.

기후변화 완화 전략

사회학자는 기후변화를 어떻게 완화해야 하는가에 대해 매우 다양한 의견을 가지고 있다. 기든스는 녹색 사회민주주의 입장을 취하며 국가가 핵심적인 역할을 해야 한다고 주장한다.

> *국가들이 국제 협약에 가입하도록 강요할 수 있는 방법은 없으며, 설령 가입을 선택하더라도 합의 내용 이행은 각 국가의 책임이다. 배출권 거래 시장은 탄소 가격에 상한선이 있어야만 작동할 수 있으며, 이는 정치적으로 결정하고 실행해야 하는 까다로운 문제이다. 온실가스 배출량을 줄이기 위해서는 기술 발전이 필수적이지만, 이를 실현하기 위해서는 국가의 지원이 필요하다.*
>
> *Giddens 2009: 5*

기든스(Giddens 2009)는 기후변화에 대응하기 위해 국가가 수행해야 할 아홉 가지 과제를 제시한다.

- 기업, 시민 사회, 개별 시민 측면에서의 장기적인 정책 및 계획 수립
- 다른 사회적 위험의 맥락에서 기후변화 및 에너지 위험 관리
- 저탄소 경제를 달성하는 데 필요한 정치와 경제의 융합 촉진
- "오염자 부담 원칙"을 시장 관계에 적용
- 기후변화 완화를 막으려는 기업의 이해관계에 대응
- 기후변화를 최우선 정치 의제로 채택
- 에너지 효율이 높은 신기술에 대한 보조금 등 저탄소 경제로의 전환을 위한 적절한 경제 및 재정 조치의 개발
- 필요한 기후 적응을 위한 조치의 준비
- 지역, 지방, 국가, 국제 기후변화 정책의 통합

기든스(Giddens 2009: 92)는 탄소 시장의 실행 가능성에 대해 회의적이지만, "전체 비용 가격책정을 도입하여 시장의 힘이 환경적 이익을 증진하는 데 집중되도록 하기 위해 할 수 있는 일이 많다."라고 주장한다. 또한 그는 기업이 실제보다 더 환경 친화적으로 보이도록 조작된 기업의 그린워싱 홍보 전술을 경계하면서도, 정부 규제가 기업이 환경적으로 지속 가능하고 기후안전을 위한 실천에 참여하도록 강제할 수 있다고 믿고 있으며, 일부 기업이 "국가와 마찬가지로 태도를 급진적으로 변화시킬 가능성"을 인정한다는 점에서 분명히 녹색 자본주의를 옹호한다(Giddens 2009: 122). 실제로 그는 인류가 "수백만 명의 사람이 재생에너지를 생산하고 오늘날의 정보와 마찬가지로 국내 및 국제 전력망을 통해 다른 사람과 공유하는 세계 경제"의 약속을 담은 제3차 산업혁명의 직전에 서 있다고 믿는다(Giddens 2009: 130). 그는 정부가 환경적으로 지속 가능한 기술 혁신을 장려하는 데 중요한 역할을 할 수 있다고 주장하며, 녹색 일자리 창출을 저

탄소 경제 발전의 디딤돌로 보고 있다. 또한 "제조 공정의 모든 측면에 적용하기 위해 가능한 한 생산 지점에 가까운 곳에 탄소세를 부과해야 한다."라고 주장한다(Giddens 2009: 150). 반대로 그는 탄소거래 시장이나 배출권 거래제에 대해 노골적으로 반대하지는 않지만, 이를 실험 단계에 있는 것으로 보고 "글로벌 수준은 말할 것도 없고 국제적으로 도입될 수 있을지는 불확실하다."라고 말한다(Giddens 2009: 201).

인터넷의 정보 공유 유형을 모델로 한 "제3차 산업혁명"에 대한 기든스의 열정이 최근 인터넷에서 일어나는 상황, 즉 정보의 개방적 흐름에서 점점 더 비용에 기반하고 통제되는 정보 접근, 정보의 조작, 광고 홍수 등의 기업 구조조정에 대한 현실적인 평가에 근거한 것처럼 보이지는 않는다. 다시 말해, 그의 평가는 국내 및 국제 전력망 등 경제와 에너지 개발의 새로운 영역을 점유하고 통제할 수 있는 기업의 힘을 고려하지 않은 것으로 보인다.

기든스와는 대조적으로 사회학자 찰스 더버(Derber 2010: 1)는 기후변화가 "위기에 처한 경제와 너무 밀접하게 얽혀 있어 지구온난화에 대한 해결책은 우리 자본주의 질서의 신속한 체계적 변화 없이는 일어날 수 없다."라는 보다 급진적인 접근 방식을 제안한다. 미국의 경우, 그는 미국 대통령직이 구체적으로는 월스트리트와 에너지 기업에 대한 기후위기를 해결하기 위해 필요한 체계적 변화의 길을 열 수 있는 잠재력을 가지고 있으며, 더 일반적으로는 기업 체제의 변화를 위한 "90퍼센트 솔루션" 정책을 제안한다.

- 2050년까지 각 연방부처가 해당 구획 배출량을 90% 감축하기 위한 비상 계획 수립
- 월스트리트와 전체 금융 부문에 대한 규제, 공공 소유권, "트러스트 해체"를 수반하는 녹색 금융 시스템 구축
- 에너지 부문이 석유와 석탄에서 청정 에너지원으로 신속하게 전환하도록 규

제, 공공 소유권, 재정적 인센티브를 수반하는 청정 에너지 기반 구축

- 환경적으로 지속 가능한 완전고용 생산 시스템을 보장하기 위해 기업 현장의 재구성 추진

대통령은 의회가 이러한 변화를 촉진하는 법안을 통과시킬 때까지 의회를 회기 중으로 유지할 수 있는 헌법상의 권한을 행사함으로써 위 정책의 이행을 달성할 수 있을 것이다. 제왕적 대통령제라는 점에서 정서적으로 호소할 수는 있겠지만, 우리는 필요한 법안이 통과될 때까지 의회를 회기 중으로 유지하자는 더버의 제안은 매우 비현실적이라고 생각한다. 이는 의회가 행동에 나설 것을 요구하는 대중의 지지가 거리에 넘쳐나고 지속적으로 일어나야만 가능한 일이다. 더버의 진술대로 현실정치에서 대통령의 강력한 의지만으로는 이 일을 해낼 수 없을 것이다.

더버(Derber 2010: 130)는 일시적이지만 보다 급진적인 조치로 미국 연방 정부가 석유 및 석탄 회사의 소유권을 51% 보유할 것을 제안한다. 그는 자본주의 시스템에 내재된 성장 패러다임에서 삶의 질을 중시하는 사회로의 패러다임 전환을 주장한다. 더버는 사회적으로 정의롭고 환경적으로 지속 가능한 미국 사회를 만드는 데 필요한 변화에 초점을 맞추고 있지만, 기후변화에 효과적으로 대응하기 위해서는 기업 세계화의 헤게모니에 도전하는 국가 간 노력이 필요하다는 점을 인정한다. 그는 녹색 세계화의 체계적인 계획과 글로벌 뉴딜을 제안하며, 여기에는 전 지구적 자본에 대한 규제와 둔화, 정부 개입의 촉진, 공유지의 세계화, 친환경적이고 사회적으로 정의로운 무역 협정 체결, 글로벌 금융 개혁의 실행이라는 다섯 가지 일반 정책이 수반된다(Derber 2010: 181). 그는 전 지구적 자본주의가 물, 토지, 공기를 포함한 모든 천연자원을 상품으로 바꾸려 하는 반면, 녹색 세계화는 "글로벌 커먼즈를 재건하고 약탈적 이윤 추구로부터 생물권을 보호"한다고 주장한다(Derber 2010: 183). 그는 글로컬리즘을 녹색 세계화의 핵심 요

소로 보고 있으며, 가능한 한 많은 생산이 글로벌 수준에서 지역 수준으로 이동하는 것을 목표로 삼는다. 글로컬리즘은 순수한 지역주의는 아니지만, "가능한 한 지역 경제에 중점을 두고, 지역 생산이 불가능한 영역에 대해서만 글로벌 생산으로 유지하자."라고 강조한다(Derber 2010: 185).

> *지역주의는 공동체를 형성하고, 많은 영역에서 경제적으로 유익하며, 석유 및 기타 에너지 가격의 상승에 따라 비용 대비 더 효율적이 될 것이기 때문에 녹색 기후체제로의 변화는 균형을 지역으로 다시 옮길 것이다. 또한, 지역적인 것은 여러 부문에서 지구온난화에 유용한 해결책을 제시할 것이다.*
>
> *Derber 2010: 185*

더버는 정부가 녹색 세계화와 안전한 기후에 기여할 수 있는 급진적인 개혁을 시행하기를 바라지만, 다양한 종류의 사회운동, 특히 사회정의와 환경운동이 이러한 발전에서 핵심적인 역할을 해야 한다고 강조한다. 현실적으로 이러한 운동이 단순히 핵심적인 역할만이 아니라 실질적인 역할을 담당해야 하겠지만, 이는 진정한 대중운동이 될 때만 가능할 것이다. 국제적인 대중운동만이 기업 세계화의 헤게모니를 통제하고 되돌릴 수 있다.

> *운동이 성공하려면 수십 년 또는 수백 년 동안 인내해야 하는 경우가 많지만, 지구온난화와 같은 실존적인 시스템의 위기가 긴급 조치를 필요로 할 때는 체제 외부에서 작동하며 규칙에 얽매이지 않는 사회운동만이 필요한 만큼 빠른 속도로 행동할 수 있다.*
>
> *Derber 2010: 203*

더버는 기후위기를 해결하기 위해서는 사회운동이 기후변화의 실존적 현실을 직시하고, 국가 및 국제적으로 정권 교체를 위해 투쟁하며, 노동이 주도권을 잡고, 개인과 체제의 변화를 통합하며, 국가 수반과 협력하면서 체제 문제에 대해 보다 급진적인 입장을 취하도록 강력히 요구해야 한다고 믿는다(Derber 2010:

205). 그는 "노동운동이 현재의 위기에 대한 녹색 경제 해법을 강력하게 옹호하고 경제를 재구성하며 장기적으로 완전 고용을 보장하려 한다."라고 주장한다(Derber 2010: 209). 다른 한편으로 여러 환경운동가는 노동조합 지도자들이 소속 조합원에게 높은 물질적 생활 수준을 제공하는 데 집중하면서도 그로 인한 환경적 결과는 거의 생각하지 않기 때문에 노동을 리더십의 위치에 두는 것을 꺼려하기도 한다.

조직 사회학자인 크리스토퍼 라이트와 다니엘 니버그는 『기후변화, 자본주의, 그리고 기업(Climate Change, Capitalism, and Corporations)』(Wright and Nyberg 2015)이라는 계몽적인 책을 저술했는데, 그들이 시드니대학교 경영대학원과 뉴캐슬 경영대학원의 교수라는 점에서 이는 매우 인상적이다. 기후변화 완화 담론에서 유엔기후변화협약, 정부, 정치인, 기후과학자는 대중의 눈에 잘 띄는 반면에 그렇지 않았던 민간 기업들이 기후과학의 연구 결과가 점점 더 일반화되면서 점점 더 드러나고 있다. 사실 글로벌 기후연합의 경우처럼 기업은 종종 기후 부정주의자 중 일부였다. 변화하는 현실 앞에서 점점 더 많은 기업이 그들의 비즈니스 실천에서 환경적 지속 가능성을 추구하고 온실가스 배출을 줄이기 위해 노력하고 있다고 주장하게 된 것이다.

라이트와 니버그는 기업 환경주의의 기본 전제를 밝히기 위해 다음의 다섯 기업의 대표자와 인터뷰를 진행했다(Wright and Nyberg 2015). 인터뷰 대상 기업은 (1) 화석연료 발전을 재생 에너지원으로 대체하는 선도적인 에너지 생산 업체, (2) 기업 고객을 대상으로 한 대출 정책에 "탄소 가격"을 감안하는 주요 금융 서비스 기업, (3) 기상이변으로 인한 재무 위험을 측정하는 대형 보험 회사, (4) 보다 효율적인 장비와 재생 에너지 기술을 생산하는 "녹색(친환경)" 기업으로 다시 자리매김하고 있는 국제적 제조 기업, (5) "탄소 중립"을 위한 환경 효율성 캠페인을 펼치고 있는 미디어 회사이다.

이들 기업의 지속 가능성 관리자 및 컨설턴트와의 인터뷰를 바탕으로 연구진은 합리적 관리자, 친환경적 변화의 행위자, 그리고 헌신적인 활동가라는 세 가지 정체성을 확인했다. 합리적 관리자는 환경적으로 지속 가능한 실천으로 에너지 효율성 향상과 비용 절감을 강조하며, 기후변화에 대응하는 것이 새로운 비즈니스 기회를 제공한다고 믿는다. 친환경적 변화의 행위자는 개인적으로 기업 내에서 환경의 지속 가능성과 기후위기를 해결하기 위해 노력하지만, 요청한 변화에 대해 때때로 내부 반대에 부딪히기도 한다. 헌신적인 활동가는 기업 외부에서 활동하는 경향이 있으며 공동체 환경 및 기후행동 그룹에 참여하지만, 기업 내에서 환경적으로 지속 가능한 실천을 구현하려고 할 때 환멸을 느끼기도 한다. 라이트와 니버그는 기업 환경주의가 환경적으로 지속 가능한 기술혁신을 제시할 수 있는 능력을 강조하는 생태 근대화라는 개념을 기반으로 하는 경향이 있다고 주장한다. 많은 기업 관리자는 탄소 가격 책정과 환경 효율성을 기업과 환경 모두를 위한 "윈윈" 시나리오로 간주하며, 스스로를 "지속 가능한 비즈니스"를 옹호하는 "기업시민"으로 여기기도 한다. 또한 특정의 환경 NGO, 진보적 싱크탱크, 심지어 학계와도 연계하여 기후변화 완화 정책을 추진하려는 기업도 존재한다.

생태혁명을 위한 요구

존 벨라미 포스터(Foster 2009)는 기후변화 완화를 위한 전략에서 더버보다 훨씬 더 급진적인 접근법을 제시한다. 그는 생태혁명을 생태산업혁명과 생태사회혁명의 두 가지 유형으로 구분한다. 첫 번째는 에너지 효율성 향상과 재생 가능한 에너지원의 도입을 포함하는 기술혁신 또는 생태적 근대화를 채택하는 것으로, 특히 북유럽의 여러 기업과 정부, 그리고 대부분의 환경 및 기후운동 부문에서 선호되는 접근 방식이다. 포스터는 이 중 두 번째 유형을 선호한다.

필요한 경우 대체 기술을 활용하지만, 기존의 사회적 생산 관계에 뿌리를 둔 인간과 자연의 관계, 사회의 체질을 변화시킬 필요성을 강조한다. 이는 지속 가능한 인간 발달의 과정을 통해서만 달성될 수 있다. 이는 평등하며 공동으로 이루어지는 생산, 분배, 교환, 소비의 방향으로 단호하게 나아가 지배적인 사회 질서의 논리와 결별하는 것을 의미한다. … 이러한 변화는 경제와 사회뿐만 아니라 문화에서의 혁명에 기반한 문명사적 전환을 수반한다.

Foster 2009: 12-13

포스터(Foster 2009: 33)는 작고한 전 베네수엘라 대통령 우고 차베스(Hugo Chavez)의 "사회적 소유, 노동자에 의해 조직된 사회적 생산, 공동의 필요 충족"으로 구성된 "사회주의의 기본 삼각형" 개념을 21세기 사회주의의 일부로 채택한다. 더 나아가 그는 이러한 사회주의의 기본 삼각형은 "생태의 기본 삼각형"과 결합되어야 한다고 주장하는데, 이는 "(1) 자연의 소유가 아닌 사회적 사용, (2) 인간과 자연 사이의 신진대사 관련 생산자들의 합리적 규제, (3) 현재와 미래의 인간 욕구의 지속 가능한 충족"에 기반한다(Foster 2009: 33). 포스터는 소련이 사회주의 중심의 혁명을 바탕으로 탄생했지만 노동자 민주주의를 희생시키면서까지 생산에 기계적으로 중점을 두었기 때문에 생태사회혁명을 달성하지 못했다고 주장한다. 더욱이 소련은 환경보호에 대한 저조한 기록에서 알 수 있듯이 생태 삼각형의 요소 중 두 번째 요소를 준수하지 않았다. 포스터는 "사회주의는 생태적이고, 생태주의는 사회주의이다. 그렇지 않으면 둘 다 진정으로 존재할 수 없다."라고 단호하게 주장한다(Foster 2009: 34).

포스터는 기후변화가 인류의 생존에 가장 심각한 위협이 된다는 사실을 인정하면서도, 자본주의에서 사회주의로 전환하는 일은 이론과 사회적 행동 측면에서 모두 매우 어렵다는 점을 인정한다. 그는 이러한 전환에 대해 느슨한 청사진조차도 제시하지는 않지만, 다음과 같이 언급하고 있다.

현재 주변부에서 나타나고 있는 정의롭고 지속 가능한 사회를 위한 투쟁에서 사회 관계를 혁신하려는 시도가 선진 자본주의 세계의 생태 및 사회 혁명 운동에 어떻게든 반영되지 않는 한, 전 지구적 생태혁명에 대한 진정한 전망은 거의 없어 보인다.

Foster 2009: 276

아리엘 살레에 의하면 이러한 접근법도 한계가 있다. 게리 카나반 등(Canavan *et al*. 2010)이 진행했던 인터뷰에서 살레는 포스터뿐만 아니라 또 다른 저명한 생태 마르크스주의자인 폴 버켓(Paul Burkett)도 다음의 상황을 인식하지 못한다고 주장한다.

자본의 종말은 지속 가능성을 위한 필요조건이지만 충분조건은 아니다. 자본주의 자체가 가부장적 사회 관계의 근대적 버전이기 때문에 정치적 이행이 병행되어야 한다. 다시 말해, 헤게모니적 남성성과 자연 및 여성의 약화 사이의 관계는 여전히 풀어야 한다는 것이다. 지금까지 포스터와 버켓은 자신의 연구를 이런 차원까지 끌어올리지 못했고, 그들이 보여준 자연의 해방을 위한 정치적 구제책은 결국 자기 패배적일 수 있다. 성별에 관한 침묵은 정치경제학자, 환경윤리학자 등 사회과학 전반에 널리 퍼져 있다.

Canavan et al. 2010: 187-188

크리스티나 에르가스와 리처드 요크(Ergas and York 2012)는 국가 간 통계 분석을 통해 1인당 GDP, 도시화, 산업화, 군사화, 세계체제 내 지위, 외국인 직접 투자, 부양비, 민주주의 수준을 변수로 통제했을 때 여성의 정치적 지위가 높은 곳에서 1인당 이산화탄소 배출량이 더 낮은 경향이 있다는 사실을 발견했다. 연구진은 이를 통해 기후변화 완화를 위한 노력과 여성의 지위 향상을 위한 노력이 상호보완적으로 사회 변화를 촉진할 수 있다는 결론을 내렸다. 이 연구자들과 살레는 기후변화와 그들의 연구가 성중립적이지 않다는 점을 단언한다. 기후변화의 영향은 상대적 취약성 측면에서 기존의 성 불평등을 확대하는 경향이 있지만, 완화 노력은 여성이 기후혼돈의 공격에 대응하는 데 효과적인 변화의 행위자가 될 수 있다는 사실을 종종 간과한다(Dankelman 2010). 여성은 가족과 생계를 지키는 사람으로서 "투쟁과 … 결단만이 유일한 휴식처"이기 때문에 이와 관련하여 "격렬하게 결정"할 수 있다(Negi *et al*. 2010: 72). 기후변화에 대한 사회과학 연구에서 젠더 역할의 측면을 이해하는 것은 아직 미흡한 상태이므로, 사회학뿐만 아니라 기후변화인류학에서 비교문화적 연구가 필요한 중요한 영역이다.

사회학과 정치학 또는 정치학의 교차점에 있는 여러 범죄학자는 생태중심적이고 사회정의에 기여하는 기후변화에 대한 중재적 관점을 채택했다. 맥클라나한과 브리스먼은 중재적 관점의 지지자로서 기후변화에 기여한 "폭력적 갈등에서 벗어나는 변화"를 촉구하며, "지구상의 평화를 통해 기후변화에 평화를 가져올 것을 제안한다"(McClanahan and Brisman 2015: 424).

기후변화에 대한 커뮤니티의 대응

인류학자와 마찬가지로 많은 사회학자는 여러 공동체나 민족이 기후변화에 어떻게 대응하고 있는지에 대한 연구를 수행해 왔다. 예를 들어, 카리 마리 노가드(Norgaard 2011)는 노르웨이 서부 산악지역에 위치한 약 1만~1만 4천 명이 거주하는 빅다비(가명)에서 민족지학적 연구를 수행했다. 그녀의 연구는 이 공동체가 유난히 따뜻한 날씨를 경험하던 2000년 가을과 2001년 겨울에 진행되었다. 미국이나 호주에서 기후 회의론자를 어렵지 않게 만날 수 있는 것과 달리 노가드는 빅다비에서 기후 회의론자를 거의 만나보지 못했다. 그녀는 지역 주민이 환경에 대해 잘 알고 있기 때문에 "기후변화를 인식하고 있으며 그로 인해 자신들의 정체성이 영향받을 수 있는 특정한 위치에" 있음에도 불구하고 대부분의 정보제공자가 기후변화에 대응하는 행동, 특히 집단 행동을 취하지 않는다는 사실을 발견했다(Norgaard 2011: 20). 또한 빅다비에서 이루어지는 높은 수준의 정치 활동에도 불구하고, 노가드는 "내가 참석했던 시의회나 특정 노동당 전략 회의, 심지어 문화와 환경에 관한 지방자치단체 소그룹 회의에서도 기후변화는 전혀 논의되지 않았다."라고 언급한다(Norgaard 2011: 43). 정보제공자들은 기후변화를 공동체 차원에서 의미 있는 방식으로 다룰 수 없는 국가적 또는 국제적 문제로 보는 경향이 있었다. 기후변화의 영향을 직접적으로 경험하고 있는 지역 주민이 대체로 기후변화 앞에서 무력감을 느끼고 있는 것이다. 노르웨이는 미국이나 호주보다 사회복지 문제에 있어서는 진보적인 국가이면서, 유럽 석유 생산량 1위이자 세계 5위의 석유 수출국이고, 국가 수입의 3분의 1을 석유에서 얻는다는 점에서 글로벌 노스에 속한다. 노가드는 "빅다비에서 만난 사람이 늦겨울에 눈이 내리고 호수가 얼지 않는 상황에서도 지구온난화에 대해 이야기하지 않음으로써 현 상태를 정당화하는 역할을 했다."라고 말한다(Norgaard 2011: 70). 그녀는 기후변화의 현실에 대응하지 않는 선진국 시민은 "누군가 '잘못된 일'을 한다는 것을 알게 됨으로써 발생할 수 있는 정서적, 심리적 얽힘과 갈등을 피할 수 있을 뿐만 아니라 현실의 부정을 통해 경제적으로 이익을 얻는다."라고 주장한다(Norgaard 2011: 72). 물론 이러한 단기적인 혜택은 장기적인 비용을 초래할 수 있다. 하지만, 지구온난화의 영향이 계속 확대되고 있는 현 시점에서도 빅다비 사람에게는 아직 눈에 보이지 않을 수 있다.

그녀의 연구는 인지되는 환경 변화와 생생하게 경험되는 불안정성 출현의 개념적 연결의 복잡성을 보여준다. 환경 변화의 비용이 너무 크지 않고 최선의 대응 방법의 불확실성이 너무 크면, 아무 일도 없었던 것처럼 현상 유지를 고수할 수 있는 듯하다. 이는 사건들의 중요성을 강조하는데, 결국 일상을 충분히 뒤흔들어 환경의 의존성과 기존 사회생활에 대한 신뢰가 약화되기 시작한다.

사회학자 크리스틴 시어러(Shearer 2011)는 알래스카 북서부 북극권에서 북쪽으로 약 192km 떨어진 곳에 위치한 약 4백 명의 주민이 거주하는 키발리나에서 연구를 수행했는데, 여전히 주로 수렵 생활을 유지하고 있는 주민이 1950년대에 섬의 침식을 처음 관찰한 후 기후변화와 관련된 사건에 어떻게 대응해왔는지를 자세히 설명했다. 그들은 1992년 기후/환경 변화로 인해 이주하기로 결정하고 1998년 새로운 부지를 선정했지만, 그들이 제안한 이주 계획을 지원할 수 있는 정부 기관이 존재하지 않는다는 사실을 알게 되었다. 마을은 점점 더 위험해지고 있지만 지금까지 이주 노력은 거의 성공하지 못했다. 2008년 2월 키발리나는 여러 원주민 권리 및 환경 정의 단체와 함께 온실가스 배출과 기후변화에 기여하고 기후변화 부정을 조직적으로 조장함으로써 마을의 침식을 야기한 24개의 석유, 전기, 석탄 회사를 상대로 소송을 제기했다. 마을은 화석연료 업계에 1억~4억 달러로 추정되는 이전 비용을 지불할 것을 요구했다. 매우 복잡하고 지루한 법적 다툼 끝에 키발리나의 주장은 기각되었고, 이에 따라 키발리나 주민은 "자신들과 고향을 지킬 수 있는 다른 수단"을 찾아야만 했다(Shearer 2011: 124). 안타깝게도 집단 소송은 일반적으로 미국 법률체계에서 매우 어렵고 비용이 많이 드는 경우가 많다.

한스 베어와 린다 코너의 호주에서의 기후운동에 대한 조사와 유사하게, 몇몇 사회학자는 기후위기에 대한 대응으로 환경운동을 연구했다. 마누엘 카스텔(Castells 2009: 303-338)의 저서 『커뮤니케이션 권력(Communication Power)』에는 "지구온난화 대비: 환경운동과 자연에 대한 새로운 문화"라는 절이 있다. 그는 "궁극적으로 지구온난화를 공공 의제에 올려놓은 과학자, 환경운동가, 오피니언 리더 간의 협력은 우리 시대의 결정적인 사회운동 중 하나인 환경운동의 맥락에 두지 않고는 이해할 수 없다."라고 언급한다. 카스텔은 전 세계의 다양한 환경단체와 활동가가 기후변화에 대한 우려에서 공통의 명분을 찾았다고 주장한다. 이어서 그는 영국과 미국의 기후행동 단체와 지구의 벗, 세계자연기금, 그린피스 같은 국제 단체가 인터넷과 공개 행사를 활용하여 메시지를 어떻게 전파하는지 설명한다.

파크스와 로버츠도 기후정의 문제를 해결하는 데 있어 기후운동에 대해 간략하지만 중요한 몇 가지 관찰 사항을 제시한다.

옥스팜, 액션에이드와 같은 "개발" NGO와 지구의 벗, 세계자연기금(WWF), 그린피스 같은 "환경" NGO를 하나로 묶는 새로운 세대의 가교 역할과 내부자-외부자 네트워크의 활동은 학계에서 더 큰 관심을 기울일 필요가 있다. 예를 들어, 기후행동네트워크, 새로운 기후정의나우 및 제3세계 네트워크의 활동은 글로벌 노스와 사우스의 교착 상태를 타개할 수 있는 "혼종적 정의"의 접근 방식을 개발하는 데 중요한 역할을 할 수 있다. 에코이쿼티(EcoEquity)와 같은 규범적 기업가들도 글로벌 사우스의 시민사회 활동가들과 연계하면서 기후변화 완화와 막대한 적응 자금의 필요성 사이의 간극을 메울 수 있는 "전 지구적 기후정의"에 대한 새로운 접근법을 개척하기 시작했다.

Parks and Roberts 2010: 153

파크스와 로버츠는 기후정의 운동의 많은 주체가 배출권 거래제와 기후개발 메커니즘, 산림전용 및 산림황폐화로부터 탄소 배출 감축 프로그램에 반대하고, 대부분의 기후체제가 국제, 지방, 국가 차원에서 배출권 거래제 과정과 시장 메커니즘을 공리로 받아들인 상황에서 오염원에 대한 탄소세와 기후변화 피해자에 대한 보상에 찬성한다는 점에서 기후정의 운동은 힘든 싸움을 하고 있다고 주장한다.

기후변화정치학

주로 정치학자나 정치 이론가들이 쓴 글들을 모은 기후변화에 관한 정치학 선집들이 출간되었다. 첫 번째는 스티브 밴더하이든이 편집한 『정치이론과 글로벌 기후변화(Political Theory and Global Climate Change)』(Vanderheiden 2008)이고, 두 번째는 존 드라이젝 등이 공동 편집한 『기후변화와 사회의 옥스퍼드 핸드북(The Oxford Handbook of Climate Change and Society)』(Dryzek *et al*. 2011b)이다. 첫 번째 책은 한 장을 제외하고 모두 정치학자가 쓴 여덟 장으로 구성되어 있으며, (1) 정의와 윤리, (2) 자연과 사회라는 두 가지 주제를 중심으로 구성되었다. 이 책에서 레이 레이먼드는 글로벌 대기 커먼즈의 할당에 대한 다섯 가지 주장을 살펴보며, 철학자 스티븐 가디너는 기후변화의 윤리적 함의를 검토하고, 스티브 밴더하이든은 전 지구적 기후체제를 설계할 때 고려해야 할 세 가지 환경권, 즉 개발권, 생존을 위한 최소한의 1인당 온실가스 배출량, 기후 안정성을 달성할 권리를 검토하며, 마틴 아다미안은 비판적 법연구에서 얻은 통찰을 기후변화 정치 및 정책에 적용한다. 이 책의 제1부에 실린 에세이는 기후정의가 전 지구적 자본주의의 조건 내에서 달성될 수 있다고 제안하는 밴더하이든과 가디너의 일반적인 접근 방식부터 개인이나 국가에 할당된 온실가스의 형평성에 의문을 제기하는 보다 비판적인 관점까지 다양하다.

제2부에서 에이미 러브크래프트가 기후변화가 북극 생태계에 미치는 영향에 대한 사회생태학적 분석을 보여주며, 티모시 루크는 "지구온난화와 지구 냉각"이라는 개념의 사회적 구성을 비판적으로 탐구하고, 조지 곤잘레스가 도시 팽창과 화석연료 연소가 기후변화에 미치는 영향에 대한 신마르크스주의적 분석을 시도하고, 피터 카나보는 허리케인 카트리나 이후 기후변화로 인한 이동에 대해 살펴본다. 제2부의 모든 에세이는 사회와 자연의 관계성을 살펴보지만, 가치가 정치적 의사결정 과정을 형성하는 것으로 보는 러브크래프트의 규범적 관점부터 기후변화에 대한 비판인류학적 접근 방식과 일치하는 곤잘레스의 관점에 이르기까지 다양한 시각에서 살펴본다.

『기후변화와 사회의 옥스퍼드 핸드북』에는 사회학, 지리학, 환경과학, 개발학, 물리학, 에너지 연구, 과학기술학, 경제학, 커뮤니케이션, 경영학, 기후과학 등 다양한 분야의 학자가 기고했으며, 69명의 기고자 중 적어도 20명은 정치학자인 것으로 보인다. 『정치이론과 글로벌 기후변화』 뿐만 아니라 이 선집에도 인류학자가 없다는 점은 주의 깊게 생각해 보아야 한다. 앞서 언급했듯이, 우리는 이러한 배제가 부분적으로는 정치학자뿐만 아니라 많은 사회학자가 인류학 연구의 주요 영역이 토착 사회와 농민 공동체라는 일반적인 가정 때문일 수 있다고 생각한다. 실제로 우리 두 저자 모두 다른 분야의 동료가 우리가 기후변화 연구에 참여하고 있다는 사실에 놀라움을 표하는 경우를 접하곤 한다. 어쨌든 『기후변화와 사회의 옥스퍼드 핸드북』은 (1) 편집자의 소개글, (2) 기후변화의 도전, (3) 기후변화에 대한 과학적, 사회적, 여론의 입장, (4) 기후변화의 사회적 영향, (5) 기후변화의 안보적 의미, (6) 기후정의, (7) 기후변화에 대한 대중과 운동의 대응, (8) 기후변화에 대한 정부의 대응, (9) 기후 정책, (10) 기후변화에 대한 기업의 대응과 기후변화 완화 전략으로서의 녹색 소비, (11) 글로벌 기후 거버넌스, (12) 코펜하겐 회의 이후 합법적인 기후 거버넌스를 달성하려는 노력과 급격한 기후변화에 직면한 회복탄력성의 개념까지 12개의 파트로 구성되어 있다. 드라이젝 등(Dryzek *et al*. 2011a: 17)은 기후변화와 사회의 관계에 대한 다학제적 관점과 인간 행동에 의해 유발된 기후위기 해결 방법을 제공하려는 노력을 검증하면서 "기후변화는 아마도 인류의 사회, 정치, 경제 시스템이 직면한 가장 심오하고 복잡한 도전이 될 것이며, 또한 우리가 인간의 대응을 이해하는 방식에 대한 가장 심오한 도전 중 하나일 것"이라고 주장한다.

정치학자 존 배리(Barry 2012)는 『실재하는 지속 불가능성의 정치학(The Politics of Actually Existing Unsustainability)』이라는 제목의 통찰력 넘치는 저서를 통해 "기후변화와 탄소 제약이 있는 세계"에서 "번영"하기 위해 여러 행위자가 제안하는 다양한 정치적 의제를 검토했다. 2003년부터 2009년까지 북아일랜드 녹색당의 공동 지도자로 활동한 경력에서 알 수 있듯이 그가 결코 중립적인 사회과학자라고 말하기는 어렵다. 하지만 그는 인류가 "피할 수 없는 생태적, 자원적, 사회경제적 도전에 직면해 있으며 우리는 이에 대한 준비가 전혀 되어있지 않다."라고 주장한다(Barry 2012: 25). 그는 준비 경로를 모색하면서 전 지구적 자본주의에 내재된 성장 패러다임에 대한 대안을 제시하고 "삶의 질과 복지(특히 자유로운 시간)가 거시경제 정책과 지속 가능한 경제에 대한 사고의 중심 목표가 되는" 경제 안보를 위한 사례를 제시한다(Barry 2012: 25). 그는 기후와 경제 불안정의 위협에 맞서 대응 역량을 구축하는 것의 중요성을 수용하는 공동체의 풀뿌리 네트워크인 전환마을 운동이 영국에서 특히 강력한 기획이며 "회복탄력성의 선구자"들로 구성된 것으로 보고 있다. 그러나 이러한 움직임은 영미권 국가에 국한된 경향이 있으며, 기후변화에 대한 진정한 글로벌 대응책으로서의 가능성을 아직 보여주지 못하고 있다. 배리는 민주주의, 문화적 다양성, 평등, 비인간 세계에 대한 존중, 환경적 지속 가능성을 위해 헌신하는 "녹색 시민 공화주의"를 사례로 제시한다. 그는 녹색 공화주의 국가를 "탄소, 기후, 자원의 제한 및 한계점"으로 특징지어지는 세계에서 "시장의 침식적 영향으로부터 공동체를 보호하고 공동체의 회복탄력성을 강화하기 위해 시장을 규제하는" 국가로 본다(Barry 2012: 278). 지속 가능한 세상에 대한 배리의 많은 제안은 찬사를 받을 만하지만, 대부분 선진국을 염두에 두고 있으며 그린 뉴딜(Green New Deal)의 요청과 유사한 측면이 있다. 이는 "지속적인 성장에 기반한 번영이라는 근본적인 비전"에 의문을 제기하는 영국의 지속가능발전위원회의 경제부문 위원인 팀 잭슨(Jackson 2009: 7)을 비롯한 여러 당사자가 요구하는 바이다. 배리와 잭슨은 다소 서로 다른 성향의 녹색 케인스주의자이지만, 둘은 전 지구적 자본주의가 그 본질상 성장하지 않으면 소멸할 것이라고 역사가 반복적으로 말할 때도 비성장 체제로 기능할 수 있다고 가정하는 것처럼 보인다. 지금처럼 계속 성장하면 결국엔 소멸할 것이고 인간은 물론이고 다른 많은 종이 사라지게 될 것이라는 이 책의 주장과 유사하다.

기후체제

기후체제에는 정부 기관들(국가, 주 또는 지방, 지역 수준 모두), 유엔기후변화협약 및 유럽연합 배출권 거래제(EU ETS)와 같은 국가 간 및 지역 간 기구, 기업 및 산업 비정부기구, 환경 비정부기구가 포함된다. 여러 정치학자의 연구는 기후체제의 다양한 측면 중에서도, 특히 유엔기후변화협약과 유럽연합 배출권 거래제에 초점을 맞추고 있다. 국제관계 전문가이자 홍콩교육대학의 글로벌 환경학부 교수인 폴 해리스(Paul G. Harris)는 다른 정치학자뿐만 아니라 국제학, 환경학 등 여러 다학제 분야의 학자가 기고한 『기후변화와 미국 외교정책(Climate Change and American Foreign Policy)』(Harris 2000)을 편집해 출간했다. 이 책에는 미국의 기후변화 정책에 대한 비판, 미국 기후변화 정책의 정치학, 국제 규범과 미국 기후변화 정책의 관계 등이 포함되어 있다. 해리스는 또한 중국, 일본, 필리핀, 인도네시아, 동남아시아의 기후 정치 및 정책에 관한 장들이 포함된 『지구온난화와 동아시아: 기후변화의 국내 및 국제 정치(Global Warming and East Asia: The Domestic and International Politics of Climate Change)』(Harris 2003)를 출간했다. 보다 최근에 그는 기후변화가 어느 한 국가의 통제를 벗어난 전 세계적 문제이며, 따라서 "새로운 국제기구를 통한 전 세계적 대응이 필요하다."라고 주장하고 있다(Harris 2011b: 650). 그는 국경에 따라 기후변화 대응의 의무를 한정지어서는 안 된다고 강조한다. 지구온난화 시대에 윤리적 행동과 환경 정책을 수립하는 근거가 되어야 하는 것은 국민국가의 좁은 정치적, 경제적 이익이 아니라 인류의 광범위한 이익과 복지라는 것이다. 그는 또한 기후변화에 대응하는 국가 정책을 보완하는 필수적인 요소로서 시민 행동의 중요성을 강조해왔다.

해리스는 다른 정치학자 및 정책 분석가, 에너지 분석가, 지리학자 등의 기고문이 포함된 『기후변화에 대한 중국의 책임(China's Responsibility for Climate Change)』(Harris 2011a)이라는 선집의 편집도 담당했다. 중국이 세계에서 가장 큰 온실가스 배출국이 되었다는 점을 감안할 때, "세계가 향후 수십 년 동안 이 문제에 적극적으로 대처하기 위해 특별한 조치를 취하려면, 기후변화에 대한 선진국의 책임을 주로 강조하는 방식은 재고되어야 한다."라고 주장한다(Harris 2011a: 1). 해리스의 선집에서 가장 비판적인 에세이는 정치학자가 아니라 지리학자인 올리비아 비나의 글로 다음과 같다.

중국 지도자들은 기술관료주의적 신념과 효율성 중심의 해결책의 반복이 아닌 생태 문명의 약속에 부응하는 다른 길을 보여줄 기회가 있다. 기후과학자의 결론을 액면 그대로 받아들이려는 것은 이제는 장기적 관점에서 과거의 사치일 뿐이다. 중기적 관점에서 근본적으로 다른 사고방식이 필요하며, 몇 세기가 아니라 수십 년 안에 적용해야 할 모델을 지금 당장 실험해 볼 필요가 있다.

Bina 2011: 68

정치학자 미란다 슈로이어(Schreurs 2011)는 의회 민주주의 국가와 다른 중국에서 등장한 권위주의적 기후체제의 특징을 설명한다. 중국은 에너지 효율과 재생 가능 에너지원을 장려하는 대규모 프로그램에 착수했고, 2007년에는 국가 기후변화 행동계획을 수립했다. 이러한 과정을 관찰하며 슈로이어는 다음과 같이 말한다. "공산당은 여전히 당내 경쟁을 금지하고 있지만 환경문제에 대해 어느 정도 공개적인 토론을 허용하고 있다. 저탄소 경제로 전환하기 위한 도전은 여전히 어려우며, 실행 과제가 산적해 있다"(Schreurs 2011: 460).

중국이 직면한 배출 문제는 대기오염을 통해서도 확인할 수 있다. 수도 베이징이 급속도로 성장하고 발전하면서 교통체증이 생겨나고, 베이징의 공기 질이 너무 나빠져 시민들이 더 깨끗한 지역으로 이주하기 시작했다. 이주하는 지역 중 일부는 이미 오염되었지만 수도만큼 심각하지는 않다.

미국의 권력자들과 정치 전문가들은 종종 중국의 경제력 상승에 대한 두려움을 표명하지만, 실제로는 전 세계 인구의 약 5분의 1을 차지하는 중국이 "세계 1차 에너지 공급의 11%에 불과하고 경작지와 담수 매장량은 7%로 더욱 빈약하다."라는 점에서 기후변화로 인한 환경 재앙에 직면할 수 있다(Gulick 2011: 26). 이에 중국은 이라크의 석유 등 다른 곳에서 자원을 확보하여 자국 자원의 고갈을 막으려는 노력을 기울이고 있다. 기후변화는 이미 중국의 사막화와 산에서 흐르는 물의 감소를 야기하고 있으며, 필요한 지역과 대도시로 물을 보내기 위한 대규모 수자원 계획은 인구이동, 오염, 높은 비용을 초래한다.

정치학자 데이비드 헬드 등(Held *et al*. 2011)은 사회학자 울리히 벡, 윤리학자 피터 싱어, 정치학자 데이비드 킹(2000년 10월부터 2007년까지 영국 정부 수석 과학자문관 겸 과학청장 역임), 영국 노동당 정치인 데이비드 밀리밴드와 에드 밀리밴드 등 다양한 분야의 글들이 포함된 『기후변화 거버넌스(The Governance of Climate Change)』를 출간했다. 선집의 서문에서 편집진은 다음과 같이 언급한다.

> *이 책은 기후변화와 관련하여 지금 당장 행동하는 것이 과학적으로 합리적이며 경제적, 윤리적으로 바람직한 이유를 설명한다. 또한, 분열된 공동체와 경쟁적 국가가 존재하는 세계에서 명확하고 일관된 정치적, 경제적 대응책을 마련하는 것이 얼마나 어려운지를 강조한다.*
>
> *Held et al. 2011: 10*

오타와대학교 정치학 교수이자 IPCC 위원인 매튜 패터슨은 1980년대 후반부터 기후변화의 정치적 측면을 연구해 왔으며, 자동차 문화에 관한 저서 『자동차 정치학: 생태와 문화정치경제(Automobile Politics: Ecology and Cultural Political Economy)』(Paterson 2007)를 저술하기도 했다. 그는 1990년대에 유엔기후변화협약의 심의를 거쳐 나온 교토의정서가 탄소시장의 토대를 제공했다고 주장한다. "탄소시장은 형성된 후 빠르게 성장했고, 최근까지도 매우 빠른 속도로 확장되는 단계에 있다. 그 과정에서 비즈니스와 정치의 역학 관계는 탄소시장의 발전을 촉진하는 가장 중요한 요소가 되었다"(Paterson 2011: 617).

그러나 기후변화 완화의 정치학은 "세금이나 거래제도와 같은 기존의 많은 기후정책의 주요 질문들보다 훨씬 더 깊이 파고들며" 결국 화석연료에 주로 의존하는 생산과 소비의 쳇바퀴와 심각한 사회적 불평등 유형을 특징으로 하는 전지구적 자본주의 시스템의 본질을 진지하게 다뤄줄 것을 요청한다는 점에 유의해야 한다(Kuch 2015).

패터슨은 20세기 초에 이미 자동차가 근대 자본주의 구조의 중심이 되었을 뿐만 아니라 개인 정체성의 구축에 깊이 자리 잡았다고 강조한다(Paterson 2007). 이제 자동차는 교통수단 그 이상의 의미를 가지게 되었으며, 탐욕스러운 가치의 원천이자 문화적으로 구성된 의미의 영역이 되었다. 기후변화와 자동차의 문화적 중심성을 고려할 때, 지속 가능성의 기획은 자동차가 환경에 미치는 영향을 급속하게 줄일 수 있는 방법을 찾아야 한다.

비판정치학자 아힘 브룬넨그레버는 다자간 국제협약인 교토의정서(KP)가 본질적으로 전 세계 기업, 특히 선진국 정부의 이해관계에 부합하는 자본주의 지향적인 규제 형태라고 주장한다. 교토의정서는 궁극적으로 전 세계 이산화탄소 대부분을 배출하는 거의 모든 석유, 천연가스, 석탄 회사들의 지지를 얻었다. 브룬넨그레버(Brunnengräber 2006: 226)는 교토의정서와 UNFCCC 프로세스의 세 가지 결점을 다음과 같이 설명한다. (1) "문제 해결을 위한 에너지 생산과 사용의 광범위한 구조적 변화 등의 대안적 접근을 대부분 배제하는 경제적 지침 강조", (2) "문제를 명백하게 '객관적인' 과학적 용어로 정의하려는 경향", (3) "이 수준에서 행동에 필요한 합의가 미약하고 매우 제한된 합의만 허용되는 상황에서도 국제적 수준의 정책 결정"에 초점을 맞춘다는 것이다. 또한, 브룬넨그레버는 정부와 기업의 배출량 자율 규제는 능숙하게 관리되는 이산화탄소 대차대조표의 틀 안에서 절대적으로 전혀 감축이 이루어지지 않은 경우에도 감축이 이루어진 것처럼 보인다고 주장한다. 다시 말해, 탄소 경제학은 가장 큰 권력을 가진 사람이 유리한 조건을 제시할 뿐만 아니라 교묘하게 규칙을 조작하는 구태에 빠졌다. 인류학을 비롯한 여러 학문의 독자적인 연구를 통해 이러한 유형에 대한 분석이 이루어져야 할 것이다.

정치학자 피터 크리스토프는 온실가스 감축을 위한 구속력 있는 합의를 도출하기 위해 개최된 2009년 코펜하겐 회의(COP 15)에 대해 다음과 같이 냉정하게 평가한다(Christoff 2010: 651).

협정에 따른 현재의 공약으로는 평균 온도 상승 2℃ 이하의 목표를 달성할 수 없으며, 2100년까지 전 세계가 4℃를 넘어가는 지구온난화 위험에 처하게 될 것이다. 이로써 재앙적인 지구온난화를 피하기 위한 중요한 조치를 취할 수 있는 매우 한정적인 기회는 사라질 것이다.

COP 15는 교토의정서를 대체할 새로운 조약으로 지구의 평균 온도 상승을 2℃ 이하(2007년 IPCC 보고서에 근거한 목표 온도)로 유지하기 위한 구속력 있는 메커니즘을 마련하는 데 실패했다. 코펜하겐 협정은 사실상 COP 15의 실패를 감추기 위한 필사적인 노력으로, 회의 마지막 24시간 동안 오바마 대통령을 비롯한 소수의 정부 지도자들에 의해 만들어졌다. 정치학자 카린 백스트란트(Bäckstrand 2011: 681)는 다음과 같이 말한다.

코펜하겐 협정은 새로운 다극적(multi-polar) 글로벌 기후 질서를 제시했는데, 여기서는 다자간 관행이 소외되었고 의지가 있는 국가 연합 간의 불투명한 협상 과정으로 대체되었다. 코펜하겐 협정은 강제적인 배출량 감축과 시간표가 아닌 자발적인 서약에 기반한 탈중앙화된 기후 거버넌스 구조의 토대를 마련했다. 민주적 정부간협력주의는 주권의 우위를 인정하는 반면, 코펜하겐은 기후 외교의 책임성과 투명성을 높이려는 노력에 좌절감을 안겨주었다.

Bäckstrand 2011: 681

COP 15와는 대조적으로 많은 정치 전문가와 일부 환경단체는 2015년 말 미국과 중국이 거의 대부분의 다른 국가들과 함께 2℃(심지어 1.5℃) 상승을 막기 위해 배출량을 제한하기로 합의한 파리협정을 축하했다. 그러나 각국이 자발적으로 달성하겠다고 약속한 배출량 목표는 2.7~3.5℃ 상승을 달성하는 데 그치고, 파리협정이 여전히 성장 패러다임에 충실한 세계 경제의 조건상에서 운영된다는 사실은 변함이 없다. 이러한 결과를 보는 많은 사회과학자와 기후운동가는 UNFCCC 대표와 정치인들의 열의에 회의적인 시각을 가질 수밖에 없다(Lyster 2017). 실제로 화석연료, 특히 석탄에서 벗어나 재생 에너지원으로 작동하는 지속 가능한 경제로의 전환은 국가 및 국제적으로 높은 수준의 규제를 필요로 할 뿐만 아니라 전 세계에서 물질적 자원에 대한 차별적 접근을 해결해야 한다(Mulligan 2016; Newell 2016). 조나스 반 보솔레(Vossole 2017)는 글로벌 기후 거버넌스가 전 지구적 생태 및 기후변화 위기를 적절히 해결하지 못한다는 점에서 "만성적 위기 모드"로 계속 운영되고 있다고 주장한다. 그 사이에 "경제성장 유형과 세계경제의 확장에 대한 저해를 최소화"하면서 "탈탄소화"와 녹색경제를 발전시키려는 새로운 자본주의 기업이 등장했다(Vossole 2017: 11). EU 배출권거래제가 온실가스 감축에 얼마나 효과적인지를 둘러싼 이슈 외에도, 유럽위원회의 기후변화 완화 캠페인은 난방을 줄이고, 전자기기를 끄고, 재활용하고, 운전보다는 걷고, 녹색 소비에 참여하는 등의 개별 행동 측면에서 기후 시민권을 주시하고 있다(Vihersalo 2017).

국가 차원에서 기후체제 정치는 대부분의 유럽연합 국가와 같이 기후변화를 완화하려는 노력을 촉진하는 주도 국가와 미국(여러 대통령에 걸쳐 계속된 유형)과 하워드 전 총리하의 호주처럼 기후변화를 완화하려는 노력을 전복시키거나 방해하려는 거부권 국가에 의해 형성되는 경향이 있다. 정치학자 피터 크리스토프와 로빈 에커슬리는 온실가스 배출량의 85%를 차지하는 20개 국가를 비교 연구한 결과, 특정 국가는 기후 리더인 반면, 다른 국가는 기후 후발주자인 이유를 설명하는 단 몇 가지로 요인을 찾는 것은 매우 어려운 작업이라고 단언한다. 일례로 독일과 영국은 의회 시스템에 상당한 차이가 있음에도 불구하고 모두 기후 리더로 부상했다.

> *독일은 국제 기후 협상 초기부터 리더의 지위를 확보한 반면, 영국은 훨씬 늦은 2000년대 중반에 리더로 부상했다. 기후 협상 초기에 리더로 출발한 독일은 어렵지 않게 리더의 지위를 유지해왔다. 시작이 늦긴 했지만 영국이 이 분야로 들어섰다.*
>
> *Christoff and Eckersheley 2011: 444*

정치학자 리사 반할라(Vanhala 2013: 447)는 국제 및 국가 기후체제가 기후변화 완화에 대한 해결책을 효과적으로 제공하지 못하면서 여러 국가의 법원이 새로운 "기후 싸움의 전장"이 되고 있다고 주장한다. 그녀는 영국, 캐나다, 호주의 기후변화 소송을 비교 분석을 수행했다. 환경운동가와 기후운동가는 종종 소송을 이 국가들이 기후변화 완화 법안을 만드는 데 수반되는 번거로운 절차를 피할 수 있는 중요한 수단으로 간주하지만, 반할라는 이 접근 방식도 어려운 것으로 입증되었다고 강조한다.

> *온실가스 배출을 규제하는 데 있어 정부의 책임을 묻는 측면에서 중대한 승소가 있었지만, 주요 기업의 배출량을 줄이도록 강제하는 노력은 대체로 실패했다. 캐나다의 타르샌드 소송과 호주의 석탄 채굴 소송은 매우 높은 정도의 배출량과 연관되어 있어 환경 옹호론자들이 가장 우려하는 사례들이다. 법원에 관한 정치학 문헌에서 오랫동안 제시해 온 것처럼, 법정에서의 승리가 반드시 현장의 변화로 이어지지는 않는다.*
>
> *Vanhala 2013: 461*

비슷한 맥락에서 국제관계 이론가인 존 보글러(Vogler 2016: 174)는 "국가 간 행동과 기후변화협약 프로세스가 기껏해야 사소한 분열 정도로 보이거나, 최악의 경우 진정한 글로벌 기후 거버넌스와 매우 부적절하게 여겨질 위험이 있다."라고 경고한다. 좋든 나쁘든, 기후변화에 대한 대중의 관심은 기후변화의 심각성에 대한 "엘리트 집단의 당파적" 논쟁에 의해 형성되는 경향이 있다(Carmichael and Brulle 2017). 또한, 기후과학에 대한 정치인들의 의존은 매우 선택적인 경향이 있는데, 갑작스럽거나 돌이킬 수 없는 영향을 거의 고려하지 않는 듯이 보인다(Willis 2017).

구리 방 등(Bang *et al*. 2015b)은 국제 기후 협력의 주요 행위자인 미국, EU, 일본, 러시아, 중국, 인도, 브라질의 7개국의 상황을 검토한 저서를 출간했다. 이들 국가를 합치면 전 세계 온실가스 배출량의 거의 70%를 차지하며, 중국과 미국만 보더라도 약 45%를 차지한다. 중국과 러시아에서는 기후 정책을 포함한 결정이 최고위층에서 내려져 정치 체제의 하위 단계로 전파되는 반면, 미국, EU, 브라질에는 기후 정책에 대한 다수의 거부권자가 있고 일본과 인도는 중간 정도 규모의 거부권자가 있다(Bang *et al*. 2015a: 192). 기후변화 완화 노력에 대한 사회적 요구는 미국에서는 "낮지만 일부 적극적인 추진자가 존재", EU의 경우 "동유럽보다 서유럽이 높음", 일본은 "중간보다 낮음", 러시아는 "매우 낮음", 브라질은 "중간 보다 높음", 중국은 "낮지만 (주로 자국 오염에 대한 우려로 인해) 증가 중", 인도는 "낮음"으로 각국의 상황은 매우 다양하다(Bang *et al*. 2015a: 199).

녹색 자본주의

개발연구 전문가인 피터 뉴웰과 정치학자인 매튜 패터슨은 제4장에서 논의한 개념인 녹색 자본주의의 실현을 촉구하지만, 이를 실현하는 것이 쉽지 않다는 점은 인정한다.

> *기후변화의 도전은 사실상 자본주의를 포기하거나 석탄, 석유, 가스를 점진적으로 대체하면서 성장할 수 있는 방법을 찾아야 한다는 것을 의미한다. 단기적으로 전자의 가능성이 낮다고 가정하면, 무엇을 기반으로 성장할 수 있을까? 탈탄소 경제에 동력을 공급할 에너지원은 무엇인가? … 우리는 어떤 종류의 기후 자본주의를 원하는가? 환경적 목적만이 아니라 바람직한 사회적 목적을 달성할 수 있을까?*
>
> *Newell and Paterson 2010: 9*

뉴웰과 패터슨은 기후 자본주의의 네 가지 가능한 시나리오를 설명한다. 첫 번째 시나리오는 "기후 자본주의 유토피아"로, 세계 경제의 급속한 탈탄소화와 배출권 거래와 함께 "재생 에너지, 에너지 효율 및 보존, 탄소 포집 및 저장, 첨단 대중교통 및 도시 인프라 개혁에 대한 투자"를 수반한다(Newell and Paterson

2010: 162). 두 번째는 탄소 시장이 실패하고 배출 목표를 설정하려는 국제적 노력이 무너지면서 인류는 "기후변화가 가져올 것들에 적응"할 수밖에 없는 디스토피아적 상황을 초래하는 "정체" 상태이다(Newell and Paterson 2010: 168). 세 번째는 "탄소화된 디스토피아"로, 저탄소 세계 경제를 달성하지만 "남반구와 북반구 모두 바이오연료에 돈을 쏟아붓는" 일종의 탄소 식민주의에 빠지는 경우이다. 끔찍한 노동 조건, 생물 다양성 파괴, 주요 식량 작물의 가격 상승으로 가난한 사람의 접근성 악화를 야기하는 대규모 단일 작물 농장이 만들어진다"(Newell and Paterson 2010: 169-170). 또한 기후 난민은 기후 피해가 덜한 국가로의 접근이 거부되거나 수용소에 무기한 구금될 수도 있다(Newell and Paterson 2010: 172). 뉴웰과 패터슨은 정부가 탄소 시장을 규제하고 국가 내 및 국가간 분배 메커니즘을 구현하여 "탄소 시장과 재생 에너지, 에너지 효율 등에 대한 투자를 위한 안정적인 조건을 조성"한다는 점에서 네 번째 시나리오인 "기후 케인스주의"가 가장 유력하다고 본다. 궁극적으로 그들은 향후 20~30년 동안 "세계의 일부 지역은 정체되고, 다른 지역은 순수한 신자유주의 버전으로 나아가는 반면, 다른 지역은 여전히 탄소 경제를 더욱 엄격하게 규제하는" 네 가지 시나리오의 "복잡한 혼재" 상태가 가장 유력한 결과가 될 것으로 예상한다(Newell and Paterson 2010: 178). 현 시점의 상황을 인류학적 관점에서 보면, 현재는 그들이 말한 첫 번째나 마지막 시나리오 중 어느 한쪽으로 향하는 시도가 제한적으로 이루어지고 있다. 그러나 우리는 바이오연료에 쏟아지는 돈, 끔찍한 노동 환경을 가진 대규모 바이오연료 단일 작물 농장의 출현, 생물 다양성의 파괴, 가난한 사람이 감당할 수 없는 식량 가격 상승을 목격하고 있다. 기후변화가 가져올 수 있는 모든 상황에 최선을 다해 적응해야 하는(또는 적응할 수 없는) 사람을 압박하는 여러 디스토피아적 징후가 나타나고 있다.

자본주의와 기후변화에 대한 비판정치학의 분석

기후변화와 씨름해 온 대부분의 정치학자는 기존 기후체제와 녹색 자본주의의 조건을 어느 정도 수용하는 경향이 있다. 이 절에서는 기후변화 관련 문제를 연구하는 비판인류학자 및 비판사회학자의 연구와 유사한 관점을 가진 세 명의 정치학자의 연구를 중점적으로 살펴본다. 호주의 정치학자 델 웨스턴(Weston 2014)은 기후변화 또는 지구온난화를 자본주의 정치경제에서 비롯된 여러 문제 중 하나로 보고, 소외를 "지구온난화 문제뿐만 아니라 자본주의 세계에서 직면한 수많은 다른 생태적, 사회적 문제를 이해하는 데 있어서도" 중요한 문제라고 주장했다. 그녀는 배출권 거래제가 대체로 비효과적이고 비효율적이며 사회적으로 불공정한 기후변화 완화 전략이며, 해결하고자 하는 문제를 악화시켜 의미 있는 기후 행동을 지연시킬 수 있다고 보았다(Weston 2014: 33). 그녀는 아프리카, 특히 남아공에서 연구를 수행하면서 다음과 같이 주장했다. "아프리카 사람은 지구온난화에 가장 적게 기여했지만, 가장 먼저 그리고 가장 큰 피해를 입게 될 사람이다"(Weston 2014: 97). 그녀는 "자본주의 체제에 내재된 사회적 생산관계의 결과로 인간과 인간, 인간과 자연 사이의 대사적 관계에서 발생한 깊은 구조적 틈"을 언급하면서 "새로운 대사를 회복하고, 공평하며, 회복탄력성이 있고, 정의롭고, 다양하며, 민주적인 정치, 경제, 문화 시스템"(Weston 2014: 197)을 구축할 것을 요청했다.

시플렛 등(Ciplet *et al.* 2015: 24)은 국제 기후 정치 분석에서 다음과 같은 네 가지 관점을 제시한다.

- 정치, 경제, 군사, 이데올로기적 비대칭 등 불평등한 국가 간 관계의 지속으로 인해 기후변화에 대응하지 않는다고 보는 구조적 관점
- 환경 및 기후 갈등을 해결하기 위한 국제기구에 초점을 맞추는 제도적 관점

- 시장 메커니즘을 통해 기업을 개혁하여 기후변화를 완화하고자 하는 시장 실용주의적 관점
- 사회운동과 지역공동체를 동원하여 기업의 권력, 특히 화석연료 산업의 권력에 맞서고 사회적 삶의 구성을 위한 대안적 틀을 제시하는 생태사회주의적 관점

또한 그들은 생태 및 기후위기에 맞서기 위해 인류가 채택할 수 있는 여섯 가지 미래 시나리오를 제시한다(Ciplet *et al*. 2015: 209-232).

- 시나리오 1. 생태 및 기후위기에 대한 협상이 결렬되어 주요 국가가 화석연료와 물을 차지하기 위해 경쟁하고, 전체주의 정권이 등장하며, 2100년까지 6℃의 세계가 될 가능성이 높아지는 배타적 무대응 시나리오
- 시나리오 2. 기존 아시아 태평양 파트너십과 같은 다자간 포럼과 기후변화 완화 및 적응 전략을 모색하는 G7, G20, 주요 경제포럼과 같은 부문별 그룹으로 구성된 배타적 행동
- 시나리오 3. 대체로 현재와 같은 상황에서 기후변화를 완화 탄소 및 포집 격리, 지구공학 등의 절박한 기술적 해결
- 시나리오 4. "탄소 제로 에너지" 또는 태양열, 풍력, 지열과 같은 재생 에너지원으로 전환하여 화석연료 에너지원을 불필요하게 만들고 기후변화를 성공적으로 억제
- 시나리오 5. 강력한 기업의 이익 추구에 도전하는 공동체 모델을 지지하는 환경지향 무정부주의자, 지방 정부, 국제 네트워크 및 사회 운동에 이르기까지 다양한 주체가 채택하여 생태 및 기후위기를 해결하려는 "지역화" 전략
- 시나리오 6. 저자들이 선호하는 국가 차원의 광범위한 기후 행동과 국제 차원의 보다 민주적인 절차를 요구하는 글로벌 기후정의 전략

마지막으로 샤투르베디와 도일은 지구온난화에 대한 가장 분명하고 설득력 있는 증거는 북극, 히말라야, 남극의 세 극지에서 나타난다고 주장한다(Chatturvedi and Doyle 2015). 소수의 인간 거주자 또는 방문객만 살고 있는 이 지역들의 지구온난화 또는 기후변화의 영향은 훨씬 더 인구 밀도가 높은 지역에 사는 사람에게 심각한 악영향을 미치고 있다. 샤투르베디와 도일은 기후변화가 "단순히 자연에 대한 인위적 공격의 갑작스럽고 전례 없는 지구적 발현의 문제만이 아니라, 책임과 평가가 분화된 지리적 문제"라고 주장한다(Chatturvedi and Doyle 2015: x).

기후변화 인문지리학

지리학에서 기후에 대한 논의는 활발했다가 줄어들었다. 초기에 엘스워스 헌팅턴은 기후가 문명과 문화에 미치는 영향에 따라 어떤 문명은 생산적이고 혁신적이며, 어떤 문명은 정체되고 후퇴한다고 주장하는 일종의 기후 결정론을 개진했다(Ellsworth Huntington 1922). 시간이 지나면서 지리학은 기후 결정론의 인종차별적, 자민족중심적 함의와 거리를 두게 되었고, 다른 일부 사회과학자와 마찬가지로 많은 지리학자가 "기후와 사회의 상호작용에 대한 이야기를 꺼리게"(Randalls 2017: 8) 되었다. 지리학은 자연지리학과 인문지리학으로 나뉜다는 점에서 사회학이나 정치학보다 더 이질적인 학문으로 보인다. 어떤 면에서는 체질인류학, 고고학, 사회문화인류학, 언어인류학으로 구성된 미국 인류학의 네 분야 모델과 유사하다. 자연지리학은 자원 관리, 침식, 수문학, 기후변화와 같은 주제를 다루기 때문에 지구과학과 밀접한 관련이 있다. 경관(landscape)이라는 개념은 자연지리와 인문지리를 넘나들며 지형학, 고식물학, 생태학, 고고학, 역사학, 사회문화인류학 등 다른 학문 분야와 지리학을 통합하기도 한다.

경관은 식량 수집 및 생산, 주거지 또는 기타 유형의 건물 건설, 여러 이유로 인한 장소의 이동 등 다양한 활동을 통해 인간과 자연환경의 상호작용 및 변화를 수반한다. 캐서린 브레이스와 힐러리 지오게건은 다음과 같이 말한다(Brace and Geoghegan 2010: 289).

경관은 사람, 동식물, 지형, 환경, 그리고 결정적으로 날씨 사이에서 현재와 미래에서, 그리고 공간적, 시간적으로 밀접한 관계를 구성할 수 있는 수단이 된다. 대기 중 이산화탄소, 평균 기온의 상승, 해류의 순환과 같은 과학적 인공물만큼이나 경관은 기후변화의 부산물로 식별되는 토지와 날씨를 구성하는 미묘한 실제와 상상, 과거, 현재, 미래의 변화이다.

인문지리학은 사회문화인류학과 밀접한 관련이 있는데, 루이지애나 주립대학교의 예처럼 미국에는 지리학과 인류학이 결합된 학과가 몇 군데 있으며 다양한 공동연구 기획이 진행되고 있다. 인문지리학과 환경인류학은 둘 다 인간과 환경의 관계에 관심이 있고 종종 문화생태학, 정치생태학, 포스트구조주의와 같은 이론적 관점을 활용한다는 점에서 유사한 관심사를 보여준다(Robbins 2012). 환경과 기후변화에 대한 다양한 사람의 지역 지식을 문서화할 필요성을 강조하는 인류학자와 거의 같은 맥락에서 브레이스와 지오게건은 "친숙한 경관에 초점을 맞추면 기후에 대한 일반 지식의 본질과 그것이 과학의 공간, 관습, 엄격함, 인식론 외부에서 어떻게 변화하고 축적되고 재현될 수 있는지를 고려할 수 있다."라고 주장한다(Brace and Geoghegan 2010: 295). 크리스티안 컬과 사이먼 배터버리와 같은 지리학자도 환경 및 기후 문제가 대학 학과에 미치는 영향에 대해 언급했다.

1960년대와 1970년대에 처음 등장하기 시작한 새로운 환경학 프로그램은 많은 대학에서 지리학과와 경쟁하는 동시에 보완하는 역할을 하면서 성장했다. 이 프로그램은 종종 학과가 아닌 연구기관, 대학원 학위 또는 학제 간 프

로그램으로 구성되어 개별 지리학자가 일정 역할을 수행할 여지가 있었다. 한 가지 비밀을 밝히자면, 자원에 대한 인구 압력, 열대우림 손실, 지속 가능성과 같은 시급한 문제에 관심이 있는 학생이라면 대부분의 대학교에서 지리학이 아닌 환경학을 먼저 선택했다. 일부 지리학자는 … 새로운 학제 간 단위를 수용했지만, 다른 지리학자는 학문적 전통을 고수했다.

Kull and Batterbury 2013: 5-6

자연지리학자와 인문지리학자 모두의 다양한 관심은 미국지리학자협회 연보의 주제별 특별호로 처음 출간된 논문들로 구성되고 리처드 애스피널(Aspinall 2012)이 편집한 『기후변화의 지리학(Geography of Climate Change)』이라는 선집에 반영되어 있다. 기후변화의 인문지리학 측면에서 저자들은 기후변화 적응 일반, 기후변화로 인한 페루의 빙하 후퇴로 인한 생계 취약성, 안데스 생태계의 기후변화 적응, 기후변화와 가뭄이 자메이카 농업에 미치는 영향에 관한 지역 및 과학 지식, 미국과 멕시코 국경 지역의 기후변화 적응, 시애틀의 기후변화 완화 노력, 탄소 시장, 캘리포니아 센트럴 밸리의 기후변화와 글로벌 금융위기의 이중 노출, 기후변화와 자본주의의 범학문적 도전, 기후변화로 인한 북극의 영유권 분쟁, 기후변화가 알래스카 이누피아트인의 포경 주기에 미치는 영향, 지구온난화 대응의 벤치마킹 등 다양한 주제를 다루고 있다. 이 선집은 인류학자, 사회학자, 정치학자와 마찬가지로 기후변화에 관심이 있는 인문지리학자가 다양한 문제를 연구하고 있으며, 그 중 많은 부분이 다른 사회과학 분야의 관심사와 겹친다는 것을 보여준다. 볼링(Balling 2000: 115)은 지리학자는 공간 분석의 전문가이기 때문에 "지구온난화/온실 문제 전체가 우리 학문에 완전히 적합하다."라고 과감하게 주장하는데, 기후변화가 인위적이며 인류에게 막대한 결과를 초래할 수 있다는 근거로 인류학의 적합성을 주장하는 인류학자와 유사하다. 그러나 조엘 웨인라이트는 지리학이 더 이상 공간적 관계, 인간과 환경의 관계, 지리학적 지역과 같이 명확하게 정의된 초점을 가지고 있지 않다고 주장한다.

지리학은 과학자와 비과학자가 함께 다양한 질문과 문제에 대해 연구하는 학문으로 홀로 서 있다. 인류학과 심리학을 예외로 한다면, 과학자와 "인문학자"가 오랜 기간 동안 공동의 커리큘럼과 연구를 지속해 온 학문은 없다.

Wainwright 2012: 273

웨인라이트의 주장은 대부분 옳지만, "과학자"와 "비과학자" 또는 "인문학자"를 구분하는 것은 다소 단순해 보인다. 대부분의 사회문화인류학자와 거의 모든 사회학자 및 정치학자는 스스로를 사회과학자라고 생각한다. 물론 많은 인류학과 커리큘럼에 과학적 요소와 인문학적 요소를 공유하고 있지만, 이러한 문제에 대한 갈등과 논쟁이 없는 것은 아니다. "자연과학" 또는 "물리과학"과 "사회과학"을 구분하는 것이 더 타당할 수 있지만, 이 구분(그리고 이 구분이 담고 있는 학제 중심적 편견)에 대해서도 논쟁의 여지가 있다. 많은 사회문화인류학자는 스스로를 사회과학에 한 발, 인문학에 다른 한 발을 딛고 있다고 생각한다(반면 대부분의 고고학자나 체질인류학자는 스스로를 "과학자", 즉 자연과학과 사회과학이 혼합된 과학자로 간주한다).

정치학자가 기후 거버넌스 주제를 지배하는 경향이 있지만, 일부 지리학자도 이 영역에 뛰어들었다(Bulkeley and Newell 2015). 해리엇 벌켈리는 미셸 푸코의 연구를 따라 기후 거버넌스를 단순히 다양한 행위자와 기관을 수반하는 것으로 보는 것을 넘어 "명백한 권력 방식의 조율로 간주하고 그 운영의 작동, 정치 및 지리를 탐구하려 한다"(Bulkeley 2015: 3).

이 절의 나머지 부분에서는 특정 인문지리학자가 탐구해 온 세 가지 주요 주제, 즉 기후변화가 태평양 섬에 미치는 영향, 기후변화가 도시에 미치는 영향, 기후정의를 다룬다.

기후변화가 태평양 섬에 미치는 영향

지리학자 존 바넷과 존 캠벨은 기후변화가 태평양 도서국이나 소도서 개발도상국(Small Island Developing States, SIDS)에 미치는 영향, 그리고 UNFCCC, 자연과학자, 남태평양 섬 주민, 정치 지도자와 일반 국민을 포함하여 글로벌 커뮤니티가 적응을 위한 실천 측면에서 기후변화에 어떻게 대응하고 있는지에 대한 포괄적인 개요를 작성했다(Barnett and Campbell 2010). 이들은 미셸 푸코(Foucault 1980)의 이론을 바탕으로 "소도서 개발도상국에서의 기후변화에 대한 재현"이 섬에 사는 사람의 관심사를 해결하기 위한 이해와 행동을 제한하는 담론을 형성"(Barnett and Campbell 2010: 1)한다고 주장한다. 기후과학을 포함한 자연과학은 기후변화가 소도서 개발도상국에 미치는 위험에 대한 인식을 폭넓게 발전시키는 데 크게 기여했지만, 기후변화에 대한 지역 지식을 통한 접근을 소외시키는 경향이 있다. 주로 멜라네시아, 미크로네시아, 폴리네시아의 세 지역에 위치하고 있는 태평양 섬나라들은 규모, 지형, 식민지 역사, 국가 경제가 매우 다양하지만 어느 정도는 세계 경제에 통합되어 있다. 뉴질랜드와 하와이는 일반적으로 폴리네시아의 일부로 간주되지만, 전자는 호주와 경제적으로 밀접하게 연결된 고도로 발전된 독립 국가이며, 후자는 미국 본토에서 매우 멀리 떨어져 있음에도 불구하고 미국의 50번째 주가 되었다. 이와는 대조적으로 다른 모든 태평양 섬 국가는 개발도상국이다. 다른 많은 개발도상국과 마찬가지로 온실가스 배출에 거의 기여하지 않았음에도 불구하고 기후변화의 가장 심각한 영향을 받게 될 것으로 보인다. 쿡 제도, 피지, 키리바시, 나우루, 니우에, 팔라우, 파푸아뉴기니, 사모아, 솔로몬 제도, 통가, 바누아투 11개 태평양 도서국의 총 배출량은 대략 전 세계 총량의 0.04%에 불과하다.

1인당 배출량에서도 11개 태평양 국가는 모두 순위가 낮으며, 그 중 키리바시가 두 번째로 낮고 팔라우와 나우루를 제외한 나머지 국가 모두 하위권에 속

한다. 팔라우는 24번째, 나우루는 29번째로 많은 이산화탄소를 배출한다. 이들 국가는 인구는 적지만 소비량은 어느 정도 높은 수준이다.

IPCC, 남태평양 환경기관 이니셔티브 협회(괌, 파푸아뉴기니, 사모아 대학교, 남태평양 지역 대학교, 남태평양 응용지구과학위원회로 구성된 컨소시엄), 태평양 지역 환경 프로그램 이니셔티브 사무국, 스타트 오세아니아 등 수많은 국제 및 지역 기관이 기후변화가 태평양 도서국에 미치는 영향을 평가하고 있다. 또한 태평양 도서국의 기후변화 적응을 지원하기 위해 많은 지역, 국가, 국제적 수준의 프로그램이 만들어졌다. 바넷과 캠벨은 분석을 통해 태평양 도서국이 처한 기후변화 취약성에 대한 다섯 가지 담론 및 수사를 설명한다. "타이타닉 국가"라는 수사는 해수면 상승으로 인해 가장 큰 위험에 처해 가라앉는 섬을 의미한다. 이러한 섬들은 스스로는 무방비 상태이며, 특히 교토의정서를 따라 개발된 다양한 계획을 통해 다른 사람의 도움을 받아야만 구해질 수 있다. "만조 비유"는 해수면 상승으로 인해 앞으로 더 많은 도서국이 부분적으로 수몰되는 것이 불가피하다는 것을 의미한다. "낙원 위의 먹구름"은 행복한 남태평양 섬 주민들의 목가적인 세계가 가라앉아 해외로 피난처를 찾아야 하는 상황을 묘사한다. "탄광 속의 카나리아 비유"는 투발루와 같은 곳이 머지않아 전 세계 다른 곳에서 일어날 황폐화의 전조로 묘사된다. 마지막 "멸종 그리고 생존 비유"는 현실적으로 생존할 가능성이 없이 삶의 방식이 사라지고 있음을 나타낸다. 바넷과 캠벨은 제6장에서 논의한 엘리너 오스트롬과 비슷한 관점에서 태평양 도서국들이 기후변화에 어떻게 적응해야 하는지에 대한 대부분의 결정이 기부자와 다자기구에 의해 조율되고 있다고 한탄한다. 이와는 대조적으로, "지역 내 주민들의 지식과 공동체 기반한 다소 예외적인 프로젝트는 중요하지만 대체로 인식되지 않고 무시된다"(Barnett and Campbell 2010: 174). 이들은 기후변화로 인한 위험을 평가하고 기후변화에 적응할 수 있는 역량을 개발하여 고유한 삶의 방식을 보존하고 강화할 수 있도록 남태평양 도서국의 공동체에 자금을 제공할 것을 권고한다.

투발루가 남태평양 기후변화의 최전선에 있는 것처럼 묘사되는 경우가 많지만, 콜레트 모트뢰와 존 바넷은 투발루의 수도 후나푸티 주민 28명을 대상으로 한 인터뷰에서 응답자 중 19명이 "후나푸티에 무기한 거주할 계획이며, 9명은 향후 언젠가 떠나고 싶어한다."라는 사실을 밝혔다(Mortreux and Barnett 2009: 108). 후나푸티에 계속 거주할 계획이라고 답한 응답자들은 이주를 원하지 않는 주된 이유로 라이프스타일과 문화적 정체성을 꼽았다. 그럼에도 불구하고 투발루 사람은 해변 침식, 해일 피해, 경작지에 바닷물이 침입하는 것을 경험하고 있으며, 이러한 현상은 지구온난화 심화로 더욱 악화되어 섬 주민의 회복탄력성을 약화시킬 수 있다. 이들의 불안감이 커지면서 고국의 역사적인 문화적 매력도 무너지기 시작할 수 있다. 이미 외딴 섬들을 떠나 후나푸티를 찾은 사람에게 이러한 침식은 이미 진행 중일 것이다.

도시의 기후변화

기후변화와 도시의 관계는 여러 분야에서 많은 관심을 받고 있으며, 점점 더 많은 출판물의 주제가 되고 있다(Rosenzweig *et al*. 2011; Stone 2012). 기후변화와 도시에 관한 선도적인 권위자로 부상한 도시 지리학자 해리엇 벌켈리는 정치학자인 미셸 벳실과 함께 『도시와 기후변화: 도시의 지속 가능성과 글로벌 환경 거버넌스(Cities and Climate Change: Urban Sustainability and Global Environmental Governance)』(Bulkeley and Betsill 2003)를 공동 집필하여 전 세계, 국가, 지역 차원의 기후변화 정치에 대한 개요를 제공했다.

> *온실가스 배출은 특정 장소에 내재된 프로세스에서 비롯되며, 종종 지역이 이러한 배출을 줄이기 위해 필요한 감축을 가져오는 가장 적절한 정치적 관할 구역이라는 주장이 제기된다. … 인간이 제조, 전기, 운송 및 가정 난방 화석*

연료를 생산하고 소비하는 도시는 전 세계 이산화탄소 배출량의 78%를 차지한다. … 대부분의 폐기물이 발생하고 처리되는 곳이며, 지방 정부는 재활용 프로그램 개발과 매립지 관리에 있어 상당한 영향력을 가지고 있다.

Bulkeley and Betsill 2003: 48-49

벌켈리와 벳실은 지역의 기후 거버넌스의 역할을 조사하는 것 외에도 영국의 뉴캐슬어폰타인, 케임브리지, 레스터, 미국의 덴버와 밀워키, 호주 뉴사우스웨일스주의 뉴캐슬 6개 도시에서 이 과정에 대한 사례 연구를 제시했다. 그러나 일부가 이미 메가시티(인구 1천만 명 이상) 규모에 도달한 개발도상국 도시의 기후 거버넌스에 대한 조사는 이 책에서 누락되었다. 그들은 기후 보호를 위한 도시 프로그램에 대한 평가에서 "지속 가능성 의제의 동시적 세계화와 지역화" 사이에 충돌이 있을 필요는 없다고 주장하지만, "다중적 수준의 거버넌스를 향한 추세는 다른 부문, 다른 규모, 다른 장소에서 지속 가능한 환경정책 목표 사이의 잠재적 불일치와 모순에 대해 완전하고 비판적으로 다루어야 한다는 것을 분명히 한다."라고도 주장한다(Bulkeley and Betsill 2003: 193).

이후 벌켈리와 벳실은 도시정치 문제를 재조명하고 기후변화가 도시 거버넌스 의제에 어떤 영향을 미치는지 탐구했다. 최근 호주에 관한 논문에서 이들은 멜버른의 기후정치와 빅토리아주의 온실가스 행동을 위한 북부 연합의 활동에 대한 짧은 사례 연구를 제시했다. 이 글은 선진국의 도시 기후정치에 초점을 맞추고 있지만, "기후변화에 대한 도시의 대응을 지지하는 대안적 담론이 글로벌 사우스 도시에서 등장하고 있다는 증거도 있다."라고 언급하면서 남아프리카 케이프타운의 카옐리차 지역에서 이루어지는 대응의 특성을 간략하게 설명한다(Bulkeley and Betsill 2013: 148).

『도시와 기후변화(Cities and Climate Change)』(Belkeley 2013)라는 제목의 최신 저서에서 그녀는 10년 동안 연구해 온 주제에 대한 포괄적인 개요를 제공한다.

그녀는 "경제 발전의 역사를 보면 도시가 기후변화에 특히 취약한 위치에 있다는 것을 알 수 있다."라고 주장한다(Bulkeley 2013: 7).

선진국 사회의 기후변화와 도시의 연계성에 초점을 맞추었던 이전 연구와 달리, 벌켈리는 멕시코시티, 볼리비아 키토, 남아프리카공화국의 케이프타운, 나이지리아 라고스, 요르단의 암만 등 개발도상국의 다양한 도시도 연구를 확장했다. 이 연구에서 그녀는 도시 온실가스 배출원을 조사하는 것 외에도 도시기후 거버넌스와 도시의 기후변화 완화 및 적응 전략을 분석했다(Bulkeley 2013). 또 다른 지역으로는 지리학자 피터 마르코툴리오와 동료가 아시아 도시의 온실가스 배출량을 분석했다. 이들은 아시아 도시에서 온실가스 배출량이 증가하고 있다는 사실에도 불구하고 "1인당 평균 배출량은 국가 수준 또는 각 국가 전체의 배출량보다 낮다."라고 강조한다(Marcotullio *et al*. 2012: 944).

이 모든 지역에서 도시는 그 주변이나 도시 이외의 지역보다 더 더운 경향이 있기 때문에 자연과학자와 사회과학자의 관심을 끌었다. 열섬효과로 불리는 이러한 온난화는 다음의 원인들로 더 발생한다.

- 고층 건물, 도로, 보도, 옥상, 주차장에 의한 열 흡수
- 열기를 감소시키기에 비교적 부족한 초목
- 지상의 오존 농도를 증가시키는 차량의 배기가스

도시에서 열사병과 같은 열 관련 질환은 특히 빈곤층, 기저 질환이 있는 사람, 노인, 어린이, 임산부 등의 건강에 심각한 영향을 미친다. 이 과정에서 이미 취약한 인구, 특히 자원이 가장 적고 정부 기관의 관심을 가장 적게 받는 개인들의 취약성이 증가한다. 전 세계 여러 도시에서 치명적인 도시 폭염의 빈도와 지속 시간의 증가에 대한 대비가 이루어지고 있지만, 계획 수립 기관은 가장 심각한 위험에 처한 인구를 반영하지 않는 경향이 있다.

기후정의

다른 사회과학자와 마찬가지로 여러 인문지리학자가 기후정의 문제에 대한 우려를 제기했다. 여기에는 『기후변화에 대한 적응의 공정성(Fairness in Adaptation to Climate Change)』(Adger *et al*. 2006)이라는 제목의 선집에 기고한 세 명의 저자가 포함된다. 이 선집에서 지리학자 커스틴 다우와 두 명의 동료는 기후정의와 기후변화 문제의 연관성에 대해 다음과 같이 주장한다.

> *부와 복지의 광범위한 불평등, 기후변화의 혜택을 받는 사람과 기후변화로 인한 부담과 피해를 입는 사람 사이의 분열, 과학적 문제에 접근하기 위한 국제적 접근 방식을 구성하고 이러한 문제를 해결하기 위한 글로벌 기후변화 체제의 제도를 만드는 결정을 내리는 절차적 정의의 문제와 관련이 있다.*
>
> *Dow et al. 2006: 79*

그들은 기후변화 적응 전략을 선택할 때 고려할 윤리적 사항을 세 가지 범주로 나누어 설명한다. 첫 번째, 피해가 발생한 후 보상하기보다는 피해를 최소화하는 피해 방지 및 위험 감소 전략이다. 두 번째, 취약성 감소 측면에서는 "가장 취약한 계층이 스스로 위험을 관리할 수 있는 역량을 강화"하는 전략이다(Dow *et al*. 2006: 95). 마지막으로 인권과 복지 지원 측면에서는 기본적 인권을 증진하고 생활 수준 향상을 보장하며 자기 결정권을 존중하는 전략을 선호한다.

지리학자 로빈 레이첸코와 카렌 오브라이언(Leichenko and O'Brien 2006: 113)은 기후변화 영향의 불균등한 분배가 기후정의 문제를 인식하는 데 필요한 단계임을 인정하면서도, "승자와 패자"라는 이분법을 받아들이는 것은 "기후변화 취약성에 대한 생물물리학적 해석을 구체화하는 한편, 차별적 취약성에 영향을 미치고 적응력을 형성하는 사회적, 정치적 요인의 역할을 경시할 위험이 있다."라고 주장한다. 또한, 그들은 기후변화 영향을 해결하기 위한 많은 제안의 특성을 살펴보면서 기술적 해결책에 대한 과도한 강조는 사회 안팎의 불평등한 경제 및 권력 관계가 오히려 강화할 수 있다고 지적한다.

존 바넷(Barnett 2006: 115)은 기후변화 정책이 의도치 않게 "현재와 미래의 불평등을 악화, 유지 또는 간과함으로써 불공정한 결과를 초래할 수 있으며", 기후변화가 빈곤과 맞물릴 때 많은 사람에게 이중의 취약성을 야기한다고 주장한다. 그는 기후변화에 가장 적게 기여한 사람이 기후변화로 인해 가장 큰 피해를 입게 될 것이라고 다른 많은 사람과 마찬가지로 반복해서 강조한다. 또한 아프가니스탄, 앙골라, 부룬디, 콩고민주공화국, 이라크, 소말리아, 수단 등지에서 사람에게 악영향을 끼친 폭력적인 분쟁이 "기후변화 적응에 필요한 인적, 사회, 경제, 천연 자본에 대한 사람의 접근을 저해한다."(Barnett 2006: 124)라고 지적한다. 더 나아가 그는 기후변화가 식량 안보나 분쟁 후 주민들의 재정착과 같은 더 즉각적인 문제에 비해 우선순위가 높지 않다고 주장한다. 그는 "불안정한 정치경제를 해결하려면 단순히 환경이나 개발에 관한 것이 아니라 평화와 정의에 관한 모든 범위의 활동이 필요하다."라는 결론을 내린다(Barnett 2006: 129). 안타깝게도 바넷은 전 지구적 자본주의의 한계 내에서 평화와 정의가 어떻게 달성될 수 있는지 묻지 않는다. 더욱이 식량 안보와 난민 문제는 기후변화와 별개로 존재하는 것이 아니라 기후변화로 인해 점점 더 확대될 인류의 피해이다. 이러한 이유로 이 책에서 전쟁과 기후변화와 같은 문제가 시간적으로만 겹치는 것이 아니라, 기후변화가 사회적 관계의 불안한 지점(식량과 물에 대한 접근성 등)을 만들고 전쟁이 온실가스 배출의 주요 원인이 되는 등 상호작용이 매우 크다는 점을 인식하는 다중위험의 상호작용 관점의 중요성을 강조한다. 이와 마찬가지로 지리학자 데이비드 리빙스톤(Livingstone 2015: 437)도 "국가 안보 기관과 기타 이해 당사자들은 이제 종종 분쟁을 기후변화의 불가피한 결과로 간주한다."라고 언급한다.

결론

이 장은 기후변화의 본질은 물리적 차원과 사회적 차원 모두에서 이 영역을 구성하는 복잡성, 다중 체제 그리고 상호작용을 이해하기 위해 여러 학문 분야의 기여가 필요하다는 점에 주목하면서 시작했다. 또한, 앞서 살펴본 바와 같이 학제 간 협업과 대화를 통해 많은 이점을 얻을 수 있는 분야이다. 우리는 자연과학에서 수집한 환경 시스템 변화에 대한 데이터를 특정 환경에 사는 사람의 환경 경험에 대한 민족지학적 연구와 비교하는 것과 같은 학제 간 연구의 다양한 방식을 설명했다. 또한 기후과학자는 자신의 연구가 시사하는 악영향의 추세를 인식할 수 있지만, 공동체와 협력하여 연구 결과를 공유한 경험이 부족할 수 있으므로 이러한 활동에 경험이 있는 사회과학자들과 협력할 수도 있다.

이 장에서는 특히 기후변화에 대한 사회학자, 정치학자, 인문지리학자의 연구에 초점을 맞췄다. 인류학이 오늘날의 세계를 이해하기 위해서는 역사가, 사회학자, 지구 및 기후과학자뿐만 아니라 심리학, 철학, 문화 및 미디어 연구 등 다양한 학문의 연구자들의 도움이 필요할 것이다(Eriksen 2016: 4).

이 장에서 분명하게 드러나는 것은 여러 학문 분야에서 다루는 핵심 사항들이 겹치고 상호 보강되는 부분이 많다는 것이다. 인류학자뿐만 아니라 사회학자, 정치학자, 인문지리학자도 어느 정도는 같은 방식으로 세계를 바라보고 있지만, 사회학자가 사회구조에 초점을 맞추고, 정치학자는 거버넌스와 정책 문제에 집중하며, 인문지리학자가 공간 문제에 관심을 기울이고, 인류학자는 문화의 양식화에 대한 미시적이고 거시적인 총체적 관점을 강조하는 등 서로 다른 영역과 차이점도 분명히 존재한다. 협업은 기후변화에 대한 이해와 효과적인 대응이라는 기념비적이며 부인할 수 없는 중요한 과제에 다양한 학문의 강점을 가져다주는 역할을 한다. 동시에 협업은 학문적 위계, 대안적 전문 용어, 학문 중심적 편향성, 서로 다른 출판 지점 등의 문제도 제기한다. 여러 학문이 협력하는 수준에서도 기후변화 미래의 최악의 시나리오를 피하는 데 필요한 사회적 대응 수준을 저해하며 기후변화의 현실에 이의를 제기하는 강력한 목소리가 존재하지만, 결국 당면한 과제의 중요성이 다학제적 연구의 확대를 촉구하고 있다.

제8장

기후변화에 관한 통합적 비판사회과학의 필요성

나아갈 길

이 마지막 장에서는 기후변화에 대한 폭넓은 다학제적 비판사회과학 내에서 기후변화에 관한 비판인류학의 미래를 향한 경로를 설명한다. 우리는 기후변화에 대한 사회과학적 연구의 다양한 이론적 관점이 인위적 기후변화의 정치적, 경제적, 사회문화적 원인을 설명하는 데 유용하다고 본다. 특히 비판적 접근법은 현재 환경 위기의 구조적 원인을 분석하고 기후정의를 변화를 향한 중심 주제로 삼아야 할 필요성을 강조한다는 점에서 중요한 통찰을 제공한다. 애보트와 윌슨(Abbott and Wilson 2015)은 기후변화에 대응하기 위해 자연과학과 사회과학을 모두 활용하는 다학제적 접근법을 제안하며, 후자에 대해 다음과 같이 언급한다.

> *사회과학적 분석은 기후변화를 온전히 표현하는 데 어려움이 있을 수 있고, 실제 경험을 대표할 수 있는 표본을 선택하는 데 여러 가지 문제가 있지만, 복잡한 권력 관계 속에서 개인과 사회의 역사를 풀어낼 수 있다는 강점이 있다.*
>
> *Abbott and Wilson 2015: 79*

이 책 전반에 걸쳐 우리의 관점을 밝혔지만, 우리가 왜 기후변화인류학에서 비판적 관점을 수용하는지에 대해서는 충분히 논의하지 않았다. 이 장에서는 이 문제를 다루고자 한다.

기울어진 운동장

21세기 초반의 세계를 살펴보면, 권력이 부의 격차, 사회적 불평등, 구조적 부정의를 강화하는 데 사용되면서 인간 공동체의 웰빙과 그들이 거주하는 환경의 건강성이 상당한 영향을 받고 있음을 알 수 있다. 다시 말해, 인간이 살아가는 사회는 공평한 경쟁의 장에서 펼쳐지지 않는다. 현대사회는 다양한 구조적 메커니즘을 통해 유지되는 가파른 불평등으로 분열되어 있으며, 그 밑바닥에 있는 사람들에게는 고통스럽기까지 하다. 에릭 울프(Wolf 1974: 261)가 지적했듯이, 인류학의 중요한 과제는 "현재의 문화 체제를 만들어낸 권력의 과정과 그 사이의 연관성을 설명하는 것"이다.

전 세계 부의 분포를 보면 전 세계 상위 1%의 사람이 전 세계 순금융자산의 3분의 1을 통제하고 있는 것으로 추정된다. 이 최상위 계층 다음으로 부유한 1%를 더하면, 전 세계 인구의 극소수인 이들이 전 세계 부를 통제하는 비율은 약 50%로 증가한다. 여기에 전 세계 인구의 8.4%에 해당하는 소수의 부유층을 더하면 이들이 통제하는 부의 비중은 86%에 달한다. 반면, 전 세계 인구의 대다수, 즉 총 인구 71억 2천만 명 중 약 59억 8천만 명이 전 세계 부의 20% 미만을 통제하고 있는 것으로 나타났다(Shirrocks and Davies 2013). 또한, 개발연구원(Institute of Development Studies 2013)의 분석에 따르면 세계 빈곤층의 72%에 해당하는 "하위 10억 명"이 현재 중위소득 국가에 거주하고 있는데 이는 부유한 국가와 다른 국가 간의 격차가 확대되고 있을 뿐만 아니라 많은 국민국가 내부의 불평등이 심각하다는 것을 시사한다. 또한, 전 세계 어린이 중 약 50%가 하루 2달러 미만의 국제 빈곤선 이하에서 생활하고 있다(Ortiz and Cummins 2011). 이 가파른 경제 사다리의 최상층에는 전 세계 하위 50%의 어린이보다 평균적으로 훨씬 더 건강하고, 훨씬 더 편안하며, 훨씬 더 깨끗한 환경에서 오래 사는 매우 부유한 어린이들이 있다.

아이들의 삶은 날 때부터 심각한 격차 속에서 시작된다. 2013년 영국 윌리엄 왕자와 케임브리지 공작부인 케이트 사이에서 아들이 태어났고 전 세계 매스컴을 통해 자세히 보도되었다. 아기가 태어난 세인트메리 병원 밖에는 당국의 경고가 내려진 기록적인 폭염에도 불구하고 열광적인 취재진과 사진작가들이 대거 모여들었다. 아기는 왕실의 부유한 환경에서 자라날 것이다(2010년 포브스지는 영국 왕실의 재산을 5억 3,500만 달러로 추산). 그 아기가 태어난 날 영국에서는 약 700명의 아기가 가난한 가정에서 태어났다. 이 아이들의 삶의 기회와 인생 경험은 왕실 아기와는 극명하게 다를 것이다. 영국의 빈곤층 아동의 수명은 부유층 아동보다 몇 년 더 짧고, 영아 사망률은 높고, 지구온난화의 영향 등을 더 받으며 노년기에 더 많은 만성질환을 앓는다(Spencer 2006).

한마디로 전 세계 부의 분배에는 극심한 불평등이 존재하며, 건강, 웰빙, 삶의 질 측면에서 불평등이 동반되는 경향이 있다. 건강 불평등을 연구하는 사회역학자 낸시 크리거는 이러한 극심한 불평등이 초래하는 극적인 결과를 지적한다.

> *사회적 불평등은 사람을 죽인다. 사회적 불평등은 개인과 지역사회의 건강한 삶의 출발을 박탈하고, 장애와 질병의 부담을 증가시키며, 이른 죽음을 가져온다. 빈곤과 차별, 불충분한 의료 서비스, 인권 침해는 모두 몇 살에 누가 살고 누가 죽는지, 어느 정도의 고통을 겪는지를 결정하는 강력한 사회적 요인으로 작용한다.*
>
> *Krieger 2005: 15*

현대의 인간 세계를 특징짓는 심각한 수준의 부의 불평등과 그에 따른 사회적 불평등을 어떻게 이해할 수 있을까? 체계적이고 지속적인 건강 및 사회적 격차는 모든 곳에서 권력과 자원의 근본적인 불평등과 연결되어 있다(Birn *et al*. 2009). 개발연구원(Institute of Development Studies 2013)은 다음과 같이 강조한다. "빈곤은 '가난한' 사람만이 아니라 빈곤을 심화시키고 재생산하는 사회적, 경제적 불평등에 관한 것이다. 빈곤층, 차상위계층, 중산층과 엘리트 집단 사이의 사회 구조와 관계도 핵심적인 문제이다."

다시 말해, 사회적, 정치적 불평등은 경제적 불평등을 조장하며, 경제적 불평등은 글로벌 엘리트 집단이 확고한 지위와 부유한 라이프스타일을 유지하고 실행할 수 있는 자원을 제공한다.

이 책 전체에서 살펴본 바와 같이, 권력 행사의 중요한 영역 중 하나는 환경이 인간 공동체와 사회에 의해 어떻게 차별적으로 관여하는지에 관한 것이다. 지구온난화의 경우, 앞 장에서 강조했듯이 온실가스와 블랙카본을 가장 많이 배출하는 곳은 부유한 국가들이지만, 지구온난화와 기후혼돈으로 가장 큰 대가를 치르고 있는 곳은 대응할 수 있는 자원이 적은 가난한 국가들이다(Baer and Singer 2009). 이는 국가 내에 존재하는 가파른 소득 불평등과 관련해서도 마찬가지이다. 어느 나라에서나 엘리트층은 온실가스 생산으로 인해 상품 및 기타 가치의 형태로 가장 많은 혜택을 받는 반면, 빈곤층은 가장 적은 혜택을 받거나 더 정확하게는 가장 큰 피해를 입는다. 이러한 유형은 다중위험의 상호작용에 대한 제1장의 논의에서 다룬 다른 대부분의 생태위기에도 적용된다. 인류세 또는 더 적절하게 표현하자면 자본세 시대의 환경은 인간의 발자국이 깊은 흔적을 남긴다. 더 명확하게는, 초부유층의 값비싼 맞춤 구두가 남긴 불공평한 발자국과 가난하거나 극빈한 사람의 어설픈 구두 자국 또는 맨발의 작은 흔적들이 드러나는 환경이다. 지구 가까이에 태양에너지를 가둬 지구를 뜨겁게 만드는 온실효과가 점점 더 커지는 것부터 나이지리아 니제르 델타에서 발생한 영국과 네덜란드 석유 대기업 쉘의 대규모 기름 유출(지난 50년간 5억 4,600만 갤런), 세계 최고의 대기 오염 기업 목록(베이어 그룹, 텍스트론, 제너럴 일렉트릭, 프리시전 캐스트파츠, 코크 인더스트리즈)까지, 그리고 소수민족이 미국 인구의 40% 미만임에도 불구하고 엑슨모빌 소유 시설에서 발생하는 유독성 대기 위험의 69%를 부담하고 있다는 사실(Political Economic Research Institute 2012) 등 지구와 그 거주자에게 가해지는 피해는 전 세계의 권력 구조와 불평등을 반영하고 있다. 즉, "기후변화의 승수 효과로 인해 상당히 높아지게 될" 기존의 불평등과 환경 악화를 포함하는 재앙의 사회적 생산이 일어나고 있다(McMichael 2013: 1,340). 이는 (이슈에 대한 대중의 담론과 사고에 강력한 영향을 미치는 군사력과 패권적 능력을 포함한) 정치 권력과 세계 경제의 본성에 의해 추동된다.

제5장에서 조직적인 기후변화 부정 캠페인의 주요 참여자이자 자금 지원자인 초부유층 코크 형제와 코크 재단에 대해 논의했다. 가족 기업으로 수익성이 높은 코크 인더스트리즈는 온실가스와 다른 형태의 환경오염물질을 생산하면서도 거의 아무런 규제 없이 이를 배출한다. 이는 권력의 역할과 이로 인한 지구 생태계 파괴의 해악을 보여준다. 수십억 달러 규모의 에너지, 소비재, 비료, 목장, 기타 제조 및 서비스 업체인 코크 기업은 60여 개국에 진출해 있으며 약 6만 명의 직원을 고용하고 있다. 코크 인더스트리즈의 웹사이트에는 그들이 전 세계에서 에너지, 공동체, 농업, 영양, 안전, 여행, 안락함, 일상생활을 변형시키는 다양한 방식이 나열되어 있다. 예를 들어 코크 인더스트리즈가 소유한 회사 중 하나인 조지아-퍼시픽(Georgia-Pacific 2013)은 다음과 같이 주장한다. "자원을 효율적으로 사용하여 고객과 사회의 요구를 충족시키는 혁신적인 제품과 솔루션을 제공하는 동시에 환경적, 사회적으로 책임감 있고 경제적으로 건전한 방식으로 운영함으로써 장기적인 가치를 창출한다."

조지아-퍼시픽 제지 공장의 하류에 위치한 가난한 소수민족 지역인 아칸소주 크로셋의 주민 6천 명은 이러한 그린워싱의 진정성에 의문을 제기했고, 코크 인더스트리즈가 삶을 어떻게 변화시키고 있는지에 대해 다른 시각을 갖게 되었다. 크로셋은 미국에서 암을 유발하는 독소에 노출되는 비율이 가장 높은 지역 중 하나이다. 크로셋의 알파대안 교육구는 인체 발암 가능성이 있는 독성 물질에 노출된 비율이 전국적으로 상위에 속하며, 조지아-퍼시픽 공장은 독성 물질을 가장 많이 배출하는 오염원으로 지목되었다(Zornick 2011).

영화 제작사 브레이브 뉴 필름은 크로셋에서 일어난 사건에 대한 교육 다큐멘터리 〈폭로된 코크 형제〉를 제작했다. 브레이브 뉴 필름의 설립자인 로버트 그린우드는 허핑턴 포스트와의 인터뷰에서 다음과 같이 말한다.

> *우리가 해 온 일은 사람들이 이해할 수 있도록 개인적인 이야기를 찾아내는 것이었다. 돈이 정치적 과정을 부패시키면 이런 일이 벌어진다. 이는 당신들이 찾을 수 있는 가장 좋은 예라고 생각하며, 아칸소주에서 볼 수 있다. 권력과 돈, 영향력을 가진 코크 형제는 법과 환경보호청이 제공해야 할 보호를 빼앗아 말 그대로 사람들이 목숨을 잃게 만들고 있다.*
>
> *Graves and Howard 2011*

이 다큐멘터리는 또한 코크 형제가 캠페인 기부, 보수 정치인과의 동맹 구축, 싱크탱크 자금 지원, 미국 환경보호청의 규제 임무에 대한 공격의 조직화, 환경보호에 대한 견제 및 폐지 시도 등을 지속하며 막대한 부를 이용해 정치적 과정을 자신들에게 유리한 방향으로 이끌어가는 방식을 보여준다. 이러한 유형은 "위로부터 벌어지는 계급 전쟁"으로 특징지어져 왔다(Moyers 2011).

따라서 우리는 권력 구조와 사회적 불평등에 대한 검토 없이 기후변화의 원인과 해결책을 분석하는 것은 당면한 문제의 본질에 대한 적절한 평가를 제공하지 못한다고 주장한다. 더욱이 현대 사회에서 지난 수백 년 동안 권력과 불평등 구조는 자본주의의 지배적인 경제 생산양식에 의해 재창조되고 강화되어 왔다. 이러한 글로벌 경제시스템의 본질, 즉 자본주의 계급 구조에 내재한 불평등과 끊임없는 경제 확장이 강조되는 것은 우리가 어떻게 기후변화 위기에 처하게 되었는지, 그리고 이 위기에서 어떻게 벗어날 수 있는지에 대한 이해를 구축하기 위해 검토할 가치가 있다. 한편, 이러한 노력의 중심에서 우리가 국제적으로 초점을 맞추어야 하는 것은 민족집단, 여성, 노동계급을 둘러싼 정의 문제가 되어야 한다.

이와 관련하여 인류학자 알프 호른보리(Hornborg 2007: 1-2)는 자연과학자와 사회과학자가 사회와 자연의 관계를 조사할 때 종종 같은 주제를 다루면서도 서로 다른 부분들만 얘기하는 경우가 있다고 지적한다.

> *사회과학자와 자연과학자는 서로에 대한 지식이 거의 없이 동시에 연구하면서 수십 년 동안 각자의 영역에서 서로 다른 부분들이 어떻게 서로 맞물려 있는지 이해하기 위해 고군분투해 왔다. 한 진영에서는 무역, 정치, 정보 흐름이 변화하는 "세계체제" 속에서 인간사회가 어떻게 전 세계적으로 상호 연결되어 있는지를 발견했다. 다른 진영은 생태계가 모든 구성 요소에 영향을 미치는 행성 역학을 통해 공통의 "지구체제" 안에서 어떻게 연결되어 있는지에 대한 이해를 발전시켰다. … 우리가 사는 세계를 우주에 떠 있는 하나의 일관된 지구로 생각하는 데 익숙해지면서 세계체제의 변화와 지구체제의 변화가 재귀적으로 연결될 수 있다는 사실을 더 쉽게 인정하게 되었다. 이러한 사고의 변화를 가장 구체적으로 보여주는 예는 아마도 현재 우리가 우려하는 지구온난화일 것이다. 중요한 문제이기는 하지만, 기후변화는 전 지구적인 사회적, 생태적 과정 사이의 연관성이 우리에게 드러나는 방식 중 하나일 뿐이다.*

기후과학자는 기후변화의 심각성과 기후변화와 관련된 많은 문제에 주의를 환기시킴으로써 인류에 큰 공헌을 해왔다. 하지만 인류가 기후변화에 "적응"하고 "완화"할 수 있는 방법의 측면에서 일반적으로 제시한 해결책을 보면, 기후변화가 궁극적으로 이윤 창출, 지속적인 경제 확장, 화석연료에 크게 의존하는 생산과 소비의 쳇바퀴인 전 지구적 자본주의의 부산물이라는 냉혹한 현실을 완전히 파악하지 못한 것으로 보인다. 다시 말해, 전 지구적 자본주의는 기후변화 논쟁에서 "방 안의 코끼리"와 같은 존재인 것이다.

세계체제 이론가인 피터 그라임스와 제프리 켄터(Grimes and Kentor 2003: 261)가 주장한 것처럼, 대부분의 기후과학자는 기후변화를 주도하는 "정치, 경제, 사회적 힘"을 이해하는 데 필수적인 사회과학적 분석에 대한 훈련이 부족하다. 1991년, 1996년, 2001년, 2007년, 2014년 IPCC 평가 보고서를 자세히 읽어보면 이를 알 수 있다. 또한 IPCC는 유엔이 설립했다는 것에 주목해야 하는데, 이는 회원국의 정치적, 경제적 의제에 영향을 받는다는 것을 의미한다. 다시 말해, IPCC 보고서는 과학적 증거에만 반응하는 것이 아니며, 결과적으로 특히 강대국들이 수용할 수 있는 언어와 다소 약화된 형태로 문제가 표현되는 경향이 있다. 이는 IPCC 보고서에서 과학이 왜곡된다는 뜻이 아니라, 보고서에 채택된 언어와 포함되는 내용이 과학적 관심사 이상을 충족해야 한다는 의미이다.

지금까지 기후변화 논쟁은 기후 및 기타 물리과학자와 전통적인 경제학자가 주도해 왔지만, 이 책에서 살펴본 바와 같이 지난 20여 년 동안 인류학자를 비롯한 다양한 이론적 성향을 가진 사회과학자가 새로운 질문과 관점을 가지고 기후변화 담론에 뛰어들었다. 비판적 관점에서 볼 때, 핵심적인 목표는 자본주의 생산양식의 역할을 포함하여 기후변화의 궁극적인 사회경제적 원인에 대한 고려를 포함하도록 논의를 확장하는 것이다.

통합적 이해를 위해

우리는 기후변화에 관한 비판인류학을 발전시키기 위해 기후변화에 대한 과학 보고서와 IPCC 및 각종 보고서를 포함한 광범위한 문헌을 읽고, 기후과학자 및 기타 자연과학자가 발표하는 강의, 세미나, 워크숍에 참석하였으며, 그들과 대화를 나누면서 기후과학을 이해하기 위해 노력해왔다. 분명히 말하지만, 우리는 기후과학자가 되어 자연계에 대한 물리적 연구에 참여하려는 것이 아니라, 사회과학자가 기후변화 담론에 의미 있고 뚜렷한 기여를 할 수 있다고 믿기 때문이다. 반대로, 기후과학자 및 자연과학자는 일반적으로 사회 체제가 기후변화에 어떻게 기여하는지를 포함하여 사회 체제가 작동하는 방식에 대한 정교한 이해를 진전시키기에 좋은 위치에 있지는 않다. 우리는 기후변화가 인류와 환경에 미치는 악영향을 조사하고 대응하기 위한 노력이 한편으로는 기후과학자, 자연과학자, 물리지리학자, 환경과학자, 다른 한편으로는 인류학자, 고고학자, 사회학자, 정치학자, 인문지리학자를 포함한 사회과학자 간의 협업을 수반하는 다학제적 노력이 되어야 한다고 굳게 믿는다. 인류학자이자 고고학자인 캐롤 크럼리는 자연과학과 사회과학 사이에서 학문적 중개자 역할을 수행한 드문 예이다. 그녀는 "나는 고기후학, 지형학, 고고학, 인류학, 민족사, 고전에 대한 교육을 받았으며, 복잡계론, 생태학, 역사학, 지리학에도 어느 정도 익숙하다."(Crumley 2007: 16)라고 말한다. 이러한 다양한 기량은 의심할 여지없이 학문의 경계를 넘나드는 작업을 용이하게 한다. 다학제적 팀 연구를 통해서도 이처럼 다양한 기량을 활용할 수 있는데, 이는 전통적인 학문 분야 간에 소통과 신뢰를 필요로 한다.

2012년 4월 주요 인류학 저널 중 하나인 『최신인류학(Current Anthropology)』은 "공공 인류학 포럼"을 발간했는데, 이는 2011년 초 영국 케임브리지에서 있었던 기후 역사에 관한 학제 간 토론으로부터 나온 것이다. 이 토론에서는 환경 및 기후변화에 대한 문화적 지식을 소통하는 이슈를 다룰 네트워크를 조성하고자 했었다(Diemberger *et al.* 2012). 인류학자 커스틴 해스트럽(Hastrup 2012b: 227)은 그녀의 주요 논문에서 북극 생활에서 얼음이 갖는 중심성, 즉 "상상력을 자극하고, 사회적 드라마를 만들어내며, 사냥꾼들이 살아가는 야생동물을 제공"한다는 점에 초점을 맞췄다. 이와는 대조적으로, 힐데가드 디엠버거(캠브리지대학교 티베트연구 책임자)와 한스 그라프(환경시스템 분석학 교수)는 티베트 고원의 지역 주민은 신성한 산이 날씨를 통제하고 그들이 "땅의 지배자"의 명령을 준수했는지 여부에 따르는 도덕적 기후의 지표 역할을 한다고 믿는다(Diemberger and Graf 2012: 234)고 설명했다. 또한 재클린 홉스(캠브리지대학교 몽골 및 내륙아시아 연구실 박사과정생)와 제이슨 데이비스(생물학자)는 티베트 고원의 기후변화에 관한 지역 지식에 대해 언급하면서, 추콜카 유목민에게 우유새는 암컷 야크가 젖을 주기 시작하는 시기를 표시하는 역할을 할 뿐만 아니라, 그 수가 줄어드는 것으로 세계의 변덕스러운 성격이 증가하고 있음을 나타낸다고 말한다. "여기서 '기후변화'는 전통적인 삶의 방식에 대한 정치적, 자연적 위협으로 정의되며, 암도-티베트인의 도덕적 퇴보뿐만 아니라 '인류 자체의 멸종 가능성'까지도 시사한다"(Hobbs and Davis 2012: 235). 마리아 노다리(케임브리지대학교 몽골 및 내륙아시아 연구실 박사과정생)와 조르지오 바세나(이탈리아 브레시아대학교 토목, 건축, 토지 및 환경 공학과 연구원)는 다음과 같이 말한다.

> *빙하는 기후변화의 가장 민감한 지표 중 하나로 간주되기도 하지만, 다양한 사람들 간의 만남이 이루어질 수 있는 사회적 공간이자 장소이다. … 동아프리카의 산인 르웬조리는 사람들의 만남의 장소인데, 그들 각각은 산의 빙하를 인식하는 방식이 다르고 그 얼음에 대해 다른 의문을 제기하기도 한다. 과학자들은 자료를 찾고, 산악인들은 대상물의 온전한 보존을 바라고, 관광객들은 열대 빙하와 눈을 동경하고, 지역 주민은 환경의 온전한 보존을 바라며, 기관 대표들은 수자원 보존, 환경 보존, 경제 발전의 성공을 보여줌으로써 권력을 유지하려고 한다.*
>
> *Nodari and Vassena 2012: 237*

그들은 "기후변화의 새로운 글로벌 지리학은 … 학문적 경계, 서로 다른 과학 문화, 전문 지식과 폭넓은 인식 사이의 격차로 인한 분열에 노출되어 있다."라고 날카롭게 지적한다(Nodari and Vassena 2012: 237). 의심할 여지없이, 모든 과학과 인문학이 통합된 기후변화에 관한 학제 간 연구를 창출하려는 것은 엄청난 과제이며, 기후변화에 관한 통합적 사회과학 창출은 그보다 원대하지 않은 노력임에도 마찬가지로 만만치 않은 과제이다.

그럼에도 불구하고 요한 록스트롬(Rockström 2011: 25)은 기후변화를 완전히 받아들이기 위해서는 "문제 해결에 집중하는 학제 간 과학"이 필요하며 "사회과학, 인문학, 자연과학의 통합"을 추구해야 한다고 주장한다. 그는 스톡홀름 환경연구소와 스톡홀름회복력센터라는 두 개의 다학제 연구 기관에서 일하면서 "지구의 생물리학적 시스템의 복잡한 역학을 진정으로 이해하는 경제학자, 정치학자, 인류학자 등"을 만나는 행운을 누렸다고 언급한다(Rockström 2011: 25). 이것이 사실일 수도 있지만, 멜버른대학교의 멜버른 지속가능사회연구소의 학제 간 세미나에 참석하면서 한스 베어는 기후과학자와 엔지니어를 포함한 자연과학자들이 인간과 환경의 복잡한 상호작용을 파악하는 데 사회과학의 중요성을 인식하고는 있지만, 그들은 대체로 정치경제 및 사회 시스템이 작동하는 방식에 대해 다소 피상적으로 이해하고 있다는 인상을 받곤 했다. IPCC의 구성에서 알 수 있듯이, 자연과학자와 주류 경제학자가 기후변화 담론의 대부분을 지배하는 경향이 있는 것이 현실이다. 록스트롬(Rockström 2011: 26-27)은 과학과 대학교를 특징짓는 "현 상태의 학문"을 넘어 "보다 통합적이고 문제 해결 중심의 프로그램"을 강조하는 방향으로 나아가야 한다고 주장한다. 우리는 이에 전적으로 동의한다. 또한 기후변화 연구가 연구소와 대학교를 넘어 지역사회, 특히 기후변화로 인해 악영향을 받고 있는 지역뿐만 아니라 사회정의와 기후정의에 기반한 효과적인 기후변화 완화 전략을 추진하는 NGO, 진보정당, 여성단체, 기후행동 단체와 협력해야 하며, 기후변화에 대한 연구와 행동이 더욱 활발해져야 한다고 주장한다.

기후변화는 "과학자, 환경단체 및 여타 전문 집단에 맡기기에는 너무 중요"하지만 "대학의 사회과학 및 인문학 과정에 신속하게 통합되고 전 세계 곳곳의 교회와 직장, 시청에서 주요 주제로 다루어질 필요가 있다."라고 더버는 주장한다(Derber 2010: 3). 그러나 어리(Urry 2011: 3)가 주장하듯이, "특히 환경정책 분야를 포함하는 대부분의 학계에서 인간행동에 대한 경제모델이 지배적이기 때문에" 현재까지 기후변화의 사회과학은 상대적으로 미개발 분야로 남아 있다.

기후변화인류학의 문헌뿐만 아니라 기후변화에 대한 사회학적, 정치과학적, 인문지리적 관점을 검토하는 과정에서 분명해진 것은 각 학문이 고유한 통찰을 제공함에도 불구하고 학문적 경계는 여러 면에서 인위적이며 심지어 무의미할 수도 있는 역사적 유물이라는 점이다. 궁극적으로 더 중요한 것은 학문의 경계를 뛰어넘는 이론적 관점이라고 생각한다. 실제로 기후변화에 관한 많은 공동저술은 다양한 학문 또는 학제 간 분야의 사람들이 다소간 동일한 이론적 관점을 공유하면서 집필된다. 예를 들어, 호주의 인문지리학자인 레슬리 헤드와 크리스 깁슨(Head and Gibson 2012: 699)은 "인위적인 기후변화는 전형적인 '근대의' 문제이며, 근대성의 핵심 경제적 특징인 산업자본주의의 화석연료 기반 경제가 지구 기후를 불안정하게 만드는 온실가스 배출 증가의 근본 원인"이라고 강조한다.

이러한 관찰은 기후변화에 대한 비판인류학 및 비판사회학 모두와 동일한 관점을 공유하며, 이러한 관찰에 동의할 비판정치학자도 분명히 있다. 비판인문지리학자인 조엘 웨인라이트(Wainwright 2012: 275)의 의견도 마찬가지이다.

> *전 지구적 자본주의의 출현과 지구 대기의 변화가 역사적으로 일치하는 것은 우연이 아니다. 기후변화에 맞서기 위한 도전의 한 가운데 자본주의가 있으며, 전 지구적 기후변화를 해결하기 위한 진지한 시도는 결국 자본주의와 맞서는 것이다.*

이와 반대로 니콜라스 스턴 및 다른 전통적 경제학자들은 배출권 거래제나 탄소 상쇄와 같은 시장 메커니즘이 기후변화라는 "악마의 문제"를 해결할 수 있다고 주장한다. 그러나 여러 분야의 비판적 사회과학자와 마찬가지로 우리는 "문제를 일으킨 체제가 어떻게 문제를 해결할 것이라고 기대할 수 있는가?"라고 묻는다. 이 질문은 매우 적절한데, 이는 기후변화가 쉽게 제거될 수 있는 자본주의의 주변부적 특징이 아니라 그 체제의 핵심 엔진인 생산의 지속적 확대와 소비 수준의 지속적 성장 촉진에 의해 야기되었기 때문이다. 현재 이러한 관점이 지배적인 관점은 아니지만, 여러 분야의 사회과학자를 하나로 묶어주는 역할을 한다.

기후변화에 대한 비판인류학을 개발하기 위해 우리는 인류학뿐만 아니라 다른 사회과학 분야의 많은 학자의 연구를 기반으로 삼았다. 이에 대한 우리의 접근 방식은 제4장에서 언급했듯이 세계체제이론, 정치생태학, 비판의료인류학이라는 서로 다른 학문적 근원을 가진 세 가지 이론적 흐름의 영향을 받은 통합된 생태사회적 관점에 의해 안내되었다. 이 세 가지 다학제적 접근법을 통합하면 다음과 같은 연결된 이론적 분석틀이 제시된다. (1) 자본주의 생산을 이끄는 근본적인 사회적 관계와 프로세스에서 볼 수 있는 통제 구조와 사회적 격차를 기업 세계화, 인구 증가, 도시화라는 더 강력해지는 힘과 연결하고, 더 나아가 이를 (2) 인간의 취약성, 고통, 질병, 사망을 심각하게 증가시키는 온실가스 생산의 구조와 프로세스, 그로 인한 기후혼돈, 그리고 환경 파괴 및 다중위험의 상호작용과 연결한다. 또한 기후변화에 대한 우리의 관점은 형평성, 정의, 참여 민주주의, 환경적 지속 가능성 문제를 중심으로 이론과 사회적 행동을 통합하는 참여적 실천을 지향한다.

인류세와 대격변: 기후변화 시대의 미래 상상

역사적으로 인류학자는 고고학의 영역인 먼 과거의 인간사회와 사회문화인류학의 영역인 최근의 과거 또는 현재의 인간사회에 관심을 가져왔다. 지구의 나이에 비하면 우리 인간이 지구에서 살아온 기간은 약 500만~600만 년으로 아주 짧은 시간이다. 농경과 목축 공동체로 살아온 약 1만 년, 차별적 권력 관계와 사회 계층화로 특징지어지는 국가 사회에서 살아온 약 6천 년을 생각해 보면, 이러한 사회 구조에서 인류가 존재한 기간은 인류의 짧은 역사에 비해도 아주 작은 일부분에 불과하다. IPCC와 다른 시나리오 설정자는 종종 2050년 또는 2100년에 지구상의 인류가 어떤 상태일지에 대해 이야기하지만, 일반적으로 그 이후는 이야기하지 않는다. 쉴라 자사노프(Jasanoff 2010: 241)는 우리가 상상할 수 있는 다가올 미래를 마음의 눈으로 들여다보는 것을 포함하여, "기후변화는 인류가 시간을 가지고 놀도록 초대한다."라고 적절하게 표현했다. 슬로베니아의 정치철학자 슬라보예 지젝은 다소 다르지만 똑같이 냉철한 시각으로 다음과 같이 주장한다(Žižek 2010: 332-333).

> *인간을 하나의 종으로 생각하면 인류의 보편성은 동물종의 특수성으로 돌아간다. 지구온난화와 같은 현상은 우리 이론적 활동의 모든 보편성과 함께 우리가 지구상의 다른 생물종에 불과하다는 사실을 깨닫게 해준다. 우리의 생존은 우리가 자동적으로 당연하게 여기는 특정의 자연적 조건에 달려 있다. 지구온난화의 교훈은 인류의 자유는 지구 생명체의 안정적인 자연적 조건(온도, 공기 구성, 충분한 물과 에너지 공급 등)의 환경에서만 가능하다는 것이다. 인간은 자연적 전제 조건을 심각하게 교란하지 않을 한계 내에 머무를 때만 "자신이 원하는 것을 할 수 있다".*

지난 수십 년 동안 사회과학자는 종종 포스트식민주의, 포스트산업주의, 포스트포드주의, 포스트사회주의, 포스트모더니즘, 포스트구조주의, 포스트페미니즘과 같은 일련의 "포스트"를 언급해왔다. 인류학자와 여타 사회과학자는 적어도 두 가지의 다른 "포스트", 즉 포스트자본주의와 포스트기후변화의 가능성을 생각하고 있는데, 그러기 위해서는 미래의 사회과학을 더욱 발전시켜야 한다. 1970년대와 1980년대에 여러 인류학자가 인류의 미래 시나리오에 대해 고민했지만, 소련 연합 국가들(Soviet bloc countries)의 몰락과 포스트모더니즘을 가장한 거대 이론이나 메타 내러티브에 대한 환멸로 인해 젊은 세대의 인류학자는 사회정의와 환경적 지속 가능성에 기반한 더 나은 세상을 만들기 위한 거창해 보이는 프로젝트에서 멀어지는 경향을 보이는 듯하다. 그러나 인위적인 기후변화의 심각성에 대한 인식이 높아지고 있으며, 미래에 대한 인류학과 사회과학의 회복은 어느 때보다 절실히 요구되고 있다(Marshall and Connor 2016).

이러한 암울한 미래에 대한 잠재적 비전은 제1장에서 언급한 가이아 이론의 창시자 제임스 러브록(James Lovelock)도 제기한 바 있다. 1965년 쉘 석유회사 경영진이 2000년에는 세상이 어떤 모습일지 묻는 질문에 러브록은 핵융합 동력 호버크래프트, 노화와 세포 노화를 되돌릴 수 있는 의학적 능력, 기타 흥미로운 기술 혁신과 같은 공상적인 얘기는 하지 않았다. 오히려 그는 환경이 비즈니스에 심각한 영향을 미칠 더욱 시급한 문제가 될 것이라고 냉정하게 말했다. 러브록은 저서 『가이아의 복수(The Revenge of Gaia)』(Lovelock 2007)에서 2020년에는 극한 기후가 새로운 표준이 되어 전 지구적 재앙을 초래할 것이며, 2040년에는 유럽의 많은 지역이 사막화되고 전 세계 모든 해안 도시가 해수면 상승으로 가라앉을 것이라고 예측한 바 있다. 궁극적으로 그는 우리가 이미 티핑포인트를 넘었으며 기후혼돈은 이제 막을 수 없다고 확신하게 되었다. 그 후에 그는 기후변화가 일어나고 있지만, 그 최악의 영향은 당초 예상했던 것보다는 늦게 나타날 것이라는 결론을 제시했다.

좀 더 밝은 측면에서 보면, 존 보들리(Bodley 2014)는 그의 저서 『인류학과 현대인의 문제(Anthropology and Contemporary Human Problems)』 6판을 지속 가능한 지구 사회를 구상하는 "미래"에 관한 장으로 마무리하고 있다. 지속 가능한 지구 사회에 대한 보들리의 비전은 우리가 동료인 아이다 수세르와 함께 민주적 생태사회주의라고 부르는 것, 또는 세계체제 이론가인 테리 보스웰과 크리스토퍼 체이스-던(Boswell and Chase-Dunn 2000)이 글로벌 민주주의라고 부르는 것과 일치한다.

자본주의의 지속 불가능성에 대한 대응을 고려하면서, 기후변화의 비판인류학은 비판사회학자 에릭 올린 라이트(Wright 2010)가 진정한 유토피아라고 부른 형태의 민주적 생태사회주의 세계체제를 만들 것을 제안한다. 소련, 중국, 그리고 혁명 이후 여러 사회에서 사회주의를 실현하기 위해 노력했지만, 복잡한 역사적, 사회적 구조적 조건은 이러한 이상을 실현하는 데 강력한 장애가 되었다. 따라서 민주적 생태사회주의는 여전히 비전으로만 존재하고 있지만, 지구온난화 시대에 (1) 기본적인 사회적 필요, 즉 적절한 식량, 의복, 주거, 건강한 조건과 자원을 충족시키는 경제, (2) 높은 수준의 사회적 평등과 공정성, (3) 생산력의 공공 소유, (4) 대의제 민주주의와 참여 민주주의, (5) 환경적 지속 가능성과 같은 바람직한 목표를 진지하게 고려할 필요가 있다. 궁극적으로 어느 나라에서든 민주적 생태사회주의로의 전환은 현재 누구도 완벽히 상상해낼 수는 없는 전 세계적인 과정의 일부가 되어야 할 것이다.

분명히 민주적 생태사회주의 세계체제로의 전환은 보장되지 않으며 때로는 지루하고 복잡한 경로가 필요할 것이다. 그럼에도 불구하고 말하자면 "혁명"을 기다리는 동안 진보적인 사람은 다양한 과도기적 개혁을 위해 노력할 수 있다. 기후변화의 비판인류학은 생태혁명과 궁극적으로 전 지구적인 민주적 생태사회주의를 구현하는 데 필수적인 과도기적 개혁을 다음과 같이 제안한다. (1) 국가를 통치하기 위한 새로운 좌파 정당의 결성, (2) 저소득층을 보호하기 위한 노력을 포함하는 생산 현장에서의 배출세 시행, (3) 다양한 방식의 생산수단 공공소유, (4) 국가 내 및 국가 간 사회적 평등 증진과 세계 인구의 지속 가능성 달성, (5) 사회주의 계획과 노동자 민주주의의 구현, (6) 합당한 노동과 노동시간 단축, (7) 정상 상태 경제의 발전, (8) 재생 에너지원, 에너지 효율, 적정 기술의 채택과 녹색 일자리 창출, (9) 지속 가능한 대중 교통과 여행, (10) 지속 가능한 식량 생산과 임업, (11) 자본주의 소비 문화에 대한 저항, (12) 지속 가능한 무역, (13) 지속 가능한 정주 유형과 지역공동체 등이 필수적인 개혁 과제들이다(Baer 2018:

201-253). 이러한 과도기적 단계는 인간사회 또는 국가를 민주적 생태사회주의와 안전한 기후로 전환하기 위한 느슨한 청사진을 구성하지만, 이 두 가지 현상은 모두 진보적 기후 거버넌스 체제의 구축을 포함한 전 세계적인 노력을 수반한다는 점에 주목하는 것이 중요하다.

반체제 운동은 세계가 사회정의와 환경적 지속 가능성에 기반한 대안적 세계체제로 전환할 수 있는 정치적 의지를 끌어내는 데 중요한 역할을 해야 한다. 지금까지 기존의 국제 및 국가 기후체제가 기후위기에 적절히 대응하지 못했음을 고려할 때, 글로벌 기후 거버넌스 프로세스를 만들기 위한 노력은 아래로부터 시작되어야 할 것이다. 궁극적으로 기후정의 운동은 다른 진보적 사회운동, 특히 반기업 세계화 운동이나 국제 정의 운동과 강력한 연대를 형성해야 할 것이다. 마이클 하트와 안토니오 네그리(Hardt and Negri 2009: 94-95)는 "아래로부터의 운동만이 … 갱신과 변혁의 의식을 구성할 수 있는 능력"을 가지고 있으며, 이는 "반근대적이고 반자본주의적인 희망과 꿈을 자율적이고 창의적으로 제시하는 노동자 계급과 대중으로부터 나오는 것"이라고 주장한다.

인위적 기후변화를 일으켰고 지금도 일으키고 있는 현재의 자본주의 세계체제에서 대안적 정치경제로 전환하는 데는 많은 노력이 필요하며, 그럼에도 불구하고 사회적으로 더 공평하고 환경적으로 지속 가능한 세상을 만들 수 있다는 보장은 없다. 하지만 변화하지 않으면 인류의 많은 부분이 파괴되고, 현재의 생물 다양성이 상실되며, 환경이 더욱 악화되는 악순환에 직면하게 되는 것 외에 우리에게 다른 의미 있는 선택은 없을 것이다. 우리는 전 지구적 자본주의가 사회적으로 정의롭거나 환경적으로 지속 가능할 가능성이 크지 않다고 생각하며, 이러한 현실을 고려할 때 인류는 그것을 뭐라고 부르든 간에 새롭고 더 나은 것으로 나아가야 한다. 우리는 이에 대해 월러스타인(Wallerstein 2007: 382)의 성명서에 기본적으로 동의한다.

나는 우리의 역사적 체제가 오래 지속될 것이라고 생각하지 않는다. 그것은 지금 말기의 구조적 위기에 직면해 있으며, 향후 25년에서 50년 동안 다른 체제로의 혼란스러운 전환을 겪을 것이라고 본다. 이러한 체제 전환기는 환경 변화의 자기 파괴적 양식을 극복하고 대안적 양식을 확립할 수 있는 기회가 될 수 있다. 다만, 이러한 전환의 결과는 본질적으로 불확실하고 예측하기 어렵다는 점에 주목해야 한다.

결론적으로, 인류학자를 포함하는 여러 사회과학자는 서로 다른 사람은 물론이고 지구와 조화롭게 살아가는 법을 배우고 그 과정에서 안전한 기후를 만들기 위한 더 큰 투쟁에 그들의 분석 기술과 통찰을 제공함으로써 작지만 중요한 역할을 할 수 있을 것이다.

참고문헌

Abbott, D. and G. Wilson. 2015. *The Lived Experience of Climate Change.* Basle, Switzerland: Springer International Publishing.

Adger, W. Neil, Saleemul Huq, Katrina Brown, Declan Conway, and Mile Hulme. 2003. Adaptation to climate change in the developing world. *Progress in Development Studies* 3(3): 179–195.

Adger, W. Neil, Jouni Paavola, Saleemul Huq, and M. J. Mace, Eds. 2006. *Fairness in Adaptation to Climate Change.* Cambridge, MA: MIT Press.

Agarwal, Anil and Sunita Narain. 1991. *Global Warming in an Unequal World.* New Delhi, India: Centre for Science and Environment.

Agrawal, Arun, Maria Lemos, Ben Orlove, and Jesse Ribot. 2012. Cool heads for a hot world—social sciences under a changing sky. *Global Environmental Change* 22(2): 329–331.

Aircraft Crashes Record Office. 2013. Number of yearly fatalities due to air transport crashes, 1918–2012. Online at: http://people.hofstra.edu/geotrans/eng/ch3en/conc3en/airfatalities.html. Accessed July 9, 2013.

Aitken, Donald. 2010. Global warming, rapid climate change, and renewable energy solutions for Gaia. In *Gaia in Turmoil: Climate Change, Biodepletion, and Earth's Ethics in an Age of Crisis.* Eileen Crist and Bruce Rinker, Eds. Pp. 125–150. Cambridge, MA: MIT Press.

Alam, Mozaharul and Atiq Rahman. 2008. Development and climate change policy-making process in Bangladesh. In *Climate Change in Asia: Perspectives on the Future Climate Regime.* Yasuko Kameyama, Agus P. Sari, Moekti H. Soejachmoen, and Norichika Kanie, Eds. Pp. 51–65. Tokyo, Japan: United Nations University Press.

Allen, Michael Patrick. 1992. Elite social movement organizations and the state: The rise of the conservative policy-planning network. *Research in Politics and Policy* 4: 87–109.

Ambrose, Stanley. 1998. Late Pleistocene human population bottlenecks, volcanic winter, and differentiation of modern humans. *Journal of Human Evolution* 34: 623–651.

American Anthropological Association. 2011. Anthropologists announce new task force on climate change. Press release, December 19. Washington, DC: American Anthropological Association.

American Anthropological Association. 2015. *AAA Statement on Humanity and Climate Change.* http://practicinganthropology.org/docs/01-29-15_AAA_CCS.pdf. Accessed December 19, 2017.

Anderegg, William, James Prall, and Jacob Harold. 2010. Reply to O'Neill and Boykoff: objective classification of climate experts. *Proceedings of the National Academy of Sciences* 107(39): E152.

Anderegg, William, James Prall, Jacob Harold, and Stephen Schneider. 2010. Expert credibility in climate change. *Proceedings of the National Academy of Sciences* 107(27): 12,107–12,109.

Anderson, David G., Kirk A. Maasch, and Daniel H. Sandweiss. 2007. Preface and acknowledgements. In *Climate Change and Cultural Dynamics: A Global Perspective in Mid-Holocene Transitions.* David G. Anderson, Kirk A. Maasch, and Daniel H. Sandweiss, Eds. Pp. xxi–xxii. Amsterdam, the Netherlands: Academic Press.

Antilla, Liisa. 2005. Climate of scepticism: U.S. newspaper coverage of the science of climate change. *Global Environmental Change* 15(4): 338–352.

Armelagos, George J. and Kristin N. Harper. 2010. Emerging infectious diseases, urbanization, and globalization in the time of global warming. In *The New Blackwell Companion to Medical Sociology.* William C. Cockerham, Ed. Pp. 291–311. Malden, MA: Wiley-Blackwell.

Aspinall, Richard, Ed. 2012. *Geography of Climate Change.* New York: Routledge.

Aulakh, Raveena. 2013. When the desert devours the lake. *The Star.com.* Online at: www.thestar.com/news/world/2013/04/06/when_the_desert_devours_the_lake.html. Accessed July 2, 2013.

Australian Bureau of Meteorology. 2009. Annual Australian Climate Statement 2009. Online at: www.bom.gov.au/announcements/media_releases/climate/change/20100105.shtml. Accessed July 23, 2013.

Bäckstrand, Karin. 2011. The democratic legitimacy of global governance after Copenhagen. In *Oxford Handbook of Climate Change and Society.* John S. Dryzek, Richard B. Norgaard, and David Scholosberg, Eds. Pp. 669–684. Oxford, UK: Oxford University Press.

Baer, Hans A. 2008. Global warming as a by-product of the capitalist treadmill of production and consumption: the need for an alternative global system. *Australian Journal of Anthropology* 19: 58–62.

Baer, Hans A. 2009. The environmental and health consequences of motor vehicles: a case study in capitalist technology and hegemony and grassroots responses to it. In *Killer Commodities: Public Health and the Corporate Production of Harm.* Merrill Singer and Hans A. Baer, Eds. Pp. 95–118. Walnut Creek, CA: AltaMira Press.

Baer, Hans A. 2011. The international climate justice movement: a comparison with the Australian climate movement. *Australian Journal of Anthropology* 22: 256–260.

Baer, Hans A. 2012. *Global Capitalism and Climate Change: The Need for an Alternative World System.* Lanham, MD: AltaMira Press.

Baer, Hans A. 2015. Al Gore and the Climate Reality Project down under: the up market of the climate movement. *Practicing Anthropology* 37(1): 10–14.

Baer, Hans A. 2018. *Democratic Eco-Socialism at a Real Utopia: Transitioning to an Alternative World System.* New York: Berghahn.

Baer, Hans A. and Arnaud Gallois. 2016. How committed are Australian universities to environmental sustainability? A perspective on and from the University of Melbourne. *Critical Sociology.* doi: 10.1177/0896920516680857.

Baer, Hans A. and Merrill Singer. 2009. *Global Warming and the Political Ecology of Health: Emerging Crises and Systemic Solutions.* Walnut Creek, CA: Left Coast Press.

Baer, Hans A., Merrill Singer, and Ida Susser. 1997. *Medical Anthropology and the World System: A Critical Perspective.* Westport, CT: Bergin & Garvey.

Baer, Hans A., Merrill Singer, and Ida Susser. 2003. *Medical Anthropology and the World System: A Critical Perspective* (2nd edition). Westport, CT: Praeger.

Baer, Hans A., Merrill Singer, and Ida Susser. 2013. *Medical Anthropology and the World System: A Critical Perspective* (3rd edition). Santa Barbara, CA: Praeger.

Baily, Alan. 2007. USGS: 25% Arctic oil, gas estimate a reporter's mistake. *Petroleum News* 12(42). Online at: www.petroleumnews.com/pntruncate/347702651.shtml. Accessed July 3, 2013.

Baker, Carolyn. 2013. Mutually assured well being: the continuity of community and individual resilience. Online at: http://carolynbaker.net/2013/02/08/mutually-assuredwell-being-the-continuity-of-community-and-individual-resilience-by-carolyn-baker/. Accessed July 26, 2013.

Balling, R. 2000. The geographer's niche in the greenhouse millennium. *Annals of the Association of American Geographers* 90: 114–122.

Banerjee, Neela. 2013. EPA releases harsh review of Keystone XL environmental report. *Los Angeles Times,* April 22. Online at: http://articles.latimes.com/2013/apr/22/news/la-pnepa-keystone-xl-environmental-report-20130422. Accessed July 20, 2013.

Bang, Guri, Arild Underdal, and Steinar Anderson. 2015a. Comparative analysis and conclusions. *In The Domestic Politics of Global Climate Change: Key Actors in International Climate Cooperation.* Guri Bang, Arild Underdal, and Steinar Anderson, Eds. Pp. 182–204. Cheltenham, UK: Edward Elgar Publishing.

Bang, Guri, Arild Underdal, and Steinar Anderson, Eds. 2015b. *The Domestic Politics of Global Climate Change: Key Actors in International Climate Cooperation.* Cheltenham, UK: Edward Elgar Publishing.

Barber, Marcus. 2011a. "Nothing ever changes": Historical ecology, causality and climate change in Arnhem Land, Australia. In *Ethnography and the Production of Anthropological Knowledge: Essays in Honour of Nicolas Peterson.* Yasmine Musharbash and Marcus Barber, Eds. Pp. 89–100. Canberra, Australia: ANU E Press.

Barber, Marcus. 2011b. *Talking about the weather: anthropology and climate change.* Paper presented at the *International Union of Anthropological and Ethnological Sciences/Australian Anthropological Society/Association of Social Anthropologists of Aotearoa New Zealand Joint Conference,* University of Western Australia, Perth, July 4–8.

Barker, Holly M. 2011. Snapshot: climate change and the small island experience. In *Life and Death Matters: Human Rights, Environment, and Social Justice* (2nd edition). Barbara Rose Johnston, Ed. Pp. 427–430. Walnut Creek, CA: Left Coast Press.

Barnes, Jessica. 2015. Scale and agency: climate change and the future of Egypt's water. In *Climate Cultures: Anthropological Perspectives on Climate Change.* Jessica Barnes and Michael R. Dove, Eds. Pp. 127–145. New Haven, CT: Yale University Press.

Barnes, Jessica and Michael R. Dove, Eds. 2015a. *Climate Cultures: Anthropological Perspectives on Climate Change.* 1–21. New Haven, CT: Yale University Press.

Barnes, Jessica and Michael R. Dove. 2015b. Introduction. In *Climate Cultures: Anthropological Perspectives on Climate Change.* Jessica Barnes and Michael R. Dove, Eds. Pp. 1–21. New Haven, CT: Yale University Press.

Barnes, Jessica and Michael R. Dove. 2015c. Preface. In *Climate Cultures: Anthropological Perspectives on Climate Change.* Jessica Barnes and Michael R. Dove, Eds. Pp. vii–viii. New Haven, CT: Yale University Press.

Barnes, Jessica, Michael Dove, Myanna Lahsen, Andrew Mathews, Pamela McElwee, Roderick McIntosh, Frances Moore, Jessica O'Reilly, Ben Orlove, Rajindra Puri, Harvey Weiss, and Karina Yager. 2013. Contribution of anthropology to the study of climate change. *Nature Climate Change* 3: 541–544.

Barnett, Jon. 2006. Climate change, insecurity, and injustice. In *Fairness in Adaptation to Climate Change.* W. Neil Adger, Jouni Paavola, Saleemul Huq, and M. J. Mace, Eds. Pp. 115–129. Cambridge, MA: MIT Press.

Barnett, Jon and John Campbell. 2010. *Climate Change and Small Island States: Power, Knowledge and the South Pacific.* London: Earthscan.

Barry, John. 2012. *The Politics of Actually Existing Unsustainability: Human Flourishing in Carbon-Constrained World.* Oxford, UK: Oxford University Press.

Bartlett, Peggy F. and Benjamin Stewart. 2009. Shifting the university: faculty engagement and curriculum change. In *Anthropology and Climate Change: From Encounters to Actions.* Susan A. Crate and Mark Nuttall, Eds. Pp. 356–369. Walnut Creek, CA: Left Coast Press.

Bauman, Zygmunt. 2005. *Work, Consumerism and the New Poor.* Maidenhead, UK: Open University Press.

Bauman, Zygmunt. 2011. *Collateral Damage: Social Inequalities in a Global Age.* London: Polity.

BBC News. 2012. Jim Yong Kim takes top job at World Bank. Online at: www.bbc.co.uk/news/business-17757480. Accessed July 20, 2013.

Behringer, Wolfgang. 2010. *A Cultural History of Climate.* London: Polity.

Beck, Ulrich. 1992. *Risk Society: Toward a New Modernity.* London: SAGE Publications.

Beck, Ulrich. 2007. *World at Risk.* London: Polity.

Beck, Ulrich. 2010. Climate for change, or how to create a green modernity? *Theory, Culture & Society* 27(2–3): 254–266.

Becken, Susanne. 2005. Harmonising climate change adaptation and mitigation: the cause of tourist resorts in Fiji. *Global Environmental Change* 15: 381–393.

Beder, Sharon. 2001. Neoliberal think tanks and free market environmentalism. *Environmental Politics* 10(2): 128–133.

Beach, Timothy. 2016. Editorial: climate change and archaeology in Mesoamerica. *Global and Planetary Change* 138(20): 1–2.

Behringer, Wolfgang. 2010. *A Cultural History of Climate.* London: Polity.

Bina, Olivia. 2011. Responsibility for emissions and aspirations for development. In *China's Responsibility for Climate Change: Ethics, Fairness and Environmental Policy.* Paul G. Harris, Ed. Pp. 51–69. Bristol, UK: Policy Press.

Binford, Lewis R. 1968. Post-Pleistocene adaptations. In *New Perspectives in Archaeology.* S. R. Binford and L. R. Binford, Eds. Pp. 313–441. Chicago, IL: Aldine.

Birn, Anne-Emanuelle, Yogan Pillay, and Timothy H. Holtz. 2009. *Textbook of International Health: Global Health in a Dynamic World* (3rd edition). Oxford, UK: Oxford University Press.

Bocquet-Appel, Jean-Pierre and Alain Tuffreau. 2009. Technological responses of Neanderthals to macroclimatic variations (240,000–40,000 BP). *Human Biology* 81: 287–307.

Bodley, John. 2014. *Anthropology and Contemporary Human Problems.* Lanham, MD: AltaMira Press.

Bolin, Inge. 2009. The glaciers of the Andes are melting: indigenous and anthropological knowledge merge in restoring water sources. In *Anthropology and Climate Change.* Susan A. Crate and Mark Nuttall, Eds. Pp. 228–249. Walnut Creek, CA: Left Coast Press.

Bond, P. 2010. Maintaining momentum after Copenhagen's collapse: seal the deal or "Seattle" the deal? *Capitalism Nature Socialism* 21: 14–27.

Bond, T., S. Doherty, D. Fahey, P. Forster, T. Berntsen, and B. DeAngelo. 2013. Bounding the role of black carbon in the climate system: a scientific assessment. *Journal of Geophysical Research, Atmosphere* 118(11): 5,382–5,552.

Bostoen, Koen, Bernard Clist, Charles Doumenge, Rebecca Grollemund, Jean-Marie Hombert, Joseph Koni Muluwa, and Jean Maley. 2015. *Current Anthropology* 56: 354–384.

Boswell, Terry and Christopher Chase-Dunn. 2000. *The Spiral of Capitalism and Socialism.* Boulder, CO: Lynne Rienner.

Boykoff, Maxwell and Boykoff, Jules. 2004. Balance as bias: global warming and the US prestige press. *Global Environmental Change* 14(2): 125–136.

Brace, Catherine and Hilary Geoghegan. 2010. Human geographies of climate change: landscape, temporality, and lay knowledges. *Progress in Human Geography* 35: 284–302.

Brennan, William (Justice). 1976. *Colorado River Water Conservation District et al., Petitioners v. United States. Mary Akin et al., Petitioners, vs. United States.* 424 US 800. Nos. 74–940, 74–949.

Briggs, Charles. 2011. Biocommunicability. In *A Companion to Medical Anthropology.* Merrill Singer and Pamela Erickson, Eds., Pp. 460–476. Malden, MA. Wiley-Blackwell.

Brown, Kathryn S. 1999. Climate anthropology: taking global warming to the people. *Science* 283(5,407): 1,440–1,441.

Brown, Lester. 2011. Environmental and demographic forces that threaten state failure. *Earth Policy Institute*. Online at: www.earth-policy.org/book_bytes/2011/wotech7_ss1. Accessed February 2, 2013.

Brunnengräber, Achim. 2006. The political economy of the Kyoto Protocol. In *Coming to Terms with Nature*. Leo Panitch and Colin Leys, Eds. Pp. 213–230. London: Merlin Press.

Bulkeley, Harriet. 2013. *Cities and Climate Change*. London: Routledge.

Bulkeley, Harriet. 2015. *Accomplishing Climate Governance*. New York: Cambridge University Press.

Bulkeley, Harriet and Michele M. Betsill. 2003. *Cities and Climate Change: Urban Sustainability and Global Environmental Governance*. London: Routledge.

Bulkeley, Harriet and Michele M. Betsill. 2013. Revisiting the urban politics of climate change. *Environmental Politics* 22: 136–154.

Bulkeley, Harriet and Peter Newell. 2015. *Governing Climate Change*. Abingdon, UK: Taylor & Francis.

Bull, Pierce. 2013. Renewable energy vs. Koch Brothers and ALEC. *EcoNews*. Online at: https://www.ecowatch.com/renewable-energy-vs-koch-brothers-and-alec-1881726277.html. Accessed July 19, 2013.

Burgmann, Verity and Hans A. Baer. 2012. *Climate Politics and the Climate Movement in Australia*. Melbourne, Australia: Melbourne University Press.

Burke, Lauretta, Kathleen Reytar, Mark Spalding, and Allison Perry. 2012. *Reefs at Risk Revisited in the Coral Triangle*. Washington, DC: World Resources Institute.

Burroughs, William J. 2005. *Climate Change in Prehistory: The End of the Reign of Chaos*. Cambridge, UK: Cambridge University Press.

Button, Gregory V. and Kristina Peterson. 2009. Participatory action research community partnership with social and physical scientists. In *Anthropology and Culture*. Susan A. Crate and Mark Nuttall, Eds. Pp. 327–340. Walnut Creek, CA: Left Coast Press.

Butzer, Karl W. 2011. Geoarchaeology, climate change, sustainability: a Mediterranean perspective. In *Geoarchaeology, Climate Change, and Sustainability: Special Paper* 476. Antony G. Brown, Laura S. Basell, and Karl W. Butzer, Eds. Pp. 1–14. Boulder, CO: Geological Society of America.

Cameron, Emilie S. 2012. Securing indigenous politics: a critique of the vulnerability and adaptation approach to the human dimensions of climate change in the Canadian Arctic. *Global Environmental Change* 22: 103–114.

Camilleri, Joseph A. and Jim Falk. 2010. *Worlds in Transition: Evolving Governance across a Stressed Planet*. Cheltenham, UK: Edward Elgar.

Campbell, Alexia. 2017. Trump to Puerto Rico: your hurricane isn't a "real catastrophe" like Katrina. *Vox*. Online at: https://www.vox.com/2017/10/3/16411488/trumpremarks-puerto-rico. Accessed December 16, 2017.

Canavan, Gerry, Lisa Klarr, and Ryan Vu. 2010. Embodied materialism in action: an interview with Ariel Salleh. *Polygraph* 22: 183–199.

Caritas Internationalis. 2012. Paradise lost: rising seas threaten Pacific's Carteret Islands. *Caritas.org*. Online at: https://www.caritas.org/2012/11/paradise-lost-rising-seasthreaten-pacifics-carteret-islands. Accessed July 1, 2013.

Carmichael, Jason T. and Robert J. Brulle. 2017. Elite cues, media coverage, and public concern: an integrated path analysis of public opinion on climate change, 2001–2013. *Environmental Politics* 26: 232–252.

Cassidy, Rebecca. 2012. Lives with others: climate change and human-animals relations. *Annual Review of Anthropology* 41: 21–36.

Castells, Manuel. 2009. *Communication Power*. Oxford, UK: Oxford University Press.

Center for Global Development. 2007. World agriculture faces serious decline from global warming. Online at: www.cgdev.org/content/article/detail/14404/. Accessed March 3, 2013.

Center for Global Development. 2012. Pinpoint climate studies flag trouble for Mexico, CenAm farmers (Reuters). Online at: www.cgdev.org/content/article/detail/1426836/. Accessed March 3, 2013.

Chase, Arlen F. and Vernon Scarborough. 2014. Diversity, resiliency, and IHOPE-Maya: using the past to inform the present. *Archaeological Papers of the American Anthropological Association* 24: 1–10.

Chatturvedi, Sanjay and Timothy Doyle. 2015. *Climate of Terror: A Critical Geopolitics of Climate Change*. New York: Palgrave Macmillan.

Chew, Sing C. 2001. *World Ecological Degradation: Accumulation, Urbanization, and Deforestation—3000 B.C.–A.D. 2000*. Walnut Creek, CA: AltaMira Press.

Chew, Sing C. 2007. *The Recurring Dark Ages: Ecological Stress, Climate Changes, and System Transformation*. Lanham, MD: AltaMira Press.

Childe, V. Gordon. 1954 [orig. 1928]. *New Light on the Most Ancient East* (4th edition). London: Routledge & Kegan Paul.

Chomsky, Noam. 2013. Noam Chomsky: who owns the Earth? *Truthout*. Online at: www.truth-out.org/opinion/item/17402-who-owns-the-earth. Accessed July 5, 2013.

Christian, David. 2011. *Maps of Time: An Introduction to Big History*. Berkeley, CA: University of California Press.

Christoff, Peter. 2010. Cold extremes in Copenhagen: China and the United States at COP15. *Environmental Politics* 19: 637–656.

Christoff, Peter and Robyn Eckersley. 2011. Comparing state response. In *Oxford Handbook of Climate Change and Society*. John S. Dryzek, Richard B. Norgaard, and David Schlosberg, Eds. Pp. 432–448. Oxford, UK: Oxford University Press.

Chu, Henry. 2007. Where warming hits home. *Los Angeles Times*, February 21. Online at: http://articles.latimes.com/2007/feb/21/world/fg-warming21. Accessed July 12, 2013.

Ciplet, David, J. Timmons Roberts, and Mizan R. Khan. 2015. *The New Global Politics of Climate Change and Remaking of Environmental Inequality*. Cambridge, MA: MIT Press.

Cobb, Kurt. 2006. Will global warming create any winners? *Resource Insights*. Online at: http://resourceinsights.blogspot.com/2006/02/will-global-warming-create-anywinners. html. Accessed December 19, 2017.

Cole, John and Eric Wolf. 1974. *The Hidden Frontier: Ecology and Ethnicity in an Alpine Valley*. Berkeley, CA: University of California Press.

Connor, Linda H. 2010. Climate change and the challenge of immortality: faith, denial and intimations of eternity. *Anthropology and the Ends of Worlds*. Online at: https://anthroendsofworlds.files.wordpress.com/2011/04/connor-linda_final.pdf. Accessed May 3, 2013.

Connor, Linda H. 2010/2011. Anthropogenic climate change and cultural crisis: an anthropological perspective. *Journal of Australian Political Economy* 66: 247–267.

Connor, Linda H. 2012. Experimental publics: activist culture and political intelligibility of climate change action in the Hunter Valley, Southeast Australia. *Oceania* 82: 228–249.

Connor, Linda H. 2016. *Climate Change and the Anthropos: Planet, People, and Places*. London: Earthscan.

Connor, Linda H., Sonia Freeman, and Nick Higginbotham. 2009. Not just a coalmine: shifting grounds of community opposition to coal mining in southeastern Australia. *Ethnos* 7: 490–513.

Contreras, Daniel A., Ed. 2016. *The Archaeology of Human–Environment Interactions: Strategies for Investigating Anthropogenic Landscape, Dynamic Environments, and Climate Change in the Past*. London: Routledge.

Cooke, Sophie. 2010. Leave it in the ground—the growing global struggle against coal. In *Sparking a Worldwide Energy Revolution: Social Struggles in the Transition to a Post-Petrol World*. Kolya Abramsky, Ed. Pp. 424–438. Oakland, CA: AK Press.

Coreil, Robert W. 2004. Statement to the Committee on Commerce, Science, and Transportation, United States Senate, November 16. In *Arctic Climate Impact Assessment*. Carolyn Symon, Lelani Arris, and Bill Heal, Eds. Pp. 1–17. Cambridge, UK: Cambridge University Press.

Costanza, Robert, Lisa Graumlich, and Will Steffen. 2007. Sustainability or collapse: lessons from integrating the history of humans and the rest of nature. In *Sustainability or Collapse: An Integrated History and Future of People on Earth*. Robert Constanza, Lisa Graumlich, and Will Steffen, Eds. Pp. 3–18. Cambridge, MA: MI T Press.

Crate, Susan. 2008. Gone the bull of winter? Grappling with the cultural implications of and anthropology's role(s) in global climate change. *Current Anthropology* 49: 569–595.

Crate, Susan. 2009. Gone the bull of winter? Contemporary climate change's cultural implications in Northeastern Siberia, Russia. In *Anthropology and Climate Change*. Susan A. Crate and Mark Nuttall, Eds. Pp. 139–152. Walnut Creek, CA: Left Coast Press.

Crate, Susan. 2011a. Climate and culture: anthropology in the era of contemporary climate change. *Annual Review of Anthropology* 40: 175–194.

Crate, Susan. 2011b. Climate change, culture change, and human rights in northeastern Siberia. In *Life and Death Matters: Human Rights, Environment, and Social Justice* (2nd edition). Barbara Rose Johnston, Ed. Pp. 413–423. Walnut Creek, CA: Left Coast Press.

Crate, Susan and Mark Nuttall, Eds. 2009a. *Anthropology and Climate Change: From Encounters to Actions*. Walnut Creek, CA: Left Coast Press.

Crate, Susan and Mark Nuttall. 2009b. Epilogue: anthropology, science, and climate change policy. In *Anthropology and Climate Change*. Susan A. Crate and Mark Nuttall, Eds. Pp. 394–400. Walnut Creek, CA: Left Coast Press.

Crate, Susan and Mark Nuttall. 2009c. Introduction: anthropology and climate change. In *Anthropology and Climate Change*. Susan A. Crate and Mark Nuttall, Eds. Pp. 9–36. Walnut Creek, CA: Left Coast Press.

Crate, Susan A. and Mark Nuttall. 2016a. Introduction: anthropology and climate change. In *The Anthropology and Climate Change: From Actions to Transformations* (2nd edition). Susan A. Crate and Mark Nuttall, Eds. Pp. 11–34. New York: Routledge.

Crate, Susan A. and Mark Nuttall, Eds. 2016b. *The Anthropology of Climate Change: From Actions to Transformations* (2nd edition). New York: Routledge.

Crist, Eileen and Bruce Rinker, Eds. 2010. *Gaia in Turmoil: Climate Change, Biodepletion, and Earth Ethics in an Age of Crisis*. Cambridge, MA: MIT Press.

Cruikshank, Julie. 2001. Glaciers and climate change: perspectives from oral tradition. *Arctic* 54: 377–393.

Cruikshank, Julie. 2007. Melting glaciers and emerging histories in the Saint Elias Mountains. In *Indigenous Experience Today*. Marisol de la Cadena and Orin Starn, Eds. Pp. 355–378. Oxford, UK: Berg.

Crumley, Carole L., Ed. 1994. *Historical Ecology: Changing Knowledge and Changing Landscapes*. Santa Fe, NM: School of American Research Press.

Crumley, Carole L. 2007. Historical ecology: integrated thinking at multiple temporal scales. In *The World System and the Earth System: Global Socioenvironmental Change and Sustainability since the Neolithic.* Alf Hornborg and Carole Crumley, Eds. Pp. 1–11. Walnut Creek, CA: Left Coast Press.

Crutzen, Paul and Christian Schwägerl. 2011. Living in the Anthropocene: toward a new global ethos. *Yale Environment* 360. Online at: http://e360.yale.edu/feature/living_in_the_anthropocene_toward_a_new_global_ethos/2363/. Accessed April 3, 2013.

Crutzen, Paul and Eugene Stoermer. 2000. The Anthropocene. *Global Change Newsletter* 41: 17–18.

Curry, Renee, Charissa Eichman, Amanda Staudt, Garrit Voggesser, and Myra Wilensky. 2011. *Facing the Storm: Indian Tribes, Climate-Induced Weather Extremes, and the Future for Indian Country.* Washington, DC: National Wildlife Federation.

Cutter, Susan, Christopher Emrich, Jennifer Webb, and Daniel Morath. 2009. *Social Vulnerability to Climate Variability Hazards: A Review of the Literature.* Final Report to Oxfam America. Columbia, SC: University of South Carolina.

Dankelman, Irene, Ed. 2010. *Gender and Climate Change: An Introduction.* Washington, DC: Earthscan.

Davies, Dame Sally. 2013. *Chief Medical Officer's Summary. Annual Report of the Chief Medical Officer, Volume Two, Infections and the Rise of Antimicrobial Resistance.* London: Department of Health.

Dean, Jeffery. 2000. Complexity theory and sociocultural change in the American southwest. In *The Way the Wind Blows: Climate, History and Human Action.* Roderick McIntosh, Joseph Tainter, and Susan Keech McIntosh, Eds. Pp. 89–118. New York: Columbia University Press.

Dearing, John. 2007. Human–environment interactions: learning from the past. In *Sustainability or Collapse: An Integrated History and Future of People on Earth.* Robert Constanza, Lisa Graumlich, and Will Steffen, Eds. Pp. 19–38. Cambridge, MA: Massachusetts Institute of Technology.

De'ath, Glenn, Katharina Fabricius, Hugh Sweatman, and Marji Poutinen. 2012. The 27-year decline of coral cover on the Great Barrier Reef and its causes. *Proceedings of the National Academy of Sciences.* doi: 10.1073/pnas.1208909109.

Delaney, Alyne E. 2016. The neoliberal reorganization of the Greenlandic coastal Greenland halibut fishery in an era of climate and governance change. *Human Organization* 75: 193–203.

Dennis, Kingsley and John Urry. 2009. *After the Car.* London: Polity.

Derber, Charles. 2010. *Greed to Green: Solving Climate Change and Remaking the Economy.* Boulder, CO: Paradigm.

Diamond, Jared. 2005. *Collapse: How Societies Choose to Fail or Succeed.* New York: Penguin.

Diemberger, Hildegard. 2012. Deciding the future in the land of snow: Tibet as an arena for conflicting forms of knowledge and policy. In *The Social Life of Climate Change Models.* Kirsten Hastrup and Martin Skrydstrip, Eds. Pp. 100–127. Hoboken, NJ: Taylor &Francis.

Diemberger, Hildegard and Hans-F. Graf. 2012. Snow-mountains on the Tibetan Plateau: powerful proxies across different modalities of climate knowledge. *Current Anthropology* 53: 233–235.

Diemberger, Hildegard, Kirsten Hastrup, Simon Schaffer, Charles F. Kennel, David Sneath, Michael Bravo, Hans-F. Graf, Jacqueline Hobbs, Jason Davis, Maria Luisa Nodari, Giorgion Vassena, Richard Irvine, Christopher Evans, Marilyn Strathern, Mike Hulmer, Georg Kaser, and Barbara Bodenhorn. 2012. Communicating climate knowledge: proxies, processes, politics. *Current Anthropology* 53: 226–244.

Dietz, Matthias and Heiko Garrelts, Eds. 2014. *Routledge Handbook of the Climate Change Movement.* London: Routledge.

Dincauze, Dena Feran. 2000. *Environmental Archeology. Principles and Practice.* Cambridge, UK: Cambridge University Press.

Doran, Peter T. and Maggie Kendall Zimmerman. 2009. Examining the scientific consensus on climate change. *Eos* 90(3): 22–23.

Douglas, Mary and Aaron Wildavsky. 1982. *Risk and Culture: An Essay on the Selection of Environmental and Technological Dangers.* Berkeley, CA: University of California Press.

Douglas, Mary, Des Gasper, Steven Ney, and Michael Thompson. 1998. Human needs and wants. In *Human Choice and Climate Change: Volume One—the Societal Framework.* Steve Rayner and Elizabeth L. Malone, Eds. Pp. 195–263. Columbus, OH: Battelle Press.

Dove, Michael R., Ed. 2014. *The Anthropology of Climate Change: An Historical Reader.* Malden, MA: Wiley-Blackwell.

Dow, Kirstin, Roger E. Kasperson, and Maria Bohn. 2006. Exploring the social justice implications of adaptation and vulnerability. In *Fairness in Adaptation to Climate Change.* W. Neil Adger. Jouni Paavola, Saleemul Huq, and M. J. Mace, Eds. Pp. 79–129. Cambridge, MA: MIT Press.

Dryzek, John S., Richard B. Norgaard, and David Schlosberg. 2011a. Climate change and society: approaches and responses. In *Oxford Handbook of Climate Change and Society.* John S. Dryzek, Richard B. Norgaard, and David Schlosberg, Eds. Pp. 3–17. Oxford, UK: Oxford University Press.

Dryzek, John S., Richard B. Norgaard, and David Schlosberg. 2011b. *Oxford Handbook of Climate Change and Society.* Oxford, UK: Oxford University Press.

Dunlap, Riley E. and Robert J. Brulle, Eds. 2015. *Climate Change and Sociology: Sociological Perspectives.* American Sociological Association Task Force on Sociology and Global Climate Change. New York: Oxford University Press.

Edwards, Charlie. 2009. *Resilience Nation.* Demos. London: Magdalen House.

Eggleton, Tony. 2013. *A Short Introduction to Climate Change.* Cambridge, UK: Cambridge University Press.

Eisenberg, Merrill. 2011. Medical anthropology and public policy. In *A Companion to Medical Anthropology*. Merrill Singer and Pamela Erickson, Eds. Pp. 93–116. Malden, MA: Wiley-Blackwell.

Eisenstadt, Todd A. and Karleen Jones West. 2017. *Global Environmental Politics* 17: 40–58.

Elert, Emily and Lemonick, Michael. 2012. *Global Weirdness*. Grand Haven, MI: Brilliance Audio.

Elliott, Larry. 2013. World Bank chief: global poverty bigger challenge than action on HIV. Guardian, April 4. Online at: www.theguardian.com/business/2013/apr/04/worldbankchief-poverty-hiv. Accessed July 14, 2013.

Emmerson, Charles. 2010. *The Future of the Arctic*. London: Bodley Head.

Enis, Matt. 2017. Library associations turn activist. *Library Journal*, June 1: 26–27.

Ergas, Christina and Richard York. 2012. Women's status and carbon dioxide emissions: a quantitative cross-national analysis. *Social Science Research* 41: 965–976.

Eriksen, Thomas Hylland. 2001. *Small Places, Large Issues: An Introduction to Social and Cultural Anthropology* (2nd edition). Sterling, VA: Pluto Press.

Eriksen, Thomas Hylland. 2016. *Overheating: An Anthropology of Accelerated Change*. London: Pluto Press.

Fagan, Brian. 1999. *Floods, Famines, and Emperors: El Niño and the Fate of Civilization*. Cambridge, UK: Cambridge University Press.

Fagan, Brian. 2000. *The Little Ice Age: How Climate Made History* 1300–1850. New York; Basic Books.

Fagan, Brian. 2009a. After the ice. In *How Climate Change Shaped the World*. Brian Fagan, Ed. Pp. 186–205. London: Thames & Hudson.

Fagan, Brian. 2009b. Introducing the Ice Ages. In *How Climate Change Shaped the World*. Brian Fagan, Ed. Pp. 6–15. London: Thames & Hudson.

Fagan, Brian. 2010. *Cro-Magnon: How the Ice Age Gave Birth to the First Modern Humans*. New York: Bloomsbury Press.

Fagan, Brian. 2011. *Elixir: A Human History of Water*. London: Bloomsbury.

Fagan, Brian. 2013. *The Attacking Ocean: The Past, Present and Future of Rising Sea Levels*. London: Bloomsbury.

Farley, John W. 2008. The scientific case for modern anthropogenic global warming. *Monthly Review* (July–August): 68–90.

Faulks, Keith. 1999. *Political Sociology: A Critical Introduction*. Edinburgh, UK: Edinburgh University Press.

Feng, Shuaizhang, Alan Krueger, and Michael Oppenheimer. 2010. Linkages among climate change, crop yields and Mexico–US cross-border migration. *PNAS*. Online at: http://www.pnas.org/content/107/32/14257.full. Accessed March 3, 2013.

Finan, Timothy. 2009. Storm warnings: the role of anthropology as adapting to sea-level rise in southwestern Bangladesh. In *Anthropology and Climate Change*. Susan A. Crate and Mark Nuttall, Eds. Pp. 175–185. Walnut Creek, CA: Left Coast Press.

Findlay, Allan and Alistair Geddes. 2011. Critical views on the relationship between climate change and migration: some insights from the experience of Bangladesh. In *Migration and Climate Change*. Etienne Piguet, Antoine Pecoud, and Paul De Guchteneire, Eds. Pp. 138–159. Cambridge, UK: Cambridge University Press.

Fischetti, Mark. 2012. Did climate change cause Hurricane Sandy? *Scientific American*, October 30. Online at: http://blogs.scientificamerican.com/observations/2012/10/30/did-climate-change-cause-hurricane-sandy/. Accessed March 3, 2013.

Fiske, Shirley J. 2009. Global change policymaking from inside the Beltway: engaging anthropology. In *Anthropology and Climate Change*. Susan A. Crate and Mark Nuttall, Eds. Pp. 277–291. Walnut Creek, CA: Left Coast Press.

Fiske, Shirley. 2012a. Faculty profile, Department of Anthropology, University of Maryland website. Online at: www.anth.umd.edu/facultyprofile/Fiske/Shirley. Accessed May 2, 2013.

Fiske, Shirley. 2012b. Global climate change from the bottom up. In *Applying Anthropology in the Global Village*. Christina Wasson, Mary Odell Butler, and Jacqueline Copeland-Carlston, Eds. Pp. 143–172. Walnut Creek, CA: Left Coast Press.

Fiske, Shirley. 2016. "Climate scepticism" inside the Beltway and across the Bay. In *Anthropology and Climate Change: From Actions to Transformations* (2nd edition). Susan A. Crate and Mark Nuttall, Eds. Pp. 319–335. New York: Routledge.

Fiske, Shirley., Susan A. Crate, Carole L. Crumley, Kathleen Galvin, Heather Lazrus, George Luber, Lisa Lucero, Anthony Oliver-Smith, Ben Orlove, Sarah Strauss, and Richard R. Wilk. 2014. *Changing the Atmosphere: Anthropology and Climate Change*. Final report of the AAA Global Climate Change Task Force. Arlington, VA: American Anthropological Association.

Ford, Anabel and Ronald Nigh. 2014. Climate change in the ancient Maya forest: resilience and adaptive management across millennia. In *Great Maya Droughts in Cultural Context: Case Studies in Resilience and Vulnerability*. Gyles Iannone, Ed. Pp. 87–106. Boulder, CO: University Press of Colorado.

Foster, John Bellamy. 1994. *The Vulnerable Planet: A Short Economic History of the Environment*. New York: Cornerstone Books.

Foster, John Bellamy. 2009. *The Ecological Revolution: Making Peace with the Planet*. New York: Monthly Review Press.

Foster, John Bellamy. 2010. Why ecological revolution? *Monthly Review*, January: 1–64.

Foster, John Bellamy, Brett Clark, and Richard York. 2010. *The Ecological Rift: Capitalism's War on the Earth*. New York: Monthly Review Press.

Foucault, Michel. 1980. *The Archeology of Knowledge*. London: Routledge.

Frank, Christine. 2009. The bankruptcy of capitalist solutions to the climate crisis. *Capitalism Nature Socialism* 20(2): 32–43.

Frej, Willa and Marina Fang. 2017. Trump downplays Puerto Rico's suffering, says it's not a 'real catastrophe like Katrina'. *Huffington Post*. October 4, http://www.huffingtonpost. ca/2017/10/03/trump-downplays-puerto-ricos-suffering-says-its-not-a-real-catastrophelike-katrina_a_23231611/. Accessed March 1, 2018.

Fuentes, Miguel. 2016. The possibility of collapse from a marxist perspective: Marx, Luxemburg and Benjamin. Presentation at the conference on *Climate Change, Archaeology and History*, December 19–20, 2016, University College London, https://www.scribd.com/document/333824750/Climate-Change-Conference-Booklet. Accessed December 28, 2017.

Galvin, Kathleen A. 2007. Adding the human component to global environmental change research. *Anthropology Newsletter*, December: 11–12.

Garnaut, Ross. 2008. *Garnaut Climate Change Review: Final Report*. Cambridge, UK: Cambridge University Press.

Gates, Warren. 1967. The spread of Ibn Khaldûn's ideas on climate and culture. *Journal of the History of Ideas* 28(3): 415–422.

Georgia-Pacific. 2013. Sustainable practices. Online at: www.gp.com/sustainability. Accessed November 18, 2013.

Giacomini, Terran, and Terisa Turner. 2015. The 2014 People's Climate March and Flood Wall Street civil disobedience: making the transition to a post-fossil capitalist, commoning civilization. *Capitalism, Nature, Socialism* 26(2): 27–45.

Giddens, Anthony. 2009. *The Politics of Climate Change*. London: Polity.

Giddens, Anthony. 2011. *The Politics of Climate Change* (2nd edition). London: Polity.

Gill, Richardson Benedict. 2000. *The Great Maya Droughts: Water, Life, and Death*. Albuquerque, NM: University of New Mexico Press.

Goldenberg, Suzanne. 2013. How Donors Trust distributed millions to anti-climate groups. *Guardian*, February 12. Online at: www.guardian.co.uk/environment/2013/feb/14/donors-trust-funding-climate-denial-networks. Accessed July 3, 2013.

Goodman, Alan, George Armelagos, and Jerome Rose. 1980. Enamel hypoplasias as indicators of stress in three prehistoric populations from Illinois. *Human Biology* 52: 515–528.

Graham, Mark. 2015. Official optimism in the face of an uncertain future: Swedish reactions to climate change threats. In *Environmental Change and the World's Futures: Ecologies, Ontologies and Mythologies*. Jonathan Paul Marshall and Linda H. Connor, Eds. Pp. 233–246. London: Earthscan.

Gramelsberger, Gabriele, and Johann Feichter. 2011. Modelling the climate system: an overview. In *Climate Change and Policy: The Calculability of Climate Change and the Challenge of Uncertainty*. Gabriele Gramelsberger and Johann Feichter, Eds. Pp. 9–90. Berlin: Springer.

Graves, Lucia and Jordan Howard. 2011. Koch-owned Georgia-Pacific plant linked to high cancer rates, film alleges. *Huffington Post*, October 13. Online at: www.huffingtonpost.com/2011/10/12/arkansas-koch-industries-plant-high-rates-of-cancer_n_1007148.html. Accessed November 18, 2013.

Green, Donna. 2009. Opal waters, rising seas: how sociocultural inequality reduces resilience to climate change among Indigenous Australians. In *Anthropology and Climate Change: From Encounters to Action*. Susan A. Crate and Mark Nuttall, Eds. Pp. 218–227. Walnut Creek, CA: Left Coast Press.

Green, Donna, Jack Billy, and Alo Tapim. 2010. Indigenous Australians' knowledge of weather and climate. *Climatic Change* 100: 337–354.

Greenpeace. 2010. *Koch Industries: Secretly Funding the Climate Denial Machine*. Washington, DC: Greenpeace.

Greschke, Heike. 2015. The social facts of climate change: an ethnographic approach. In *Grounding Global Climate Change*. H. Greschke and J. Tischler, Eds. Pp. 121–138. Dordrecht, the Netherlands: Springer Science + Business Media.

Grill, Claudia. 2015. Animal belongings: human–non human interactions and climate change in the Canadian Arctic. In *Grounding Global Climate Change*. H. Greschke and J. Tischler, Eds. Pp. 101–117. Dordrecht, the Netherlands: Springer Science + Business Media.

Grimes, Peter and Jeffrey Kentor. 2003. Exporting the greenhouse: foreign capital and CO2 emissions, 1980–1996. *Journal of World-Systems Research* 9(2): 261–275.

Grundmann, Reiner and Nico Stehr. 2010. Climate change: what role for sociology? A response to Constance Lever-Tracy. *Current Sociology* 58: 897–910.

Gulick, John. 2011. The long twentieth century and the barriers to China's hegemonic accession. *Journal of World Systems Research* 17(1): 4–38.

Gunderson, Lance and C. S. Holling, Eds. 2002. *Panarchy: Understanding Transformations in Human and Natural Systems*. Washington, DC: Island Press.

Hack, John. 1942. *The Changing Physical Environment of the Hopi Indians of Arizona: Report No. 1*. Cambridge, MA: Peabody Museum, Harvard University.

Hacking, Ian. 1982. Why are you so scared? *New York Review of Books* 34(14): 30–32 and 41.

Hackmann, Heide and Asuncion Lera St. Clair. 2012. *Transformative Cornerstones of Social Science Research for Global Change*. Paris, France: International Social Science Council.

Handmer, J., S. Dovers, and T. E. Downing. 1999. Societal vulnerability to climate change and variability. *Mitigation and Adaptation Strategies for Global Change* 4: 267–281.

Hanna, Jonathan. 2007. *Native Communities and Climate Change: Protecting Tribal Resources as Part of National Climate Policy*. Boulder, CO: Colorado University Law School.

Hansen, James. 2012a. Climate change is here—and worse than we thought. *Washington Post*, August 3. Online at: http://articles.washingtonpost.com/2012-08-03/opinions/35491435_1_climate-change-climate-model-normal-climate. Accessed March 3, 2013.

Hansen, James. 2012b. Why I must speak out about climate change. *TED, Ideas Worth Spreading*, February/March. Online at: www.ted.com/talks/james_hansen_why_i_must_speak_out_about_climate_change.html. Accessed May 5, 2013.

Hardt, Michael and Antonio Negri. 2009. *Commonwealth*. Cambridge, MA: Harvard University Press.

Harris, Paul G., Ed. 2000. *Climate Change and American Foreign Policy*. New York: St. Martin's Press.

Harris, Paul G. 2003, Ed. *Global Warming and East Asia: The Domestic and International Politics of Climate Change*. London: Routledge.

Harris, Paul G., Ed. 2011a. *China's Responsibility for Climate Change: Ethics, Fairness and Environmental Policy*. Bristol: Policy Press.

Harris, Paul G. 2011b. Reconceptualizing global governance. In *Oxford Handbook of Climate Change and Society*. John S. Dryzek, Richard B. Norgaard, and David Schlosberg, Eds. Pp. 639–652. Oxford, UK: Oxford University Press.

Harvey, David. 1997. *Justice, Nature, and the Geography of Difference*. Malden, MA: Wiley-Blackwell.

Harvey, David. 2003. *The New Imperialism*. New York: Oxford.

Hassan, Ferri A. 1994. Nile floods and political disorder in early Egypt. In *Third Millennium BC Climate Change and Old World Collapse*. H. Nuzhet Dalfes, George Kukla, and Harvey Weiss, Eds. Pp. 1–23. Berlin, Germany: Springer.

Hassan, Ferri A. 2009. Human agency, climate change, and culture: an archeological perspective. In *Anthropology and Climate Change*. Susan A. Crate and Mark Nuttall, Eds. Pp. 39–69. Walnut Creek, CA: Left Coast Press.

Hastrup, Kirsten. 2009a. Arctic hunters: climate variability and social flexibility. In *The Question of Resilience: Social Responses to Climate Change*. Kirsten Hastrup, Ed. Pp. 245–270. Copenhagen, Denmark: Det Kongelige Danske Videnskabernes Selskab.

Hastrup, Kirsten, Ed. 2009b. *The Question of Resilience: Social Responses to Climate Change*. Copenhagen, Denmark: Det Kongelige Danske Videnskabernes Selskab.

Hastrup, Kirsten. 2009c. Waterworlds: framing the question of social relevance. In *The Question of Resilience: Social Responses to Climate Change*. Kirsten Hastrup, Ed. Pp. 11–30. Copenhagen, Denmark: Det Kongelige Danske Videnskabernes Selskab.

Hastrup, Kirsten. 2012a. Anticipating nature: the productive uncertainty of climate models. In *The Social Life of Climate Change Models*. Kirsten Hastrup and Martin Skrydstrup, Eds. Pp. 1–29. Abingdon, UK: Taylor & Francis.

Hastrup, Kirsten. 2012b. The icy breath: modalities of climate knowledge in the Arctic. *Current Anthropology* 53: 227–230.

Hastrup, Kirsten. 2015. Comparing climate worlds: theorising across ethnographic fields. In *Grounding Global Climate Change*. H. Greschke and J. Tischler, Ed. Pp. 139–154. Dordrecht, the Netherlands: Springer Science + Business Media.

Head, Lesley and Chris Gibson. 2012. Becoming differently modern: geographic contributions to a generative climate politics. *Progress in Human Geography* 36: 699–714.

Hebdon, Chris, Myles Lennon, Francis Ludlow, Amy Zhang, and Michael R. Dove. 2016. Pedagogy and climate change. In *Anthropology and Climate Change:* From Action to Transformations (2nd edition). Susan A. Crate and Mark Nuttall, Eds. Pp. 388–398. New York: Routledge.

Hecht, Marjorie Mazel. 2004. The myth of nuclear "waste." *Larouche PAC*. January 1. Online at: http://larouchepac.com/node/14724. Accessed July 21, 2013.

Hecht, Marjorie Mazel. 2007. Where the global warming hoax was born. *21st Century Science and Technology*, Fall: 64–68.

Held, David, Angus Hervey, and Marika Theoros, Eds. 2011. *The Governance of Climate Change: Science, Economics, Politics and Ethics*. London: Polity.

Helvarg, David. 2017. Defending the Earth from Donald Trump. *The Progressive*, February 1: 21–23.

Hennessey, K., B. Fitzharris, B. C. Bates, N. Harvey, S. M. Howden, I. Hughes, J. Salinger, and R. Warrick. 2007. Australia and New Zealand. In *Climate Change 2007: Impact, Adaptation and Vulnerability: Contribution of Working Group II to the Fourth Assessment Report of the Intergovernmental Panel on Climate Change*. Cambridge, UK: Cambridge University Press.

Henry, Donald O. 1989. *From Foraging to Agriculture: The Levant at the End of the Ice Age*. Philadelphia, PA: University of Pennsylvania Press.

Henshaw, Anne. 2009. Sea ice: the sociocultural dimensions of a melting environment in the Arctic. In *Anthropology and Climate Change*. Susan A. Crate and Mark Nuttall, Eds. Pp. 153–165. Walnut Creek, CA: Left Coast Press.

Hepburn, John. 2017. Opposing Adani. *Arena Magazine* 145: 11–13.

Herman-Mercer, Nicole, Paul F. Schuster, and Karonhiakt'tic Bryan Maracle. 2011. Indigenous observations of climate change in the Lower Yukon River Basin. *Human Organization* 70: 244–252.

Hero Project. 2009. *Nukkan Kungun Yunnan—Ngarrindjeri's Being Heard*. Online at: https://www.youtube.com/watch?v=r-GIsv-dSs40. Accessed December 19, 2017.

Hetherington, Renee. 2012. *Living in a Dangerous Climate: Climate Change and Human Evolution*. Cambridge, UK: Cambridge University Press.

Hetherington, Renee and Robert G. B. Reid. 2010. *The Climate Connection: Climate Change and Modern Human Evolution*. Cambridge, UK: Cambridge University Press.

Hirsch, Jennifer, Sarah Van Deusen Phillips, Edward Labenski, Christine Dunford, and Troy Peters. 2011. Linking climate action to local knowledge and practice: a case study of diverse Chicago neighborhoods. In *Environmental Anthropology Today*. Helen Kopnina and Eleanor Shoreman-Ouimet, Eds. Pp. 267–296. New York: Routledge.

History.com. 1996. Margaret Mead speaks at first Earth Day. Online at: http://www.history.com/topics/holidays/earth-day-time-line/speeches/margaret-mead-speaks-at-first-earthday. Accessed December 16, 2017.

Hitchcock, Robert K. 2009. From local to global: perceptions and realities of environmental change among Kalahari. In *Anthropology and Climate Change*. Susan A. Crate and Mark Nuttall, Eds. Pp. 250–261. Walnut Creek, CA: Left Coast Press.

Hobbs, Jacqueline and Jason Davis. 2012. The "milkbird" as proxy: anthropology meets biology on the Tibetan Plateau. *Current Anthropology* 53: 235–236.

Hoffecker, John. 2009. The human story. In *The Complete Ice Age: How Climate Change Shaped the World*. Brian Fagan, Ed. Pp. 92–141. London: Thames & Hudson.

Holmes, Seth and Heide Castañeda. 2016. Representing the "European refugee crisis" in Germany and beyond: "deservingness" and difference, life and death. *American Ethnologist* 43(1): 12–24.

Holmgren, Karen and Helena Oberg. 2007. Climate change in southern and eastern Africa during the past millennium and its implications for societal development. In *The World System and the Earth System: Global Socioenvironmental Change and Sustainability Since the Neolithic*. Alf Hornborg and Carole Crumley, Eds. Pp. 121–131. Walnut Creek, CA: Left Coast Press.

Hopkins, Rob. 2010. What can communities do? In *The Post Carbon Reader: Managing the 21st Century's Sustainability Crisis*. Richard Heinberg and Daniel Lerch, Eds. Pp. 442–451. Healdsburg, CA: Watershed Media.

Hornborg, Alf. 2007. Introduction: conceptualizing socioecological systems. In *The World System and the Earth System: Global Socioenvironmental Change and Sustainability since the Neolithic*. Alf Hornborg and Carole Crumley, Eds. Pp. 15–28. Walnut Creek, CA: Left Coast Press.

Hornborg, Alf. 2013. The fossil interlude: Euro-American power and the return of the physiocrats. In *Cultures of Energy: Power, Practices, Technologies*. Sarah Strauss, Stephanie Rupp, and Thomas Love, Eds. Pp. 41–59. Walnut Creek, CA: Left Coast Press.

Hubbert, M. King. 1956. Nuclear energy and the fossil fuels. Paper presented at the Spring Meeting of the Southern District Division of Production, American Petroleum Institute. Online at: www.hubbertpeak.com/hubbert/1956/1956.pdf. Accessed June 2, 2013.

Hughes, David McDermott. 2013. Climate change and the victim slot: from oil to innocence. *American Anthropologist* 115: 570–581.

Huntington, E. 1922. Climate and Civilization. New Haven, CT: Yale University Press.

Huq, Saleemul and Mizan R. Khan. 2006. Equity in National Adaptation Programs of Action (NAPAs): the case of Bangladesh. In *Fairness in Adaptation to Climate Change*. W. Neil Adger, Jouni Paavola, Saleemul Huq, and M. J. Mace, Eds. Pp. 181–200. Cambridge, MA: MIT Press.

Indian Climate Justice Forum. 2002. Delhi Climate Justice Declaration. *India Resource Centre*. Online at: www.indiaresource.org/issues/energycc/2003/delhicjdeclare.html. Accessed June 5, 2012.

Inglehart, Ronald. 1990. *Cultural Shift in Advanced Industrial Society*. Princeton, NJ: Princeton University Press.

Institute for Tribal Environmental Professionals. 2008. Navaho Nation: dune study offers clues to climate change impacts. Online at: https://tribalclimateguide.uoregon.edu/climate-planning/navajo-nation-dune-study-offers-clues-climate-change. Accessed December 19, 2017.

Institute of Development Studies. 2013. The new bottom billion. Online at: www.ids.ac.uk/project/the-new-bottom-billion. Accessed June 28, 2013.

International Food Policy Research Institute. 2009. *Climate Change, Agriculture, and Food Security: Impacts and Costs of Adaptation to 2050*. Washington, DC: International Food Policy Research Institute.

Islam, Md Saidul and Si Hui Lim. 2015. When "nature" strikes: a sociology of climate change and disaster vulnerabilities. *Nature and Culture* 10(1): 57–80.

Jackson, Tim. 2009. *Prosperity without Growth*. London: Earthscan.

Jacques, Peter. 2012. A general theory of climate denial. *Global Environmental Politics* 12(2): 9–17.

Jacques, Peter, Riley Dunlap, and Mark Freeman. 2008. The organization of denial: conservative think tanks and environmental scepticism. *Environmental Politics* 17(3): 349–385.

Jasanoff, Sheila. 2010. A new climate for society. *Theory, Culture & Society* 27(2–3): 233–253.

Johansen, Bruce E. 2006. *Global Warming in the 21st Century. Volume 2: Melting Ice and Warming Seas*. Westport, CT: Praeger.

Johnson, Noor. 2016. Bridging knowledge and action on climate change: institutions, translation, and anthropological engagement. In *Anthropology and Climate Change: From Actions to Transformations* (2nd edition). Susan A. Crate and Mark Nuttall, Eds. Pp. 399–412. New York: Routledge.

Jorgenson, Andrew K. 2015. Five points on sociology, PEWS and climate change. *Journal of World-System Research* 21(2): 269–275.

Jull, Peter. 2009–2010. Indigenous sovereignty in the Northwest Passage. *Arena Magazine* 103: 45.

Kahn, Brian H., X. Huang, G. L. Stephens, W. D. Collins, D. R. Feldman, H. Su, S. Wong and Q. Yue. 2016. ENSO regulation of far- and mid-infrared contributions to clear-sky OLR. *Geophysical Research Letters*. 24 August. Online at: http://onlinelibrary.wiley.com/doi/10.1002/2016GL070263/full. Accessed March 1, 2018.

Katznelson, Ira. 2005a. Welfare in Black and White. In *When Affirmative Action Was White: An Untold History of Racial Inequality in Twentieth-Century America*. New York: W. W. Norton.

Katznelson, Ira. 2005b. *When Affirmative Action Was White: An Untold History of Racial Inequality in Twentieth-Century America*. New York: W. W. Norton.

Kaur, Raminder. 2011. A "nuclear renaissance": climate change and the state of exception. Australian Journal of Anthropology 22: 273–277.

Keeley, J. E. 2003. American Indian influence on fire regimes in California's coastal ranges. *Journal of Biogeography* 29: 303–320.

Kellogg, William W. and Margaret Mead, Eds. 1980. *The Atmosphere: Endangered and Endangering*. Tunbridge Wells, UK: Castle House Publications.

Kelman, Ilan and Jennifer J. West. 2009. Climate change and small island developing states. *Ecological and Environmental Anthropology* 5(1): 1–16.

Kempton, Willett. 1991. Lay perspectives on global climate change. *Global Environmental Change* 1(3): 183–208.

Kempton, Willet, James S. Boster, and Jennifer A. Hartley. 1995. *Environmental Values in American Culture*. Cambridge, MA: MIT Press.

Kennedy, Donald. 2006. Preserving the conditions of life. In *Science Magazine's State of the Planet 2006–2007*. Donald Kennedy, Ed. Pp. 39–48. Washington, DC: Island Press.

Kennett, Douglas, Sebastian Breitenbach, Valorie Aquino, Yemand Asmerom, Jaime Awe, James Baldini, James Bartlein, Brenden Culleton, Clair Ebert, Christopher Jazwa, Martha Macri, Norbert Marwan, Victor Polyak, Keith Prufer, Harriet Ridley, Harald Sodemann, Bruce Winterhalder, and Gerald Haug. 2012. Development and disintegration of Maya political systems in response to climate change. *Science* 338(6,108): 788–791.

Kent, Jennifer. 2009. Individualized responsibility and climate change: "if climate protection becomes everybody's responsibility, does it end up being no-one's?" *Cosmopolitan Civil Society Journal* 1: 132–149.

Kenya Environment and Political News. 2007. African farmers need a financial umbrella says World Bank. Online at: http://kenvironews.wordpress.com/2007/10/29/african-farmersneed-a-financial-umbrella-says-world-bank/. Accessed July 3, 2012.

Kiely, Ray. 2007. *The New Political Economy of Development: Globalization, Imperialism, and Hegemony*. New York: Palgrave MacMillan.

Kim, Jim Yong. 2012. Foreword. In 4°: *Turn Down the Heat—Why a 4°C Warmer World Must Be Avoided*. Pp. ix–x. Washington, DC: The World Bank.

Kim, Jim Yong. 2013a. Make climate change a priority. *Washington Post*, January 24. Online at: http://articles.washingtonpost.com/2013-01-24/opinions/36527558_1_globalcarbon-dioxide-emissions-climate-change-climate-and-energy. Accessed July 15, 2013.

Kim, Jim Yong. 2013b. *World Bank President at G20 meeting: climate change represents real, present danger, Transcript of speech by World Bank President Jim Kim at G20 Meeting in Moscow*, World Bank, February 16.

Kim, Jim Yong, Joyce V. Millen, Alec Irwin, and John Gershman, Eds. 2000. *Dying for Growth: Global Inequality and the Health of the Poor*. Monroe, ME: Common Courage Press.

Klein, Naomi. 2007. *The Shock Doctrine: The Rise of Disaster Capitalism*. New York: Metropolitan Books.

Koensler, Alexander and Cristiana Papa. 2013. Introduction: beyond anthropocentrism, changing practices and the politics of "nature." *Journal of Political Ecology* 20: 286–294.

Kolbert, Elizabeth. 2011. Age of Man. *National Geographic*, March. Online at: http://ngm.nationalgeographic.com/2011/03/age-of-man/kolbert-text. Accessed March 5, 2013.

Kopnina, Helen and Eleanor Shoreman-Ouimet. 2017. An introduction to environmental anthropology. In *Routledge Handbook of Environmental Anthropology*. Helen Kopnina and Eleanor Shoreman-Ouimet, Eds. Pp. 3–9. London: Routledge.

Krakoff, Sarah. 2008. American Indians, climate change, and ethics for a warming world. *Denver University Law Review* 85(865): 1–33.

Krauss, Werner. 2009. Localized climate change: a multi-sited approach. In *Multi-Sited Ethnography: Theory, Praxis and Locality in Contemporary Research*. Mark-Anthony Falzon, Ed. Pp. 149–164. Farnham, UK: Ashgate.

Krauss, Werner. 2016. Escaping the double bind: from the management of uncertainty toward integrated climate research. In *Anthropology and Climate Change: From Action to Transformation*. Susan A. Crate and Mark Nuttall, Eds. Pp. 413–423. New York: Routledge.

Krieger, Nancy. 2005. *Health Disparities and the Body*. Boston, MA: Harvard School of Public Health.

Krien, Anna. 2017. Coal, coral and Australia's climate deadlock. *Quarterly Essay* 66: 1–116.

Kuch, Declan. 2015. *The Rise and Fall of Carbon Emissions Trading*. New York: Palgrave Macmillan.

Kull, Christian A. and Simon P. J. Batterbury. 2013. La géographie face aux défies environmentaux dans le monde Anglophone (Academic geography and environmental challenges in the Anglophone world). Unpublished paper.

Kuper, Rudolph and Stefan Kröpelin. 2006. Climate-controlled Holocene occupation in the Sahara: motor of Africa's evolution. *Science* 313(5,788): 803–807.

Lahsen, Myanna. 1999. The detection and attribution of conspiracies: the controversy over Chapter 8. In *Paranoia within Reason: A Casebook on Conspiracy as Explanation*. George E. Marcus, Ed. Pp. 111–136. Chicago, IL: University of Chicago Press.

Lahsen, Myanna. 2004. Transnational locals: Brazilian experiences of the climate regime. In *Earthly Politics: Local and Global in Environmental Governance*. Sheila Jasanoff and Larybeth Long Martello, Eds. Pp. 151–171. Cambridge, MA: MIT Press.

Lahsen, Myanna. 2005a. Seductive simulations? Uncertainty distribution around climate models. *Social Studies of Science* 35/6: 895–922.

Lahsen, Myanna. 2005b. Technocracy, democracy, and U.S. climate politics: the need for demarcations. *Science, Technology & Human Values* 30(1): 137–169.

Lahsen, Myanna. 2007a. Anthropology and the trouble of risk society. *Anthropology Newsletter*, December: 9–10.

Lahsen, Myanna. 2007b. Trust through participation? Problems of knowledge in climate decision making. In *The Social Construction of Climate Change: Power, Norms, and Discourses*. Mary E. Pettenger, Ed. Pp. 173–196. Aldershot, UK: Ashgate.

Lahsen, Myanna. 2008a. Commentary on "Gone the bull of winter? Grappling with the cultural implications of and anthropology's role(s) in global climate change" by Susan A. Crate. *Current Anthropology* 49: 587–588.

Lahsen, Myanna. 2008b. Experiences of modernity in the greenhouse: a cultural analysis of a physicist "trio" supporting the backlash against global warming. *Global Environmental Change* 18: 204–219.

Lahsen, Myanna. 2009. A science–policy interface in the global south: the politics of carbon sinks and science in Brazil. *Climate Change* 97: 339–372.

Lahsen, Myanna. 2013. Anatomy of dissent: a cultural analysis of climate scepticism. *American Behavioral Scientist* 57: 732–753.

Lahsen, Myanna. 2015. Digging deeper into the why: cultural dimensions of climate change scepticism among scientists. In *Climate Cultures: Anthropological Perspectives on Climate Change*. Jessica Barnes and Michael R. Dove, Eds. Pp. 221–248. New Haven, CT: Yale University Press.

Landler, Mark. 2017 Trump rates his hurricane relief: "Great." "Amazing." "Tremendous." *New York Times*. Online at: https://www.nytimes.com/2017/09/26/us/politics/trumppuerto-rico-hurricane.html. Accessed December 16, 2017.

Latour, Bruno. 2003. Atmosphère, atmosphère. In *Olafur Eliasson: The Weather Project*. Susan May, Ed. Pp. 29–41. London: Tate Publishing.

Lavell, Kristen. 2006. Hurricane Katrina: the race and class debate. *Monthly Review* 58(3): 52–66.

Lazrus, Heather. 2009. The government of vulnerability: climate change and agency in Tuvalu, South Pacific. In *Anthropology and Climate Change*. Susan A. Crate and Mark Nuttall, Eds. Pp. 240–249. Walnut Creek, CA: Left Coast Press.

Lazrus, Heather. 2012. Sea change: island communities and climate change. *Annual Review of Anthropology* 41: 285–301.

Leduc, Timothy B. 2007. Sila dialogues on climate change: Inuit wisdom for a cross-cultural interdisciplinarity. *Climatic Change* 85: 237–250.

Leduc, Timothy B. 2010. *Climate Culture Change: Inuit and Western Dialogues with a Warming North*. Ottawa, Canada: University of Ottawa Press.

Leduc, Timothy. 2011. Dialogue with the "Ecologist" review. *Climate, Culture, Change: Inuit and Western Dialogues with a Warming North*, February 24. Online at: http://climateculturechange. wordpress.com/2011/02/24/dialogue-with-the-ecologist-review/.Accessed July 21, 2012.

Leichenko, Robin and Karen O'Brien. 2006. Is it appropriate to identify winners and losers? In *Fairness in Adaptation to Climate Change*. W. Neil Adger, Jouni Paavola, Saleemul Huq, and M. J. Mace, Eds. Pp. 97–114. Cambridge, MA: MIT Press.

Lever-Tracy, Constance. 2008. Global warming and sociology. *Current Sociology* 56: 445–466.

Lever-Tracy, Constance, Ed. 2010. *Routledge Handbook of Climate Change and Society*. London: Routledge.

Lever-Tracy, Constance. 2011. *Confronting Climate Change*. London: Routledge.

LeVine, Robert A. and Donald T. Campbell. 1972. *Ethnocentrism: Theories of Conflict, Ethnic Attitudes, and Group Behavior*. Oxford, UK: John Wiley & Sons.

Lewis, Charles, Eric Hombert, Alexia Campbell, and Lydia Beyoud. 2013. Koch millions spread through nonprofits, colleges. *Investigative Reporting Workshop, American University School of Communication*. Online at: http://investigativereportingworkshop.org/investigations/the_koch_club/story/Koch_millions_spread_influence_through_nonprofits/. Accessed July 19, 2013.

Lewis, Simon, Paulo Brando, Oliver Phillips, Geertje van der Heijden, and Daniel Nepstad. 2011. The 2010 Amazon Drought. *Science* 331(6,017): 554.

Lewis, Sophie and David Karoly. 2013. Anthropogenic contributions to Australia's record summer temperatures of 2013. *Geophysical Research Letters* 40(14): 3,705–3,709.

Lindenmayer, David. 2007. *On Borrowed Time: Australia's Environmental Crisis and What We Must Do about It*. Melbourne, Australia: CSIRO Publishing.

Lipset, David. 2011. The tides: masculinity and climate change in coastal Papua New Guinea. *Journal of the Royal Anthropological Institute* 17: 20–43.

Little, Peter. 2011. Speaking Truth to Power: Listening to a Seasoned Climate Scientist. Manuscript. Corvallis, OR: Department of Anthropology, Oregon State University.

Little, Peter D., Hussein Mahmoud, and D. Layne Coppock. 2001. When deserts flood: risk management and climatic processes among East African pastoralists. *Climate Research* 19: 149–159.

Livingstone, David N. 2015. The climate of war: violence, warfare, and climatic reductionism. *Wiley Interdisciplinary Reviews: Climate Change* 6: 437–444.

Lohmann, Larry. 2006. *Carbon Trading: A Critical Conversation on Climate Change, Privatization and Power*. Development Dialogue No. 28. Uppsala, Sweden: Dag Hammarskjoeld Centre.

Lora-Wainwright, Anna. 2013. The inadequate life: rural industrial pollution and lay epidemiology in China. *The China Quarterly* 214: 302–320. doi: 10.1017/S0305741013000349.

Lovelock, James. 2007. *The Revenge of Gaia: Earth's Climate Crisis and the Fate of Humanity*. New York: Basic Books.

Lovelock, James and Lynn Margulis. 1974. Atmospheric homeostasis by and for the biosphere: the Gaia hypothesis. *Tellus* A26(1–2): 2–10.

Lucero, Lisa J., Joel D. Gunn, and Vernon L. Scarborough. 2011. Climate change and classic Maya water management. *Water* 3: 479–494.

Luke, Tim. 2008. Climatologies as social critique: the social construction/creation of global warming, global dimming, and global cooling. In *Political Theory and Global Climate Change*. Steven Vanderheiden, Ed. Pp. 121–152. Cambridge, MA: MIT Press.

Lynas, Mark. 2004. *High Tide: The Truth about Our Climate Crisis*. New York: Picador.

Lynas, Mark. 2007. *Six Degrees: Our Future on a Hotter Planet*. London: Fourth Estate.

Lyster, Rosemary. 2017. Climate justice, adaptation and the Paris Agreement: a recipe for disasters? *Environmental Politics* 26: 438–458.

Maathai, Wangari. 2010. The world needs women to make progress on climate change. *Inter Press Service*, July 20. Online at: www.ipsnews.net/2010/12/the-world-needs-womento-make-progress-on-climate-change. Accessed July 20, 2013.

Madrino, Elizabeth and Peter Schweitzer. 2009. Talking and not talking about climate change in northwestern Alaska. In *Anthropology and Climate Change*. Susan A. Crate and Nuttall. Eds. Pp. 209–217. Walnut Creek, CA: Left Coast Press.

Magistro, John and Medou Lo. 2001. Historical and human dimensions of climate variability and water resource constraint in the Senegal River Valley. *Climate Research* 19: 133–147.

Magistro, John and Carla Roncoli. 2001. Anthropological perspectives and policy implications of climate change research. *Climate Research* 19: 91–96.

Mahmoud, Hussein A. and Peter D. Little. 2000. Climatic shocks and pastoral risk management in northern Kenya. *Practicing Anthropology* 22(4): 11–14.

Mahmud, Tanvir and Martin Prowse. 2012. Corruption in cyclone preparedness and relief efforts in coastal Bangladesh: lessons for climate adaptation. *Global Environmental Change* 22: 933–943.

Marcotullio, Peter J., Andrea Sarzynski, Jochen Albrecht, and Niels Schulz. 2012. The geography of urban greenhouse gas emissions in Asia: a regional analysis. *Global Environmental Change* 22: 944–958.

Marino, Elizabeth and Heather Lazrus. 2015. Migration or forced displacement? The complex choices of climate change and disaster migrants in Shishmaref, Alaska and Nanumea, Tuvalu. *Human Organization* 74: 341–350.

Marshall, Jonathan. 2012. Climate change movements and psycho-social disorder. *Australian Journal of Anthropology* 22: 265–269.

Marshall, Jonathan Paul. 2015. Geoengineering, imagining and the problem cycle: a cultural complex in action. In *Environmental Change and the World's Futures: Ecologies, Ontologies and Mythologies*. Jonathan Paul Marshall and Linda H. Connor, Eds. Pp. 246–263. London: Earthscan.

Marshall, Jonathan Paul and Linda H. Connor, Eds. 2016. *Environmental Change and the World's Futures: Ecologies, Ontologies and Mythologies*. London: Earthscan.

Maslin, Mark. 2009. *Global Warming: A Very Short Introduction*. Oxford, UK: Oxford University Press.

Mayer, Jane. 2013. Koch pledge tied to congressional climate inaction. *The New Yorker*, July 1. Online at: www.newyorker.com/online/blogs/newsdesk/2013/07/the-kochs-andthe-action-on-global-warming.html. Accessed July 19, 2013.

McClanahan, Bill and Avi Brisman. 2015. Climate change and peacemaking criminology: ecophilosophy, peace and security in the "war on climate change." *Critical Criminology* 23: 417–431.

McCorriston, Joy and Frank Hole. 1991. The ecology of seasonal stress and the origins of agriculture in the Near East. *American Anthropologist* 93: 46–69.

McElroy, Ann. 2013. Sedna's children: Inuit elders' perceptions of climate change and security. In *Environmental Anthropology: Future Directions*. Helen Kopnina and Eleanor Shoreman-Ouimet, Eds. Pp. 145–171. London: Routledge.

McElroy, Ann and Patricia K. Townsend. 2009. *Medical Anthropology in Ecological Perspective* (5th edition). Boulder, CO: Westview Press.

McElwee, Pamela. 2015. From conservation and development to climate change: anthropological engagements with REDD+ in Vietnam. In *Climate Cultures: Anthropological Perspectives on Climate Change*. Jessica Barnes and Michael R. Dove, Eds. Pp. 82–104. New Haven, CT: Yale University Press.

McGovern, Thomas. 1994. Management for extinction in Norse Greenland. In *Historical Ecology: Cultural Knowledge and Changing Landscapes*. C. Crumley, Ed. Pp. 127–154. Santa Fe, NM: School of American Research Monograph.

McKibben, Bill. 2010. *Eaarth: Making a Life on a Tough New Planet*. New York: Henry Holt.

McMichael, Anthony. 2013. Globalization, climate change, and human Health. *New England Journal of Medicine* 368: 1,335–1,343.

McNeeley, Shannon and Orville Huntington. 2007. Postcards from the (not so) frozen North: talking about climate change in Alaska. In *Creating a Climate Change and Facilitating Social Change*. Susanne C. Moser and Lisa Dilling, Eds. Pp. 139–152. Cambridge, UK: Cambridge University Press.

Mead, Margaret. 1943 [orig. 1928]. *Coming of Age in Samoa: A Study of Adolescence and Sex in Primitive Societies*. Harmondsworth, UK: Penguin. (First published 1928. New York: William Morrow.)

Mead, Margaret. 1980. Preface. In *The Atmosphere: Endangered and Endangering*. William W. Kellogg and Margaret Mead, Eds. Pp. xvii–xxii. Tunbridge Wells, UK: Castle House Publications.

Meadows, D., D. L. Meadows, and J. Randers. 1992. *Beyond the Limits: Global Collapse or Sustainable Future*. London: Earthscan.

Meadows, D., J. Randers and D. L. Meadows. 2004. *Limits to Growth: The 30-year Update*. White River Junction, VT: Chelsea Green Publishing.

Meadows, D., D. L. Meadows, J. Randers, and W. Behrens. 1972. The *Limits to Growth: A Report for the Club of Rome Project on the Predicament of Mankind*. New York: Universe Books.

Mendelsohn, Robert. 2006–2007. A critique of the Stern Report. *Regulation*, Winter. Online at: www.cato.org/sites/cato.org/files/serials/files/regulation/2006/12/v29n4-5.pdf. Accessed June 23, 2012.

Michaels, Patrick. 2004. *Meltdown: The Predictable Distortion of Global Warming by Scientists*. Washington, DC: Cato Institute.

Milton, Kay. 1996. *Environmentalism and Cultural Theory: Exploring the Role of Anthropology in Environmental Discourse*. London: Routledge.

Milton, Kay. 2008. Climate change and culture theory: the need to understand ourselves. In *The Impact of Global Warming on the Environment and Human Societies*. PASI Research Paper No. 1. Hans A. Baer, Ed. Pp. 39–52. Melbourne, Australia: School of Philosophy, Anthropology, and Social Inquiry, University of Melbourne.

Minnegal, Monica and Peter D. Dwyer. 2008. Fire, flood, fish and the uncertainty paradox. *Australian Journal of Anthropology* 19: 77–81.

Mintz, Sidney W. 1985. *Sweetness and Power: The Place of Sugar in Modern History*. New York: Viking.

Monbiot, George. 2006. *Heat: How to Stop the Planet Burning*. Camberwell, Australia: Allen Lane.

Mongillo, John and Linda Zierdt-Warshaw, Eds. 2000. *Encyclopedia of Environmental Science*. Rochester, NY: University of Rochester Press.

Montoya, Michael. 2013. Mescalero Apache Tribe: innovative approaches to climate change adaptation. *Tribes and Climate Change*. Online at: https://nnigovernance.arizona.edu/mescalero-apache-tribe-innovative-approaches-climate-change-adaptation. Accessed July 19, 2013.

Moran, Emilio F. 2006. *People and Nature: An Introduction to Human Ecological Relations*. Malden, MA: Blackwell.

Moran, Emilio F. 2010. *Environmental Social Science: Human–Environment Interactions and Sustainability*. Malden, MA: Wiley-Blackwell.

Morgan, Gareth and John McCrystal. 2009. *Poles Apart: Beyond the Shouting and Who's Right about Climate Change*? Melbourne, Australia: Scribe.

Moritz, Max, Marc-André Parisien, Enric Batllori, Meg Krawchuk, Jeff Van Dorn, David Ganz, and Katharine Hayhoe. 2012. Climate change and disruptions to global fire activity. *Ecosphere* 3: 49.

Morris, Ian. 2011. *Why the West Rules—Rules for Now: The Patterns of History and What They Reveal about the Future*. London: Profile Books.

Mortreux, Colette and Jon Barnett. 2009. Climate change, migration and adaptation in Funafuti, Tuvalu. *Global Environmental Change* 19: 105–112.

Moyers, Bill. 2011. How Wall Street occupied America. *The Nation*. Online at: www.thenation.com/article/164349/how-wall-street-occupied-america. Accessed February 23, 2012.

Mulligan, Shane. 2016. Reassessing the crisis: ecology and liberal international relations. In *Energy, Capitalism and World Order: Towards a New Agenda in International Political Economy*. Tim Muzzo, Ed. Pp. 41–46. New York: Palgrave Macmillan.

Nader, Laura. 1972. Up the anthropologist—perspectives gained from studying up. In *Reinventing Anthropology*. Dell Hymes, Ed. Pp. 284–311. New York: Random House.

Nader, Laura. 2013. Afterword: maximizing anthropology. In *Cultures of Energy: Power, Practices, Technologies*. Sarah Strauss, Stephanie Rupp, and Tom Love, Eds. Pp. 317–323. Walnut Creek, CA: Left Coast Press.

Nagel, Joane, Thomas Dietz, and Jeffrey Broadbent. 2009. *Workshop on Sociological Perspective on Global Climate Change*. Arlington, VA: National Science Foundation.

Nebbia, Giorgio. 2012. The unsustainability of sustainability. *Capitalism Nature Socialism* 23(2): 95–107.

Negi, Biju, Reetu Sogani, and Vijay Pandey. 2010. Climate change and women's voices in India. In Dankelman, Irene, Ed. *Gender and Climate Change: An Introduction*. Pp. 72–75. Washington, DC: Earthscan.

Nelson, Donald R. and Timothy J. Finan. 2000. The emergence of a climate anthropology in northeast Brazil. *Practicing Anthropology* 22(4): 6–10.

Neubeck, Kenneth J., and Noel A. Cazenave. 2001. *Welfare Racism: Playing the Race Card against America's Poor*. New York: Routledge.

Newell, Peter. 2016. The political economy of (climate) change: low-carbon energy transitions under capitalism. In *Energy, Capitalism and World Order: Towards a New Agenda in International Political Economy*. Tim Di Muzzo, Ed. Pp. 127–142. New York: Palgrave Macmillan.

Newell, Peter and Matthew Paterson. 2010. *Climate Capitalism: Global Warming and the Transformation of the Global Economy*. Cambridge, UK: Cambridge University Press.

Nodari, Maria Luisa and Giorgio Vassena. 2012. The social life of climate change: weather data, glacial retreat, and mountaineering from the land of snow to the Rwenzori Mountains. *Current Anthropology* 53: 236–237.

Nogués-Bravero, D., M. B. Araújo, M. P. Errea, and J. P. Martinez-Ricaet. 2007. Exposure of global mountain systems to climate warming during the 21st century. *Global Environmental Change* 17: 420–428.

Noort, Robert van de. 2013. *Climate Change Archaeology: Building Resilience from Research in the World's Coastal Wetlands*. Oxford, UK: Oxford University Press.

Norgaard, Kari Marie. 2011. *Living in Denial: Climate Change, Emotions, and Every Day Life*. Cambridge, MA: MIT Press.

Noyes, P., M. McElwee, H. Miller, B. Clark, L. Van Tiem, K. Walcott, K. Erwin, and E. Levin. 2008. The toxicology of climate change: Environmental contaminants in a warming world. *Environment International* 35: 971–986.

Nuttall, Mark. 2009. Living in a world of movement: human resilience to environmental instability in Greenland. In *Anthropology and Climate Change*. Susan A. Crate and Mark Nuttall, Eds. Pp. 292–310. Walnut Creek, CA: Left Coast Press.

Nuttall, Mark, Fikret Berkes, Bruce Forbes, Gary Kofina, Tatiana Vlassova, and George Wenzel. 2004. Hunting, herding, fishing and gathering: indigenous people and renewable resources. In *Impacts of a Warming Arctic: Arctic Climate Impact Assessment*. Carolyn Symon, Lelani Arris, and Bill Heal, Eds. Pp. 649–690, Cambridge, UK: Cambridge University Press.

Nuzhet Dalfes, H., George Kukla, and Harvey Weiss, Eds. 1994. *Third Millennium BC Climate Change and Old World Collapse*. New York: Springer.

Officer, Charles and Jake Page. 2009. *When the Planet Rages: Natural Disasters, Global Warming, and the Future of the Earth*. Oxford, UK: Oxford University Press.

Oil Watchdog. 2012. Meet Koch Industries. Online at: www.consumerwatchdog.org/video/our-times-sq-ad-meet-koch-industries. Accessed November 18, 2013.

Oliver-Smith, Anthony. 2009. Climate change and population displacement: disasters and diasporas in the twenty-first century. In *Anthropology and Climate Change*. Susan A. Crate and Mark Nuttall, Eds. Pp. 116–136. Walnut Creek, CA: Left Coast Press.

Oliver-Smith, Anthony. 2010. Sea level rise, local vulnerability and involuntary migration. In *Migration and Climate Change*. Etienne Piguet, Atoine Pecoud, and Paul De Guchteneire, Eds. Pp. 160–187. Cambridge, UK: Cambridge University Press.

Ontario Lung Association. 2008. *The connections between climate change, air quality, and respiratory health*. Online at: www.lung.ca/protect-protegez/pollution-pollution/outdoor-exterior/climate-climatique_e.php. Accessed February 1, 2011.

O'Reilly, Jessica. 2015. Glacial dramas: typos, projections, and peer review in the Fourth Assessment of the Intergovernmental Panel on Climate Change. In *Climate Cultures: Anthropological Perspective on Climate Change*. Jessica Barnes and Michael R. Dove, Eds. Pp. 107–126. New Haven, CT: Yale University Press.

Orlove, Ben. 2003. How people name seasons. In *Weather, Climate, Culture*. Sarah Strauss and Ben Orlove, Eds. Pp. 121–137. Oxford, UK: Berg.

Orlove, Ben. 2005. Human adaptation to climate change: a review of three historical cases and some general perspectives. *Environmental Science & Policy* 8: 589–600.

Orlove, Ben and Steven C. Caton. 2009. Water as an object of anthropological inquiry. In *The Question of Resilience: Social Responses to Climate Change*. Kirsten Hastrup, Ed. Pp. 31–47. Copenhagen, Denmark: Det Kongelige Danske Videnskabernes Selskab.

Orlove, Ben and Merit Kabugo. 2005. Signs and sight in South Uganda: representing perception in ordinary conversation. *Ethnofoor* 18: 124–141.

Orlove, Ben, J. Chiang, and M. Cane. 2000. Forecasting Andes rainfall and crop yield from the influences of El Niño on Pleiades visibility. *Nature* 403: 68–71.

Orlove, Ben, J. Chiang, and M. Cane. 2002. Ethnoclimatology in the Andes: a crossdisciplinary study uncovers a scientific basis for the scheme Andean potato farmers traditionally use to predict the coming rains. *American Scientist* 90: 428–435.

Orlove, Ben, Ellen Wiegandt, and Brian H. Luckman. 2008. The place of glaciers in natural and cultural landscapes. In *Darkening Peaks: Glacier Retreat, Science, and Society*. Ben Orlove, Ellen Wiegandt, and Brian H. Luckman, Eds. Pp. 3–19. Berkeley, CA: University of California Press.

Orlove, Ben, Heather Lazrus, Grete K. Hovelsrud, and Alessandra Giannini. 2014. Recognition and responsibilities: on the origins and consequences of the uneven attention to climate change around the world. *Current Anthropology* 55: 249–275.

Orr, Yancey, J. Stephen Lansing, and Michael R. Dove. 2015. Environmental anthropology: systemic perspectives. *Annual Review of Anthropology* 44: 153–168.

Ortiz, Isabel and Matthew Cummins. 2011. *Global Inequality: Beyond the Bottom Billion*. UNICEF Social and Economic Policy Working Paper. New York: United Nations Children's Fund.

Ostrom, Elinor. 2009. *A Polycentric Approach for Coping with Climate Change*. Policy Research Working Paper 5,095. Washington, DC: World Bank, Development Economics, Office of the Senior Vice President and Chief Economist, October.

Ostrom, Elinor. 2012. Green from the grassroots. *Project Syndicate*. Online at: www.projectsyndicate. org/commentary/green-from-the-grassroots. Accessed July 11, 2013.

Otterstrom, Sarah M. 2000. Variation in coping with El Niño droughts in northern Costa Rica. *Practicing Anthropology* 22(4): 15–18.

Paerregaard, Karsten. 2016. Making sense of climate change: global impacts, local responses, and anthropogenic dilemmas in the Peruvian Andes. In *Anthropology and Climate Change: From Actions to Transformations*. Susan A. Crate and Mark Nuttall, Eds. Pp. 250–260. New York: Routledge.

Parenti, Christian. 2011. *Tropic of Cancer: Climate Change and the New Geography of Violence*. New York: Nation Books.

Parks, Bradley and J. Timmons Roberts. 2010. Climate change, social theory and justice. *Theory, Culture & Society* 27(2–3): 134–166.

Paterson, Matthew. 2007. *Automobile Politics: Ecology and Cultural Political Economy*. Cambridge, UK: Cambridge University Press.

Paterson, Matthew. 2011. Selling carbon: from international climate regime to global carbon market. In *Oxford Handbook of Climate Change and Society*. John S. Dryzek, Richard B. Norgaard, and David Schlosberg, Eds. Pp. 611–624. Oxford, UK: Oxford University Press.

Pearce, Fred. 2006. *The Last Generation: How Nature Will Take Her Revenge for Climate Change*. London: Transworld Publishers.

Pearce, Fred. 2007. *With Speed and Violence: Why Scientists Fear Tipping Points in Climate Change*. Boston, MA: Free Press.

Peterman, A. and O. Langelle. 2010. What really happened in Copenhagen? *Zeta Magazine*, February 1. Online at: https://zcomm.org/zmagazine/what-really-happened-incopenhagen-by-anne-petermann/. Accessed November 18, 2013.

Peterson, Nicole and Kenneth Broad. 2009. Climate and weather discourse in anthropology: from determinism to uncertain futures. In *Anthropology and Climate Change*. Susan A. Crate and Mark Nuttall, Eds. Pp. 70–86. Walnut Creek, CA: Left Coast Press.

Piguet, Etienne. 2008. *Climate Change and Forced Migration, New Issues in Refuge Research, No. 153*. Geneva, Switzerland: United Nations High Commission for Refugees.

Pilkey, Orrin H. and Rob Young. 2009. *The Rising Sea*. Washington, DC: Island Press.

Piven, Frances Fox and Richard A. Cloward. 1993. *Regulating the Poor: The Functions of Public Welfare*. New York: Vintage Books.

Pokrant, Bob and Laura Stocker. 2009. Anthropology, climate change and coastal planning. In *Environmental Anthropology Today*. Helen Kopnina and Eleanore Shoreman-Ouimet, Eds. Pp. 179–194. New York: Routledge.

Political Economic Research Institute. 2012. Toxic 100 air polluters. Online at: https://www.peri.umass.edu/index.php?option=com_content&view=article&id=74&Itemid=459/. Accessed November 18, 2013.

Popper, Karl. 2002. *The Logic of Scientific Discovery*. London: Routledge.

Potts, Richard. 1996. *Humanity's Descent: The Consequences of Ecological Instability*. New York: William Morrow.

Potts, Richard. 1998. Variability selection in hominid evolution. *Evolutionary Anthropology* 7(3): 81–96.

Potts, Richard. 2010. *What Does It Mean to Be Human?* New York: National Geographic.

Potts, Richard. 2012. Evolution and environmental change in early human prehistory. *Annual Review of Anthropology* 41: 151–167.

Prins, Gwyn and Steve Rayner. 2007. The Wrong Trousers: Radical Rethinking Climate Policy. Joint Discussion Paper of the James Martin Institute for Science and Civilization, University of Oxford and LSE.

Prins, Gwyn, Malcolm Cook, Christopher Green, Mike Hulme, Atte Korhola, Eija-Ritta Korhola, Roger Pielke, Jr., Steve Rayner, Akihiro Sawa, Daniel Sarewitz, Nico Stehr, and Hans von Storch. 2009. *How to Get Climate Policy Back on Course*. Institute for Science, Innovation and Society, University of Oxford. Online at: http://sciencepolicy.colorado.edu/admin/publication_files/resource-2731-2009.17.pdf. Accessed December 19, 2017.

Puntenney, P. J. 2009. Where managerial and scientific knowledge meet sociocultural systems: local realities, global responsibilities. In *Anthropology and Climate Change*. Susan A. Crate and Mark Nuttall, Eds. Pp. 311–326. Walnut Creek, CA: Left Coast Press.

Rafferty, J. M. and C. M. O'Dwyer. 2010. *The Functional Dynamics of Green Universities*. Melbourne, Australia: National Tertiary Education Union.

Rahman, Ashiqur. 2009. Salt Is Killing Us: Salinity and Livelihood in a Bangladesh Village. Masters thesis, Department of Anthropology, Lund University.

Rahman, Ashiqur. 2010. Local response to global climate change: a case of drinking water in a Bangladesh village. *International Journal of Climate Change* 2(1): 265–275.

Ralston, Holley, Britta Horstmann, and Carina Holl. 2004. *Climate Change Challenges Tuvalu*. Berlin, Germany: Germanwatch.

Randalls, Samuel. 2017. Contributions and perspectives from geography to the study of climate. *Wiley Interdisciplinary Reviews: Climate Change* 8: 1–16.

Rasmussen, Mattias Borg. 2009. Andean meltdown: comments on the "Declaration of Recuay." In *The Question of Resilience: Social Responses to Climate Change*. Kirsten Hastrup, Ed. Pp. 197–217. Copenhagen, Denmark: Det Kongelige Danske Videnskabernes Selskab.

Ray, Celeste. 2002. Cultural paradigms: an anthropological perspective on climate change. In *Global Climate Change*. Sharon L. Spray and Karen L. McGlothin, Eds. Pp. 81–100. Lanham, MD: Rowman & Littlefield.

Rayner, Steve. 1991. A cultural perspective on the structure and implementation of global environmental agreements. *Evaluation Review* 15: 75–102.

Rayner, Steve. 1993a. Introduction. Special issue: *National Case Studies of Institutional Capabilities to Implement Greenhouse Gases. Global Environmental Change* 3(1): 7–11.

Rayner, Steve. 1993b. Prospects for CO_2 emissions reduction policy in the USA. *Global Environmental Change* 3(1): 12–31.

Rayner, Steve. 2007. Creating a climate for change: the influence of Luther Gerlach on the development of critical thinking about climate change. In Cultural Analysis and the Navigation of Complexity. Lisa Kaye Brandt, Ed. Pp. 3–20. Lanham, MD: University Press of America.

Rayner, Steve and Elizabeth Malone, Eds. 1998a. *Human Choice and Climate Change: An International Assessment* (4 vols). Columbus, OH: Battelle Press.

Rayner, Steve and Elizabeth Malone. 1998b. Why study human choice and climate change. In *Human Choice and Climate Change, Volume One: The Societal Framework*. Steve Rayner and Elizabeth Malone, Eds. Pp. xiii–xlii. Columbus, OH: Battelle Press.

Redman, Charles L. 1999. *Human Impact on Environments*. Tucson, AZ: University of Arizona Press.

Redman, Charles L., Steven R. James, Paul R. Fish, and J. Daniel Rogers, Eds. 2007. The Archaeology of Global Change: *The Impact of Humans on Their Environment*. Washington, DC: Smithsonian Institution Press.

Redman, Charles, Carol L. Crumley, Fekri A. Hassan, Frank Hole, Joao Morais, Frank Riedel, Vernon L. Scarborough, Joseph A. Tainter, Peter Turchin, and Yoshinori Yasuda. 2007. Group report: millennial perspectives on the dynamic interaction of climate, people, and resources. In *Sustainability or Collapse? An Integrated History and Future of People on Earth*. Robert Costanza, Lisa J. Graumlich, and Will Steffen, Eds. Pp. 115–148. Cambridge, MA: MIT Press.

Rees, Martin. 2003. *Our Final Hour: A Scientist's Warning: How Terror, Error, and Environmental Disaster Threaten Humankind's Future in This Century—on Earth and Beyond*. New York: Basic Books.

Ren, C., G. Williams, K. Mengersen, L. Morawska, and S. Tong. 2008. Does temperature modify short-term effects of ozone on total mortality in 60 large eastern US communities? An assessment using the NMMAPS data. *Environment International* 34: 451–458.

Reuter, Thomas. 2010. Anthropological theory and the alleviation of anthropogenic climate change: understanding the cultural causes of systemic change resistance. World Anthropologies Network. *World Anthropology Network E-Journal* 5. Online at: www.academia.edu/11346248/Anthropological_Theory_and_the_Alleviation_of_Anthropogenic_Climate_Change_Understanding_the_Cultural_Causes_of_Systemic_Change_Resistance. Accessed June 12,2013.

Rhoades, Robert, Xavier Zapata Rios, and Jenny Aragundy Ochoa. 2008. Mama Cotacachi: history, local perceptions, and social impacts of climate change and glacier retreat in Ecuadorian Andes. In *Darkening Peaks: Glacier Retreat, Science, and Society*. Ben Orlove, Ellen Wiegandt, and Brian H. Luckman, Eds. Pp. 216–225. Berkeley, CA: University of California Press.

Robbins, Paul. 2012. *Political Ecology* (2nd edition). Malden, MA: Wiley-Blackwell.

Roberts, J. Timmons and Peter E. Grimes. 1997. Carbon intensity and economic development 1962–91: a brief exploration of the Kunzets curve. *World Development* 25: 191–198.

Roberts, J. Timmons and Peter E. Grimes. 2002. World-system theory and the environment: toward a new synthesis. In *Sociological Theory and the Environment*: Classical Foundations, Contemporary Insights. Riley Dunlap, Fredrick Buttel, Peter Dickens, and August Gijswijt, Eds. Pp. 167–198. Lanham, MD: Rowman & Littlefield.

Roberts, J. Timmons and Bradley C. Parks. 2007. *A Climate of Injustice: Global Inequality, North-South Politics, and Climate Policy*. Cambridge, MA: MIT Press.

Rockström, Johan. 2011. Science's role and responsibility. In *Bankrupting Nature: Denying Our Planetary Boundaries*. Anders Wijkman and Johan Rockström. Pp. 19–35. London:Earthscan.

Rockström, J., W. Steffen, K. Noone, A. Persson, F. Chapin, E. Lambin, T. Lenton, M.Scheffer, C. Folke, H. Schellnhuber, B. Nykvist, C. De Wit, T. Hughes, S. van der Leeuw, H. Rodhe, S. Sörlin, K. Snyder, R. Costanza, M. Svedin, M. Falkenmark, L. Karlberg, R. Corell, V. Fabry, J. Hansen, B. Walker, D. Liverman, K. Richardson, P. Crutzen, and J. Foley. 2009. Planetary boundaries: exploring the safe operating space for humanity. *Ecology and Society* 14(2): 32.

Rojas, David. 2016. Climate politics in the Anthropocene and environmentalism beyond nature and culture in Brazilian Amazonia. *PoLAR: Political and Legal Review* 39(1): 16–32.

Romankiewicz, Clemens and Martin Doevenspeck. 2015. Climate and mobility in Western African Sahel: conceptualizing the local dimensions of the environment and migration nexus. In *Grounding Global Climate Change*. H. Greschke and J. Tischler, Eds. Pp. 79–100. Dordrecht, the Netherlands: Springer Science + Business Media.

Romm, Joseph. 2011. The next Dust Bowl. *Nature* 478: 450–451.

Roncoli, Carla and John Magistro. 2000. Global science, local practice: anthropological dimensions of climate variability. *Practicing Anthropology* 22(4): 2–5.

Roncoli, Carla, Todd Crane, and Ben Orlove. 2009. Fielding climate change in cultural anthropology. In *Anthropology and Climate Change*. Susan A. Crate and Mark Nuttall, Eds. Pp. 87–115. Walnut Creek, CA: Left Coast Press.

Rose, Deborah Bird. 2008. Love in the time of extinctions. *Australian Journal of Anthropology* 19: 81–84.

Rosenzweig, Cynthia, William D. Solecki, Stephen A. Hammer, and Shagun Mehrotra, Eds. 2011. *Climate Change and Cities: First Assessment Report of the Urban Climate Change Research Network*. Cambridge, UK: Cambridge University Press.

Rosewarne, Stuart, James Goodman, and Rebecca Pearse. 2013. *Climate Action Upsurge: The Ethnography of Climate Politics*. London: Routledge.

Rubow, Cecilie. 2009. Metaphysical aspects of resilience: South Pacific responses to climate change. In *The Question of Resilience: Social Responses to Climate Change*. Kirsten Hastrup, Ed. Pp. 88–113. Copenhagen, Denmark: Det Kongelige Danske Videnskabernes Selskab.

Ruddiman, William. 2005. *Plows, Plagues and Petroleum: How Humans Took Control of Climate*. Princeton, NJ: Princeton University Press.

Rudiak-Gould, Peter. 2010. *The Fallen Palm: Climate Change and Culture Change in the Marshall Islands*. Saarbrücken, Germany: VDM Verlag.

Rudiak-Gould, Peter. 2011. Climate change and anthropology: the importance of reception studies. *Anthropology Today* 27(2): 9–12.

Rudiak-Gould, Peter. 2012a. Progress, decline, and the public uptake of climate science. *Public Understanding of Science*, June 5. Online at: http://pus.sagepub.com.ezproxy.lib.uconn.edu/content/early/2012/06/03/0963662512444682.full.pdf+html (login required). Accessed November 18, 2013.

Rudiak-Gould, Peter. 2012b. Promiscuous corroboration and climate change translation: a case study from the Marshall Islands. *Global Environmental Change* 22: 46–64.

Rudiak-Gould, Peter. 2013. *Climate Change and Tradition in a Small Island State: The Rising Tide*. New York: Routledge.

Rylko-Bauer, Barbara, Merrill Singer, and John van Willigin. 2006. Reclaiming applied anthropology: its past, present, and future. *American Anthropologist* 108(1): 178–190.

Salleh, Ariel. 2008. Climate change—and the "other footprint." *Capitalism Nature Socialism* 13: 103–113.

Salleh, Ariel. 2009. Ecological debt: embodied debt. In *Eco-Sufficiency and Global Justice: Women Write Political Ecology*. Ariel Salleh, Ed. Pp. 1–40. London: Pluto Press.

Sandweiss, Daniel H. and Alice R. Kelley. 2012. Archaeological contributions to climate change research: The archaeological record as a paleoclimatic and paleoenvironmental archive. *Annual Review of Anthropology* 41: 371–391.

Sauer, Carl O. 1941. Climate and Man: *Yearbook of Agriculture*. Washington, DC: US Congress—House.

Scarborough, Vernon L. 2007. The rise and fall of the ancient Maya: a case study in political ecology. In *Sustainability or Collapse: An Integrated History and Future of People on Earth*. Robert Costanza, Lisa J. Graumlich, and Will Steffen, Eds. Pp. 51–59. Cambridge, MA:MIT Press.

Schreurs, Miranda A. 2011. Climate change politics in an authoritarian state: the ambivalent case of China. In *Oxford Handbook of Climate Change and Society*. John S. Dryzek, Richard B. Norgaard, and David Schlosberg, Eds. Pp. 449–463. Oxford, UK: Oxford University Press.

Scott, Daniel, Geoff McBoyle, and Alanna Minogue. 2007. Climate change and Quebec's ski industry. *Global Environmental Change* 17: 181–190.

Seager, Richard, Mingfang Ting, Isaac Held, Yochanan Kushnir, Jian Lu, Gabriel Vecchi, Huei-Ping Huang, Nili Harnik, Ants Leetmaa, Ngar-Cheung Lau, Cuihua Li, Jennifer Velez, and Naomi Naik. 2007. Model projections of an imminent transition to a more arid climate in southwestern North America. *Science* 316: 1,181–1,184.

Sejersen, Frank. 2009. Resilience, human agency and climate change adaptation strategies in the Arctic. In *The Question of Resilience: Social Responses to Climate Change*. Kirsten Hastrup, Ed. Pp. 218–243. Copenhagen, Denmark: Det Kongelige Danske Videnskabernes Selskab.

Shea, K., R. Truckner, R. Weber, and D. Peden. 2008. Climate change and allergenic disease. *Journal of Allergy and Clinical Immunology* 122(3): 443–453.

Shearer, Christine. 2011. *Kivalina: A Climate Change Story*. Chicago, IL: Haymarket Books.

Sherpa, Pasang Yangjee. 2015. Institutional climate change adaptation efforts among the Sherpas of the Mount Everest region, Nepal. In *Climate Change, Culture, and Economics: Anthropological Investigations*. Donald C. Wood, Ed. Pp. 3–23. Bingley, UK: Emerald.

Shirrocks, Anthony and Jim Davies. 2013. *Credit Suisse Global Wealth Report* 2013. Online at: http://thenextrecession.files.wordpress.com/2013/10/global-wealth-report.pdf. Accessed November 25, 2013.

Shoreman-Ouimet, Eleanor and Helen Kopnina. 2011. Introduction: environmental anthropology of yesterday and today. In *Environmental Anthropology Today*. Helen Kopnina and Eleanor Shoreman-Ouimet, Eds. Pp. 1–33. London: Routledge.

Shulman, Seth. 2010. Climate fingerprinter: profile: Benjamin Santer, Lawrence Livermore Laboratory. *Union of Concerned Scientists*. Online at: www.ucsusa.org/global_warming/science_and_impacts/science/climate-scientist-benjamin-santer.html. Accessed May 23, 2012.

Sim, Stuart. 2009. *The Carbon Footprint Wars: What Might Happen If We Retreat from Globalization?* Edinburgh, UK: Edinburgh University Press.

Singer, Merrill. 1995. Beyond the ivory tower: critical praxis in medical anthropology. *Medical Anthropology Quarterly* 8(1): 80–106.

Singer, Merrill. 1996. Farewell to adaptationism: unnatural selection and the politics of biology. *Medical Anthropology Quarterly* 10: 496–575.

Singer, Merrill. 2009a. Beyond global warming: interacting ecocrises and the critical anthropology of health. *Anthropology Quarterly* 82(3): 795–820.

Singer, Merrill. 2009b. Interdisciplinarity and collaboration in responding to HIV and AIDS in Africa: anthropological perspectives. *African Journal of AIDS Research* 8(4): 379–387.

Singer, Merrill. 2009c. *Introduction to Syndemics: A Systems Approach to Public and Community Health*. San Francisco, CA: Jossey-Bass.

Singer, Merrill. 2010a. Atmospheric and marine pluralea interactions and species extinction risks. *Journal of Cosmology* 8: 1,832–1,837.

Singer, Merrill. 2010b. Eco-nomics: are the planet-unfriendly features of capitalism barriers to sustainability? *Sustainability* 2(1): 127–144.

Singer, Merrill. 2010c. Ecosyndemics: global warming and the coming plagues of the 21st century. In *Plagues and Epidemics: Infected Spaces Past and Present*. Alan Swedlund and Ann Herring, Eds. Pp. 21–37. London: Berg.

Singer, Merrill. 2011a. Anthropology as a sustainability science. *Anthropology News*, April: 5 and 10.

Singer, Merrill. 2011b. Down cancer alley: the lived experience of health and environmental suffering in Louisiana's chemical corridor. *Medical Anthropology Quarterly* 25: 141–163.

Singer, Merrill. 2013. Respiratory health, sociology, and ecosyndemics in a time of global warming. *Health Sociology Review* 21(1): 98–111.

Singer, Merrill and Hans A. Baer. 2007. *Introducing Medical Anthropology: A Discipline in Action*. Walnut Creek, CA: AltaMira Press.

Singer, Merrill and Hans A. Baer, Eds. 2009. *Killer Commodities: Public Health and the Corporate Production of Harm*. Lanham, MD: AltaMira Press.

Singer, Merrill and G. Derrick Hodge. 2016. Ecobiopolitics in the making of Native American reservation health inequities. In *A Companion to the Anthropology of Environmental Health*. Merrill Singer, Ed. Pp 193–215. San Francisco, CA: Wiley-Blackwell.

Skrydstrup, Martin. 2009. Planetary resilience: codes, climates and cosmoscience in Copenhagen. In *The Question of Resilience: Social Responses to Climate Change*. Kirsten Hastrup, Ed. Pp. 336–359. Copenhagen, Denmark: Det Kongelige Danske Videnskabernes Selskab.

Smit, Barry and Johanna Wandel. 2006. Adaptation, adaptive capacity and vulnerability. *Global Environmental Change* 16: 282–292.

Smith, Philip and Nicolas Howe. 2015. *Climate Change as Social Drama: Global Warming in the Public Sphere*. Cambridge, UK: Cambridge University Press.

Sommer, Larissa. 2011. Pueblo of Jemez: leading the way to a renewable future. Online at: https://tribalclimateguide.uoregon.edu/climate-planning/pueblo-jemez-leading-wayrenewable-future. Accessed July 19, 2013.

Sopoanga, Saufatu. 2003. Statement by The Honourable Saufatu Sopoanga OBE Prime Minister and Minister of Foreign Affairs of Tuvalu at the 58th United Nations General Assembly. Online at: www.un.org/webcast/ga/58/statements/tuvaeng030924.htm. Accessed November 15, 2013.

Spencer, Nick. 2006. *Health Consequences of Poverty for Children*. London: End Child Poverty.

Speth, James Gustave. 2008. *The Bridge at the Edge of the World: Capitalism, the Environment, and Crossing from Crisis to Sustainability*. New York: Oxford University Press.

Spratt, David and Philip Sutton. 2008a. *Climate Code Red: The Case for a Sustainability Emergency*. Melbourne, Australia: Friends of the Earth Australia.

Spratt, David and Philip Sutton. 2008b. *Climate Code Red: The Case for Emergency Action*. Melbourne, Australia: Scribe.

St. Peter, Anthony. 2010. *The Greatest Quotations of All-Time*. Bloomington, IN: Xlibris Corporation.

Stanley, David. 2007. *Tuvalu South Pacific Organizer*. Online at: www.southpacific.org/faq/tuv.html. Accessed August 23, 2008.

Stanley, Steven M. 1996. *Children of the Ice Age: How a Global Catastrophe Allowed Human to Evolve*. New York: Harmony Books.

Stern, Nicholas. 2007. *The Economics of Climate Change: The Stern Review*. Cambridge, UK: Cambridge University Press.

Stern, P. R. 2010. *Daily Life of the Inuit*. Santa Barbara, CA: Greenwood.

Steward, Julian. 1955. *Theory of Culture Change: The Methodology of Multilinear Evolution*. Urbana, IL: University of Illinois Press.

Stocker, Laura, Bob Pokrant, David Wood, Nick Harvey, Marcus Haward, Kevin O'Toole, and Tim Smith. 2010. Australian universities, government research and the application of climate knowledge in Australian coastal zone management. In *Universities and Climate Change: Introducing Climate Change to University Programmes*. Watler Fiho, Ed. Pp. 31–45. Hamburg, Germany: Springer.

Stockholm Resilience Centre. 2007. What is resilience? Online at: http://stockholmresilience.org/research/research-news/2015-02-19-what-is-resilience.html. Accessed December 19, 2017.

Stoddart, Mark C. J. and Jillian Smith. 2016. The endangered Arctic, the Arctic as resource frontier: *Canadian news media narratives of climate change in the North. Canadian Review of Sociology/Revue canadienne de sociologie* 53: 316–336.

Stone, Brian, Jr. 2012. *The City and the Coming Climate: Climate Change in the Places Where We Live*. Cambridge, UK: Cambridge University Press.

Strauss, Sarah. 2009. Global models, local risks: responding to climate change in the Swiss Alps. In *Anthropology and Culture Change*. Susan A. Crate and Mark Nuttall, Eds. Pp. 166–174. Walnut Creek, CA: Left Coast Press.

Strauss, Sarah and Ben Orlove, Eds. 2003. *Weather, Climate, Culture*. Oxford, UK: Berg.

Stringer, Chris. 2012. *Lone Survivors: How We Came to Be the Only Humans on Earth*. New York: Henry Holt.

Stuckenberger, A. Nicole. 2009. Anthropologists engaging in climate change education and outreach: creating *Thin Ice: Inuit Traditions within a Changing Environment. In Anthropology and Climate Change*. Susan A. Crate and Mark Nuttall, Eds. Pp. 380–393. Walnut Creek, CA: Left Coast Press.

Sutton, Mark Q. and E. N. Anderson. 2004. *Introduction to Cultural Ecology*. Walnut Creek, CA: AltaMira Press.

Szerszynski, Bronislaw and John Urry. 2010. Changing climates: introduction. *Theory, Culture & Society* 27(2–3): 1–8.

Tainter, Joseph A. 1988. *The Collapse of Complex Societies*. Cambridge, UK: Cambridge University Press.

Tainter, Joseph A. 2014. Collapse and sustainability: Rome, the Maya, and the modern world. *Archaeological Papers of the American Anthropological Association* 24: 201–214.

Tainter, Joseph A. and Carole L. Crumley. 2007. Climate, complexity, and problem solving in the Roman Empire. In *Sustainability or Collapse? An Integrated History and Future of People on Earth*. Robert Costanza, Lisa J. Graumlic, and Will Steffen, Eds. Pp. 61–75. Cambridge, MA: MIT Press.

Tattersall, Ian. 2012. *Masters of the Planet: The Search for Our Human Origins*. New York: Palgrave Macmillan.

Taylor, P. 1986. *Respect for Nature*. Princeton, NJ: Princeton University Press.

Thompson, J. Dana. 1980. Summary of the first day's discussion. In *The Atmosphere: Endangered and Endangering*. William W. Kellogg and Margaret Mead, Eds. Pp. 66–73. Tunbridge Wells, UK: Castle House Publications.

Thompson, L., E. Mosley-Thompson, M. Davis, V. Zagorodnov, I. Howat, and V. Mikhalenki. 2013. Annually resolved ice core records of tropical climate variability over the past 1800 years. *Science* 340(6,135): 945–950.

Thompson, William R. 2007. Climate, water, and political-economic crises in ancient Mesopotamia and Egypt. In *The World System and the Earth System: Global Socioenvironmental Change and Sustainability Since the Neolithic*. Alf Hornborg and Carole Crumbley, Eds. Pp. 162–179. Walnut Creek, CA: Left Coast Press.

Tilt, Bryan. 2010. *The Struggle for Sustainability in Rural China*. New York: Columbia University Press.

Tokar, B. 2009. Toward climate justice. *Zeta Magazine*, September. Online at: https://zcomm.org/zmagazine/toward-climate-justice-by-randall-amster/. Accessed October 15, 2012.

Toussaint, Sandy. 2008. Climate change, global warming and too much sorry business. *Australian Journal of Anthropology* 19: 84–88.

Townsend, Patricia K. 2011. The ecology of disease and health. In *A Companion to Medical Anthropology*. Merrill Singer and Pamela I. Erickson, Eds. Pp. 181–195. Malden, MA: Wiley-Blackwell.

Trigger, Brian G. 2006. *A History of Archaeological Thought* (2nd edition). Cambridge, UK: Cambridge University Press.

Trostle, James. 2010. Anthropology is missing: on the World Development Report 2010: Development and Climate Change. *Medical Anthropology* 29: 217–225.

Turner, B. L., Roger Kasperson, Pamela Matson, James McCarthy, Robert Corell, Lindsey Christensen, Noelle Eckley, Jeanne Kasperson, Amy Luers, Marybeth Martello, Colin Polsky, Alexander Pulsipher, and Andrew Schiller. 2003. A framework for vulnerability analysis in sustainability science. *Proceedings of the National Academy of Sciences* 100: 8,074–8,079.

Turner, Graham. 2008. *A Comparison of "The Limits to Growth" with Thirty Years of Reality*. Canberra, Australia: Commonwealth Scientific and Industrial Research Organisation (CSIRO).

Turner, Graham. 2014. *Is Global Collapse Imminent? An Updated Comparison of the Limits to Growth with Historical Data*. MSSI Research Paper No. 4. Melbourne, Australia: Melbourne Sustainable Society Institute, University of Melbourne.

Uekötter, Frank. 2015. You ain't seen nothing yet: a death-defying look at the future of the climate debate. In *Grounding Global Climate Change*. H. Greschke and J. Tischler, Eds. Pp. 175–181. Dordrecht, the Netherlands: Springer Science + Business Media.

Union of Concerned Scientists. 2007. *Smoke, Mirrors and Hot Air: How ExxonMobil Uses Big Tobacco's Tactics to Manufacture Uncertainty on Climate Science*. Cambridge, MA: Union of Concerned Scientists.

United Church of Christ's Committee on Racial Justice. 1987. *Toxic Wastes and Race in the United States*. Online at: http://d3n8a8pro7vhmx.cloudfront.net/unitedchurchofchrist/legacy_url/13567/toxwrace87.pdf?1418439935. Accessed December 16, 2017.

Urry, John. 2010. Consuming the planet to excess. *Theory, Culture & Society* 27(2–3): 191–212.

Urry, John. 2011. *Climate Change and Society*. London and Malden, MA: Polity Press.

Urry, John. 2013. *Societies beyond Oil: Oil Dregs and Social Futures*. London: Zed Books.

US Department of Energy. 1990. *Energy and Climate Change: Report of the DOE Multi-Laboratory Climate Change Committee*. Chelsea, MI: Lewis Publishers. Vanderheiden, Steve, Ed. 2008. Political Theory and Global Climate Change. Cambridge, MA: MIT Press.

Vanhala, Lisa. 2013. The comparative politics of courts and climate change. *Environmental Politics* 22: 447–474.

Vedwan, N. and R. Rhoades. 2001. Climate change in the Western Himalayas of India: a study of local perception and response. *Climate Research* 9: 109–117.

Venton, Danielle. 2012. Margaret Hiza Redsteer uses Navajo memories to track climate change. *High Country News*, April 4. Online at: www.hcn.org/articles/geologist-margaret-hizaredsteer-tracks-climate-change-through-navajo-memories. Accessed February 2, 2013.

Vihersalo, Mirja. 2017. Climate citizenship in the European Union: environmental citizenship as an analytical concept. *Environmental Politics* 26: 343–360.

Vogler, John. 2016. *Climate Change in World Politics*. New York: Palgrave Macmillan.

Vossole, Jonas van. 2017. Global climate governance: a legitimation crisis. *Review* 35(1): 1–27.

Wagner, David. 2005. *The Poorhouse: America's Forgotten Institution*. Lanham, MD: Rowman & Littlefield.

Wainwright, Joel. 2012. Climate change, capitalism, and the challenge of transdisciplinarity. In *Geography of Climate Change*. Richard Aspinall, Ed. Pp. 270–278. London: Routledge.

Wallerstein, Immanuel. 2007. The ecology and the economy: what is rational? In *Rethinking Environmental History*: World-System History and Global Environmental Change. Alf Hornborg, J. R. McNeill, and Joan Martinez-Alier, Eds. Pp. 379–389. Lanham, MD: AltaMira Press.

Warren, Kay B. 2006. Perils and promises of engaged anthropology: historical transitions and ethnographic dilemmas. In *Engaged Observer: Anthropology, Advocacy and Activism*. Victoria Sanford and Asale Angel-Ajani, Eds. Pp. 213–220. New Brunswick, NJ: Rutgers University Press.

Watt-Cloutier, Sheila. 2007. Nobel Prize nominee testifies about global warming (testimony before the Inter-American Commission on Human Rights). Online at: http://earthjustice.org/news/press/2007/nobel-prize-nominee-testifies-about-global-warming. Accessed November 15, 2013.

Weller, Robert. 2006. *Discovering Nature: Globalization and Environmental Culture in China and Taiwan*. Cambridge, UK: Cambridge University Press.

Weston, Del. 2014. *The Political Economy of Global Warming: The Terminal Crisis*. London: Routledge.

Whitington, Jerome. 2013a. Fingerprint, bellwether, model event: anticipating climate change futures. *Limn* 3. Online at: http://limn.it/fingerprint-bellwether-model-eventanticipating-climate-change-futures/. Accessed July 10, 2013.

Whitington, Jerome. 2013b. Speculation, quantification, anthropogenesis. *Anthropology News* 54(7). Online at: http://onlinelibrary.wiley.com/doi/10.1111/j.1556-3502.2013.54703.x/. Accessed July 10, 2013.

Whyte, Ian. 2008. *World without End? Environmental Disaster and the Collapse of Empires*. London: I. B. Tauris.

Wijkman, Anders and Johan Rockström. 2011. *Bankrupting Nature: Denying our Planetary Boundaries*. London: Earthscan.

Wilk, Richard. 2009. Consuming ourselves to death: the anthropology of consumer culture and climate change. In *Anthropology and Climate Change*. Susan A. Crate and Mark Nuttall, Eds. Pp. 265–275. Walnut Creek, CA: Left Coast Press.

Wilkinson, Clive. 2008. *Status of Coral Reefs of the World*. Townsville, Australia: Global Coral Reef Monitoring Network.

Willen, Sarah. 2012. Special Issue Introduction: migration, "illegality," and health: mapping embodied vulnerability and debating health-related deservingness. *Social Science and Medicine* 74: 805–811.

Willen, Sarah. 2014. Lightning rods in the local moral economy: debating unauthorized migrants' deservingness in Israel. *International Migration* 53(3): 70–86.

Williams, Michael. 2003. *Deforesting the Earth: From Prehistory to Global Crisis*. Chicago, IL: University of Chicago Press.

Willis, Rebecca. 2017. Taming the climate? Corpus analysis of politicians' speech on climate change. *Environmental Politics* 26: 121–231.

Wisner, Ben, Piers Blaikie, Terry Cannon, and Ian Davis. 2004. *At Risk: Natural Hazards, People's Vulnerability, and Disasters*. London: Routledge.

Wolf, Eric. 1972. Ownership and political ecology. *Anthropological Quarterly* 45(3): 201–205.

Wolf, Eric. 1974. American anthropologists and American society. In *Reinventing Anthropology*. Dell Hymes, Ed. Pp. 251–263. New York: Vintage.

Wolf, Eric. 1982. *Europe and the People without History*. Berkeley, CA: University of California Press.

Wood, Bernard. 2005. *Human Evolution*. New York: Sterling.

World Bank. 2010. *World Development Report 2010: Development and Climate Change*. Washington, DC: World Bank.

Worth, Kenneth. 2010. *Peak Oil and the Second Great Depression (2010–2030): A Survival Guide for Investors and Savers after Peak Oil*. Parker, CO: Outskirts Press.

Wright, Christopher and Daniel Nyberg. 2015. *Climate Change, Capitalism, and Corporations: Processes of Creative Self-Destruction*. Cambridge, UK: Cambridge University Press.

Wright, Erik Olin. 2010. *Envisioning Real Utopias*. London: Verso.

Wright, Jeneva. 2016. Maritime archaeology and climate change: an invitation. *Journal of Maritime Archaeology* 11(3): 255–270.

Yarris, Kristin and Heide Castañeda. 2015. Special issue: discourses of displacement and deservingness: interrogating distinctions between "economic" and "forced" migration. *International Migration* 53(3): 64–69.

Yohe, Gary and Richard Tol. 2002. Indicators for social and economic coping capacity—moving toward a working definition of adaptive capacity. *Global Environmental Change* 12(1): 25–40.

York, Gregory. 2010. On the move in a warming world: the rise of climate refugees. *The Globe and Mail*, December 17. Online at: www.theglobeandmail.com/news/world/on-the-move-in-a-warming-world-the-rise-of-climate-refugees/article564941. Accessed July 13, 2013.

Yurth, Cindy. 2011. Study: tribes most impacted by climate change. *Navajo Times*, August 18. Online at: http://newamericamedia.org/2011/08/study-tribes-most-impacted-byclimate-change.php. Accessed March 30, 2013.

Zehr, Stephen. 2015. The sociology of global climate change. *Wiley Interdisciplinary Reviews: Climate Change 6*: 129–150.

Žižek, Slavoj. 2010. *Living in the Ends of Times*. London: Verso.

Zornick, George. 2011. The Kochs and cancer in a small town. *The Nation*. Online at: https://www.thenation.com/article/kochs-and-cancer-small-town/. Accessed December 16, 2017.

색인

ㅂ

ㅅ

ㅇ